中国社会科学院学部委员专题文集
ZHONGGUOSHEHUIKEXUEYUAN XUEBUWEIYUAN ZHUANTI WENJI

为了中国民法

梁慧星 ◎ 著

中国社会科学出版社

图书在版编目(CIP)数据

为了中国民法/梁慧星著 . —北京:中国社会科学出版社,2013.1
(中国社会科学院学部委员专题文集)
ISBN 978 - 7 - 5161 - 2057 - 6

Ⅰ . ①为…　Ⅱ . ①梁…　Ⅲ . ①民法—中国—文集
Ⅳ . ①D923. 04 - 53

中国版本图书馆 CIP 数据核字(2013)第 002959 号

出 版 人	赵剑英
出版策划	曹宏举
责任编辑	王 茵
责任校对	孙洪波
责任印制	戴 宽

出　　版	中国社会科学出版社
社　　址	北京鼓楼西大街甲 158 号 (邮编 100720)
网　　址	http://www.csspw.cn
	中文域名:中国社科网　　010 - 64070619
发 行 部	010 - 84083685
门 市 部	010 - 84029450
经　　销	新华书店及其他书店

印刷装订	环球印刷(北京)有限公司
版　　次	2013 年 1 月第 1 版
印　　次	2013 年 1 月第 1 次印刷

开　　本	710×1000　1/16
印　　张	27. 25
插　　页	2
字　　数	432 千字
定　　价	82. 00 元

凡购买中国社会科学出版社图书,如有质量问题请与本社联系调换
电话:010 - 64009791
版权所有　侵权必究

前　言

　　哲学社会科学是人们认识世界、改造世界的重要工具，是推动历史发展和社会进步的重要力量。哲学社会科学的研究能力和成果是综合国力的重要组成部分。在全面建设小康社会、开创中国特色社会主义事业新局面、实现中华民族伟大复兴的历史进程中，哲学社会科学具有不可替代的作用。繁荣发展哲学社会科学事关党和国家事业发展的全局，对建设和形成有中国特色、中国风格、中国气派的哲学社会科学事业，具有重大的现实意义和深远的历史意义。

　　中国社会科学院在贯彻落实党中央《关于进一步繁荣发展哲学社会科学的意见》的进程中，根据党中央关于把中国社会科学院建设成为马克思主义的坚强阵地、中国哲学社会科学最高殿堂、党中央和国务院重要的思想库和智囊团的职能定位，努力推进学术研究制度、科研管理体制的改革和创新，2006 年建立的中国社会科学院学部即是践行"三个定位"、改革创新的产物。

　　中国社会科学院学部是一项学术制度，是在中国社会科学院党组领导下依据《中国社会科学院学部章程》运行的高端学术组织，常设领导机构为学部主席团，设立文哲、历史、经济、国际研究、社会政法、马克思主义研究学部。学部委员是中国社会科学院的最高学术称号，为终生荣誉。2010 年中国社会科学院学部主席团主持进行了学部委员增选、荣誉学部委员增补，现有学部委员 57 名（含已故）、荣誉学部委员 133 名（含已故），均为中国社会科学院学养深厚、贡献突出、成就卓著的学者。编辑出版《中国社会科学院学部委员专题文集》，即是从一个侧面展示这些学者治学之道的重要举措。

　　《中国社会科学院学部委员专题文集》（下称《专题文集》），是中国社会科学院学部主席团主持编辑的学术论著汇集，作者均为中国社会科学院学部委员、荣誉学部委员，内容集中反映学部委员、荣誉学部委员在相关学科、专业方向中的专题性研究成果。《专题文集》体现了著作者在科学研究实践中长期关注的某一专业方向或研究主题，历时动态地展现了著作者在这一专题中不断深化的研究路径和学术心得，从中不难体味治学道路之铢积寸累、循序渐进、与时俱进、未有穷期的孜孜以求，感知学问有道之修养理论、注重实证、坚持真理、服务社会的学者责任。

2011 年，中国社会科学院启动了哲学社会科学创新工程，中国社会科学院学部作为实施创新工程的重要学术平台，需要在聚集高端人才、发挥精英才智、推出优质成果、引领学术风尚等方面起到强化创新意识、激发创新动力、推进创新实践的作用。因此，中国社会科学院学部主席团编辑出版这套《专题文集》，不仅在于展示"过去"，更重要的是面对现实和展望未来。

这套《专题文集》列为中国社会科学院创新工程学术出版资助项目，体现了中国社会科学院对学部工作的高度重视和对这套《专题文集》给予的学术评价。在这套《专题文集》付梓之际，我们感谢各位学部委员、荣誉学部委员对《专题文集》征集给予的支持，感谢学部工作局及相关同志为此所做的组织协调工作，特别要感谢中国社会科学出版社为这套《专题文集》的面世做出的努力。

《中国社会科学院学部委员专题文集》编辑委员会

2012 年 8 月

目　　录

历史回望

代序言
走进沙滩北街十五号

　　沙滩北街，是京城景山东侧一条南北走向、长不足百米、极其冷僻的小街。北端与沙滩后街相交处一座小院，即是国内外闻名的沙滩北街十五号，中国社会科学院法学研究所之所在。院门东向，与街左文化部大院后门相正对。我有幸于十一届三中全会召开同年之十月，进入这座朴实无华的小院。惊异于其中人我关系之平等、尊重、友善，以及学术自由、思想自由之氛围。遂浸淫其间，历三十寒暑，虽衰发满帧，亦不弃不离，不改其乐。回首往事，仍感慨于当初走进这座小院之匪易！

　　我于1962年在四川省眉山县青神中学以全优成绩毕业，在眉山县中学考场参加高考。高考分理工、农医和文科三类。当时风尚，重理轻文，有"学好数理化，走遍天下都不怕"之学谚。班主任倪海光老师动员我报考理工，说：你考理工一点问题都没有，考文科就不保险，文科招生少。我不听班主任的劝告，执意报文科。在填志愿表时，从北京大学中文系到四川师范学院中文系，凡可报的中文系全填上了，剩最末一个志愿，填四川行政学院充数。倪海光老师踱到我课桌前，低头看看我的志愿表，皱了皱眉头，没有说话，用两个手指头点着我填的四川师范学院和四川行政学院，然后做了个交换的手势。我心想：交换就交换，难道我真的就进这个学校不成！于是把四川行政学院由普通校最末换到普通校第一。殊不知就这一换，注定了我的文学梦的破灭。我真的收到四川行政学院的录取通知。

　　因三年自然灾害，国家实行调整政策，撤销主管法律教育的司法部，把五所政法学院下放地方。西南政法学院下放四川省，改名四川行政学院，设政治、法律两系，培养政治教员和政法公安干部。我被录取在四川行政学院法律系政法公安专业。进校第二年，政治系撤销，仅保留法律系。此后又恢复了西南政法学院校名。所学习的专业课程，唯宪法学和婚姻法学有正式教材。宪法学教材的作者是王珉、王叔文。作为专业基础课的民法学，已经改名为"民事政策学"。同样，刑法学改名为"刑事政策学"。自编的民事政策学教材和刑事政策学教材，薄薄的两小本，是当时民事政策、刑事政策的资料汇编，既没有法律，也没有理论。本科四年真没有学到什么法律知识。所幸毕业前有三个月实打实的实习。

1966年春季开学，即往江津县法院实习，使我们这些法律系本科生多少对政法工作有所了解。当时的江津县法院，在县城法院住所设一个院内庭，另在各区设一区法庭。我被分派在院内庭，由庭长带着办理刑事案件。庭长姓廖，文质彬彬，富有审判经验。教我怎样阅卷，在阅卷中怎样发现问题，怎样写阅卷报告，怎样担任书记员，怎样做询问笔录，怎样写判决书，以及结案后怎样装订案卷。到看守所讯问被告和下乡调查案件，多数时候是和法警一道。法院仅一位法警，开庭时履行法警职责，平时也做与审判员一样的工作。法警身材魁伟，待人很和善，一道下乡调查案件，对我照顾有加。可惜已忘其姓名。三个月时间，我参与办理的案件不少，因而对从事审判工作产生了浓厚兴趣。

我和廖庭长办过一个案件。因妻子与人有不正当关系，丈夫到公安局要求进监狱劳改。接待干警没好气地说："你不够条件！"问："要哪个才够条件？"答："去把火车掀翻嘛！"认为此人有神经病。殊不知这个人真的去掀翻火车，搬几块大石头堆在铁道上，然后蹲在附近草丛中，当巡道工巡查过来发现时，主动跑出来承认。廖庭长认定被告不构成犯罪。另一次我被暂借到检察院，随检察长下乡查一件纵火案。因妻子与人有不正当关系，丈夫将自家住房点燃了，目的也是进监狱劳改。检察长认为不构成犯罪，教育后把人放了，也把红杏出墙的妻子教育了一番。两个案件作案动机相同，都是妻子红杏出墙，丈夫不是要求离婚，而是想自己进监狱劳改。令人难解！我还参与复查平反过一个冤案。解放初土匪暴动，一个十来岁的男孩在山坡上一边跑、一边喊：土匪来了！土匪来了！镇反时这个男孩被当作匪首判了重刑。我和法警去劳改农场宣布平反，当场释放。服刑十多年，才三十来岁，完全一个老头！我和法警一路欷歔不已！三个月的实习结束，想到不久就要走上政法工作岗位，真的有一股豪迈之气。恰似唐人诗句：十年磨一剑，霜刃未曾试，今日把示君，谁有不平事？

没有料到，实习返校，马上就传达"五一六通知"，宣布停课闹革命，拉开了"文化大革命"的大幕。1968 年底大学生分配工作，按照当时"面向边疆、面向农村、面向基层"的政策，我被分配到云南省昆明市。到昆明市革委会大学生分配办公室，知道分配在昆明市中级人民法院。其时人民法院、人民检察院和公安局均已撤销，即所谓"砸烂公检法"。大约在元月中，被分配到市革委会人保组。到人保组报到，负责接待的军人很热情。我被确定在办案组。然后是人保组负责人五十四军某部张副政委接见。张副政委态度严肃却不失和蔼，真的语重心长：专政工作，需要知识分子，到了人保组就算到家了！一定要勤奋工作，一定要服从纪律，一定要讲党性，不能讲派性！一定要向解放军学习！解放军是毛主席一手创建、林副主席亲自指挥的队伍，从来最讲党性、最坚持党性！还说了很多鼓励的话。张副政委一席话，情真意切，感人至深！听后心里热乎乎的，有一种在外漂泊多年后终于回家见到亲人的感觉！决心好好工作，报效国家，不辜负党的培养，不辜负张副政委的殷切期望！

张副政委接见后去食堂用餐，餐后要去办案组与组长和同事们见面，次日正式上班。不料，刚吃过饭，负责接待的军人前来宣布张副政委的指示：刚来的大学生，打哪儿来，回哪儿去！犹如晴空一个霹雳，人一下子就懵了！很快回过神来，自己警告自己：逐客令下，军令如山！自己也是一条汉子，不能说半句软话，露半点贱相，让人看轻了！于是故作轻松状，不迟疑地回接待室取了行李，同负责接待的军人步出大院。跨出大门警戒线，回头与军人告别，浅浅一笑、挥一挥手！此处不留人，应有留人处！人保组大院在北京路，向北不远就到了邮电大楼，右转东风东路，很快就回到市革委大院，进到大学生分配办公室，负责人一脸无可奈何的神态，显然已接到人保组的电话，说：等过了春节再说吧！

待过完春节，市分办负责人和颜悦色、试探性地问：如果分配到工厂，去不去？回答一个字：去！此日此时，距到达昆明也近两月！五十多天，兜里揣着派遣证和工资关系、粮食关系证明信，没有单位，不能报到，不报到就没有工资、没有粮票，没有工资、没有粮票靠什么吃饭？靠什么住店？靠什么活?！若非六八级李锡昆同学的父亲母亲收留我，真不知五十多个白天如何挨过，五十多个寒夜何处投宿?！此时此刻，且不说是去工厂，就是宇宙洪荒、虎穴龙潭，别人能去，我亦能去！别人能干，我亦能干！别人能受，我亦能受！恰似溺水之人偶抓漂木，岂有放脱之理！犹自庆幸天不绝我！于是到了昆明市重工局所属农用轴承厂，厂在昆明东郊大板桥，距市区20公里。当地谚云：三尺长一座大板桥，这头踏上那头摇！又云：大板桥，一大怪，三个蚊子一盘菜！另据史料，长征红军佯攻昆明，先头部队抵达大板桥，省主席龙云急调滇军回防，红军乘机夺路西进，顺利渡过金沙江！

我在轴承厂十年，先后担任政工干事、劳资干事和工会宣传干事，而担任工会宣传干事时间最长。厂工会宣传干事，负责墙报、广播站、图书阅览室，组织职工体育活动、文娱演出，以及订报刊、收发信件，等等。厂是新厂，1966年筹建，1969年投产，200多号人百分之九十以上是青工，一度文娱体育活动很活跃。常有车间之间的篮球比赛、排球比赛，与兄弟工厂和当地驻军的篮球比赛、排球比赛。节日厂内有文娱演出，还到山下炮团和干海子炮四师师部慰问演出。一次重工局举行田径运动会，三十多家厂，三十多支代表队，我厂队获得团体总分第二名和男子四百米接力第二名，在厂史上是仅有的最好成绩。十年的工厂经历，经受了各种磨炼。对于计划经济条件下的工业生产实际有了感性认识，对社会底层的人们有了较深了解，同时也认识了自己。

回忆我在工厂，领导交给的工作，无论是否属于本职，没有讲过条件，而且总是完成得很好，没出过错。我的禀性，不是心高气傲的人，也不是爱提意见的人。获得这样一个为人民服务、接受工人阶级再教育的机会实在不易，自当积极工作、改造思想，夹住尾巴做人。岂敢恃才傲物，说话伤人！十年时间，真没对谁提过批评意见。自觉与厂、部门、车间领导和班组长、老工青工关系颇融洽。全厂上下对我的评价都不错，1971年很顺利地加入共产党。入党介绍人是政工干事马学书同志。其时党章取消预备期，一经组织批准，即为正式党员。但一次支部书记提名我担任厂工会副主席，却在领导班子未获通过，使我对自己有了清醒的判断。认识到做文字工作是我所长，也是兴趣所在，与人交往特别是与领导交往是我所短。此所谓"短"，实是不得不然。因我有成见在胸：不与任何人保持密切关系，不做任何人的铁杆。此是我20岁左右时，受当时柬埔寨国王西哈努克不结盟外交政策的启示，决定于人我关系采不结盟主义。"文化大革命"中的经历见闻，更使我坚信不移，决心终生信守。注定我不适合官场。

工厂工会宣传工作本就轻松。自己出身农民且正当青年，不怕吃苦，参加车间劳动自不在话下。个人生活也颇顺利。1972年结婚成家，有了孩子。上班工作胜任愉快，业余时间开荒种菜，饲养鸡鸭鹅兔。知足常乐，随遇而安。办广播、编墙报、组织文体活动，也算党的事业之一部，也算精忠报国之一途。心如止水，不生波澜。孰料"文化大革命"结束，公安、法院、检察机关相继恢复。中央要求落实知识分子政策，号召专业归口。早已熄灭的希望之火，竟又死灰复燃。我想归口到中级法院或者基层法院，经校友吕廷远兄介绍见了中级法院邓院长。邓院长对我曾分配中级法院及到人保组报到有所耳闻，当即表示：很需要，很欢迎，只要工厂放人。但是工厂不放人。归口法院的希望再次破灭。支部书记黄朝铣同志调出厂后透露：当时市委组织部来了调令，厂领导班子集体决定把调令锁进抽屉，严密封锁消息，终未泄露一点风声。一个基层支部，保密如此之严，你不得不佩服！

西南政法学院复办，张序九老师推荐我回校任教。张老师善于识人，校内有小伯乐之誉，推荐过不少教员。据张老师来信，学院领导已经通过，家属安排亦有考虑，要我即向厂领导提出申请。厂长姓栾，从市标准件厂调来不久，为人十分直爽。我提出调回母校任教，栾厂长当即爽快答应，说：你去大学任教可以为党多做贡献，校方函来即可办理调动手续，全家一道走，厂里绝不刁难。真是快人快语，令我感佩不已！庆幸遇到好人，老天助我！不久西政真来函调人时，厂长、书记一齐推翻前诺，一致表示绝不同意调出，理由依旧：工厂工作也是党的需要！我厂先后分配来四位大学生，其中云南大学一位，外语专科一位，加上我的西政同学共三位，均以落实知识分子政策、专业归口名义，相继先后调走。同一个政策，同一个厂，同一个支部！何以独留我一人?！个中缘由，请谁人点拨?!

1978 年国家决定恢复研究生招生，第二批招生专业目录公布，其中有法学专业。这时母校张序九老师来信，鼓励我报考，谆谆告诫：机不可失！当时政策规定，任何单位对于职工报考研究生不得阻拦。先喜不自胜！我要考上研究生，纵是天王老子恐怕他也拦我不住！复转念一想，顿生踌躇。全国招生，漫无限制，无论本科、专科，已经毕业、尚未毕业，工农兵学员，老三届知青，工人、农民、干部、群众及有无职业，均可报考，考生人数之众多，可想而知！丢开书本，抛弃专业，十有余年，仓促应考，其困难程度，亦可想而知！虽然政策不允许单位阻拦，但工厂领导态度未变，我要考上了不打紧，若要考而不上，工厂领导将如何对我？我又将如何面对工厂领导？其难堪与尴尬，亦可想而知！是故瞻前顾后，反反复复，犹犹豫豫，迁延难决。

而时不我待，转瞬之间，报名期间将过。报名最后日之前日，竟日心烦意乱，忐忑不安。是夜辗转床榻，不能成眠。扪心自问：何以畏首畏尾？何以迟疑不决？纵然折戟考场、名落孙山，又有何可惜？冷嘲热讽，尴尬难堪，又有何可惧？俗语云：佛争一炷香，人争一口气！争而不得，应承认自己无能，岂可怨得他人！张师认我有才，举荐任教不果，复又鼓励我报考研究生，一再叮嘱勿失良机，我若临阵畏缩、未上考场，将来如何面对夫子？如何面对自己？遂决定报考，成败利钝，在所不计！即唤醒妻子，告知我意已决！时在报名期限最后一日凌晨两点。工厂起床号响起，顿觉一身轻松。赶早到办公室请假、打证明信，乘 11 路公共汽车进城，到设在官渡区的省招办填写报名表。法学专业，仅北京大学和中国社会科学院两个单位招生。谨遵张序九老师建议，填报了中国社会科学院法学所民法学专业。

当时国家的政策，工作单位应当给考生一个月假期备考。斟酌自身境遇，未便向厂领导请求。好在张序九老师寄来 50 年代教材，并托云南大学屈野老师辅导。犹记周日进城去屈野老师家请教。其时屈师住在云大附近青云街，房屋老旧，居室局促。屈师自己尚待落实政策，且又胃病缠绵，身体虚弱。每次登门，屈师精神为之一振，仿佛重登杏坛，再掌教鞭，征引比喻，耐心讲解，诲我不倦。复向故纸堆中，寻出 50 年代在人民大学上学时，苏联专家讲授民法讲义油印资料，供我参考。有时留饭，师母上班，屈师亲做韭菜炒鸡蛋，师生对食，情同父子，令我终生不忘！我一边工作，一边备考，感觉时间飞快！突发奇想：如果人类一日一餐，三日一睡，当可节省多少时间用于工作学习！

收到准考证后的一天，有重工局领导来厂，由厂政工干部陪同，约我在厂大门口商店对面小平房接待室隔壁房间谈话。主题是：落实党的知识分子政策，使我专业对口，改任厂人保组干事，并涨一级工资。条件是：我放弃研究生考试。我暗自思忖：现今恢复研究生招生，恰似历史上皇帝开科取士，此是国家急用人才之时！有志之士理当踊跃应试，各显其能其才，但凭国家挑选！盼能有幸得中，竭忠尽智，报效国家。利钝成败，在此一举！如因领导许诺涨一级工资、换一个部门，就放弃考试，铩羽而返，我拳拳报国之心，岂不化成谎言虚话！从此往后，将如何做人?！如何面对厂长、书记、车间领导与全厂员工?！于是答复：报考研究生是响应党中央的号召，我已经报名，不能不考！

考生之进考场，犹如将军临阵。"文化大革命"后第一次研究生考试，更是如此。昆明市研究生招生考场，设在官渡区小学，教室桌椅均很破旧。头天已经探场，熟悉路径。开考进场仍极紧张。我的课桌靠墙，瞥见右手邻桌考生带了两个药瓶，其紧张程度更胜于我，于是紧绷的神经稍稍松弛。两天四场：作文、外语、法理、民法。考完回家，即瘫倒在床，四肢无力，浑身酸痛，脑子一片空白！待稍缓过神来，逐科回忆，自觉法理、作文、民法均可，而外语很差，是在预料之中。犹记民法考试论述题："论合同制度"。孰料研究生期间到重庆调查合同制度试点，1980 年在法学研究杂志发表第一篇文章《关于重庆市推行合同制度的调查报告》；1981 年毕业硕士学位论文题目《论合同法律制度》；毕业留法学所参加撰写第一部合著《合同法》。1988 年起首次参加国家立法修改《中华人民共和国经济合同法》；1993 年起参加设计起草现行《中华人民共和国合同法》。冥冥中疑有定数！

收到法学研究所的复试通知。考试成绩：作文 88 分；外语 37 分；法理 70 分；民法 90 分。与自己估计吻合。于是向厂里请假，进京参加复试。乘坐 62 次特快，行驶 61 个小时，于第三日晚 9 时 30 分抵达首都北京。不禁心潮起伏，浮想联翩。通过长长的地道，走出北京站，放眼望去，夜色朦胧，路灯黯淡，车少人稀。中国社会科学院复试在北太平庄北京师范大学，今夜如何得到？稍事踌躇，即决定露宿街头。用两张报纸铺地当床，行李袋做枕，仰卧在位于北京站街与北京站东街交叉街口的一家餐馆檐下。环顾两侧露宿者，无非失路之人，尽是他乡之客。旅途劳顿，一夜无梦。北京之夏，四时天晓。于是起身，收拾报纸，让出人行通道，手提行李袋，出北京站街，转建国门内大街向西，过东单，沿东长安街前行，过王府井南口，过南河沿、南池子，抵达天安门广场，见神圣城楼两侧红旗在晨风中轻轻摆动，遂在中国历史博物馆北花坛边公用水管龙头洗漱，然后到位于正阳门城楼东侧22路公共汽车站，乘车经新华门、西单、西四、新街口，至北太平庄北京师范大学社科院复试报名处报到。

　　中国社科院借北师大复试研究生，后研究生院亦借此办学。考生不分专业，依报到顺序，入住北师大校园东大门北边一栋教学楼。沿着教室四周墙壁铺草荐打地铺，被褥清洁，与北京站口街头露宿，判若天壤。来自四面八方的考生，互通问讯，其乐融融。我左临考生，来自广西，是中学教员，儒雅帅气，讲起所教学生送其离校时之依依不舍，很动感情。还谈起电影刘三姐主演黄婉秋受迫害的情况。右临考生是我同乡，四川乐山人氏。"文化大革命"时期，批判资产阶级思想，取消餐厅服务，用餐顾客须先到一个窗口交款购牌（票），然后持牌（票）到另一窗口端菜、端饭。这位同乡就一直在乐山一家面馆售牌（票）。紧挨同乡的考生来自新疆，是一个煤矿挖煤工，身材黑瘦结实，自谓干半个月即可完成工作量，剩下半个月用于看书和睡大觉。言谈之间，颇带豪气。睡在我左边稍远的一位考生，也来自广西，告我正按照美军在越南丛林对付虫蚊的高科技，制造一种电子驱蚊器，其发出的超声波，可致有效范围内的蚊子心脏爆裂而死。这位老兄自谓特喜欢钓鱼，可传我制鱼饵秘方，就在复试期间，竟还偷空去颐和园垂钓，真是个奇人。报考历史专业的陈祖武兄，睡在另一间教室，身体瘦弱，文质彬彬，自述一直在昆明铁路局凉亭货场做搬运工，扛每个百十来公斤的货包。凉亭货场在昆明城东，地名八公里，距我所在大板桥仅十余公里。其余考生也大抵相若，非处江湖之远，即在草莽之间。国家恢复研究生考试，犹如历史上之大开恩科，多少豪杰之士、不逞之徒、弹铗之辈，藉以脱颖而出，乘风而上，踔厉奋发，遂其尽忠报国之志，成就一世英名！

　　法学专业复试，分笔试和面试。笔试在北师大，考法理和民法两科。面试在城内沙滩北街十五号法学所院内。院门向东，进门南边一溜平房，两间驻车，几间住人。北边一栋曲尺型三层灰砖平顶楼房，为法学所各研究室及机关所在，楼门南向。此楼为建筑大师梁思成早年设计作品，有南墙根碑记为证。楼前一大石碑南向，碑座乌龟和碑身体量甚大，碑文应是满文，估计小院原是一家王府。院内有几株老树，临近办公楼门口是一株杨树，石碑西侧一株老榆树，一株老桑树。另有几株杂树。西墙根也有一排平房。办公楼北还有一栋曲尺形三层平顶灰楼，是图书楼，楼门南向。西边一栋二层小楼，楼上住人，楼下是会议室。图书楼、西小楼与办公楼围成后院。据介绍，原是老北京大学地质地理系之所在。建筑老旧，墙壁斑驳，颇有历史感。民法专业一位江苏考生，谈起作文中描绘心目中的法学研究所，"红墙绿瓦，雕梁画栋，金碧辉煌"，一时传为笑谈。面试在各个研究室分别进行。导师王家福在外地未归，由黄明川老师主持民法复试。先抽取口试题，依次进去面答，并回答主考老师随机提问。在我面试中途，一位慈祥如邻家姥姥的老人进来听考，闻是副所长韩幽桐，日本东京帝国大学第一位女法学博士。同事多以韩老太太呼之。老太太突然问我愿不愿意改学法理学。我报民法乃是张序九老师建议，怎好中途改变？遂勉强作答：我还是学民法吧！老人闻之，并不以为忤，复加以温言勉慰。恰如春风细雨，润我心田。此情此景，如在昨日！

　　复试回来，照常工作，静候录取通知。不料政治审查又生波折，几乎断送我读研究生的一线生机。因"文化大革命"后期，发生林彪事件，中央号召学习五本马克思主义原著。工厂党支部指派我担任学习马列著作辅导员，参加市里举办的辅导员学习班，回厂辅导全体干部职工学习马列著作。几位青工自发成立马列著作自学小组，用业余时间学习马列原著，邀我参加。自学小组成员十多人，除我是唯一党员外，均是共青团员和青年积极分子。定期集中，学习《共产党宣言》、《哥达纲领批判》和《反杜林论》，结合各自思想和工厂实际，谈学习体会，斗私批修，提合理化建议，批评坏人坏事。所谓坏人坏事，包括一些工人自由散漫，上班出工不出力，"明八、暗五、实干三"，及个别领导干部的多吃多占问题。自学小组得到党支部书记黄朝铣同志的勉励。其存在不过两三个月。"文化大革命"结束时，重工局党委向各厂派驻清查整顿工作组。被自学小组批评过的人，向工作组揭发，认为成立自学小组是政治错误。工作组经过一段时间的调查研究，最后认定自学小组"没有任何政治问题"，并在全厂职工大会上公布此结论。我报考研究生时，支部书记黄朝铣同志尚未调走，工厂支部出具的政审意见是正面的，要不然法学所不会准考。

我收到法学所寄来的复试通知书，法学所收到工厂寄去的一份新的政审材料。法学所党组派刘海年、叶维钧两位老师赴昆明进行政审，下榻云南省高级人民法院招待所。次日高级法院院长决定派车并派六七级校友唐代洪法官陪同刘、叶两位老师，于上午9时左右到厂。后据刘海年老师说，工厂党支部坚持认为自学小组是政治问题，直到中午，不变态度。两位老师已经失望，拟在工厂职工食堂用餐后返城。食堂女管理员杨慧仙是部队转业的老同志，听客人说从北京来政审，顺口说了一句：小梁可是个好人。听了食堂女管理员这句话，两位老师颇受触动，于是改变计划，重又进厂找支部书记，要求再开支部委员会，不谈政治结论，而逐一列举自学小组做了哪些事情。也就是：自学小组曾经揭发批判个别领导干部多吃多占的问题。问：被揭发批判的同志有无多吃多占的事实？众支委诚实回答：有这样的事实。遂使僵局缓和，出现转机！

下午4时左右，厂党支部慎重研究决定，更改先前的政审意见。命运之神终于向我敞开了通向中国社会科学院法学研究所的大门。不久收到法学研究所正式录取通知书。就这样，我离开了生活工作十年之久、至今仍魂牵梦绕的昆明东郊大板桥的小小国企——昆明市农用轴承厂，走进了紫禁城北景山东侧沙滩北街十五号，由此踏上了从事民法学术研究的漫漫长路！

附记：本文于2009年2月28日完稿，3月15日定稿，发表在中国法学网。今编入本文集，以代序言。北京城南清芷园半夏书屋，2012年7月1日。

梁慧星

专题研究

论企业法人与企业法人所有权

法学著作往往把企业法人称为社团。但是，企业法人的概念比社团更为确切。这不仅因为当代所有大型企业，大部分中型和小型企业实际上都是法人，还因为企业的形式已经如此之普遍，以致成为现代社会的一个显著特征。在某种意义上可以说，社会已经企业化了。

企业，是现代社会中人们进行生产活动的一种组织形式或经营方式。马克思和恩格斯在著名的《共产党宣言》中使用的是"经营方式"这个名称。纵观人类历史，我们可以发现一个由不同的社会生产经营方式依次更替的发展序列。人类最原始的经营方式的基本单位是氏族，氏族解体之后是以父亲为首长的血缘家庭。进入阶级社会后则是奴隶主家庭、封建制农民家庭、行会作坊、手工工场。最后出现了资本主义的经营方式——企业。在现代资本主义社会，不用说工业、农业、商业、交通运输业、建筑业和金融业早已企业化了，就是新闻、出版、电影、电视，甚至科技情报、民意测验亦已企业化了。所以，我们可以说现代化的经营方式统一于企业。垄断组织如托拉斯，乃至跨国公司、国际公司等，不过是现代化的特大型企业或超大型企业。

撇开资本主义私人占有制所加于企业的资产阶级性质不论，我们看到现代企业具有两个特征：第一，企业按照专业化分工协作原则，把一定数量的劳动力、劳动工具、劳动对象和现代科学技术结合在一起，组成一个独立的生产体系。一个企业，就是社会生产力的一个基本单位。所有企业生产力的总和，就构成整个社会总生产力。第二，企业就像一个自然人一样独立地进行生产经营活动和参加商品交换活动，以一个独立的民事主体的资格享受权利和承担义务，与其他企业和消费者发生各种法律关系。企业之所以能像一个自然人一样具有权利能力和行为能力，只是因为法律赋予它一个独立的人格，称它为企业法人。

企业法人是商品生产高度发展的产物。商品生产不是资产阶级社会所独有，它早已存在了。由于欧洲经济和政治形势的发展，特别是美洲新大陆的发现，经过好望角绕过非洲而达印度的新航路的开辟，火药、印刷术和指南针的传入欧洲，各国王族的联姻以及由此而带来的欧洲大陆的相对和平等等，刺激并引起对商品的无限需求，使商品生产冲破封建行会的束缚而加速发展起来。由于蒸汽和机器的采用，引起工业生产的革命，现代企业终于取代手工业工场而成为主要生产经营方式。

早期资本主义的私人企业并不具有法律上的独立性，它是资本家的所有物，是资本家所有权的客体。资本家以商品生产者和所有者的资格从事一切活动。随着生产规范的扩大，产生了几个资本家联合经营的企业，产生了合伙关系，并逐渐产生了建立在这种合伙关系之上的无限公司和合资公司。虽然有的法学著作把无限公司这类组织也称为"法人"，但这还不是成熟的真正的法人。在这种合伙关系中，每一个合伙人亲自出面活动，被认为是一个商人，并对其他合伙人负责。这类企业的财产为合伙人所共有，称为共有财产或联合财产。每一个合伙人必须以其所有的全部财产作为企业债务的担保，这就使资本家常常要冒倾家荡产的极大风险。可见这种合伙关系对商品经济的进一步发展是显然不利的。

早在中世纪，商业家就曾设想借助于合伙契约，根据合伙人的共同意志创造出一个神秘体，这个神秘体能代表企业本身独自进行买卖活动，不需要任何自然人用自己的财产替它负责。这种没有买卖人的买卖，在当时还只能是一个极为模糊的臆想。这个臆想终于实现了，经济和法的发展产生了企业法人的概念。法律为了适应经济发展的需要，赋予以股份公司形式组成的企业以一个独立的法律资格——法人。这样一来，原来被当作资本家的所有物，处于被动状态的无生命的企业，一下子变成了具有无限生命力和主动性的企业法人。企业法人，作为一个完全不依赖于它的参加者而独立存在的民事主体，占有和支配企业全部财产，享受所有权和其他财产权利，承担民事义务，与其他企业和消费者发生各种联系。企业财产独立，即企业全部财产所有权属于企业法人，这是企业法人制度的根基。企业的股东，在法律上已不再被视为企业财产的所有权主体，它对企业财产的所有关系已被存在于股票上的社员权取而代之。资本家股东已由原来意义上的企业主转化为企业股票的持有人。

由于法律赋予企业以法人资格，企业就能脱离资本家而独立。它可以独立自主地进行经营活动，因而便于组织生产和销售，加速资金的周转，采用先进技术，不断更新设备，提高生产力。它在商品交易市场上可以有极大的灵活性和机动性，可以有较强的竞争能力。

企业法人似乎使资本家股东丧失了对企业财产的所有权，但却因此使资本家获得了极大的利益。资本家再也不必如合伙关系那样用自己的全部财产为企业担保，它只在所投入的股金范围内承担风险。企业的债务和债权与企业股东截然分离。这就使得资本家有可能同时投资于若干个企业，而只担负有限的风险。资本家因所投资的某个企业破产而蒙受的损失，被限定在所投入的股金范围之内，同时可因其余企业的成功而得到弥补甚至大发其财。这种有限责任制度，给企业法人提供了把个别参加者的少量投资汇聚成大宗资本的可能性，使大资本家可以从社会居民秘藏的攒钱盒子里把零星积蓄统统搜刮出来，抓在自己手中，从而加速了社会资本的聚积和垄断。在帝国主义时期，企业法人制度所提供的这种从少数纳款汇集成大宗资本的可能性已经丧失了它的大部分经济意义。但是，现代资产阶级学者却正是以此为据，论证所谓"资本的民主化"，宣扬所有职员和工人都可以因取得本企业小额股票而成为"股东"。他们想用这种理论来掩饰资本主义的剥削。

对资本家来说，企业法人制度最宝贵之点还在有限责任利益。企业法人制度就像具有神话中的分身法术一样，它使资本家作为自然人所具有的权利能力和行为能力大大地扩充和膨胀了许多倍，因而能够通过许多吸管同时吮吸剩余价值。正是基于这种原因，大规模的资本主义企业才像雨后春笋般地产生出来，从而极大地促进了资本主义商品经济的发展。资产阶级在它兴起以后所创造的生产力，比过去一切世代所创造的全部生产力的总和还要多还要大。难怪资产阶级经济学家和法学家把企业法人说成是新时代最伟大的发现，认为这一发现的重要性远远超过了蒸汽和电力。他们一致认为，如果没有企业法人这个法律上的发现的话，就像缺少物理学方面的那些伟大发现一样，大规模的现代化生产乃是不可想象的。

企业法人竟然对经济的发展产生了如此巨大的反作用。我们应当如何解释企业法人所有权与资产阶级所有制的关系呢？我们知道，所有制属于经济范畴，它在一切社会里都存在着，只是在不同的社会里表现为不同的形式罢了。而所有权则是法律上层建筑的范畴，是一种历史现象，在国家产生以前的原始社会里，是无所谓所有权的。国家通过法律固定和保护现存的物质资料所有关系，便形成了所有权法律制度。所有制与所有权之间是经济基础与上层建筑的关系。有什么样的所有制就要求有什么样的所有权，所有制形式归根到底决定着所有权的性质和内容，而所有权法律制度又反过来确认和保护对统治阶级有利的所有制形式。但是，法律设所有权制度的目的，不仅在于保护对社会现存财富的占有关系，还在于保护和促进社会经济流转，即所谓求交易的安全与迅速，最终有利于促进社会物质财富的再生产。这就不能不使所有权制度带有某种灵活性。在一定情况下，所有权可以与所有制发生某种脱离或不一致。马克思在1861年7月22日给拉萨尔的信中指出："虽然一定所有制关系所特有的法的观念是从这种关系中产生出来的，但另一方面同这种关系又不完全符合，而且也不可能完全符合。"马克思强调说，理解这一点是"极其重要的"。由于商品经济发展的需要，在资本主义所有制关系中产生出资本主义的企业法人所有权，这种企业法人所有权"排斥"资本家所有权，因而在形态上与资本主义所有制关系不一致，这从马克思的上述观点来看是不难理解的。

为了解释企业法人这一法学上的奇特现象，资产阶级法学家发明了各种各样的学说。他们甚至把企业法人描写成是"人民按照自己的形象创造出来的"一种"新生物"，一种"超人的生物"，一种"既看不见也捉摸不到的人为的存在物"。我们从前面的分析已经看到，企业法人制度的全部意义仅仅在于，为了使资本家股东只负担有限责任而赋予资本家以一种法定的特权。实质上，企业法人不过是保障资产阶级牟取高额利润的一个法律工具罢了。

但是，如果我们仅仅限于这样来认识和理解企业法人制度还是不够的。企业法人制度对社会发展的极大进步意义表现在以下三个方面：

第一，企业法人加速了社会资本的集中过程。马克思把它喻为加速

"社会积累的新的强有力的杠杆"。① 假如我们必须等待积累去使某些单个资本增长到能够修筑铁路的程度，那么恐怕直到今天世界上还没有铁路。但是按照企业法人制度所组成的股份公司转瞬之间就把这件事完成了。这种集中在加速资本积累的同时，又扩大和加速了资本技术构成的变革，促进了社会生产力的发展。"工业企业规模的扩大，对于更广泛地组织许多人的总体劳动，对于更广泛地发展这种劳动的物质动力，也就是说，对于使分散的、按习惯进行的生产过程不断地变成社会结合的、用科学处理的生产过程来说，到处都成为起点。"② 资本主义生产方式的目的，是要剥夺一切个人的生产资料；由于企业法人的出现，这种剥夺已经由剥夺直接生产者扩展到进一步剥夺中、小资本家自身。恩格斯对马克思的意思加以补充说，"只要生产发展的程度允许的话，就要把该工业部门的全部生产，集中成为一个大股份公司"，这是社会发展的要求。恩格斯举联合制碱托拉斯为例，指出这个托拉斯把英国全部碱的生产集中到惟一的一个大公司手里，这就"最令人鼓舞地为将来由整个社会即全民族来实行剥夺做好了准备"。③

　　第二，企业法人使社会生产的管理职能同资本家分离，同时为新的生产方式提供了新的管理形式。马克思在《共产党宣言》、《资本论》等著作中，都曾科学地分析和肯定过资本家所担负的对社会生产的管理、监督和调节的职能，并把资本家比做工业生产的司令官、将军和统帅。认为资本家的这种职能已经发展为劳动过程本身进行时所必要的条件，在生产场所不能缺乏资本家的命令，就像战场上不能缺少将军的命令一样。但是，由于企业法人的出现，这种管理职能已与资本家分离而由企业经理或管理处来行使。一般情况下，经理或管理处根本不占有企业股票，他们是别人资本的管理人。企业由不是股东的人管理着，依自身的机制而正常运转。管理职能已经脱离资本而独立，成为一种特殊的社会职能。现代资本家已经与社会生产过程如此之疏远，以至于他们除了存在于证券上的一点联系

---

　　① 《资本论》第 1 卷，第 689 页。
　　② 同上书，第 688 页。
　　③ 《资本论》第 3 卷，第 495 页。

之外，与社会生产简直毫不相关。他们甚至根本不必考虑自己所投资的是何种企业，从事的是何种经营，他们完全成了一群靠剪息票为生的寄生者。他们把证券锁在某个银行的保险柜里，自己却住在海滨或其他风景区的别墅里消闲，尽情享受着奢侈的生活。资本家对社会生产已经不起什么作用了。资本家与生产的脱离并不是资本主义的"福音"。它意味着只要夺取和打碎资产阶级国家机器，"我们就会有一个排除了'寄生虫'而拥有高度技术设备的机构，这个机构完全可以由已经团结起来的工人亲自使用"。①

第三，企业法人财产已经具有了社会财产的性质。这种财产已经不再是各个互相分离的生产者的私有财产，而是联合起来的生产者的财产，即直接的社会财产。它已经不再是私人生产的资料，它只有在联合起来的生产者手里才能发挥生产资料的作用，它是资本再转化为生产者的财产的过渡点。正如马克思所说，"这是资本主义生产方式在资本主义生产方式本身范围内的扬弃，因而是一个自行扬弃的矛盾，这个矛盾首先表现为通向一种新的生产形式的单纯的过渡点"。② 企业法人财产的这种作为社会财产的性质与它所固有的作为私人财产的性质之间的尖锐矛盾，因企业法人中"一人公司"或"独资公司"的出现而达到顶峰。社会的进一步发展，除了剥夺剥夺者之外别无选择余地。无产阶级运用夺得的社会权力废除了生产资料的资本家所有制，就能解脱私有制加在生产力身上的桎梏，而使它的社会性质得到完全的自由发展。

从以上的分析我们可以得出这样的结论：企业法人制度所具有的二重性在于，一方面，它是资本家借以享受有限责任利益的一种特权，是资产阶级榨取剩余价值的法律工具；另一方面，它又是社会生产转到新的生产方式的过渡形式。

企业法人制度发端于罗马法，但它的真正形成和发展是近200年的事情。法国资产阶级在取得政权的初期，由于对封建行会的束缚记忆犹新，担心企业法人会限制资产阶级个人自由，担心企业具有独立的所有权会损

---

① 《列宁全集》第25卷，第413页。
② 《资本论》第3卷，第495—496页。

害资产阶级私有制，因此对企业法人心怀疑惧。1794 年的一项法令规定："……人寿保险公司以及一切以不记名股份或者是记名但可以自由转让的股份合资成立的团体，一概予以禁止。"股份公司一类企业被指责为破坏信用的团体，宣布一律解散。虽然两年后这个禁令实际被取消，但1804 年的法国民法典却仍对企业法人不作规定，根本就不承认法人这个概念。企业法人是商品经济发展的产物，要想抹杀它总是徒然的。凡是在法国民法典之后编纂的各国民法典均对企业法人详加规定，如德、日、意等国民法都为此设有专章。仅此一点，即足以证明企业法人是人类社会发展带规律性的现象，是不以人们的意志为转移的。

取得政权的无产阶级也担心企业法人享有独立的所有权会损害社会主义的公有制。基于这种担心，社会主义国家民法不承认企业法人享有独立的所有权，因而在实际上剥夺了企业特别是国营企业的独立的经济地位和法律地位。传统的民法理论认为，国家财产只有一个惟一的所有权主体——国家。除了国家以外的组织都不能享有国家所有权主体资格。一切国营企业，无论它们属于中央或地方，都只是受国家的委托，按照国家的意图，对国家财产进行管理。企业绝对不能成为企业财产的所有权主体，甚至对自己所生产的产品也不能享有所有权。据说这是为了保证国家行使其组织经济的职能，保证无产阶级对社会主义生产实行领导。国家所有权主体的这种统一性、惟一性和不可分享性，被说成是基于社会主义国家所有制而得出的绝对的法律结论。这种理论正是与我国经济体制相适应的。我国现行经济体制的主要特征就在于，国家直接管理和指挥整个国民经济和所有企业的经济活动。严重的"政企合一"现象，应该说是我国经济发展缓慢的重要原因之一。

30 年经济建设的实践暴露了现行经济体制的缺陷。现在各地都在进行扩大企业自主权的试点，学术界也正在开展关于经济体制改革的讨论，分别从实践方面和理论方面来探求调动企业生产积极性的办法。各地的试点都不同程度地调动了企业的积极性，取得了比较明显的经济效果。但我们不能不思考这样的问题：扩权虽然触动了现行经济体制，但它是否就是开启大门的锁钥呢？用扩权的办法能把企业身上的绳索完全解除吗？30 年来捆在企业身上的是一根什么样的绳索呢？我赞成经济学界一些同志所正确指出的，体制改革所应解决的绝不是中央、地方和企业如何分权的问题。我认为，体制改革应解决的关键问题，首先是确认企业作为社会生产力基本单位在国民经济中所应有的独立地位，并由法律承认企业的所有权主体资格，赋予企业以法人地位，让企业享有所有权，以独立的企业法人资格从事生产和参加流通。这是社会主义经济发展规律的要求。既然我们已经从理论上承认了社会主义商品经济，既然我们已经确认了计划调节与市场调节相结合的方针，既然我们已经让生产资料进入了商品市场，那么，通过企业法人制度以保证企业的商品生产者和商品所有者资格，其意义和必要性也就不言而喻了。

我国经济发展的现实已经走到了理论的前头，企业不能享有所有权的传统理论已为实践所打破。中外合资经营的企业出现了，这种合营企业的所有权归属问题使传统的所有权理论陷于无法解脱的困境。《中外合资经营企业法》规定，"合营企业的形式为有限责任公司"，赋予了合营企业以独立的法人所有权。国家与集体合资经营的企业也出现了，这类企业财产中既包含有国家财产也包含有集体财产，两种不同所有制的财产掺合在一起无法区分，除了赋予企业以独立的所有权之外别无他法。各地试点中规定国营企业留成的利润可以用于向其他企业（包括集体企业）投资，可以同其他企业（包括集体企业）合资举办新的企业，也可以独资创办子公司或女儿企业。这里也有一个是否承认新办企业的法人所有权问题。无论从实践还是从理论上看，我们都无法回避也不应回避承认企业法人所有权这个迫切问题。

确认企业法人所有权，国营企业成为全民所有制财产的所有权主体，这将使我国现在的所有权法律制度发生重大变革。这种变革，能使属于上层建筑中的所有权制度适应我国经济基础的实际情况，符合经济体制改革和发展社会主义商品经济的要求。我们知道，任何权利都不可能不使权利主体同时承担某种义务，国营企业作为财产所有权主体，负有下列义务：第一，企业负有维持并不断扩大企业财产的义务；第二，企业负有按照社会需要使用企业财产的义务；第三，企业负有向国家提供利润的义务；第四，企业负有接受国家监督的义务。

承认企业法人所有权会不会损害生产资料的全民所有制性质呢？我认

为，这种担心是毫无根据的。相反，只有确认国营企业法人所有权，才能够真正确立生产资料的全民所有制。历史唯物论告诉我们，社会的发展必然要求在实现生产社会化的同时也实现财富的社会化。我们在前面分析资本主义的企业法人财产时，已经谈到这种法人财产的两重性质，即同时具有社会财产的性质和私人财产的性质。社会主义革命废除了资本家占有制，就有可能消除企业法人财产的私人性质，而使它的社会性得到充分的发展，按照马克思在《资本论》中的说法，使它真正成为"联合起来的生产者的财产，即直接的社会财产"。① 社会主义的企业法人所有权，使生产的社会化与生产资料的社会化达到统一。生产资料的社会化正是通过许许多多企业法人对生产资料的所有权来实现的。从具体的一个企业看，社会全体成员对这部分生产资料的占有与该企业全体成员对这部分生产资料的占有，以及反映在这部分生产资料上的社会全体成员的物质利益与该企业全体成员的物质利益，通过企业法人所有权这一法律形式而达到统一。企业按社会的要求，为满足整个社会全体成员的物质和文化生活需要而进行经济活动。企业所创造的利润之一部分以税金等形式上缴国家，由国家再分配于社会全体成员。另一方面，企业又直接按照企业全体成员的意志组织生产和销售，在上缴国家税金、偿付银行贷款和利息之后，一部分用于维持企业生产和扩大再生产，用于设备更新和技术改造，一部分则直接以工资、奖金及其他企业福利形式分配给本企业全体成员。可见，企业法人所有权并没有使全民所有的财产变成企业集体所有。马克思指出，社会主义革命是要把资本"再转化为生产者的财产"，不过这种财产不再是各个互相分离的生产者的私有财产。国营企业的财产正是这样，它既不同于国家所有权客体的国库财产，也不是生产者的私有财产或集体共有财产，而是联合起来的生产者的财产，按照马克思的说法，即直接的社会财产。在法律上讲，就叫做企业法人财产。社会主义的企业法人所有权，正是社会主义全民所有制的一种法律形式。企业法人在法律和国家指令性计划规定的范围内行使占有、使用和处分权。国家则担负着更加重要的职能，即对企业财产实行监督的职能。这个监督职能是通过计划、银行和簿记机关

① 《资本论》第 3 卷，第 494 页。

以及法律等中介而行使的。

有的同志担心承认企业法人所有权可能导致生产的无政府状态。其实，资本主义社会生产的无政府状态是资本主义私人占有制的必然结果，而与企业法人制度没有因果关系。相反，企业法人制度所造成的生产的集中和垄断，对竞争和无政府状态起到了一定的抑制作用，并使资产阶级国家有可能在某些生产部门实行国有化和对整个经济实行一定程度的国家干预。以社会主义公有制为基础的企业法人，由于其经济上和法律上的独立性，由于其自身的经济利益，在经济活动中具有较大的机动性和竞争性。社会主义商品经济必然要有竞争。但是，企业法人财产的公有制性质，可以使竞争限制在对社会主义经济有利的范围之内，并保证国家对社会生产实行计划指导。

承认企业法人所有权，实现政企分离之后，国家仍然通过以下四个主要渠道保持同企业的联系：（1）国家向企业征收固定资产税和营业税；（2）国家通过银行信贷向企业提供流动资金和其他资金；（3）国家根据计划调节与市场调节相结合的方针，制定国民经济计划，对企业加以管理和指导；（4）国家通过经济立法和司法对企业经营活动加以控制。国家掌握并运用税收、信贷、计划和法律等有效手段，完全足以保证企业经营活动不脱离社会主义轨道，从而达到使整个国民经济有计划按比例而又高速度发展的目的。

企业法人是商品经济发展的产物，只要社会还没有完全取消商品生产，它就有存在的历史依据。以资本主义私人占有制为基础的企业法人制度，曾经促进资本主义商品生产的极大发展，为社会主义社会准备了物质基础。今天，建立在公有制基础之上的社会主义企业法人制度，必然能够促进社会主义商品生产的更加高速发展，为最终过渡到共产主义社会创造强大的物质基础，这是没有疑问的。

（原载《法学研究》1981 年第 1 期，
1992 年获得中国社会科学院第一届优秀科研成果奖）

试论侵权行为法

　　不法侵犯他人权利，并致他人以损害的行为，称为侵权行为。有关侵权行为的法律规范构成现代民法的一个重要部分——侵权行为法。我们平常说，侵权行为法渊源于罗马法。但是，迄今发现的比罗马法更为古老的法典，例如汉穆拉比法典上就已经有关于侵权行为的法律规定。由此看来，成文的侵权行为法的历史至少可以追溯到4000多年以前。

　　在人类社会初期，对个人所加的侵害行为只是引起受害者及其血亲的复仇。举行这种复仇乃是受害人及其血亲的权利，它受习惯法的保护。按照习惯法，复仇必须公开进行，或者以某种方式使人明白。秘密复仇是不允许的。有的民族的早期成文法还认可这种私人复仇权利，并用明文规定，复仇者在杀人之后必须将杀人凶器留置死者身上，不得携去。我们几乎可以从各个民族的历史上发现这种复仇制度的痕迹。私人复仇制度不利于社会的安定和经济的发展，于是逐渐产生了一种用损害赔偿代替私人复仇的变通办法。受害者一方有权自由选择，或者放弃复仇权利而接受赔偿，或者拒绝接受赔偿而坚持实行复仇。这种损害赔偿，最初是由侵权行为人向受害人或者他的血族支付若干匹马或若干头牛。赔偿数额的多少不是由法律规定，而是任凭当事者双方协商确定。最初的损害赔偿，与其说是填补受害人的损失，不如说是对受害人放弃复仇权利的报偿。

　　古代成文法时期，法律禁止私人复仇，而赋予受害人及其家属要求损害赔偿的请求权。法律规定一些最重要的侵权行为，并规定损害赔偿的金额或计算标准。汉穆拉比法典规定了因疏忽而致他人田地被水淹没、践踏他人庄稼、偷砍他人树木以及公牛触伤他人等侵权行为各应赔偿多少粮食或银子。罗马帝国公元286年颁布的亚奎利亚法规定了各类侵权行为赔偿责任的计算标准：杀他人之奴隶或四足家畜者，以该奴隶或家畜最后一年内的最高价格为赔偿标准；毁损各种有体物者，以该物最后 30 日内之最高价格为赔偿标准。早期成文法曾经一度对有关人身伤害的侵权行为还保留同态复仇的痕迹。如汉穆拉比法典规定，因过失杀死他人之子者，他的儿子应被处死。罗马十二铜表法规定，折人一肢者，即折其一肢。在罗马，直到大判官法，方才确定对人身的伤害也一律实行金钱赔偿制度。赔偿金额由法官依据被害人的身份地位、伤害之部位及侵权行为发生之场所而计算确定之。至查士丁尼帝制定罗马法典时，各种具体的侵权行为依其性质而分为"私犯"和"准私犯"，而相并规定于法典之债务法部分。所谓"私犯"，包括：窃盗、强盗、对产私犯、对身私犯。所谓"准私犯"，包括：（1）事实审判官加于人之损害；（2）自屋内向外投掷物体对他人之损害；（3）于大路旁堆放或悬挂物体对他人之损害；（4）奴隶对他人之损害；（5）牲畜咬伤他人之损害。罗马法之侵权行为责任实行严格的过失责任原则。中世纪欧洲诸国大多沿用罗马法。罗马法关于侵权法在法典中的编排位置，关于侵权行为之分类及损害赔偿责任原则等规定，对现代侵权法皆有重大影响。

1804 年的法国民法典承袭罗马法典之编纂体例，把侵权行为和准侵权行为规定在财产取得法编的"非因合意而发生的债"一章之中。这种编排也影响到其他大陆法国家民法典。法国民法典中的侵权行为和准侵权行为一节仅有五条，其简略令人吃惊。该法典抛弃了罗马法上"私犯"和"准私犯"的名称，而采用了侵权行为和准侵权行为的概念。并打破罗马法及其他古老法典对各种侵权行为分别规定的办法，试图制定一个适用于一切侵权行为的原则条文："任何行为使他人受损害时，因自己的过失而致行为发生之人对该他人负赔偿的责任。"（《法国民法典》第 1382 条）其余条文规定了任何人对应由他负责的他人的侵权行为应该负责赔偿的情形，即父母对未成年子女、主人与雇用人对仆人与受雇人、教师与工艺师对学生与艺徒等。还规定了属于准侵权行为的责任，即动物所有人的责任及建筑物所有人的责任。

1900 年的德国民法典关于侵权行为的规定比法国民法典详细得多。该法典制定了一个更加概括的一般侵权行为责任的原则条文："因故意或过失不法侵害他人的生命、身体、健康、自由、所有权或其他权利者，负向他人赔偿因此所生损害的义务。"法典又以若干条文详细规定了特别侵权行为责任、监护人责任、共同侵权行为责任、损害赔偿范围、请求权时效等。德国民法典对侵权行为的规定，共计31条，组成一个完善的侵权法制度。它的好些法律条文均为其他民法典所仿效。

由于英美法系的非法典化特点，英国侵权法实际上是由各种特殊侵权行为责任的规定和大量具体侵权诉讼的法院判例构成的法律汇编。这种汇编的目的在于给法官和律师的工作提供参考。它没有一般的侵权行为责任的法律原则，每一种侵权行为都有自己特殊的历史和特殊的原则。它也没有一个恰当的分类。普通的法律教科书则把英国法中的侵权行为分为七种：（1）对人身安全和自由的侵权行为；（2）对于个人名誉的侵权行为；（3）对于财产的侵权行为；（4）干涉家庭关系、合同关系和商业关系的侵权行为；（5）欺骗行为；（6）过失行为；（7）法律程序的滥用。英国法学家们长期为不能制定一个侵权行为的准确定义和科学的分类而苦恼，他们抱怨说，"即使包括所有那些特殊名称，我们的分类也难以对所有的侵权行为包括无遗。因为还有一些侵权行为没有名称，而另外还有一些违法行为根本就无法断定它们究竟是否属于侵权行为"。在英国法律中，法官有权根据实际案件创造出新的侵权行为，尽管大法官德夫林说过，创造一种新的侵权行为，现在已属非常罕见。

我们可以大致把侵权法的历史区分为习惯法时期、古代成文法时期和现代法时期。习惯法时期的侵权法主要表现为私人复仇制度，它的使命是解决部族成员之间的矛盾和冲突。古代成文法时期，侵权法担负着保护公民人身权利和财产权利，维护社会秩序的重要任务，它表现为国家实行强制干预，废止私人复仇制度，而确立损害赔偿制度。现代侵权法（主要指资产阶级国家侵权法），担负着保护资产阶级财产权利，维护资本主义私有制和调整资产阶级内部关系的重大任务。同时，为了维护资本主义社会存在的一般条件，现代侵权法也担负着保护其他社会成员的人身权利和其他权利，缓和阶级矛盾和阶级斗争的重要任务。1922年以后产生了一批以公有制经济为基础的民法典。公有制国家的侵权法就其本质、目的和任务讲，与资产阶级国家的侵权法是有重大区别的，但这不属于本文所要讨论的范围。就形式和原则而论，公有制国家侵权法与资产阶级国家侵权法有许多相同之处，因此下面分析现代侵权法时将一并论及。

现代民法已有近 200 年的历史。随着人类社会的不断发展，包括阶级斗争形势的变化和发展，以及社会物质文明和精神文明的进步，产生了几十部民法典，其中关于侵权行为的规定有详有略，有同有异。就侵权法作为一项法律制度来看，已有重大发展。现代侵权法的发展，表现在下面四个方面。

首先，侵权法的地位和作用愈来愈增强。资本主义自由竞争时期的民法思想认为，权利的行使是绝对的，不应受限制，而要行使权利就不可避免地要侵害他人利益。如果法律规定过严，个人的行动自由将受限制，势必阻碍自由竞争和生产的发展。这种思想长期支配民法学界。因此，在法国民法典总共 2281 条之中，对侵权行为和准侵权行为的规定只占 5 条。可见当时统治者对侵权法的重要性认识之肤浅。法国民法典颁布以后的一百多年中，资本主义由自由竞争发展到垄断，出现了周期性经济危机，先后发生了两次世界大战，阶级斗争形势发生了深刻变化。而资本主义的发展所造成的各种各样的社会问题，不能不对法律上层建筑和民法思想产生深刻影响。德国民法典在总共 2385 条之中，以 31 个条文对侵权行为详加规定。其他如日本民法、瑞士债务法、泰国民法以及解放前的旧中国民法对侵权行为的规定也比法国民法典详细得多，而与德国民法典相仿佛。除民法典之外，各国相继颁布了许多单行法，如铁路法、公路法、航空法、企业法、劳动法、社会保险法及环境保护法等，这些单行法中无不包含对特殊侵权行为责任的法律规定。由此可见，资产阶级为了维持其政治和经济统治，不能不更加倚重于侵权法，以调和各种利害冲突，缓和阶级矛盾，维护社会秩序，企求资本统治的长存。

在公有制国家的民法中，为了保护公民合法利益，更加重视侵权法的作用，给予侵权法以更加重要的地位。1978 年颁布的南斯拉夫债法，其中对侵权行为的规定就有 56 条，与法国民法典之仅有 5 条恰成鲜明对照。其他国家如捷克斯洛伐克和德意志民主共和国，则打破罗马法以来一切资产阶级国家民法置侵权法于债编作为一节或一章的传统，把侵权法作为民法典一个独立部分加以规定。

其次，侵权法的发展表现在侵权责任范围的扩大。罗马法以来，侵权行为责任基本上以对人身的伤害和财产上的损失为限。如德国民法典规定，除伤害身体、妨害自由和侮辱妇女三种情形之外，其他"非财产上之损害，不得请求金钱赔偿"。但是，侵权责任以财产损失为限这一罗马法原则相继为其他国家立法所打破。如瑞士债务法第55条规定："由他人之侵权行为，于人格关系上受到严重损害者，纵无财产损害之证明，裁判官亦得判定相当金额之赔偿。"旧中国民法第195条规定："不法侵害他人之身体、健康、名誉或自由者，被害人虽非财产上之损害，亦得请求赔偿相当之金额。"按照英国法律，"原告的正当的尊严和自尊的感情受到恶意和违法的损害时，可以判给精神损害赔偿金"。南斯拉夫债法也规定，对精神损害应负赔偿责任。并在债法第155条对什么是精神损害下了一个概括性的定义："对于他人造成生理的、心理的或引起恐惧的损害"。而在1978年债法颁行以前，南斯拉夫司法实践中就已经执行了精神损害赔偿原则。在美国，第三家最大的银行——曼哈顿银行于1978年在一项由2000名女管理员提起的控诉性别歧视的侵权诉讼中败诉，该银行被判决向原告支付200万美元的赔偿金。这一案件可作为美国法中侵权责任不以财产损失为限的证明。

第三，现代侵权法的发展表现于在过失责任原则之外更产生了原因责任原则和公平责任原则。自罗马法以来的侵权法理论，无过失即无责任，绝对的过失责任原则长期占据支配地位。资本主义早期民法思想认为，"基于人格的正常发展行为"，纵对他人加以损害，亦不负损害赔偿责任。假如侵权责任不以过失为必要条件，则个人的活动自由将因此而受到不当的限制。法国民法典起草时的理由书中写道："无论损害之发生是起因于设备欠妥，或起因于选任之不当，至少须有过失，始负责任。"可见在传统民法思想中过失责任原则之根深蒂固。但随着资本主义发展，大规模工业交通事业兴起，这些事业本身具有极大危险性，随时可能给工人和他人造成伤害。如果拘守过失责任原则，工人阶级和其他劳动群众遭受损害将无法得到赔偿。一方面由于工人阶级的反对，另一方面统治阶级为了缓和阶级矛盾，因而过失责任原则终被打破而产生出原因责任原则。1838年普鲁士制定关于铁路企业的法律规定："铁路公司对其所转运的人及物，或因转运之故对于别的人及物予以损害者，应负赔偿责任。企业之容易予人损害者，虽企业主毫无过失，亦不得以无过失为免除赔偿责任之理由。"1871 年德国颁布的统一责任法采取上述原则。奥地利和瑞士也先后制定了类似的法律。原因责任原则因而得以确立。凡现代化企业，便会发生与企业主和工人之过失无关的危险，其所造成工人及他人之损害，应由企业主负责赔偿，法理上称为原因责任原则。南斯拉夫债法把原因责任原则称为客观责任，而把过失责任原则称为主观责任。现代各国侵权法大抵同时采用过失责任原则和原因责任原则，普通侵权行为适用过失原则，特别侵权行为适用原因原则。

　　然而在侵权行为中还有用过失责任和原因责任所无法解释的情形，其最典型的例子就是无侵权能力人所造成的损害。如精神病人殴伤他人，未满七岁的小孩损坏一件珍贵文物。在这种情形，如果受害人无端受损失而不能得到赔偿，未免失之不公。奥地利民法因而规定，精神病人或未成年人侵害他人时，如果被害人不能依法从监护人得到赔偿，法官应斟酌加害人与受害人双方之财产状况，使加害人赔偿全部或一部分损害金额。于是侵权法理论遂产生了第三原则——公平责任原则。这一原则逐渐为其他国家民法所接受。南斯拉夫债法第 169 条也采用了这一原则。南民法学家认为，这种情形下的赔偿责任是"出于社会主义公平及团结原则的考虑"，法院在有"正当社会理由，而且法律许可时"，可以不适用法律条文，而依"公平原则"判决。

　　第四，侵权法的发展还表现在行政侵权行为同民事侵权行为的分离趋势。侵权行为法之本旨在借助于国家之强制力以保护公民合法权利不受侵害或苟受侵害而能得到补偿。国家本身如果侵害公民权利是否也应负赔偿责任呢？这个问题在罗马法时代必定被认为荒诞不经。在古代社会中，国家、君主和政府并不受法律支配，就是各级行政官吏也享有各种诉讼豁免权。罗马法上仅有事实审判官故意为不公正处理或因过失错误适用法律程序而应负侵权责任的规定。但事实审判官只相当于现代之陪审员，而并非正式之国家官吏。可知在罗马法理论中，国家机关及国家官吏均不得作为侵权行为之主体。在现代民法理论中，国家官吏超越权限所为的侵权行为，由官吏本人负责。官吏的侵权行为同普通公民的侵权行为同受普通法院管辖。国家官吏或一切公务员在其职权范围内所为之侵权行为，则属于国家或国家机关的侵权行为，由国家或国家机关负责，可以称之为行政侵权行为。

法国于 1799 年建立行政法院，管辖两类案件。一类是越权案件，行政法官可以判决各种各样的行政当局的越权案件，上至共和国总统下至最基层的市镇长官的行政处分行为，都可判为无效。另一类是国家机关的侵权责任案件。政府机关本身侵害公民或法人权利而造成损害时，行政法官判决政府机关对受害者负金钱赔偿责任。欧洲共同体中其他设有行政法院的国家与法国不同，这些国家的行政法院只审理关于要求宣告行政行为无效的诉讼，至于行政机关的损害赔偿责任则仍归普通法院审理。在美国历史上，政府和文职人员都享有诉讼豁免权，现在这种豁免权已被立法和法院剥夺殆尽。1946 年美国国会正式通过联邦侵权法令，根据这一法令，联邦各地区法院有权审理由于政府雇员在公务范围内因过失、违法行为或失职所造成的损害、财产损失、人身伤害或死亡而向合众国要求金钱赔偿的诉讼案件。在这种情形下，合众国以一个普通人的资格，根据侵权行为发生地的法律向被害人承担赔偿责任。

南斯拉夫的一些共和国设有行政法院，联邦和其他共和国则在普通法院内设有行政庭。行政法院和行政庭审理政府机关的侵权责任案件。南公民和组织可以对除联邦主席团、议会和联邦执行委员会以外的一切政府机关提起侵权诉讼，要求金钱赔偿。可见南斯拉夫类似于法国，把行政主体所为的侵权行为从民法中分离出来，运用行政诉讼程序保护受害人利益。匈牙利则不同，行政主体所为的侵权行为仍归普通法院审理，适用民事诉讼程序。在匈牙利，公民向国家机关提起的侵权诉讼案件，约有 30% 胜诉得到赔偿。

英美法国家本无所谓行政诉讼与民事诉讼之区别，一切诉争概受普通法院管辖。近半个世纪以来，行政主体所为侵权行为之诉讼案件日益上升。而这类案件具有与一般民事侵权行为不同的特点，其审理与裁决除需普通法律知识外更需专门的知识与行政经验，非普通法官所能胜任。因此，英美法国家亦已有行政侵权从民事侵权中分离而适用专门诉讼程序的呼声和倾向，且已有独立的基层行政审判机关的创设。

从以上四个方面的粗略分析，可以使我们大致了解现代侵权法发展的概貌。了解现代侵权法的发展，对我们究竟有何意义呢？

在我国，由于废除了生产资料的资本主义占有制，建立了社会主义的公有制，实行各尽所能按劳分配原则，人与人之间在根本利益上是一致的，不存在像资本主义社会里那样的人与人之间尖锐的矛盾和对立。但是在我们的社会中，人与人之间的矛盾仍然是普遍存在的。侵害公民合法权利和利益的行为还会不断发生和长期存在。特别因为资产阶级唯利是图、损人利己思想的影响，经过十年动乱，干部和群众道德水平下降，守法观念淡薄，资产阶级思想乘机泛滥；由于我国历史上封建社会长达数千年之久，封建专制主义思想、家长制作风还浓厚存在，我们一些干部缺乏民主作风，不懂得依法办事；由于政策指导上的错误，如任意搞"平调"和"过渡"，不适当地搞"运动"以及搞瞎指挥等，往往造成侵犯公民财产权利和其他权利；由于某些制度上的缺陷，给少数不良分子为了往上爬而任意打击陷害他人、侵害他人权利造成可乘之机。凡此种种，说明同侵权行为作斗争仍然是摆在我们面前的一项长期而重要的任务。我们的宪法和其他法律赋予公民以广泛的政治权利和民事权利。但是，这些权利还有待于从立法和司法上予以切实保护，当公民合法权利遭受损害时，应保障受害人能行使诉讼权利，依法得到赔偿。因此，我们有必要借鉴其他国家（包括公有制国家和资本主义国家）的立法经验，尽快制定侵权行为法。我国侵权法应在民法典中占有重要的位置。

罗马法以来的传统办法是，把侵权行为作为债的发生原因之一或取得财产的一种方式，因此把侵权法规定在民法债编。这在私有者的心理看来，似乎是天经地义。但究其立法要旨，侵权法的规定是为了保护公民合法权利，这与合同债之目的在于取得财产是大异其趣的。侵权行为在法律上之效果，产生损害赔偿的债权债务关系，这与合同债作为商品交换的法律形式也是迥然有别的。在资本主义社会，财产的满足是最大的满足，财产是一切行为的出发点和归宿。因此资产阶级民法典把侵权行为规定于债编似乎无可非议，但如果我们在制定民法典时仍沿袭这种罗马法编纂方式，就与社会主义侵权法之立法要旨相抵触。我们可以参照捷克斯洛伐克民法典和德意志民主共和国民法典的办法，把侵权法从债法中分离出来单独作为民法典的一编或一个独立部分。

　　我国司法实践由于受苏联民法理论的影响，认为精神上之损害不能用金钱衡量，否认精神损害的赔偿责任，侵权责任以财产上之损失为限，实际上并不能切实保护公民人身、人格、自由和名誉等非财产权利。在制定侵权法时，应考虑规定对精神损害及其他非财产上之损害也要适当予以损害赔偿。这方面可以参考南斯拉夫的债法规定和实践经验。

　　根据我国实际情况，我们不可能制定出非常详尽而严密的侵权法规范以至于把今后社会生活中可能出现的种种侵害行为包括无遗。因此有必要考虑在制定侵权法时规定"公平原则"这样的原则条款。公平观念并不是超阶级的东西，我们所说的"公平"和"正义"，是与社会主义的道德密切联系的。吸取其他国家的经验，在我们的侵权法中规定"公平原则"这样的条文，授予法官以根据"公平观念"和社会主义道德进行判决的适当自由裁量权，就可以弥补法律条文不足的缺陷。这一点，在物质技术高速发展的当代尤为重要。

　　我国的侵权法应规定国家机关对其侵害公民和法人合法权利的行为负赔偿责任。这对于切实保障公民权利，加强社会主义法制，促进国家机关依法办事，具有极其重大的现实意义。一切中华人民共和国公民和法人，应有权向除全国人民代表大会和人大常委会以外的一切国家机关提起侵权诉讼，要求损害赔偿。鉴于行政侵权的特殊性和复杂性，可考虑在各级法院设立行政庭，以兼有法律知识和行政经验的干部担任行政法官。

　　制定我国侵权行为法，完善侵权诉讼程序，使公民和法人在其合法权益受到非法侵害时可以通过侵权诉讼得到赔偿。这样可以大大减轻中央和地方各级行政机关接待上访、处理来信来访和申诉的压力，可以切实保障公民合法权益，对于正确处理人民内部矛盾，减少社会动乱，维护安定团结和加速社会主义现代化建设，有着重大意义。

（原载《法学研究》1981 年第 2 期）

所有权形式论

恩格斯在 1893 年 7 月 14 日给梅林的一封信中写道："此外，被忽略的还有一点，这一点在马克思和我的著作中通常也强调得不够，在这方面我们两人都有同样的过错。这就是说，我们最初是把重点放在从作为基础的经济事实中探索出政治观念、法权观念和其他思想观念以及由这些观念所制约的行动，而当时是应当这样做的。但是我们这样做的时候为了内容而忽略了形式方面。"恩格斯的这封信向我们指明：马克思主义的法学研究，应该既注重内容也同时注重形式。揭示各种法律现象的经济本质或经济内容固然十分重要，但绝对不应因此忽略对各种法律形象本身形式的多样性的分析。我国法学研究中长期存在这种"忽略形式"的倾向，例如关于所有权的研究就如此。当前，理论和实践均迫切要求回答诸如所有权与所有制的区别、所有权的职能、所有权在形式上的多样性等问题。本文是侧重从形式方面对所有权进行研究的尝试。

一　所有权的产生及其职能

人类历史上曾经存在过一个不知所有权为何物的阶段，这就是原始公社制社会。在原始公社制社会中，一切财产归整个氏族或部落所有，氏族或部落的所有成员共同劳动，共同消费。拉法格在《财产及其起源》一书中引述了《拉翁登旅行记》的一段话："野蛮人不知道'我的'和'你的'这种字眼，因为人们可以说属于这个人的一切，同样也属于另一个人。"在这样的社会中，既不存在权利，也不存在义务，一切财产归社会全体成员所有。这种财产归属关系的实现是最自然不过的事情，它无须借助于任何强制。包括所有权在内的一切法律形式都没有存在的必要。

人类社会终于发展到这样一个阶段，由于分工引起交换，因而产生了财产的私有关系。因为产生了财产私有关系，客观上就需要把属于私有的财产同属于公有的财产加以区分，把属于自己的财产同属于他人的财产加以区分。黑格尔在他的《法哲学原理》一书中写道："物的占有有时是直接的身体把握，有时是给物以定形，有时是单纯的标志"（第62页）。生产工具、生活用品以及货币一般都可以用身体把握的方式来实现占有。但是，人不能用直接的身体把握方式去占有整片土地，因而需要借助于标志。例如古代罗马十二表法规定，建筑物周围必须留出二英尺半宽的空地，田地之间的空地（田界）应该是五英尺宽。

在人类历史上，财产私有关系一产生，首先遇到传统习惯的顽强抵抗，特别是土地和土地产品的私人所有关系，经历了极大的困难，而且只有把这种私有关系置于神和法律的庇护之下才能维持。传统习惯不理会各种私有关系的标志，哪里有可吃的东西就随心所欲地享用，哪里有可用之物就到哪里去拿取。人们先是用最恶毒的话来咒骂侵犯者，当咒骂和神的力量不足以制止传统习惯时，便不得不诉诸法律。法律规定并保护所有人对所有物的占有、使用和处分，并规定其余一切人都必须承担不侵犯他人所有物的义务。违反这一义务，将受到法律最严厉的制裁，从剁手直至绞刑。于是，所有权以及与之相关的一系列法律形式，如侵权行为、犯罪、刑罚、赔偿金、罚款等，都产生出来了。

由于所有权的出现，就使得实际存在的财产归属关系获得了所有权法律关系的形式，其目的在于凭借法律所拥有的国家强制力，以切实保障实际财产归属关系的实现。可见，保护现存的财产归属关系，这是所有权的第一项重要职能。

所有权的另一项重要职能，是为了实现商品交换。黑格尔在《法哲学原理》中将所有权表述为：直接占有、使用和转让。他说："以上三者分别是意志对物的肯定判断、否定判断和无限判断"（第61—62页）。黑格尔所说的转让，指将所有物出卖、抵押、赠与或者作为遗产转移给继承人，这在民法上称为法律上的处分，以区别于事实上的处分。法国民法典规定，"所有权是对于物有绝对无限制地使用、收益及处分的权利"（第544条）。苏俄民法典也规定，所有权即"在法律规定的范围内，所有人对财产享有占有、使用和处分的权利"（第 92 条）。这里所谓处分，既包括法律上的处分，也包括事实上的处分。而法律上的处分，尤其是买卖，具有特别重要的意义。我们知道，买卖的法律本质正是在于转移所有权。尤其是对于不动产的买卖，法律专门规定了证明所有权及所有权转移登记的程序。不难理解，所有权是商品交换得以实现的法律工具。例如土地所有权的确立，就使土地最终成为可以出卖和抵押的商品。恩格斯指出，"土地所有权刚一确立，抵押制就被发明出来了。像杂婚和卖淫紧紧跟着一夫一妻制而来一样，如今抵押制也紧紧跟着土地所有权而来了"。[①] 在论述雅典国家的形成时，恩格斯描绘了土地所有权确立后的情形："在阿提卡的田地上到处都竖立着抵押柱，上面写着这块地已经以多少钱抵押给某某人了。没有竖这种柱子的田地，大半都因未按期付还押款或利息而出售，归贵族高利贷者所有了。"[②] 可见，人类之所以创造出所有权这一法律形式，并不仅是为了保护现存财产归属关系，也是为了实现商品交换。因此，实现商品交换，这是所有权的第二项职能。

所有权的第三项职能，在于组织经济活动。我们只要对各种所有权形式稍作考察即可发现，一定的所有权形式总是适应于某种经济活动的组织方式。例如，在原始社会末期存在过的双重土地所有权形式，是与氏族公社将土地分配给个人永远使用这种生产组织形式相一致的。在奴隶社会和封建社会中，以家长权力同所有人权力相结合为特征的所有权形式，则是与这种以家庭作为生产单位的组织方式相一致的。商品经济有了相当发展以后，人们为了联合资金从事商业或工业，发明了以合伙关系为基础的共同所有权形式。当这种共同所有权形式不能适应商品生产进一步发展的要求时，人们又创造出法人所有权形式。法人所有权形式，这是现代商品经济中，大企业（公司）这种经济活动组织形式的法律基础。为了适应经济活动的要求，产生了各种不同的所有权形式。随着商品生产和商品交换的不断扩大，所有权组织经济活动的职能，愈益显出其重要意义。

① 恩格斯：《家庭、私有制和国家的起源》，第 156、109 页。

② 同上。

二 所有权的不同形式

（一）所有权的不完全形式

我们把所有权的最初形式，称为不完全的所有权。黑格尔写道，"仅仅部分地或暂时地归我使用，以及部分地或暂时地归我占有，是与物本身的所有权有区别的。……所有权本质上是自由的、完整的所有权"。[①] 按照现代民法理论，不自由的或不完全的所有权，就不是所有权。但历史上确曾有过不自由、不完全的所有权。它只是所有人对物终身使用和占有的权利，既不能出卖，也不能继承。"丈夫和妻子的财产都分开，他们死后，财产仍属丈夫和妻子各自所属的氏族。妻子和子女从丈夫或父亲死后不能获得任何东西，反之亦然。"[②] 汉谟拉比法典也为我们提供了不完全所有权的例子，法典第 36 条和第 38 条规定，里都、巴衣鲁和纳贡人的土地和房屋不得出卖，不得遗赠其妻子，亦不得以之抵偿债务。所有权形式的发展，是从不完全、不自由的所有权，逐渐过渡到完全的和自由的所有权，也即是可以自由出卖的所有权。这一发展，在土地所有权上表现得最明显。恩格斯写道："完全的、自由的土地所有权，不仅意味着毫无阻碍和毫无限制地占有土地的可能性，而且也意味着把它出让的可能性"，"你们希望有完全的、自由的、可以出售的土地所有权，现在你们得到它了"。[③]

（二）所有权的双重形式

按照现代民法观念，所有权只能是一物一权的单一结构，但在所有权产生后的相当长时期，曾普遍存在所有权的双重形式，即一物之上同时有两个所有权。在这种双重结构中，一个所有权凌驾于另一个所有权之上，恩格斯称之为"最高所有权"。[④] 同一物或同一块土地既是个人财产，又是氏族或部落的财产。黑格尔曾经分析过中世纪的双重所有权形式，他指

---

① 黑格尔：《法哲学原理》，第 68 页。
② 马克思：《古代社会一书摘要》，第 53 页。
③ 《家庭、私有制和国家的起源》，第 164、165 页。
④ 同上书，第 165 页。

出，在同一财产之上同时并存领主的所有权和臣民的所有权。① 马克思指出："一切中世纪的权利形式，其中也包括所有权，在各方面都是混合的、二元的、二重的。"② 马克思在分析贫民的习惯权利时写道："贫民的任何习惯权利都是来自某些所有权的不固定性。由于这种不固定性，这些所有权既不是绝对私人的，也不是绝对公共的，而是我们在中世纪一切法规中所看到的那种私权和公权的混合物。"③ 拉法格指出，直到 1789 年，这种所有权的双重形式还广泛存在于法国。法国的土地既属于贵族也属于农民，一旦收割完毕，土地就成为公共的了。土地所有者不仅应当让出空闲的土地供农民放牧畜群，而且他还无权播种。他自己认为应当播种还不行，必须取决于公共会议的决议。资产阶级革命后制定的法国民法典结束了土地所有权的这种双重形式，确立了单一所有权原则，只承认有一个所有权，其他人的权利则为另外的物权形式如地役权等所代替。

按照英国法律，全国土地属于国王所有，这种英王的所有权并不影响各土地所有者占有、使用和出卖自己的土地。这是一种名义所有权与实际所有权并存的双重形式。现代社会中，除了英国的双重土地所有权之外，是否还存在其他的双重所有权形式，是一个值得探讨的问题。一本论述荷兰法律的著作，肯定在该国现行法律制定中存在双重所有权形式。④ 在我看来，当代公有制国家广泛存在的国家所有权和企业经营管理权结构，也是所有权双重形式的典型例子。

（三）所有权的多元形式

所有权的多元形式，即共同所有权，它是人类历史上发生最早，并且直到现在还随处可见的一种所有权形式。它与双重所有权的区别在于，一物之上只有一个所有权，但所有权主体至少在二人以上。拉法格对部落土地的共同所有权有一段非常生动的描写：土地是整个部落的公共占有物，不仅属于现在的成员，而且属于尚未出生的成员。新西兰的英国当局向毛

---

① 《法哲学原理》，第 69—70 页。
② 《马克思恩格斯全集》第 1 卷，第 145、146 页。
③ 同上。
④ D. C. Fokkema 等著：《荷兰法概论》，第 74—75 页。

里斯人购买土地虽然取得了部落全体成员的同意，然而每当一个新的婴儿降生，他们就会继续收到索付新的地价的要求。因为据毛里斯人说，他们虽然出卖了自己的所有权，然而不能处理尚未降生的成员的权利。当局只好拨付部落一笔年金，使新生婴儿能领到自己的份额，这才脱出困境。①

现代社会中，家庭成员之间的共同所有权随处可见。法国民法典，苏俄民法典对这种家庭成员之间的共同所有权均有详细规定。

另一种所有权的多元形式，是因合伙合同而产生的共同所有权。这种共同所有权形式在历史上产生甚早，并且其主要目的不在于保护现存财产的归属关系，也不是为了实现商品交换，而是为了组织生产经营活动。汉谟拉比法典对此已有专门规定（第99条），同时期的一份合同书记载，两位合伙人共出资一明那银子，进行合伙经营，以后如有赚利，二人均分。②封建社会后期，商品生产的规模日渐扩大，客观上要求资金的联合，这种因合伙而产生的共同所有权对早期资本主义商品经济的发展，曾经起过非常重大的作用。

这一所有权形式的法律特征，在于它的主体的多元性，全部主体共同行使占有、使用和处分权。只在作为主体的全部合伙人协商一致的情况下，才能对共有财产实施处分行为。法国民法典、苏俄民法典等都有有关的规定。由此可见，这一多元主体特征大大限制了这一所有权形式和经济组织形式在商品生产和商品交换中的机动性和灵活性。

这种共同所有权主体之间的关系，是以相互信赖为基础的。按照英国1890年合伙法，每一合伙人被视为其余合伙人的代理人。法国民法典也规定，合伙人被认为有彼此互相授予执行业务的权力（第1859条）。这就限制了共同所有权主体的人数。英国合伙法规定，合伙的人数不得超过20人。合伙人数的限制及对于经营风险的无限责任，使这种所有权形式受到极大的局限。它只适合于比较小型的商业和工业企业，对于联合巨大的财产以举办大型企业，它是无能为力的。

---

① 拉法格：《财产及其起源》，第51页。
② 《世界通史资料选辑》（上古部分），第129页。

（四）所有权的虚拟形式

所有权的虚拟形式，指财产所有权属于一个法律创造的主体——法人，称为法人所有权。关于法人主体资格，民法理论上有各种解释，我赞成法人拟制说，但这种拟制不是法律凭空的、任意的拟制，而是基于经济组织的客观存在，适应于商品经济规律的要求所作的拟制。假使没有法律的这种拟制，经济组织就不能具有主体资格，就不能成为一个不依赖于他人的独立自主的经济实体而发挥其作用。法人所有权形式的出现，是商品经济发展的结果，同时这一所有权形式又极大地促进了商品经济的发展。

通过法人所有权形式，可以聚积巨大的财产。例如，美国电话电报公司有 300 万股东，股票总价值约 390 亿美元，通用汽车公司约有 120 万股东，股票总价值 180 亿美元，国际电脑公司约有 60 万股东，股票总价值在 400 亿美元以上。[①] 同时，这巨大的财产的占有、使用和处分，取决于独立的法人，可以不受各个股东个人意志的干涉，因而在商品生产和商品交换中具有极大的机动性和灵活性。法人所有权形式所具有的这种优越性，是其他所有权形式所无法企及的。因此，法人所有权形式得到最广泛的运用，是当代财产所有权采取的最主要和最重要的形式。

在资本主义社会中，不仅私人财产，而且国家所有的财产，也广泛采取法人所有权形式。例如第二次世界大战前德国的联合工业企业股份公司，其全部股本属于国家，而它又是其他许多工业股份公司的所谓总管公司，也就是说，其他许多公司的股本全部属于该公司所有。大战期间和战后，很多资本主义国家都推行国有化政策，把一些大企业和大银行收归国有。以法国为例，国营企业营业额占电力工业的 90％，煤气工业的 95％，铁路运输的 100％，航空运输的 90％，银行的 55％，保险公司的 40％，汽车工业的 36％，石油工业的 35％。[②] 这些国营企业都以法人资格享有企业财产的所有权。这种国营企业法人在大陆法国家被称为特殊法人，在英国法被称为公法人。国营企业法人，也包括含有私人股份的企业，例如法国

---

① 　吴连火：《美国证券市场》，第 61 页。
② 　引自《经济问题研究资料》第 162 期，这是密特朗当选总统前的统计数字。

雷诺汽车公司，国家资本只占92%，西德大众汽车公司，联邦和州的资本只占40%。

国家财产采取法人所有权形式，并不限于资本主义国家。公有制国家如罗马尼亚和捷克斯洛伐克，同外国合资的混合公司财产也采取法人所有权形式。捷克斯洛伐克1963年的一个法令规定，捷方投入混合公司的财产，如果不是特定物，它们就变成了混合公司的所有权。罗马尼亚1972年的法令规定，公司成立时各方投资的财产和以后获得的财产，由混合公司作为法人享有所有权。这是公有制国家中，法律规定国家财产采取法人所有权形式的仅有例子。

三　有关经营管理权的理论和实践

经营管理权又称业务管理权或实际管理权。把国家同国营企业之间的财产关系，解释为国家享有所有权，企业享有经营管理权，是苏联法学家维尼吉克托夫首先提出来的。1961年的苏联民事立法纲要和1964年的苏联民法典，相继用正式条文把国家财产的这种结构形式从法律上固定下来。苏俄民法典规定："国家是一切国家财产的惟一所有人。固定给各个国家组织的国家财产，由这些组织经营管理。它们在法律规定的范围内，根据其活动的目的、计划任务和财产的用途，行使占有、使用和处分财产的权利"（第94条）。这样，法律把国家财产的经营管理权与国家对于这种财产的所有权区别开来，而经营管理权则被解释成一种民法上的财产权。

经营管理权的基础，是国家同企业之间的一种委托代理关系。一些著名的法学著作正确地指出了这一点。它们写道，"国家机关和国营企业并不是国家财产个别部分的所有者——他们只是受托管理这些财产而已"。[1]"取得国家所交给的生产资料的企业经理，被确认为苏维埃国家的全权代表，来按照国家规定的计划使用生产资料。"[2] 从本质上说，国营企业的经

---

[1]　坚金、布拉图斯：《苏维埃民法》第2册，第19页。
[2]　格拉维、诺维茨基：《债权法分论》，第13页。

营管理权，不过是财产所有权中分化出来的一项权能，它的依据是国家的授权。说它不是民法上的财产权，而是国营企业对国家的一种义务，并非毫无道理。而苏联民法学家施坤金早在 20 世纪 40 年代就指出了这一点。[①]

我们知道，在苏联现行经济体制下，国营企业的财产是分为各种不同用途的基金的。对于国营企业的固定基金，只有该企业的上级主管机关才有处分权。企业通常只能处分流动资金和经济刺激基金，并且企业对流动资金也不具有完全的处分权。上级主管机关在批准企业年度计划及改变年度计划时，有权在所属各企业之间进行流动资金的再分配。而在平时，上级主管机关还可以"借用"下属企业的浮游资金。[②] 可见，国营企业所享有的经营管理权是十分有限的。特别应指出的是，国营企业不能按照自己的法人意志支配企业财产，它只能绝对服从并执行通过国家指令性文件及上级主管机关的行政行为所表现出来的国家意志。

有必要在此引述斯大林《苏联社会主义经济问题》中的一段话，迄今论述国营企业财产权的著作，几乎无例外地都是以它作为立论的依据。斯大林写道："商品是这样的一种产品，它可以出售给任何买主，商品所有者在出售商品之后，便失去对商品的所有权，而买主则变成商品的所有者，它可以把商品转售、抵押或让它腐烂。生产资料是否适合于这个定义呢？显然，是不适合的，第一，生产资料并不'出售'给任何买主，甚至不'出售'给集体农庄，而只是由国家分配给自己的企业。第二，生产资料所有者——国家，把生产资料交给某一个企业，丝毫不失去对它们的所有权，相反地，是完全保持着所有权的。第三，企业的经理从国家手中取得了生产资料，不但不会成为这些生产资料的所有者，相反地，是被确认为受苏维埃国家的委托，依照国家所交下的计划，来使用这些生产资料的。由此可见，无论如何不能把我国制度下的生产资料列入商品的范畴。"[③]

这段话是经营管理权的全部理论基础。一方面，用国营企业之间的供

---

①　兹·伊·施坤金：《苏维埃法权中的商品供应之债》，法律出版社 1948 年版，第 116—117 页。

②　《法学译丛》1979 年第 1 期，《苏联国民经济的法律调整》。

③　斯大林：《苏联社会主义经济问题》，第 46—47 页。

应合同不能转移所有权来证明生产资料不是商品，另一方面，又用生产资料不是商品来证明供应合同不转移所有权。我们在许多著作中都可以看到这一循环论证。依据经营管理权理论，国营企业之间的供应合同不转移产品所有权而转移经营管理权，这就被施坤金等人抓住了把柄，一个企业以金钱代价把自己对国家的义务"出售"给另一企业，这无论如何从法理上说，是不可想象的。

经营管理权理论的物质基础，是高度集中的经济管理体制。在这种体制下，国家主要依靠行政机构和行政层次，通过行政手段管理经济。企业只是作为行政机构的附属物，没有自己独立的经济地位和法律地位。维尼吉克托夫在论述国营企业经营管理权时指出，"社会主义国家对于国营企业，是把全部国家权力同所有人的一切权力结合起来掌握在自己的手中，国家社会主义所有权最突出的特点之一，就在于这一个国家权力同所有人的一切权力的密切的不可分割的结合"。① 国家享有所有权，企业享有经营管理权这一结构形式，正是反映了高度集中的经济体制"政企合一"的本质特征，同时又为这种经济体制的贯彻执行提供了法律依据。

这种结构形式便于国家运用行政手段指挥和管理经济，适应于单纯的指令性计划体制。在经营管理权基础上，企业利润全部上交，亏损由国家填补，国家可以无偿调拨企业固定资产，收缴多余流动流金，便于增加资金积累和扩大基本建设规模，在经济建设主要靠扩大外延发展的阶段是有较大优越性的。但这一结构形式有它的严重弊病，首先是"政企不分"，企业失去了作为生产力基本单位所应有的内在动力；其次是不利于提高微观经济效果；另外，特别需要指出的是，这种所有权结构形式使国家对企业负无限责任，不利于国民经济的发展和提高人民生活水平。

从 20 世纪 50 年代以来，公有制国家相继进行了经济体制改革。南斯拉夫改革的结果，抛弃了国家所有权——企业经营管理权这种双重结构形式。新形式的特点是，所有权主体是企业中的全体劳动者。这种所有权形式与经营管理权形式相比较，有较大的优越性，但同时却产生另一倾向，即单纯依靠企业全体劳动者对企业财产作决定，不一定有利于社会整体利

① 维尼吉克托夫：《国家的社会主义所有权》，1948 年版，第 319 页。

益和国民经济的平衡发展。

公有制国家在所有权问题上的另一尝试，是前面已经提到的罗马尼亚和捷克斯洛伐克的混合公司。属于不同所有制的企业合资经营（包括同外国企业合资经营）所产生的财产权问题，是经营管理权形式所无法解决的难题。《罗马尼亚的混合公司》一书的作者指出："直接管理权（即经营管理权）理论不能应用到混合公司，因为有外国单位参加而组成的法人是一个特殊范畴。罗马尼亚国营社会主义组织的财产，不能以直接管理权的名义投资到混合公司的资产中去；所以1972年第424号法令就特别规定公司成立时各方投资的财产和以后获得的财产，应作为公司的财产。"[①]

经营管理权理论并不适用于同外国企业的合资经营，同样也不适用于国内不同所有制企业之间的合资经营。我国自1978年以来经济联合有了很大发展。除了一些靠供货合同联系的松散联合及一些属于合伙性质的小型联合之外，那些采取公司形式的大型经济联合往往跨地区、跨部门、跨不同所有制。要解决这一类大型经济联合体的财产权问题，除采取法人所有权形式外别无良策。否则，难以真正打破地区、部门、所有制和隶属关系的限制，难以真正形成具有独立的经济地位和法律地位的经济实体。只有在这种所有权形式基础上，才谈得上实行"独立核算、国家征税、自负盈亏"。因为国家不能向自己征税。国家将因此享受有限责任利益，不再对企业债务负责。同时，有利于真正实现政企分离，有利于巩固经济体制改革已取得的成果，并为进一步的改革奠定法律基础。

按照马克思主义法学和经济学，财产所有权和生产资料所有制，是两个不同的科学范畴。所有权是社会财产（包括生产资料和生活资料）归属关系借以实现的法律形式，而所有制则是指社会生产资料归谁占有的关系。由于财产归属关系大体上是由生产资料所有制决定的，因此我们可以说，生产资料所有制归根到底决定财产所有权。但这绝不是说，一种所有制只能有一种所有权形式，更不应混淆生产资料所有制和财产所有权这两个不同概念。对所有权形式的考察告诉我们，在同一所有制之上可以有各种不同的所有权形式。社会主义的国营企业财产应采取什么样的所有权形

---

① 乔治·弗洛雷斯库：《罗马尼亚的混合公司》，三联书店1980年版，第64页。

式，我们认为不应取决于某种传统观念或固定不变的公式，只能根据我国经济的性质和我们所要实行的经济管理体制。就总体而论，发展社会主义商品生产和商品交换就好像一盘棋，而所有权形式问题是关键一着，这个问题解决得好就满盘皆活，否则将处处被动。

（本文写于 1981 年 11 月，载于《东岳论丛》1983 年第 2 期）

民法时效研究

各国民法莫不规定时效制度。现存的成文法史料中，关于时效的最早规定见于罗马十二铜表法。法律史告诉我们，十二铜表法的各种规范只是罗马古代既存的习惯规则的成文化。可知民法时效制度的起源，应追溯到十二铜表法以前的习惯法时代。

在人类远古社会中，几乎一切法律行为均须履行一定的方式，否则不生效力。罗马古代财产有要式移转物与略式移转物之分，要式移转物的转让，如缔结买卖合同，所应履行的固定方式称为 mancipatio。须由一人拿着天平，当事人双方站在五个证人的面前，买受人按规定念一定的套语，然后拿起一块金属片敲打一下天平，并将该金属片交付出卖人，至此 mancipatio 方式遂告完成。如果没有履行这一方式，尽管买受人已经占有标的物并支付了价金，仍不能取得所有权。由于商品经济的日益发展，要求商品交换行为尽量简便和迅速，转让财产的当事人常常故意规避 mancipatio 方式。出卖人在法律上仍享有早已转让出去的商品的所有权，而买受人虽然占有该项商品却不享有所有权，甚至出现这样的现象，一件商品虽然几经转卖，而它的所有者仍被认为是第一次出卖它的人。法律关系与实际关系严重脱节。为了纠正这一弊端，产生了下述习惯规则，即允许未履行 mancipatio 方式的买受人在继续占有一个时期之后，取得占有物所有权，而使出卖人同时丧失所有权。著名的法律史学家亨利·梅因（Sir Henry Maine，1822—1888年）在研究了罗马古代法律史之后指出：最古罗马法上有一个比十二铜表法更古老的规则，凡是被不间断地占有一定时期的商品，即成为占有人的财产。这期间，依商品的不同性质，为 1 年或 2 年。同时这一古代惯例，对于在某种情况下丧失占有达 1、2 年的人，则直接剥夺其所有权。①

罗马制定成文法时，立法者将上述习惯规则制成条文，成为十二铜表法上一项重要的制度，称为 usucapio，即时效。其文字由 USUS（使用）与capere（取得）二字连缀而成，字面含义为"因使用而取得"。按照十二铜表法的规定，占有土地的时效为 2 年，其他一切物品均为 1 年。法律禁止依时效取得葬地、田界及盗窃物的所有权。② 我们注意到，十二铜表法的时效制度甚至超出财产权的范围，对某些人身权利也同样适用。按照规定，一个不愿意确立丈夫对自己的支配权的妇女，每年应离家三夜，以中断占有她的一年时效（第六表第 4 条）。显然是因为当时妇女的地位与奴隶相似，在立法者眼里妇女不过是生儿育女的工具而已。

十二铜表法关于时效的规定，因其在成文法史上最为古老，被学者称为"最古时效"。最古时效的适用，仅限于罗马市民，其标的限于一切动产及意大利本国土地。对于罗马之外国人及州县土地，概不适用。裁判官法时代，为弥补市民法之不足，特创设长期时效制度，不分罗马市民与外国人，也不分动产与不动产，包括意大利土地及州县土地，一概适用。惟时效期间较最古时效大大延长，凡当事人（占有人及原所有人）双方居住在同一省内者，时效期间为 10 年，双方居住不同省份者，其时效期间为20 年。优帝制定法典，一并废除最古时效与长期时效，另行规定统一的时效制度。规定动产时效期间为 3 年，不动产时效期间当事人居住同省者为10 年，不同省者为 20 年。学者称之为普通时效。优帝法典另设特别时效，凡不能依普通时效而取得所有权之物品，如盗窃物、寺院财产及赌金等，在经过 30 年或更长的时效期间后，亦可取得所有权。又称非常取得时效，系由戴鹤徒先帝时之非常消灭时效转化而来。

以上为罗马法的取得时效制度，其发生在先。十二铜表法时尚无消灭时效之制。这是由于罗马市民法之诉讼，属于永久诉讼，除规定遗嘱取消之诉应在 5 年内提起外，其他一切诉讼概无时间上的限制。无论怎样年深月久，当事人的诉权永不消灭。因此，无由产生消灭时效制度。裁判官法

① 《古代法》，第 161、162 页。
② 十二铜表法第六表第 3 条、第七表第 4 条、第八表第 17 条、第十表第 10 条。

时代，实行一种新的诉讼，称为法定期限诉讼，由法律规定当事人提起诉讼的法定期限，称为出诉期限。当事人若不在出诉期限内提起诉讼，一旦期限届满，将不能再行起诉。由于裁判官任职期限为 1 年，因此相应规定出诉期限均为 1 年。此为消灭时效之滥觞。至戴帝时，一切诉讼均有期限，即使是从前的永久诉讼，亦规定了 30 年时效期间，如遇特别情形，可延长至 40 年。此时永久诉讼之名虽存而实已亡。法律遂有正式的消灭时效制度。消灭时效虽从裁判官法之出诉期限发展而来，但两者亦有显著区别。出诉期限届满，当事人不仅丧失诉权，其实体权利亦并消灭，债务人可因此免除义务。消灭时效的效力，仅在消灭诉权，期限经过后再不能起诉，但其实体权利并不消灭。这种超过时效期间的债权，在罗马法理论上称为自然债，以对应于法定债。自然债虽不能依诉讼程序请求保护，但毕竟不同于无效之债。法律不强制自然债的履行，也并不拒绝承认其效力，如果当事人以诉讼以外的方式履行债务，仍受法律保护。后世之民法典大抵规定，超过消灭时效的债，如果债务人自愿履行，即使他不知时效期间已过，法律也不准许请求返还。其理论上的依据就在于此。

罗马法时效制度，包括取得时效与消灭时效。两种时效的不同点有以下数端：其一，就两者起源比较，取得时效起源于十二铜表法以前的习惯规则，消灭时效起源于裁判官法之出诉期限；其二，就两者构成要素比较，取得时效以占有之事实状态为要件，消灭时效以权利不行使之事实状态为要件；其三，就两者法律效果比较，取得时效为权利取得之根据，消灭时效为权利消灭之原因。两种时效又有下述共同点：（1）均以一定事实状态的存在为前提。取得时效以占有之事实状态为前提，消灭时效以权利不行使之事实状态为前提，两者所要求的具体事实状态固有不同，但必须具备一定的事实状态则无二致。不以一定事实状态为前提者，例如法定的权利存续期间，则不得谓之时效。（2）均以一定期间之经过为要件。无论取得时效或消灭时效，均须上述事实状态，经过一个法定期间，方才发生法律效力。无须一定期间之经过即可发生法律效力者，例如动产之即时取得、无主物之占有，皆不得谓为时效。（3）无论取得时效或消灭时效，均产生变更既有权利义务关系的效力。由此可见，取得时效与消灭时效，虽然有前述种种区别，但却具有共同的法律本质，即：一定的事实状态在法律规定期间内持续存在，从而产生与该事实状态相适应的法律效力，仍不失为一项统一的民法制度。

上文已经谈到，罗马法时效制度的重要作用，在于弥补财产转让方式的不完全。梅因指出，"时效取得实在是一种最有用的保障，用以防止过于繁杂的一种让与制度所有的各种害处"，"法学专家制定的这个时效取得提供了一个自动的机械，通过了这个自动机械，权利的缺陷就不断得到矫正，而暂时脱离的所有权又可以在可能极短的阻碍之后重新迅速地结合起来"。① 至优帝时代，明令废除要式移转物与略式移转物的区别，并废止财产转让之 mancipatio 方式。财产转让，只须当事人双方具有意思一致，并实际完成物之交付，即可移转所有权。至此时，已无须再以时效弥补转让方式不完全之必要。而优帝法典非但未取消时效制度，更对时效制度详予规定，其原因何在呢？这是因为时效制度还有另外的重要作用。第一，一定的事实状态包括占有及权利的不行使的长期存在，必然以此事实状态为基础产生种种法律关系，时过多年之后，若容许原权利人主张权利，将不仅推翻此经久存续之事实状态，势必一并推翻多年以来以此事实状态为基础而形成的种种法律关系，必致造成社会经济秩序的紊乱。而实行时效制度，则原权利人丧失权利，使长期存在的事实状态合法化，有利于稳定社会经济秩序。第二，一种事实状态长期存续，必致证据湮灭，证人死亡，此事实状态之是否合法，殊难证明。实行时效制度，凡时效期限届满，即认占有人享有权利，使不行使权利的人丧失权利，系以时效为证据之代用，即可避免当事人举证及法庭调查证据之困难。第三，实行时效制度，使长期不行使权利的人丧失其权利，除有利于维护社会经济秩序的稳定及避免证明困难之外，其重要作用还在于督促权利人及时行使权利，有利于更好地发挥财产的效用及促进社会经济流转的正常进行，有益于社会经济的发展。

马克思主义法学告诉我们，一切建立在生产资料的私人占有制基础之上的法律制度，在本质上都只是统治阶级进行政治压迫和经济剥削的工具。时效制度也是如此。还在罗马时代，时效制度就已成为奴隶主贵族或

---

① 《古代法》，第162、163页。

豪强地主强夺他人财富的手段。这是统治者也并不讳言的。东罗马帝国皇帝马西尔一世，于公元 996 年曾颁布《关于撤销 40 年时效的法令》。法令指出，贵族和恶霸地主把抢劫、诈骗所积聚的财产移转于子嗣，并通过 40 年时效而使他们对于财产获得所有权。巴西尔一世皇帝在法令中宣布：为了纠正过去的恶习，限制现在的地主与防止未来依循这同一道路者，我公布现在这项法律。在此之后，他们应知道，已不能从这 40 年时效找得任何凭借，而任何强占别人的财产不仅将从其本人，而且要从其子孙或财产继承人方面夺去。在这种情况下，穷人的利益将能获得保障，他们有权在不论多长时间之后自由找寻并领回自己的财产。当贫民与富人发生争执时，时效不再能用以反对贫民了。①

　　毫无疑问，时效制度不利于被剥削阶级，也不利于剥削阶级中的实力较弱者。但是，欧洲一些国家的立法者长期对时效制度抱怀疑态度，却并不是顾虑到贫民或弱者的利益，而主要是受宗教法的影响。宗教法学素以反对时效著称，而坚持神所赋予的权利不因长期不行使而消灭的见解。英国的立法长期不愿越过旧的传统做法而前进一步，按照这一传统做法，对于在前一个朝代的第一年之前遭受损害而提出的诉讼，一概不予受理。缔结转让土地的合同时，要求出卖人提出在一个固定期间内对该土地行使无干扰的占有的证据，这一固定期间曾经是 100 年甚至 100 年以上。直到中世纪结束，在詹姆士一世继承英格兰王位后，英国才有了第一个很不完全的时效法令。

　　众所周知，资产阶级民法素来以私权神圣或所有权绝对为其基本原则。按照这一原则，所有权在空间上、时间上不受限制。而时效制度则直接剥夺所有者在一定期间内息于行使之权利。它与上述基本原则竟是如此不相协调，难怪资产阶级立法者对于时效制度，先是反感、犹豫，后来才勉强赞成。最后，时效制度为现代资产阶级民法所普遍采用。这个史实本身就说明，时效制度反映了社会经济的客观要求，有利于维护统治阶级的整体利益。

　　各国立法关于时效制度的规定，受到法学家们对时效所持观点的影

---

① 参见《世界通史参考资料》中古部分，第 83—85 页。

响。学者对时效的观点，划分为两个派别。中世纪以来的注释派法学家，着眼于取得时效与消灭时效的共同法律本质，主张两者为统一时效制度，称统一主义派。接受统一主义的主张，法国民法典、奥地利民法典及日本民法典，均对取得时效与消灭时效统一加以规定。例如法国民法典在第三编"取得财产的各种方法"之末尾专设"时效"一章（第二十章），对取得时效与消灭时效不加区分，并设一统一时效定义："时效谓依法律规定的条件，经过一定的期间，而取得财产的所有权或免除义务的方法。"（第2219条）日本民法典在第一编"总则"中统一设立"时效"一章（第六章），内包含三节，其中第一节为时效通则，第二、三节依次为取得时效与消灭时效。另一派以德国历史法学派著名法学家萨维尼（Savigny，1779—1861年）为代表，着眼于取得时效与消灭时效的不同点，斥注释法派为谬误，认取得时效与消灭时效为两种不同的法律制度，称为各别主义派。德国制定民法典时，接受各别主义主张，对两种时效分别加以规定。法典在第一编"总则"中设"消灭时效"一章（第五章），另在第三编"物权法"的第三章"所有权"中对取得时效加以规定。旧中国民法典，以及一些公有制国家的民法典如匈牙利民法典，均采各别主义。

　　有关时效制度的另一个分歧点，是如何认识和规定消灭时效的法律效力。统一主义派理论，主张消灭时效的法律效力在于直接消灭实体权利。时效期间届满，当事人不仅丧失诉权，其实体权利也一并消灭，债务人因此免除义务。上引法国民法典关于时效的定义，直接规定为"免除义务的方法"（第2219条）。再如日本民法典规定：债权，经过10年期间不行使而消灭；除债权与所有权以外的财产权，经过20年期间不行使而消灭（第167条）。捷克斯洛伐克现行民法典也采用这一观点。该法典规定，"权利没有在本法规定的期限内行使的，因时效已过而消灭"，"一切财产权利"，除所有权、个人使用住宅和地段权等以外，"时效已过的，即行消灭"（第100条）。各别主义派理论，则认为消灭时效无消灭实体权利的效力，仅诉权即请求权消灭而已。其结果并不消灭债权人实体权利，只是产生债务人拒绝请求的抗辩权。例如德国民法典规定，"消灭时效完成后，义务人有拒绝给付的权利。请求权已经时效消灭，债务人仍为给付的履行者，虽因不知消灭时效而为给付，亦不得请求返还"（第222条）。旧中国民法的规定，与此完全相同。一些公有制国家的民法典，也大抵采取消灭请求权的观点。

公有制国家在制定民法典时，都曾借鉴和参考资本主义国家的立法经验。例如匈牙利人民共和国关于起草民法典的理由书指出，在法典编纂工作中，各社会主义国家的立法经验以及法国、德国和其他国家的民法法典编纂工作，都曾作为参考。但是，在对一些公有制国家民法典进行粗略研究之后，我们即已看到，公有制国家民法时效制度，在一些重要方面已经突破或试图突破罗马法以来的传统原则，已经形成或正在形成与资产阶级民法时效所不同的特征。下面就公有制国家民法典有关时效的规定，分作几个问题试作评述：

1. 关于时效期间的规定。一切剥削阶级国家民法时效制度，反映其经济基础的要求，着眼于保障所有者和债权人的利益，规定的时效期间较长。以消灭时效一般期间为例，法国民法典和德国民法典均规定为 30 年，日本民法典规定为 10 年和 20 年，瑞士债务法和泰国民法典均规定为 10 年，旧中国民法典规定为 15 年。公有制国家民法典规定的消灭时效一般期间则大大缩短。例如，苏俄 1922 年民法典规定为 3 年，其中社会主义组织之间为 1 年零 6 个月，以后又缩短为 1 年。又如匈牙利民法典规定为 5 年，其中社会主义组织之间为 1 年。公有制国家民法典关于时效期间的规定，说明立法者所着重考虑的，是如何督促当事人尽快行使权利，以图达到加速社会经济流转的目的。

2. 罗马法时效规则适用于一切动产和一切不动产，即便是盗窃物亦可因特别时效而取得，其返还请求权亦因时效经过而消灭。一切资产阶级国家民法典均继承此罗马法原则。例如，按照法国民法典的规定，凡能为买卖的物件，均适用时效的规定，国家、公共机关及私人同受时效的拘束（见第 2226、2227 条）。但公有制国家民法典，均打破罗马法传统，对时效客体加以限制，规定社会主义公有财产不得适用时效。例如匈牙利民法典规定，对于公有物或非法脱离国家或合作社占有的物，不适用取得时效（第 121 条）。公有制国家民法关于社会主义公有财产不适用时效的规定，充分体现了民法对社会主义公有财产的特殊保护原则，反映了公有制经济基础的本质特征和要求，上述规定，使时效制度的适用范围受到重大的限制。

3. 罗马法时效制度有一条重要原则，即时效不能由法庭自动援用，这一原则显然有利于所有人和债权人，而不利于占有者和债务人。一切资产阶级国家民法典，均继承这一罗马法原则。例如法国民法典规定，审判员不得自动援用时效的方法（第 2223 条）。日本民法典规定，时效，非经当事人援用，法院不得据为裁判（第 145 条）。公有制国家民法典，一般都不以当事人主张时效为要件，规定超过时效的请求法院不得受理。例如苏俄 1922 年民法典第 44 条，匈牙利民法典第 325 条。

4. 公有制国家民法时效制度对传统原则的第四个突破，涉及法庭在适用时效规定中的权限问题。通观罗马法及一切资产阶级国家民法关于时效的规定，可以发现，法庭在适用时效问题上处在一种纯粹被动的地位。它既不能自动援用时效规则，也不能缩短或延长法定时效期间，对于时效期间届满的请求权，它不能强制其执行，而在债务人不知时效经过而履行的情况下，它也不能强制对方返还。无疑，这种现象正好表现了剥削阶级法制的不彻底性及形式上平等与实际上不平等的特征，反映了剥削阶级国家中国家利益（剥削阶级整体利益）与剥削者个人利益的矛盾和冲突，以及剥削阶级内部集团和成员之间的利害冲突。特别是资产阶级法学向来主张法官应有自由裁量的权力，差别仅在于这种裁量权的大小，但资产阶级立法者在时效适用问题上，却一无例外地不肯容许他们的法官有丝毫裁量权。这一事实，离开物质利益冲突这个要害，是无法解释的。公有制国家民法典，是建立在公有制经济之上的上层建筑，不能不反映这个经济基础的特征和要求。公有制国家既要发挥时效制度的重大作用，又要尽可能避免其可能出现的弊端，因而表现在从立法和司法各方面对时效予以限制，从而一再突破传统原则。其中很重要的一点，就是扩大法院在适用时效上的权力，使之享有一定的裁量权。关于这个问题，苏俄 1922 年民法典早在六十年前，就已作出这样的规定：在任何情况下，法院认为迟误诉讼时效期限有正当理由的时候，都可以延长诉讼时效的期限（第 49 条）。

5. 各公有制国家民法典在对待取得时效问题上表现出较大的分歧及某种犹豫和动摇。1922 年的苏俄民法典一开始就采取了否定取得时效的立场，因为依时效取得占有物所有权违背某种道德观念。该法典仅规定了诉讼时效。按该法典的规定，请求无权占有人返还占有物的请求权在诉讼时效期间届满以后，原所有人丧失诉权，但占有人并不能得到所有权。此时，法律可以将该物视为无主物而收归国有，按理本当如此，但这无疑在实践上是无法实行而且有害的。法典没有这样规定，而采取了默许无权占有人继续占有该物的态度，尽管他永远也不能成为合法所有人。这在理论上留下漏洞，在实践上不利于建立经济领域的法律秩序。[①] 捷克斯洛伐克1950 年民法典在第三编"物权"的第七章"所有权"中，规定占有时效为所有权的取得方法之一。该法典规定："所有权也可以根据占有时效而取得，但是属于社会主义所有权的不许出让的物除外。"（第 115 条）立法者无疑注意到了苏俄民法典否定取得时效在理论和实践上出现的弊病，上述规定既有利于稳定经济秩序，又坚持了民法对公有制财产的特殊保护原则。这一成功经验对后来的匈牙利民法典的有关规定不无影响。我们看到，1959 年制定的匈牙利民法典毅然采取了与苏俄民法典相反的立场，规定了取得时效。匈牙利民法典在第三部分"所有权"的第十一章"所有权的取得"中，专设"取得时效"一节，共计四个条文。法典第 121 条第一款规定："作为自己的物连续占有十年的人，即因取得时效而取得该物的所有权。"同条第二、三款规定："通过犯罪行为或其他强迫诈骗方式获得并占有物的人，不得因取得时效而取得所有权。""对于公有物或非法脱离国家或合作社占有的物，不得因取得时效而取得所有权。"我认为，公有制国家立法在取得时效的设立上的障碍是认识上的，它与公有制经济基础无本质上的关联。既然公有制国家不是无条件地照搬罗马法，如像匈牙利民法典的规定那样，是在坚持公有财产不适用取得时效，坚持通过犯罪行为或其他违法行为获得并占有物的人不适用取得时效的前提限定之下承认取得时效的，而且这种承认首先有利于社会经济秩序的稳定，即符合国家的整体利益，那么这种取得时效当然符合社会的道德观念。这应该是毫无疑义的。因为公有制国家的道德观念的基础，只能是国家和人民的整体利益，不应是其他任何超验的原则。

综上所述，时效制度包括消灭时效和取得时效，是现代民法中一项不

---

① 参见布拉图斯"苏联民法典草案的几个问题"，载《苏维埃国家和法》1948 年第 12 期。

可或缺的民事法律制度。我国长期以来，无民法时效的规定。目前，许多时隔数十年乃至上百年的纠纷，司法部门仍不得不予受理。由于建国30多年来，运动频繁，尤其是经过大跃进刮"共产风"及"文化大革命"的十年动乱，遗留下大量的经济权益纠纷，近年来，随着十一届三中全会路线方针和政策的贯彻执行，人民群众对党和政府、对司法机关信任的日渐提高，随着社会主义法制工作的日渐发展，各地法院受理的民事案件已大幅度上升，其中经济权益纠纷案件上升的势头更猛。在显著上升的权益纠纷中，有相当一部分属于年代久远，由于证人死亡、证据湮灭而无从查考的案件。还有一些是属于父辈、祖辈之间的纠纷，又重在儿子辈或孙子一辈之间提起诉讼的。对此，我们的一些审判员往往因无从搜集和核实证据而伤透脑筋。当他们被迫面对国民党统治时期、北洋军阀统治时期、甚至清王朝光绪、同治时期的债权纠纷、典权纠纷及要求返还动产和不动产的权益纠纷时，真是啼笑皆非。这对于彻底消除社会不安定因素，建立和健全社会主义法制，为实现十二大提出的宏图大业创造一个安定的社会环境，显然是不利的。各地法院特别是民庭的同志，言念及此，往往感受痛切，要求尽快规定我国民法时效制度①。看来，制定我国民法时效制度，已是势在必行了。当然，我们在制定时效制度时，也决不能马虎草率，更不能自己把自己禁锢起来，我们应当广泛借鉴和参考各国立法经验，从我国政治经济的实际情况出发，慎重比较，慎重取舍，择其善者为我所用，务求建立符合我国社会主义根本利益，既有原则性又有灵活性，有利于维护社会经济秩序，有利于促进经济流转的较为完善的民法时效制度。

作者补注：

现在看来，本文的缺点是，对所谓公有制国家民法消灭时效制度，只作简单的分析概括和指出其与传统制度的区别，而未作批判。文中所指出的公有制国家时效制度的几个特点，反映了单一公有制形式和计划经济体

---

① 我国近年来已规定了一些特殊时效，如《经济合同法》规定了仲裁时效（第50条），《食品卫生法（试行）》规定了损害赔偿请求时效（第40条），《专利法》规定了侵犯专利权的时效（第61条）。

制的要求。其中，所谓社会主义公有财产不适用时效，及法院可以依职权变更时效期间，未为我国民法通则所采。消灭时效期间较短和法院不待当事人主张而主动适用时效，则在我国民法通则上得到体现。正是这两个特点，决定了我国现行时效制度，对债权人保护不周，不适应市场经济的要求。现实生活中，仅仅因为 2 年的时效期间经过，债务人就可以"理直气壮"地拒绝还债。此与传统道德观念、社会公平正义和诚实信用原则抵触太甚。再者，民法设立消灭时效制度的目的，在于以时效为证据之代用。考虑到年代久远的债权，因证据湮灭，证人死亡，诉讼中难以举证，难以判断，法庭直接以时效期间经过为由驳回起诉，系以时效代替证据，摆脱事实难于查明的困境。这是消灭时效制度合理性之所在。而现实生活中的许多借款、货款纠纷案件，虽超过 2 年时效期间，其当事人和证人均尚健在，借款合同书、购销合同书犹墨迹未干，谈何以时效为证据之代用？！完全背离了时效制度的本质和目的。建议修改民法通则或者制定民法典时，将一般时效期间延长，例如不短于 5 年，并规定时效之适用以当事人主张为要件，法庭不得自动适用。

（本文写于 1982 年 12 月，载于《法学研究》1984 年第 4 期）

合同法上的情事变更问题

一　引言

现代合同法上有情事变更原则。按照这一原则，合同有效成立后，因不可归责于双方当事人的原因发生情事变更，致合同之基础动摇或丧失，若继续维持合同原有效力显失公平，允许变更合同内容或者解除合同。究其实质，情事变更原则为诚实信用原则之具体运用，目的在于消除合同因情事变更所产生的不公平后果。

自罗马法以来，合同法上本无所谓情事变更原则。传统法律思想坚持纯粹形式主义的合同概念，只须双方当事人达成合意，即可产生所追求的法律效果。至于此项合意基于何种情事、何种前提，其内容是否合于公平，均非所问。合同成立之后，无论出现何种客观情况的异常变动，均不影响合同的法律效力。法律坚持要求双方当事人严格履行合同义务。即所谓契约必须严守的原则。

本世纪以来，人类历史经历了三次重大事变，即第一次世界大战、第二次世界大战和席卷资本主义世界的 1929—1933 年大危机，最终促成了法律思想的转变。第一次世界大战后，由于交通运输被破坏，物价暴涨，货币严重贬值，市场情况发生剧烈变化，致使许多合同无法依约履行。无论是大陆法国家或是英美法国家，法院面临大批不能依现行法律或先例裁判的案件，即发生所谓"法律不足"现象。在这种历史背景下，学者借鉴历史上的"情事不变条款"理论，提出情事变更原则的各种学说，并经法院判例采为裁判理由，使情事变更原则具有法律拘束力。实践证明，情事变更原则赋予法庭以直接干预合同关系的"公平裁量权"，使合同法能够适应社会经济情况的变化，更好地协调当事人之间的利益冲突，维护经济流转的正常秩序。因此，情事变更原则已经成为当代债法最重要的法律原则之一。

由于历史方面的原因，情事变更原则问题迄今未受到我国立法和实务的应有重视。理论界也未对情事变更原则问题进行系统研究，只有少数著作涉及这一问题。[①] 其所以如此，主要是我国曾经在一个相当长时期内，视社会主义经济为非商品经济，实行闭关锁国的政策，实践中采用法律外的手段解决情事变更问题。当前，我国正在进行经济体制改革，执行了对外开放和对内搞活的政策，社会主义商品经济的正常发展要求进一步健全和完善合同法律制度，研究情事变更原则问题具有重大的理论意义和实践意义。

二　对此前我国解决情事变更问题实践的考察

（一）建国初期的情事变更问题及解决办法

建国之初，新民主主义政权面临的中心任务是恢复经济，发展生产，改善民生，建立正常的经济秩序。妥善处理解放前遗留下来的大批合同债务纠纷，是当时各级政府和人民法院的最迫切的课题。按照中央的政策精神，各地处理债务问题的基本原则是：（1）保障一切不违背共同纲领及中央人民政府政策法令的私权；（2）保护正当合理的私营工商业；（3）"发展生产，繁荣经济，公私兼顾，劳资两利"的政策，是处理公私之间、私人之间各种债务问题的大前提，行使债权而妨碍生产是不许可的；（4）保护合同自由，要求不违背公平合理和诚实信用原则。[②]

针对农村（新解放区）债务纠纷的处理问题，中央人民政府政务院发

---

① 拙作：《论合同法有关公平的法律规定》，1985 年 4 月在苏州召开的"中国民法经济法研究会"论文；庄惠辰："论国际商事合同中的挫折问题"，载《法学研究》1985 年第 4 期；王家福、谢怀拭等著：《合同法》，中国社会科学出版社 1986 年版，第 73 页。需说明的是，这里未包括我国台湾学者的著作，台湾学者对情事变更原则有较深入的研究。

② 见《上海市人民法院清理积案总结》及《关东关于债务问题的处理办法》，载《有关借贷问题的参考资料》，全国人大常委办公厅研究室、最高法院研究室 1955 年 6 月编印，第 41—43 页。

布《新区农村债务纠纷处理办法》（1950 年 10 月 20 日）。这是建国后解决合同债务问题的最基本的政策法律性文件。其中规定，解放前农民及其他劳动人民所欠地主的债务，一律废除（第 1 条）；农民及其他劳动人民所欠富农的债务，利倍于本者停利还本，利二倍于本者本利停付，付利不足本之一倍者承认富农的债权继续有效（第 2 条）；凡货物买卖及工商业往来欠账，仍依双方原约定处理（第 6 条）；解放前农民所欠农民的债务及其他一般借贷关系，均继续有效（第 7 条）；解放后成立的一切借贷关系，包括地主借出者在内，其由双方自由议定的合同均继续有效（第 8 条）；今后借贷自由，利息由双方议定，政府不加干涉（第 9 条）。①

　　在当时社会条件下，新民主主义的政权宣布一律废除农民及其他劳动人民所欠地主的债务，及对所欠富农的债务实施干预，是新民主主义革命的结果，与情事变更问题无关。除这两类债务外，其他债务应继续有效，依诚实信用原则要求当事人履行约定债务。但是，由于长期的战争对社会经济生活造成严重影响，加之国民党政府滥发纸币造成物价飞涨和货币严重贬值，新政权建立后进行货币改革，使许多合同债务发生情事变更问题。依其性质划分，约有以下四类情事变更问题：

　　1. 货币贬值问题。解放前合同债务均以国民党政府发行之法币、金圆券、银圆券计价，而这类货币在解放前夕严重贬值，建国后已一律作废。现在应如何以人民币折合履行旧债，因无统一标准，致各地法院积压大批案件无法结案。有的地方法院尝试采用情事变更原则，变更合同之约定。例如上海市人民法院所持见解是，"战前债务一般地应按债务发生时货币之购买力，及偿还时双方当事人之经济情况，灵活处理，尚无固定之标准"。② 依此见解，法院有较广泛的变更合同原约定之职权。重庆市人民法院曾经就伪钞折合问题请示中央，经指示可按实物折合计算。该院即按西南情形，以发生债务关系当时当地大米价格作为标准，将伪币折合大米，

---

　　① 中央人民政府政务院：《新区农村债务纠纷处理办法》，载《有关借贷问题的参考资料》，第 44—45 页。

　　② 见 "1949 年上海市人民法院工作总结"，载《有关借贷问题的参考资料》，第 131 页。

再按履约时大米价格折合人民币清偿债务，实行之后群众反映还好。① 依此做法，法院的职权仅在解决伪币之折合问题，无权考虑双方当事人之经济情况。

2. 地主、富农所欠农民债务问题。按照政务院《新区农村债务纠纷处理办法》的规定精神，地主、富农在解放前欠农民及其他劳动人民的债务应一律有效。但是，解放后紧接着进行了土地改革。在土改中地主、富农的土地已被没收或征收，因而出现了地主、富农无法偿还所欠农民的债务问题。按照当时的法律政策精神，土地改革前地主、富农欠农民的债务为有效，受国家法律的保护，但考虑到土改时地主、富农之土地和财产被没收或征收，因而规定土地改革前地主、富农欠农民的债务，不论是否有能力偿还，一律不再偿还。② 毫无疑问，这里实际起主导作用的是情事变更原则，因地富土地财产被没收之事实，构成解除合同之情事变更。

3. 银行在被接管前之债权债务问题。解放后，人民政权接管了国民党四大家族所经营之银行，对于银行被接管前的债权债务进行清理，在实际上适用了情事变更原则。按照中国人民解放军成都市军事管制委员会《接管银行债权债务处理办法》（1950年2月2日）的规定，一切债权债务之清偿，一概以人民币为本位，凡过去以实物为计算单位者，仍依原约定；以硬币计算者，按人民银行挂牌价折偿人民币；以伪银元券为计算单位者，一律按发生债权债务之时间为标准，按一定比例折合为人民币清偿。依规定的折算比例，凡1949年11月4日以前之存欠款，伪银元券1元，即按银元1元折价清偿；11月5日至8日，按银元7角5分折价清偿；……凡1949年12月1日以后发生之伪银元券存欠款，伪银元券1元，即按银元1角折价清偿。（第3条）凡因当时之需要，订定契约，由被接管银行委托他人代为采购运销或任何授信行为，因其环境变迁，无继续履行契约必要者，一律清结手续，废止契约；契约期限规定较长之生产事业、投资或保险业务，凡合乎我经济政策者应为继续有效，无益于国计民

---

① 见"西南军政委员会司法部关于伪币折算标准的通令"，载《有关借贷问题的资料》，第68页。

② 见"察哈尔省人民政府对雁北专署为复土改后有关债务关系之处理意见的指示"，载《有关借贷问题的参考资料》，第59页。

生及属于投机性质者，一律收回清结（第5条）。① 这里实际上包括两类情事变更问题，前一种是伪币贬值及人民政权实行币制改革所发生的货币折算问题，后一种是人民政权接管银行，因环境变迁发生解除合同问题。

4. 抵押物价格下跌的补偿问题。解放前订立合同以抵押权担保，因环境变迁发生抵押物价格下跌不足抵偿债务，按理应属于情事变更问题之一种，可考虑使双方合理分担所造成的损失。但对这一类问题，实务上不认为属于情事变更，其所持见解是：关于抵押物价格下跌的补偿问题，如经过法院查封拍卖抵押物后，仍不敷偿还债务时，这是属于实际的执行问题，如债务人尚有其他财产可供清偿债务时，当然可以一并执行，即使债务人所有财产不足清偿债务，其不足部分仍应负清偿责任，不应一笔勾销。②

这一时期的情事变更问题约有上述四类，除第四类被认为属于执行问题外，其余三类均在实际上按照情事变更原则予以处理。其处理方式，一是由法律政策直接规定对于某些种类合同一律废止，二是由法院行使干预合同关系的职权，变更合同约定给付或者解除合同。

（二）1956—1978 年间非商品经济条件下的情事变更问题及解决办法

我国在生产资料私有制的社会主义改造完成后，经济指导思想上把社会主义经济视为某种自给自足的自然经济，逐步形成了高度集中的经济体制，实行统一计划调拨和统购包销制度，合同关系实际上是披着"合同"外衣的指令性计划调拨关系。在这种条件下，合同自由原则被完全否定，公平和诚实信用原则也失去存在的必要。在这一时期，法律要求合同必须严格按照国家下达的指令性计划签订。例如《重工业部产品供应合同暂行基本条款》（1956 年 7 月 1 日起实行）规定，重工业部所属生产企业、重工业部办事处和执行重工业部分配计划的非重工业部所属企业单位，均须严格执行分配计划贯彻经济合同制度，与需方签订产品供应合同（第3

---

① 见"中国人民解放军成都市军事管制委员会金融处布告"，载《有关借贷问题的参考资料》，第83—84 页。

② 见"最高人民法院华东分院对苏北人民法院解答几个关于债务纠纷的处理问题的批复"，载《有关借贷问题的参考资料》，第97—98 页。

条）；按分配计划供应的产品，供需双方应依据重工业部销售局与申请部门供应机关协商肯定的订货卡片（或供货通知书）所规定的项目签订合同（第 4 条）。①

既然合同是严格按照计划签订的，计划是双方缔结合同关系的基础，如果作为合同基础的国家计划发生变更，例如被修改或取消，理所当然地要随之修改或取消合同。这种"计划变更"，是非商品经济条件下最主要的一类情事变更问题。众所周知，我国在 20 世纪 50 年代末和 60 年代初国民经济曾经遭遇极大困难，因而在 1962 年执行了"调整、巩固、充实、提高"的方针，对国民经济计划进行了大的调整。这就必然导致许多合同发生情事变更问题。由于以往的法规对计划变更所引起的合同变更问题无明确规定，使企业间因计划变更所发生的争议无法妥善、及时获得解决。因此，国家计委、国家经委、一机部于 1962 年 6 月 8 日联合发出"计联电范字 985 号"、"机调周联字 1310 号"通知，专门解决工矿配件供应合同的计划变更问题；国家计委、国家经委于 1962 年 6 月 29 日发布"计电范字 1204 号"通知，专门解决机械产品供应合同的计划变更问题。同年 8 月 30 日国家经委发布《关于各级经委仲裁国营工业企业之间拖欠货款纠纷的意见（草案）》，其中"关于因国家计划变更而要求退货的问题"，重申应按前述三个通知规定的原则执行，即应由合同双方上级主管部门批准方能解除合同。②

这一时期，计划变更是最主要的一类情事变更问题。此外，还有其他原因发生的情事变更。按照《中国百货公司供应合同共同条件》（1956 年 6 月 1 日起实行）第 5 条的规定，下述四种情形均可发生情事变更，双方可以变更合同内容或解除合同，不以不履行合同论处。

1. 如国家因军事需要或特殊任务（包括临时出口任务），必须从甲方进货中抽出部分或全部数量供应国家需要而影响合同履行。

2. 如原料（包括进口）供应发生困难，一时又无代替品可以代替而

① 见"重工业部产品供应合同暂行基本条款"，载《经济合同资料选编》，法律出版社 1981 年版，第 87 页。

② 见"关于各级经委仲裁国营工业企业之间拖欠货款纠纷的意见（草案）"，载《经济合同资料选编》，第 153 页。

影响甲方进货，必须修订原签合同。

3. 如生产临时发生故障（厂房修整、变迁、机器损害以及其他生产事故）因而影响甲方进货和执行合同。

4. 如乙方所在地之市场发生突然变化（水灾、旱灾、霜、虫等自然灾害，严重影响购买力下降，或购买力突然转移），或因商品流转计划变更以致原合同订货数超过市场需要，而且在本供应区及省内又无法调剂，如不修订原签合同，势必严重妨碍商品全面流通。

按照该条规定，在发生以上四种情事变更问题时，属于计划合同，须经当事人所在地之行政部门批准及主管省、市公司审查，并由省、市公司附具所在地之行政部门批准意见上报总公司审查后，双方各按总公司批准意见修减原签合同。属于非计划商品，经当事人所在地之行政部门批准，并经主管省、市公司审查同意，即可提出证明函件联系对方修减原签合同。①

这一时期由于经济体制的性质，决定了计划变更为最主要的情事变更类型，并且无论何种情事变更问题，均一律采用行政方法予以解决，以行政机关之决定变更合同内容或解除合同。这与建国初期运用法律手段，由法律性政策文件直接规定合同作废或由法庭变更或解除合同，是完全不同的。

（三）1979 年以来社会主义商品经济条件下的情事变更问题及解决办法

从 1979 年以来，对计划制度逐步进行了改革，单一指令性计划制度包括工业产品的统购包销制度、农副产品的统购征购制度及日用消费品的凭票证定量供应制度均已被打破。国家只对关系国计民生的重要工业品下达指令性计划，其余实行指导性计划和市场调节；农副产品的统购政策已经废除，国家所需粮食等重要产品实行合同定购；日用消费品除主粮及食用植物油仍定量凭证供应外，均可自由买卖。一个统一的社会主义商品市场已经形成，并日趋繁荣。实行对外开放和对内搞活经济的政策，已使国内市场与国际市场相互沟通。国家主要通过经济政策和法律手段对经济实

---

① 见"中国百货公司供应合同共同条件"，载《经济合同资料选编》，第 118 页。

行宏观控制和调节。适应商品经济的性质和要求，我国法律思想上重新承认了合同自由、公平和诚实信用、等价有偿等法律原则，并由立法明文加以规定。因此，在新的条件下研究情事变更问题具有重大的意义。

在新的条件下，虽然计划变更问题依然存在，但其在情事变更问题中所占地位已不能与前一时期相比，并且有了新的性质，按照经济合同法第27条的规定，"订立经济合同所依据的国家计划被修改或取消"已被确定为发生合同法定解除权（修改权）的原因之一。当事人可以单方意思表示解除（修改）合同。严格说来，已不属于情事变更原则问题。

在商品经济条件下情事变更问题的发生是不可避免的，而且商品经济愈发达，情事变更问题愈是层出不穷，要求运用情事变更原则及时、妥善处理，协调各种利益冲突，维护经济生活法律秩序，促进经济健康发展。基于对近几年经济生活中情事变更问题的初步分析，我认为影响合同履行并导致发生情事变更问题的主要原因有：（1）由于商品经济的本质和市场所固有的风险；（2）物价大幅度上升；（3）各种经济行政管理措施；（4）国家经济政策发生变化；（5）国际市场发生大的变化；（6）外国货币的大幅度贬值或大幅度升值。

近年来所发生的情事变更问题大致可以归纳为以下几种类型：第一种，合同基础自始欠缺。例如前几年河北、河南、天津等地因误信可以用蚯蚓生产高级补酒，所签订的繁殖蚯蚓合同；涉及好多省市的数十家单位，因误信某诈骗犯从香港进口几十万台彩电的谎言，而层层签订的购销彩电合同；未经批准擅自改变属于文物保护的场所设施用途，同他人签订联合经营合同；未经批准擅自建砖瓦窑然后承包给他人经营的承包经营合同。第二种，因物价大幅度上涨所引起的情事变更。例如一项大型承揽建设合同，在合同生效以后由于物价上涨使工程造价将超过合同原订造价的一倍以上，发包人要求解除合同。第三种，因市场固有风险，使企业陷于破产或无力履行合同。第四种，因各种经济行政管理措施使合同基础丧失或对价关系失衡。如一项承包经营旅店的合同生效以后，承包人一再受治安管理处罚，治安管理机关认为此人不能任旅店之经理人；前几年各地出现的购销低质量化肥合同，因国家主管机关下达文件规定不得生产、经营低质量化肥，已生产的应予降价，致在此之前签订的合同发生情事变更；

再如购销进口手提式冷暖风机合同，国家经委下达文件指出沿海某省盲目进口质量低劣的冷暖风机向内地倾销是错误的，并指示应予退货或降价，因此使合同发生情事变更。第五种，因国际市场变化影响国内某些出口产品或进口产品的购销合同的履行，或因美元大幅度贬值、日元大幅度升值，使某些以美元或日元计价的合同对价关系被破坏。①

以上五种情事变更问题，其中第三种应适用经济合同法第 27 条第 3 项"当事人一方由于关闭、停产、转产而确实无法履行经济合同"的规定，因当事人行使法定解除权而解除合同，其他四种均应依情事变更原则处理。司法和仲裁实践中所采取的解决办法归纳起来有三类：其一为不承认有情事变更问题，仍维持合同原有效力；其二为引用经济合同法第 7 条第 1 项"违反法律和国家政策"的规定，确认合同无效；其三类推适用"履行不能"，确认合同无效；其四直接引用公平原则，变更合同给付或解除合同。前一种不承认有情事变更仍严格要求当事人履行合同，显然是不正确的，因为违背公平原则。第二种做法引用关于违反法律和政策的规定确认合同无效，属于不当。以前述承包经营砖瓦窑合同为例，承包合同本身并不违法，法律也不要求须经批准，合同当然是有效的。至于发包人擅自建窑改变耕地用途违反有关法规，则只是发包人自己的问题。对这类合同的正确解决办法，是按照情事变更原则以合同基础欠缺而解除合同。后面两种解决办法即类推适用"履行不能"和直接适用公平原则，在实际效果上并无不当，于法理上亦能说通，是属于在不引用情事变更原则的前提下解决情事变更问题的变通办法。其实，就是在目前情况下依情事变更原则裁判案件，也并非于法无据。经济合同法第 27 条第 4 项规定"由于一方当事人虽无过失但无法防止的外因"，正是指的情事变更问题。遗憾的是尚未看到引用这一规定进行裁判的案例。说明即使有了立法规定，其正确适用还有待于解释和阐发其意旨，研究情事变更问题的理论意义和实践意义亦在于此。

---

① 外币贬值为情事变更原因，可以参考德国判例。依德帝国法院 1933 年的一个判例，认为英镑贬值 20%—30%，属于情事重大变更，成立补偿请求权，1935 年的一个判例认为外币贬值 13%，即使法律行为基础动摇，补偿请求权得以成立。见彭凤至《情事变更原则之研究》，五南图书出版公司 1986 年版，第 129—130 页。

三　大陆法上的情事变更原则问题

（一）情事不变条款学说

按照通说，情事变更原则起源于 12、13 世纪注释法学派著作《优帝法学阶梯注解》。其中有一项法律原则，假定每一合同均包含一个默示条款，即缔约时作为合同基础的客观情况应继续存在，一旦这种情况不再存在，准予变更或解除合同。称为"情事不变条款"。至 16、17 世纪，自然法思想居于支配地位，情事不变条款得到广泛的适用。凡以意思表示为要素的法律行为，无论其属于民法、刑法、诉讼法、国际公法或者教会法，均须以作为行为基础的某种客观情况的继续存在为其生效条件，此客观情况发生变化，原意思表示即当然失其拘束力。到 18 世纪后期，情事不变条款之适用过分广泛，以致被滥用，损及法律秩序的安定，于是受到严厉的批评并逐渐被法学家和立法者所摒弃。19 世纪初，历史法学派兴起，极力贬低自然法思想的价值。该派之代表人物萨维尼（Savigny）在其巨著《罗马法体系》中，甚至根本未提及这一法律原则。继起的分析法学派，强调实证法，主张形式的正义，重视契约严守原则及法律秩序之安定，因而情事不变条款愈益丧失其重要性。①

情事不变条款曾被一些法典规定为正式法律条文。如 1756 年巴伐利亚民法典第 4 编"其他给付义务之负担"，规定了情事不变条款。1794 年普鲁士普通法第 378、380、381 条规定了这一条款。其第 378 条规定，"经由此种未预见之改变，以致当事人约定，或基于法律规定行为之性质，所可推知的双方当事人之最终目的不能实现时，任何一方均可解除尚未履行之契约"。1811 年奥地利民法典仅在第 936 条关于预约设有规定，"情事于中途发生非可预料之改变，以致当事人约定或依情事推定的目的不达，一方或双方之信任关系丧失时"，得解除契约。

但法国民法典、瑞士民法典均未规定情事不变条款。德国民法典的制定深受历史法学派的影响，因此该法典扬弃了一系列源于罗马法、日耳曼

---

① 　彭凤至：《情事变更原则之研究》，见该书之"前言"。

法、自然法及教会法之法律制度。情事不变条款以及与之类似的"前提要件理论",均被立法者明示排除于德国民法典之外。①

德国在第一次世界大战后为解决情事变更问题,学者和实务方面主张改变立法精神,采解释方式弥补"法律漏洞",而立法者则坚持民法典之立法精神,不承认有"法律漏洞",而是采取特别立法方式解决各种特殊问题。其中最重要的特别立法有:第一次世界大战后的《第三次紧急租税命令》、《抵押权及其他请求权增额评价法》,第二次世界大战后的《第三次新订金钱性质法》、《法官协助契约法》。《法官协助契约法》最具代表性,该法于1952年颁布,只适用于1948年6月21日币制改革以前发生的债务关系。依据该法,由法官协助合同当事人成立一项新协议,如不能成立协议时,则径以形成裁判代替当事人应为之协议。

(二) 法律行为基础学说

按照通说,情事变更原则之理论基础有三:一为法国的不可预见说;二为英美法的目的不达说;三为德国的法律行为基础说。② 依不可预见说,认为法国民法典第1134条第1款规定依法成立的合同,于当事人间有相当于法律的效力,但当事人因不可预见的情事变更,其履行对于当事人之一方成为非常重大的负担时,关于此点并无当事人之合意,因而原约定于当事人间已无法律效力,应允许变更或解除。③ 这一理论并未成为通说,亦未被民事审判实践所采纳,因此其重要性和影响不能与另外两种相比拟。英美法学说将在后面谈到,这里先介绍德国的法律行为基础说。

德国在第一次世界大战爆发后面临"法律不足",法院为处理情事变更问题,以法官立法方式补充现行法,创设了不少考虑环境因素的法律解释。为避免法院裁判完全流于所谓"衡平裁判"之危险,民法学者急于发展一套一般性理论,为法院裁判提供理论基础。1921年学者欧特曼(Oertmann)提出"法律行为基础"学说。该学说提出后,立即为法院判

---

① 彭凤至:《情事变更原则之研究》,第3页。
② 郑玉波:《民法实用》,1969年初版,第109—111页。
③ 史尚宽:《债法总论》,台北1978年,第428页。

例采纳，成为裁判上之固定见解，至今未变。①

按照欧特曼的学说，所谓法律行为基础，为缔结法律行为时一方当事人对于特定环境之存在或发生所具有之预想，该预想之重要性为相对人了解并未作反对表示，或为双方当事人对于特定环境之存在或发生所具有之共同预想，且基于此预想而形成法律行为意思。此即所谓"欧特曼公式"。可知所谓法律行为基础，为法律行为之客观基础。因此与当事人之"动机"或"法律行为目的"不同。法律行为基础，并非法律行为之构成部分，因此区别于法律行为所附"条件"或所谓"默示条款"。

依法律行为基础学说，因法律行为基础有瑕疵（自始欠缺或嗣后丧失）而受不利益的当事人，享有解除合同的权利。在法律效果上，法律行为基础说与情事不变条款说是一致的。两者的区别在于：其一，情事不变条款为合同构成部分，而法律行为基础非合同构成部分；其二，情事不变条款为"拟制"当事人的意思，而法律行为基础则不须借助于这种"拟制"；其三：法律行为基础所涵盖的范围比情事不变条款更为广泛。

法律行为基础学说提出后，一方面即为法院判例所采纳，另一方面却引起学者间数十年的争论。争论的主要之点是，究竟什么是法律行为基础。第二次世界大战后学者拉伦茨（Larenz）提出"修正法律行为基础说"，将法律行为基础区分为主观的法律行为基础和客观的法律行为基础。所谓主观的法律行为基础，指双方当事人签订合同时的某种共同预想；客观的法律行为基础，指作为合同前提的某种客观情况。依此学说，主观的法律行为基础用以处理双方"动机错误"案型，而客观的法律行为基础则用来解决"对价关系严重破坏"及"目的不达"问题。

拉伦茨的修正法律行为基础学说受到多数学者赞同，成为目前之通说。但在"主观"基础与"客观"基础的划分标准上，受到严厉的批评。学者雷曼（Lehmann）认为，严格划分主观与客观法律行为基础，并无实际意义，因此将二者合并观察，提出所谓"联合公式"。依此公式，所谓法律行为基础，指缔结合同时的某种情事，当事人如果考虑到此情事之不确定性，依诚实信用原则和合同之目的，必定以该情事之继续存在为合同

---

① 彭凤至：《情事变更原则之研究》，第 24—25 页。

发生效力之前提，或者依公平观念应该以该情事之继续存在为合同生效之前提。

1980 年以来，联邦德国愈来愈多的民法学者认识到，情事变更原则问题乃是合同的实质公平问题，随着合同法的伦理化及形式主义合同概念的扬弃，使情事变更原则愈益增加其重要意义。主张彻底改变民法典立法精神，直接以"实质的合同概念"作为处理情事变更问题的理论依据。在方法上突破概念法学的限制，有效运用"判例拘束"方式，创设在法律行为基础概念之下可以作为裁判依据的规范。经此派学者修正，法律行为基础成为处理情事变更原则问题的概括性上位概念，在此概念之下以"对等性原则"及"无期待可能性原则"为事实上的决定标准，并根据无期待可能性之程度，决定法律效果为变更合同内容或解除合同。①

（三）法律行为基础制度

法律行为基础学说提出后，经过法院判例反复引用，形成一项具有一定功能与内涵的新兴法律制度，称为"法律行为基础制度"。自第一次世界大战以来的实践证明，法律行为基础制度是用来处理经济及社会情况剧变问题的有效制度，是用来排除因情事变更所发生的不公平后果的普遍准则，并成为打破契约严守原则的途径之一。② 此项制度虽然形成于灾变时期，但其运用却不限于灾变时期，尤其对于社会环境瞬息万变之现代，是一项不可或缺的重要法律制度。

根据联邦德国著名的研究机构德国研究协会于 1983 年的一项研究报告，从 1979 年 11 月 15 日至 1983 年 3 月底，就有依情事变更原则问题所作法院判例共计 1019 件。其中，双务债权合同为 666 件，约占 65%。包括买卖合同 357 件，承揽合同 64 件，承揽供应合同 18 件，雇用合同 24 件，租赁合同 95 件，其他 107 件。

对 981 件双务及特别强调时间和人的因素的合同所进行的分析表明，其中 582 件法院认为属情事变更，并依法律行为基础制度裁判，有 443 件

---

① 彭凤至：《情事变更原则之研究》，第 47—49 页。
② 同上书，第 52 页。

法院认为有理由，判决 195 件解除合同，248 件为变更内容。另外 399 件采用类推适用相近法律条文方式进行裁判，有 234 件认为有理由，判决解除合同或减少价金。依法律行为基础制度裁判，被称为狭义的情事变更原则问题；采用类推方式裁判称为广义的情事变更原则问题。

对 357 件买卖合同案（占全部判例的 35%）发生情事变更的原因及裁判理由所作分析如下：（1）因治安或其他行政机关之禁令或措施引起环境改变问题，主要类推适用瑕疵担保的规定；（2）因双方"内部计算错误"，类推适用错误（我民法通则称为误解——本文作者注）的规定；（3）因战争及政治等原因导致进出口限制，以及战争或自然灾害造成事实上供应困难，类推适用给付不能的规定；（4）因环境改变致目的无法实现，以无期待可能性为由，适用法律行为基础嗣后丧失；（5）因双方之外的计算错误，或对法律状况估计错误，以对价关系障碍为由，适用法律行为基础自始欠缺；（6）因法律、法院裁判变更及行政机关之命令、决定引起的情事变更问题，以对价关系障碍为由，适用法律行为基础嗣后丧失；（7）因货币贬值、物价上涨以及外国货币贬值引起的情事变更问题，以对价关系障碍为由，适用法律行为基础嗣后丧失。①

四　英美法上的情事变更问题

英美法上解决情事变更问题的原则称为合同落空。② 英美合同法上本无所谓合同落空，在坚持合同必须严守原则上甚至比大陆法更为严格。合同落空初见于 1863 年的租用音乐厅判例，认为因不可归责于当事人双方的事由而致合同标的物灭失，当事人可以免责。须要说明的是，合同落空所适用的范围比大陆法的情事变更广泛。通常构成合同落空的原因是：（1）非因当事人过失而致标的物灭失；（2）因战争爆发使合同的履行成为违法行为；（3）政府颁布禁令，禁止履行合同；（4）合同签订以后，

---

① 以上资料引自彭凤至《情事变更原则之研究》，第 148—152 页。

② Frustration of Contract，通常译为"合同落空"，也有的作者译为"合同目的不达"或"合同受挫"。本文采通常译法。

情况发生了根本性的变化，致使合同失去了基础。[①] 实际上合同落空包括了大陆法所谓不可抗力和情事变更。下面着重介绍英美法关于合同落空的各种学说。

（一）默示条款说

在 1916 年的一个案件中，法官劳尔伯恩（Loreburn）勋爵提出默示条款说。他讲道，法庭应当审查合同及缔约时的情形，不是为了变更而是为了解释，以便发现是否可以从合同的性质看出，双方当事人必定是以某种物或物之状态的持续存在作为订约磋商的基础，如果是那样的话，则合同包含了一个默示条款。劳尔伯恩说，按照我的观点，这样一个作为双方缔约基础的默示条款，是从合同的性质及缔约时的周围情况推论出来的。假使双方考虑到了后来发生的情事变更，他们将会说：如果发生那种情况，当然我们的关系解除！

这一默示条款理论为后来的许多判例所引用。这一默示条款可以从主观主义或客观主义的角度解释。从主观主义角度解释，其含义是，虽然合同当事人未予明示，但法庭从合同中发现了这一默示条款。法庭的作用不是修改双方的协议，而只是赋予双方订约时的真意以法律效力。从客观主义上解释，它意味着如果当事人考虑到最终将发生这种情事变更，作为公正而理智的人，双方必然会在合同中规定这一条款。这样看来，前者是真正的合同条款，即使是默示而非明示，后者则纯属法律的拟制。

默示条款说的缺陷主要是：（1）按主观主义含义解释，其困难在于，当事人根本上既不期望也未预见这种变更，何以能够规定这一条款（即使默示）?！此外，说当事人如果预见到落空事故的发生将会简单地同意终止合同，也是不现实的。相反，他们极大可能是要求保留权利、修改合同和提出赔偿要求。（2）按客观主义解释，困难同样存在，所谓公正而理智的人并不存在。实际上，他只是表述法庭自己的观点，其出现只是为了掩饰法庭的作为。这是一种策略，通过它法官可以适用自己所需要的规则。（3）默示条款理论无法解释在双方明显考虑到可能发生落空事故的情形，

[①] 施米托夫：《出口贸易》（中译本），财政经济出版社 1978 年版，第 122—125 页。

何以仍判决合同落空。如果默示条款真是出自双方意思，则合理的结论是合同不应解除，因为双方订约时既然考虑到可能发生情事变更，表明当事人自愿承担事故的风险。

（二）"合同基础丧失"理论

"合同基础丧失"理论为哥达德（Codard）法官在 1937 年的一个租船案中首先采用。该案的基本事实是，西班牙内战期间被告代表西班牙政府租用原告汽船，用来运送由西班牙北部向法国港口撤退的平民。租期是从 1937 年 7 月 1 日起的 30 天。租金为每天 250 镑，比平时高三倍，说明双方显然考虑到该船有被捕的可能。7 月 14 日汽船被叛军捕获并扣留至 9 月 11 日。原告要求支付租金，被告辩称合同已经落空。哥达德法官说，假使因为合同标的物被破坏，或者其他原因如阻碍或迟滞，而致合同基础丧失，以至于后来的履行实质上是履行一个与原订合同所不同的合同，则合同应被认为已落空。

"合同基础丧失"理论与前述默示条款说全然不同。二者的区别在于，默示条款说乃是拟制当事人的意思，把合同因落空而解除的法律效果说成是出于合同双方当事人的意思，而按照"合同基础丧失"理论则与当事人的意思无关。《安森合同法》一书对此评论说，这是由于认识到法庭在关于合同落空学说中的积极作用，而导致更加现实主义的公式，名为"基础丧失"。这与默示条款理论是完全不同的。[1]

（三）"公正合理解决"理论

一个更加激进的理论，称为"公正合理解决"理论。这一理论使法庭可以行使修正合同的权力，目的在于决定在新的情况下，什么是公正和合理的。

《安森合同法》引述莱特（Wright）勋爵的评论："实质是，法庭或陪审团按照它所认为的什么是公正合理，以一个事实判断来决定问题。"该书作者指出，就最一般的意义上说，这一理论无疑是正确的。因为审判过

---

[1]　Anson's Law of Contract, 25th edition, Oxford, pp. 508—509.

程的全部目的正是在于达到公正合理地解决争议。但是，这一理论最终并未超出老生常谈。另外，如果说它还包含任何真实内容的话，就是这一理论蕴含着危险。它建议法庭在它自己认为情事需要时，可以凭借拥有的裁判权，超越合同文字进行那种修正。① 这一理论在上诉中受到上议院的冷遇，勋爵们再次确认了默示条款理论。

(四)"义务改变"理论

所谓"义务改变"理论，也许是英国合同法关于合同落空的最可接受的稳健理论。它也是受到最热烈赞赏的理论。这一理论是拉德克利夫（Radcliffe）勋爵在 1956 年的一个案件中提出来的。他说，当法律认为，由于双方均无过错的情事变更，使合同义务变得不允许被履行时，将构成合同落空。因为在这种情况下要求履行的，已是与合同双方当事人所承担的义务完全不同的另一义务。当事人将会说，这不是我允诺要做的。

按照这一理论，法院的责任是解释合同，按照缔约时的情形对合同条款所作的解释表明，不能适用于已发生改变的情形，这一合同即已落空。必须是合同义务已发生重大改变，以致与原来双方所承担的义务完全不同，才能适用合同落空原则。

在介绍英美法关于合同落空的各种学说之后，需要指出的一点是，在同一案件上适用不同的学说所得出的结论几乎没有什么差别。大多数法官深信，必须在得出结论之前发现合同落空的真正基础，尽管他们显然会得出同样的结论。把合同落空视为事实问题或法律问题，或者当作必须采纳的外来证据，可能有某种区别。但是，主要分歧仅仅在于，是采用保守的方法或是采用激进的方法解决问题。假使给他们同一个案件，没有理由认为他们会因采用的理论不同而得出不同的结论。默示条款说最忠实的支持者之一是西蒙（Simon）子爵，其最坚决的反对者之一是莱特勋爵。但是没有什么证据可以说明他们在将得出的结论上有任何分歧。双方均对维护合同严守原则忧虑不安。②

① Anson's Law of Contract, p. 510.
② Ibid., pp. 511—512.

五　关于情事变更原则的立法

各国关于情事变更原则的立法有两种不同方式。其一为特别民事立法方式，以德国在第一次世界大战以后颁布的一系列"法官协助契约"法规为代表。我国在抗日战争胜利后国民党政府颁布的《复员后办理民事诉讼补充条例》，即属于这种方式。该《条例》第 12 条规定，法律行为成立后，因不可归责于当事人之事由致情事变更，非当时所得预料，而依原有效果显失公平者，法院应公平裁量，为增减给付或变更其原有效果之判决。[①] 此规定为典型的非常时期民事特别法，本质上为授权法官代表公权力干涉私法关系的授权法。法官的裁量权范围十分广泛，不仅合同本身的对等性、公平性，即使当事人支付能力及受保护之必要性等，均在考虑之列，且法官变更合同内容的权力几乎毫无限制。[②] 因此台湾地区一些学者主张于民事实体法上规定情事变更原则。其二系将情事变更原则制定成概括性条文，规定在民事实体法即民法典作为一条法律原则。依此立法方式，情事变更原则的适用不限于特定时期和特别关系，且因情事变更而变更或解除合同属于当事人的一项实体权利。以下介绍几个具有代表性的立法规定。

意大利民法典第 1467 条：如果长期履行、定期履行或分期履行的合同，因为某种非常的不可预知情况的出现而致一方当事人难以履行，则义务人可以终止合同。

希腊 1940 年民法典第 388 条：当事人间在考虑到善意的规则和商业惯例的情况下，订立了双务合同后，如情事因不可预见的原因发生变更，而由于此种变更，使合同义务的履行变为对义务人过分艰巨，则义务人可请求法官裁量将义务酌情减少至适当程度，或者解除全部合同或其未履行部分。

民主德国国际商事合同法第 295 条：（1）为达到合同的目的所必不可

---

① 该条例失效后，第 12 条与第 13 条合并规定在台湾省现行民事诉讼法第 397 条。
② 彭凤至：《情事变更原则之研究》，第 294 页。

少的，从而在当事人订立合同时形成合同的基础，并为当事人所不能控制的那些情事，如果根本上发生了变更，且如当事人知道此变更当初就不会订立此合同，则受到这种变更不利影响的当事人有权向另一方建议按照已变更的情事合理地调整合同。（2）如果另一方当事人不同意上述要求，或者即使调整合同仍不能达到合同目的，则受到不利影响的当事人有权不经事先通知而终止合同……

匈牙利1977年重新修订颁布的民法典第241条：长期的法律关系中，因合同签订以后所发生的情况使一方当事人的实质性合法利益受到损害，以致影响到双方之间的持久的法律关系，法院可以修改合同。

南斯拉夫1978年颁布的债务关系法第133条：因情况发生变化致使合同目的无法实现，或合同已显然不再符合当事人愿望，按照一般人的看法认为在变化了的情况下维持合同效力是不公平的，可以解除或变更合同。

联合国国际货物销售合同公约（1980年4月）第79条：当事人对不履行义务，不负责任，如果他能证明此种不履行义务，是由于某种非他所能控制的障碍，而且对于这种障碍，没有理由预期他在订立合同时能考虑到或能避免或克服它或它的后果。①

这里有必要介绍联邦德国关于法律行为基础制度立法化的建议。联邦德国司法部于1982年提出《债法修正之审查意见及建议书》，建议将实务上沿用成习的法律行为基础制度立法化，作为民法典第242条关于诚实信用原则规定之第二款：

契约之给付，因为外在环境影响而显然困难增加或价值减少时，受不利益之契约当事人，如对此种环境不须负责，尤其依契约之意义，并未承担此种环境是否发生以及影响如何之危险，而且以不变之方式严守原订契约，对该当事人无期待之可能者，得请求以契约调适之方式，将不利益合理分配于双方当事人。契约之调适不可能或无期待可能性者，则得请求消灭契约以代契约调适。契约之调适或消灭，应依当事人协议或法院裁判为之。

---

① 我国已加入联合国国际货物销售合同公约，此条文应为我国现行法关于情事变更原则的规定。

六　结语

综上所述，情事变更原则为现代社会中处理情事变更问题不可或缺的重要制度。其实质与功能在于，贯彻公平及诚实信用原则，消除因情事变更所致不公平后果，协调合同当事人利益冲突，维护社会公平及经济流转法律秩序。这一原则的立法化，已是当代民法发展不可逆转之潮流。

我国民法通则明文规定公平及诚实信用为我国民法之基本原则，经济合同法第 27 条第四项对情事变更已有规定，加之我国已正式加入联合国国际货物销售合同公约，该公约第 79 条规定的情事变更原则已成为我国涉外合同法之一部。因此，我们当前所要解决的问题，不是应否确立情事变更原则，而是在现行立法基础之上，进一步借鉴各国立法经验和理论研究成果，完善情事变更原则法律制度，发展一套既有中国特色又与各国相通的情事变更原则理论，为审判和仲裁实务有效地、正确地适用这一原则解决各种情事变更案件，提供理论基础和具体裁判标准。

鉴于经济合同法第 27 条第四项关于情事变更的规定欠明确，因而在实务上难以适用，且规定为法定解除权之发生原因与情事变更原则本意不符，建议修订经济合同法时将该规定删去，在该章之末尾另立一条规定情事变更原则。可采如下文字表述：

经济合同成立后，因不可归责于当事人的原因发生情事变更，致法律行为基础丧失，使当事人目的无法实现或对价关系障碍，仍维持合同效力显失公平，则受不利影响的一方当事人有权请求人民法院或仲裁机关变更合同内容或解除合同。

依此文字表述，则情事变更原则适用条件如下：（1）须有情事变更，所谓"情事"指订约时作为合同基础及环境的客观情况；所谓"变更"指此种客观情况发生异常变动。具体判断是否构成情事变更，应以是否导致行为基础丧失（包括自始欠缺和嗣后丧失），是否致当事人目的不能实现，及是否造成对价关系障碍，作为判断标准。（2）须该情事变更之发生不可归责于当事人，如可归责于一方当事人，则该当事人应承担因而发生之危险，因此不适用情事变更原则。（3）须该情事变更有不可预见的性质。仅一方当事人不可预见，则仅该当事人可以主张情事变更。（4）须维持合同原有效力显失公平。此显失公平应依一般人之看法，包括债务人履行困难和债权人受领不足及其履行对债权人无利益。

其法律效果为赋予受不利益的一方当事人以变更或消灭合同的可能性，属于实体权利，但以诉讼（仲裁）方法行使为必要，因此区别于解除权，相似于民法通则所规定的撤销权。

作者补注：

我国法院已经有适用情事变更原则的判决。统一合同法草案第三稿和征求意见稿均规定了情事变更原则，但对于应否规定一直存在争论。不同意规定情事变更原则的理由，主要有两个：其一，是认为所谓情事变更被不可抗力包含，既已规定不可抗力，就没有再规定情事变更的必要。其二，是认为情事变更原则属于一般条款，没有具体的判断标准，担心在实践中导致滥用，影响法律的安定性。其中，第一个理由，显系混淆了不可抗力与情事变更两个不同的概念和制度。两者的区别在于：（1）两者虽均构成履行障碍，但程度不同，不可抗力已构成履行不能，而情事变更未达到履行不能的程度，仍属于可能履行，只是其履行极为困难并导致显失公平。（2）不可抗力属于确定概念，民法通则第153条规定了不可抗力的定义，而情事变更属于不确定概念，法律上无法规定其定义。（3）不可抗力属于法定免责事由，当事人只要举证证明因不可抗力导致合同履行不能，即可获得免责，法庭或仲裁庭对于是否免责无裁量余地；情事变更不是法定免责事由，其本质是使当事人享有请求变更或解除合同的请求权，而同时授予法庭或仲裁庭公平裁量权。（4）不可抗力的效力系当然发生，情事变更的效力非当然发生，是否构成情事变更、是否变更或者解除合同及是否免责，须取决于法庭或仲裁庭的裁量。至于第二个理由，鉴于情事变更原则的实质在于授予法庭或仲裁庭自由裁量权，在实践中发生滥用此裁量权的危险显然存在。现在的问题是，是否在法律上不规定情事变更原则，就能够避免这种滥用？实际上中国审判实践中已经有承认情事变更的判例，统一合同法不规定这一原则并不能阻止法院根据情事变更理论裁判案件。与其如此，不如由统一合同法对情事变更原则作出明文规定，使法庭或仲裁庭在适用这一原则时有所遵循，减少裁判的任意性，减少滥用的危险。因此，多数意见同意规定情事变更原则，认为现在面对的问题不是应否规定，而是应如何规定。令人遗憾的是，1999 年 3 月 15 日通过的统一合同法删去了关于情事变更原则的规定。

（原载《法学研究》1988 年第 6 期）

关于实际履行原则的研究

　　有的论著认为，实际履行原则是我国合同法的基本原则。例如黄欣在《关于经济合同的履行问题》一文中指出，实际履行原则是"我国经济合同履行的第一项基本原则"[①]。王卫国在《论合同的强制实际履行》一文中断言："债的实际履行原则，是贯串于我国社会主义合同法的一个基本原则。"[②] 我在《论合同责任》一文中曾表示过相反的意思。[③] 我国合同法是否以实际履行原则为基本原则，关系到对现行立法的正确解释和适用，关系到我国合同法理论的发展，具有重要的理论和实践意义。因此，有必要联系到实际履行原则的产生背景、其效力和根据及在各社会主义国家合同法的实际贯彻情形，作进一步的研究。

　　20 世纪 20 年代末 30 年代初，苏联在执行新经济政策获得巨大成就的基础之上，实现了工业化和农业集体化，多种所有制形式并存的结构已发生了根本变化，"新经济政策的俄罗斯已变成了社会主义的俄罗斯"。[④] 宗法式经济、私人资本主义和国家资本主义经济已不存在，个体经济已被排挤到次要地位，在整个国民经济中社会主义公有制经济独占统治地位。1932 年为了进一步加强对经济的集中管理，将最高国民经济委员会分为三个工业部。在各部建立总管理局，负责从计划、技术、经营和组织方面直接领导各部所属的企业。与此相应，整个计划工作水平显著提高，计划指标体系日臻完善，其指令性日益增强。从 1931 年起由计划控制数字正式改称国民经济计划。在工业发展年度计划中，首次规定了详尽的技术生产

[①]　黄欣："关于经济合同的履行问题"，载《北京政法学院学报》1982 年第 2 期。
[②]　王卫国："论合同的强制实际履行"，载《法学研究》1984 年第 3 期。
[③]　拙著："论合同责任"，载《学习与探索》1982 年第 1 期。
[④]　1935 年 1 月召开的第七次苏维埃代表大会上，莫洛托夫的《总结报告》。

指标，以及组织、改造和合理化措施；规定了基本建设的工程项目指标和关于新建和改建企业的详细指标；规定了国营农场、集体农庄和拖拉机站的具体生产计划；首次规定了招收、分配劳动力和培养干部年度计划，在这种情况下，合同制度成为实现国民经济计划的工具，双方当事人签订合同只是为了使计划任务具体化并保证其实现。因此，合同能否实际履行，将决定计划任务能否完成。1933 年 12 月 19 日苏联人民委员会颁布《关于订立 1934 年合同的决议》，其中第一次规定了实际履行原则。

按照《关于订立 1934 年合同的决议》第 19 条规定，在合同被违反时，偿付罚则所规定的付款（违约金、逾期罚款、损害赔偿金）并不能免除当事人实际履行合同的义务，并强调指出，合同所规定的罚则应当注重保证使当事人适时而确当地履行合同，而不是以金钱等价物来代替实际履行。此后，这一实际履行原则被多次重复规定在各种有关产品供应的规范性文件之中，并在法学著述中被反复论证。

实际履行原则一直在苏联合同法理论中占有重要地位。坚金和布拉图西主编的《苏维埃民法》强调指出："作为苏维埃债权法中一般原理之一的实际履行的原则，在社会主义组织间的关系范围内，是有特别重大意义的。"[①] 格里巴诺夫和科尔涅耶夫主编的《苏联民法》写道："以实物履行债在建立共产主义物质技术基础的事业中，在创造为满足公民日益增长的需要所必须的相应的物质和精神财富的事业中，是有重要的意义。"[②] 实际履行原则在法律上的效力，包括下述两个方面：

其一，实际履行原则同时约束合同当事人双方，使双方当事人都负有必须实际履行合同的法律义务。

众所周知，在传统合同法中，合同一经有效成立即产生法律约束力，法律要求双方当事人正确履行各自所承担的义务。法律不允许单方面变更或解除合同，却不禁止双方当事人协商变更或解除合同。一般说来，协商变更或解除合同属于当事人的正当权利，受法律保护。但是，按照实际履

---

① 坚金、布拉图西主编：《苏维埃民法》第 2 册（中译本），法律出版社 1957 年版，第 195 页。

② 格里巴诺夫、科尔涅耶夫主编：《苏联民法》上册（中译本），法律出版社 1984 年版，第 467 页。

行原则，合同一经有效成立，除依合同规定产生双方的债权债务关系外，还由实际履行原则直接产生双方对国家的义务，即双方必须实际履行合同。不仅禁止单方面变更或解除合同，也不允许双方协商变更或解除合同。易言之，实际履行原则剥夺了合同当事人协商变更和解除合同的权利。

约菲在《苏联的经验》一文中写道，按照实际履行原则，"直至合同被违反之前，债务人负有实际履行的义务，债权人负有接受实际履行的义务"。① 布拉图西在《苏维埃民法发展的特点》一文中写道，按照实际履行原则，供应合同的"订货人必须按照计划任务接受合同中所规定的产品，甚至在订货人由于情况变化而不再需要的场合，也必须这样做。惟有计划主管机关才可以通过改变或者废除计划文件免除其义务"。② 约菲在《苏联的经济和法律》一文中谈到，已经安装了暖气设备的订货人有义务接受按照计划合同供给的烤火用木柴。只要分配计划未被取消，当事人就必须接受硬塞给他的稀有有色金属，尽管该企业生产计划已经改变根本不再需要这种材料。买方不得拒绝接受不需要的多余商品，即使是该种商品的短缺至今仍使整个经济陷于困境。③

其二，在合同被违反后，实际履行原则仍约束合同当事人双方，要求双方必须实际履行合同，不允许以支付违约金或损害赔偿金代替实际履行。

按照传统合同法，在合同被违反的情形，可以采取多种法律补救措施。实际履行只是补救措施之一，即债权人向法院提起实际履行之诉，法院判决违反合同的债务人按照合同约定履行债务，称为强制实际履行，或者强制依约履行。其他法律补救措施是，解除合同、请求支付违约金或损害赔偿金。而究竟采取何种补救措施，属于债权人的权利。在资本主义国家合同法中，最通行的补救措施是请求损害赔偿并解除合同，而强制实际履行适用范围较窄，一般只用于标的为不动产的合同。按照实际履行的原

① 约菲："苏联的经验"，载《国际比较法百科全书》第 7 卷第 5 章。
② 布拉图西："苏维埃民法发展的特点"，载《国家与法》1957 年第 11 期。
③ 约菲："苏联的经济和法律"，载《哈佛法律评论》（1982 年 5 月）第 97 卷第 7 号。

则，除计划已经作废或合同在实际上已不能履行外，必须采用的补救措施是强制实际履行，债权人必须向法院或公断机关提起强制实际履行之诉，他无权解除合同。即使他已经请求债务人支付违约金或损害赔偿金，也不免除他接受实际履行的义务和债务人实际履行的义务。实际履行原则剥夺了债权人在对方违反合同情况下解除合同的权利，不允许采取保护性购买和保护性销售等补救措施。

《苏联民法》写道，按照实际履行原则，"在违反根据计划任务产生的债时，债务人不仅必须实际履行债，而且债权人必须要求实际履行"。① 约菲指出，"对于经济合同来说，实际履行原则具有不同的法律效力，直至合同被违反后，它仍然约束双方当事人。尽管合同已被违反，违反合同一方当事人和受到损害的对方当事人都必须实际履行合同"。②

匈牙利民法学家居拉·埃雾西在《社会主义的经济合同》一文中，对实际履行原则的上述两个方面的法律效力作了十分简洁的概括。他写道，"强制实际履行原则意味着：（一）禁止合同当事人在合同履行期限到来之前终止合同；（二）在债务人违约时，则禁止债权人约定或接受赔偿金以代替实际履行"。③ 可见，实际履行原则使合同双方当事人被牢牢地束缚在一起，无丝毫自主性和主动性可言，其实质在于强制双方完成指令性计划指标。

实际履行原则的经济体制上的根据，是单一的指令性计划制度。这是社会主义国家曾经实行或仍在实行的集中型经济体制的共同特征。计划被赋予法律拘束力，计划就是法律。由于不存在市场，指令性计划是国家用来组织生产和分配的、几乎可以说是惟一的手段。经济合同必须严格按照指令性计划签订，合同的作用被归结为使计划任务落实并确保其实现，实际上是指令性计划决定一切。在这种情况下，所谓合同关系实质上是披着合同这一民法外衣的行政法律关系。实际履行原则正反映了这种法律关系的本质要求。合同双方当事人的权利义务，既然是上级计划机关的意志

---

① 《苏联民法》上册，第466页。
② 约菲："苏联的经验"。
③ 居拉·埃雾西："社会主义的经济合同"，载《国际比较法百科全书》第7卷第5章。

（其具体形式是指令性计划文件）单方面设定的，理所当然地要求双方必须实际履行合同，以切实保障这一意志的最终实现。因此，法学家们在论证实际履行原则时，无不以指令性计划制度作为最主要的论据。布拉图西写道，"由于计划作用的增大和经济核算制的巩固，在 30 年代里，合同渐渐成为有计划地组织社会主义经济的极其重要的工具"。"要求实际履行根据计划文件签订的合同是来自上述原则的逻辑结论。不然的话，即使在依照公断程序许可解除合同并以赔偿不履行所造成的损失来代替实际履行的场合，也没有达到合同的目的——完成产品的生产和分配的计划。"① 居拉·埃雾西指出，"实现国民经济计划和满足计划所确认的需要，是决定强制实际履行原则的原因和主要理由"。②

　　社会主义经济曾经长期被视为某种自给自足的自然经济，片面强调产品的使用价值而忽视其交换价值，计划经济与商品经济被看做两种截然不相容的事物。按照这种经济理论，社会主义经济的目的被说成是"直接"（而不是通过市场）满足需要，产品的转让和劳务提供被说成"直接的"社会关系。市场和商品货币关系或者是不被承认，或者是被限制在公民参加的关系范围内。这就构成了实际履行原则的理论上的根据。《苏联民法》一书写道，"要知道，用任何金钱补偿来代替实际履行供应的债、收购农副产品的债、基本建设包工的债、买卖的债、住宅租赁的债及其他债，都不能替代原来设定债所要达到的经济的、文化生活上的和其他的结果"。③作者进一步同资本主义社会作对比，"按照资产阶级的法律，请求实物履行债是债权人的权利，而不是债权人的义务。这是理所当然的，因为对资本家来说，是以赔偿不适当履行债给他造成的损失的形式直接获得利润，还是以实际得到履行标的的形式而获得利润，是全然没有区别的。他所看重的是什么东西对他更有利"。④ 居拉·埃雾西指出，"在社会主义经济中，生产的直接目的是满足社会需要，而社会需要又和一定时期的国家经

---

① 布拉图西："苏维埃民法发展的特点"。
② 居拉·埃雾西："社会主义的经济合同"。
③ 《苏联民法》上册，第 467、468 页。
④ 同上。

济计划联系着的。实现这一目标，几乎总是有赖于合同的强制履行"。①

　　实际履行原则的产生和存在，还取决于物质资料的供应状况。无论如何，在一个物质资料极为丰富的社会中，合同的实际履行原则将丧失其大部分重要意义。因为在合同债务人违约时，债权人能够从市场上及时获取自己所需的产品，即通过保护性购买来满足自己的需要。反之，在产品匮乏、物质资料供应长期不足的社会中，通过实行实际履行原则，可以保证国家计划的实现和满足人民的基本生活需要。这种情况下，实际履行原则的必要性和重要性是不言而喻的。考虑到各社会主义国家几乎无例外地都曾经存在过物质资料供应长期不足的现象，我认为，实际履行原则曾经是社会主义国家为保证国家计划和人民基本生活需要，用以对付产品供应不足这一社会现象的法律手段。居拉·埃雾西在比较了西方国家注重损害赔偿而社会主义国家注重实际履行之后，特别指出，"这种差别的产生并非完全取决于不同法律的规定，而是取决于社会主义国家缺乏足够的商品和西方国家拥有丰富的商品这一事实。其实，在西方法律制度中，商品的可用性并非不具有重要意义，英美法院正是基于合同标的物是市场短缺的商品这一事实而常常命令强制履行哪怕是纯属一般商品的买卖合同"。② 布拉图西虽未明言物质资料供应不足是实际履行原则的主要依据，但他显然早已认识到这一点。还在 1957 年，布拉图西就作出预言，随着社会主义生产的进一步扩大和产品达到丰富的水平，实际履行原则将逐渐失去其尖锐性。③ 我们在后面将要看到，这一预言已被各社会主义国家的实践所证实。

　　按照实际履行原则，合同当事人被剥夺了协商变更或解除合同的权利和在发生违约时通过赔偿金的支付以解除合同的权利，势必严重束缚合同当事人（主要是社会主义经济组织）的自主性和积极性。历史经验已经表明，经济组织的自主性和积极性愈受束缚，愈是影响社会生产力的发展，物资匮乏的现象愈是难于克服。实行实际履行原则之初衷，本来是为了对付物资匮乏现象，其结果恰与目的相反。我认为，这正是实际履行原则所

---

　　① 居拉·埃雾西："社会主义法制中的合同补救方法"，载《国际比较法百科全书》第 7 卷第 16章。
　　② 同上。
　　③ 布拉图西："苏维埃民法发展的特点"。

包含的矛盾。正因为如此，就是在集中型经济体制下，实际履行原则也未能得到切实贯彻。布拉图西在回顾自实际履行原则产生以来的历程时，不无感慨地写道，"正如近 25 年的实践所证明的，双方当事人都是经济机关的关于产品供应合同的债的实际履行原则，没有能够得到民法上财产责任结构的充分保障。由于合同客体、拨款程序和支付工作程序的特殊性质，这个原则基本上只在基本建设承揽合同中实现了。而关于供应合同的情形，则有些不同。有过错的一方当事人对债权人支付合同所规定的违约金，赔偿经证实的损失，但是不能强制根据公断处的决定实际履行"。①

　　布拉图西预言实际履行原则将逐渐失去其尖锐性是在 1957 年，当时赫鲁晓夫领导的经济改革尚未正式开始。此后的近 32 年间，各社会主义国家相继进行了经济体制改革。虽然各国改革的深度和范围差异很大，但都在不同程度上变革了计划管理制度，扩大了企业的自主性和经营自主权，注意发挥市场和价值规律的作用。这些反映在法律上，就是承认企业享有一定的合同自由，其中包括协商变更、解除合同的自由，以及在对方违约时选择补救方法的自由。实践已使实际履行原则的地位发生了重大变化。

　　在南斯拉夫，由于取消了指令性计划制度，代之以社会主义市场制度，实际履行原则早已被摒弃。按照《1954 年统一商业惯例》第 154 条的规定，买卖合同在瑕疵履行的情况下，买方享有下述权利：（一）拒绝收货并解除合同；（二）拒绝收货并请求强制实际履行；（三）请求减少价金；（四）请求消除缺陷。居拉·埃雾西指出，在南斯拉夫现行法律中，强制实际履行规则可以随时通过解除合同而弃置不用。② 匈牙利经济体制改革的结果是，国家不再下达指令性计划，实际履行原则因而被抛弃。1977 年重新修订颁布的《匈牙利民法典》取消了原法典的计划合同一章，并赋予合同当事人相当广泛的合同自由。例如，按照修订后的法典第 204 条第 1 款的规定，合同当事人可以变更合同。按照第 300 条第 1 款的规定，在债务人违反合同时，债权人可以请求实际履行合同，假使实际履行

---

① 布拉图西："苏维埃民法发展的特点"。
② 居拉·埃雾西："社会主义法制中的合同补救方法"。

对他不再有利，他可以解除合同。按照第 381 条第 1 款的规定，供应合同的订货人可以随时解除合同，但他必须赔偿因此给合同对方所造成的损失。可见，在南斯拉夫和匈牙利，实际履行原则已不存在，强制实际履行仅仅是债权人可以自由选择的违约补救措施之一。

在其他国家，虽然经济体制改革步子不如南、匈两国那样大，实际履行原则的地位亦已发生动摇，在合同实践中并未切实贯彻执行。例如，按照民主德国合同法第 90 条和第 101 条的规定，对于经济合同的不完全履行和严重瑕疵，债权人有权拒绝接受实际履行。按照罗马尼亚 1969 年的经济合同法第 14 条和 1970 年商品转让和质量检验法的有关规定，供应合同履行中的任何瑕疵，都将导致买方无条件地拒绝接受实际履行。按照《波兰民法典》第 560、561、563 条及有关条例的规定，买卖、供应、承揽合同及基本建设承包合同在发生瑕疵履行的情形，债权人均有权拒绝实际履行并解除合同。该法典第 153 条更明确规定，在债务人不为一般商品之给付的情形，债权人可以采取保护性购买的补救办法。

即使在苏联，由于经济改革的要求，从 20 世纪 60 年代开始就已经引进了较大的灵活性。1964 年颁布的苏俄民法典在第 191 条和第 221 条明文规定了实际履行原则，即支付违约金或损害赔偿金，并不解除债务人实物履行债的义务。但按照该法典第 225 条的规定，社会主义组织之间的合同，双方可以在合同中规定债权人有权拒绝接受逾期后的实际履行。按照第 246 条的规定，买卖合同的买方总是有权选择解除合同，实际履行原则并不适用。在供应合同实践中，"双方当事人可以根据合意，修改甚至终止已生效的供应合同。如果双方达不成协议，买方可以提出自己需求已经变化的证据，由仲裁署作出修改或撤销合同的决定"。① "无论是计划供应合同或非计划供应合同，在交货期限届满后，买方均有权拒绝接受逾期后的交货。"②

对于东欧各国合同法的现状，居拉·埃雾西写下了自己的结论性意见："由于社会主义国家商品和劳务的供应日益增多，实际履行原则正在

① 约菲："苏联的经济和法律"。
② 约菲："苏联的经验"。

渐渐削弱。"① 毫无疑义，这是各国经济体制改革促进生产力发展的结果，也是经济体制改革对合同法律制度的必然要求。

我国在解放后的经济恢复和第一个五年计划时期，由于还存在多种所有制经济形式，许多产品尚未纳入指令性计划管理，合同当事人还享有一定的自主性。例如，1956 年 6 月 1 日起实行的中国百货公司供应合同共同条件，仍保留了合同当事人变更或解除合同的权利，以及在对方迟延交货时拒绝接受履行的权利。按照第 5 条规定，如遇原料供应发生困难，生产临时发生故障，订货方所在地市场发生突然变化等情况，均可变更或解除合同。按照第 14 条第 2 款第 2 项规定，商品延期供应超过五日以上者，如尚可继续供应，供方须及时联系征得需方同意。② 众所周知，到 1956 年随着生产资料私有制社会主义改造的完成，经济体制上统得过多过死的弊病进一步发展，实行了统一的指令性计划调拨制度和统购包销制度，加之受苏联民法理论的影响，在合同关系中要求贯彻实际履行原则。还在 1956 年 2 月，第一机械工业部制定的 1956 年第二次（全年）统配部管机电产品订货工作试行章程，其中所附机电产品具体订货合同标准格式第 13 条已经规定："支付罚款并不解除过失一方履行合同的义务。"但这一条款还不等于实际履行原则，因为只约束违约的债务人一方。从 1956 年 7 月 1 日起实行的重工业部产品供应合同暂行基本条款，其中第 38 条明文规定："虽然已偿付一切罚款，双方仍须履行合同义务。"另在第 40 条规定："需方或供方要求削减订货时，应在交货月份前提出原分配机关（国家计委或重工业部）批准函件方可削减订货。"可以肯定，上述规定表明我国合同立法已正式确立实际履行原则。

到了 20 世纪 60 年代初，我国合同立法关于实际履行原则的态度已发生重大变化。1963 年 8 月 30 日国家经济委员会颁布的关于工矿产品订货合同基本条款的暂行规定，实际上已背离了实际履行原则的基本精神。其中第 28 条规定，"属延期交货的，如需方仍需用者，供方应负延期交货责任；如需方不再需用者，可以向供方办理退货"。第 33 条第 2 款规定，

---

① 居拉·埃雾西："社会主义法制中的合同补救办法"。

② 北京政法学院编：《经济合同资料选编》，法律出版社 1981 年版，第 119—120、125 页。

"产品数量不符合规定：少交的，需方仍需要的，应照数补交，因延期而需方不再需要的，可以退货，并承担因此造成的损失；不能交货的，应偿付需方以不能交货的货款总值20%的罚金"。按照上述规定，在供方违约时，需方依法享有拒绝接受实际履行并解除合同的权利，法律允许以支付违约金、损害赔偿金代替实际履行合同。该暂行规定第36条明文规定，供需双方的任何一方要求变更或注销合同时，可以经上级主管部门同意变更或注销已生效的供货合同。第39条规定："本规定自公布之日起实行。国民经济各部门现行的物资部门管理的工矿产品订货合同基本条款或补充条款，凡与本规定有抵触者，均按本规定执行。"根据这一条文，重工业部产品供应合同暂行基本条款所确立的实际履行原则，因与新法规抵触而当然失效。

我国从1979年开始纠正经济指导思想上的自然经济观点，执行了对外开放和对内搞活的经济政策和大力发展有计划的商品经济的方针，并逐步对原有经济体制进行改革。对计划制度的改革是经济体制改革的一项重要内容。单一的指令性计划制度，包括工矿产品的统一调拨制度、农副产品的统购派购制度和居民日用消费品的凭票证定量供应制度，均已被打破。国家只对关系国计民生的重要工矿产品实行指令性计划，其他大多数产品则实行指导性计划和市场调节，农副产品的统购派购制度已经废除，日用消费品除主粮及食用植物油暂时保留定量凭证供应外，完全自由买卖。计划制度的改革和经营者自主权的扩大，极大地提高了社会生产力。过去曾经长期存在的商品供不应求现象已被消灭，一个多渠道、少环节、购销两旺、空前繁荣的社会主义商品市场已经形成，除少数商品如能源、三大材等仍供不应求外，大多数生产资料和日用消费品均能满足供应，按照经济学家的说法，已由卖方市场发展为买方市场。经济体制改革和经济生活中发生的根本性变化，要求法律保障合同当事人在遵守法律和国家计划指导的前提下享有广泛的合同自由权利，其中当然包括变更和解除合同的权利，以及在对方违约时拒绝实际履行的权利。毫无疑问，实际履行原则已最终丧失其存在根据和重要性。如果拘守实际履行原则，不仅将严重束缚经营者在社会主义市场上的机动性和灵活性，而且将使国家用来引导和调节国民经济的各种经济手段无法发挥其作用，最终违背经济体制改革的既定方向和阻碍社会主义有计划商品经济的发展。

我们注意到前法制委员会民法起草小组在 1979—1981 年拟定的三个民法草案，均规定了实际履行原则。例如 1981 年 7 月的民法草案（第三稿），其中第 161 条规定："违反合同的一方不得以承担经济责任的办法，代替合同的履行。但是，下列情况除外：（一）合同的履行在事实上已经不可能；（二）合同的履行已经没有实际意义。"这说明立法思想尚未摆脱反映原来的经济体制的陈旧观念的束缚。但经济体制改革终究是推动立法和理论发展的动力。主要根据民法草案（第三稿）合同编制定的我国经济合同法，反映我国经济生活已发生的重大变化和经济体制改革的要求，并参考发达资本主义国家和其他社会主义国家（尤其是匈牙利、南斯拉夫和罗马尼亚）的立法经验，终于拒绝了关于规定实际履行原则的主张。

我国经济合同法专设一章规定经济合同的变更和解除，这与苏俄民法典拘守实际履行原则因而不承认合同的变更和解除，恰成鲜明对照。按照经济合同法第 27 条第 1 款的规定，在不损害国家利益和影响国家计划执行的前提下，允许双方协商变更或解除合同。按照同条第 2—5 款的规定，在出现下述法定原因时，合同当事人的一方享有法定解除权。这些原因是：合同所依据的计划被修改或取消；一方关、停、转产而无法履行合同；由于不可抗力或其他与当事人无关的外因，致合同无法履行；一方违约使合同履行不必要。另在第四章违约责任中，规定了在对方违约时当事人选择补救方法的自由。按照第 35 条的规定，债务人违反合同，应向债权人支付违约金或赔偿金；如果债权人要求继续履行，债务人则应继续履行。据此，发生债务人违约情况下的合同是否实际（继续）履行，取决于债权人的选择。债权人根据自己生产和需要及市场情况的考虑，有权选择实际履行，也有权拒绝实际履行而选择解除合同。如果他选择了解除合同，债务人即可以用支付违约金或赔偿金以解脱责任。上述规定完全摒弃了实际履行原则，使实际（继续）履行复归于一种违约补救办法。

我国民法通则的规定精神，与经济合同法上述规定是一致的。民法通则第 111 条规定："当事人一方不履行合同义务或者履行合同义务不符合约定条件的，另一方有权要求履行或者采取补救措施，并有权要求赔偿损失。"这里明确要求（实际）履行是另一方的权利，他当然可以不要求实际履行而选择其他补救措施，包括解除合同并要求赔偿损失。以上说明，我国立法拒绝实际履行原则，绝不是出于偶然，而是经济体制改革及经济生活已发生的深刻变化在法律上的反映。

需要特别指出的是，顾明《关于〈中华人民共和国经济合同法草案〉的说明》错误地将第 35 条规定解释为实物履行原则，并说"这种实物履行原则，是社会主义经济合同法区别于资本主义经济合同法的一个重要特征"。这种说法显然是由于不了解传统社会主义合同法实际履行原则，因而对我国经济合同法上述规定的误解。因其完全违背法律规定精神和经济体制改革实践，有必要予以澄清，以免对法律实践和理论产生不利影响。

毋庸讳言，我国现有合同法理论是在借鉴苏联传统合同法理论基础上形成的，其中确有若干直接反映权力过分集中的经济体制的观念和原则，已经无法与当前发生了深刻变化的经济生活相协调。但我国合同立法及时地反映经济体制改革和有计划商品经济客观规律的要求，已经在某些方面突破旧理论的藩篱，显露出我国自己的合同法的特色，摒弃实际履行原则，即是一例。

（原载《法学研究》1987 年第 2 期）

我国民法是否承认物权行为

民法通则颁布后出版的某些著作，在民事法律行为的分类中，提到物权行为概念，认为民事法律行为包括物权行为。[①] 这就向我们提出了一个重要问题，即我国民法是否承认物权行为？这绝不仅是纯粹的学术理论问题，而且是一个重大的实践问题。因为它关系到对现行法若干重要制度和规定（例如《民法通则》第72条、第61条等）的正确解释和适用。

物权行为是大陆法系中的德国民法及受德国民法影响的某些民法的一项重要概念。这一概念及有关理论是极端的法律抽象思维的产物，其本身令人难于理解。要回答我国民法是否承认物权行为这个问题，须从物权行为概念的提出说起。

罗马法将法律行为区分为：一方行为与双方行为；有偿行为与无偿行为；要式行为与略式行为；死因行为与生前行为。无物权行为概念。甚至法律行为这一概念也是由德国学者胡果为解释罗马法便利起见，于1805年首创。[②] 在广泛采用了法律行为概念的基础上，德国历史法学派创始人、著名的罗马法学家萨维尼进一步提出物权行为概念。萨维尼在其早期的大学讲义中已经谈到，履行买卖契约之交付并不是一种单纯的事实行为，而是包含一项以移转所有权为目的之物权契约。此后，在其1840年出版的巨著《现代罗马法体系》中，萨维尼进一步阐述了物权契约概念。他写道，私法上的契约以各种不同制度或形态出现，甚为繁杂。首先是基于债的关系而成立的债权契约，其次是物权契约。交付（tradition）具有一切契约的特征，是一个真正的契约。一方面包括占有的现实交付，他方面亦

---

① 徐开墅等：《民法通则概论》，群众出版社1988年版，第109页，王利明等：《民法新论》上册，中国政法大学出版社1987年版，第370页。

② 陈允、应时：《罗马法》，第199—201页；黄右昌：《罗马法与现代》，第371—373页。

包括移转所有权的意思表示。此项物权契约常被忽视。例如在买卖契约，一般人只想到债权契约，但却忘记了交付（tradition）中亦含有一项与买卖契约完全分离的，以移转所有权为目的之物权契约。①

按照萨维尼的主张，债权契约与物权契约是两种不同的法律行为。债权契约的效力在于使双方当事人享有债权和负担债务，并不能发生物权的变动。要发生物权变动，有赖于独立于债权契约之外，以直接发生物权变动为目的的法律行为，即物权契约。以买卖为例，双方缔结的买卖契约属于债权行为，仅能使双方当事人负担交付标的物和支付价金的债务。要发生标的物和价金所有权的移转，须另有物权契约，由双方当事人就移转标的物和价金所有权达成合意。这样，债权行为与物权行为截然公开，各自独立。此即所谓物权行为独立性。②

既然承认物权行为概念，就应承认物权行为的独立性。在承认物权行为独立性之后，就应承认物权行为的无因性。所谓物权行为之有因或无因，是指立法和理论如何解决作为原因的债权行为与物权行为的关系问题，即物权行为的法律效力是否受债权行为的影响。如果物权行为之成立和有效不受债权行为的影响，即为无因；反之，物权行为的法律效力受债权行为之是否成立和有效的影响，即为有因。按照萨雄尼的主张，应将物权行为"无因化"，使之不受债权行为的影响。例如，买卖在交付标的物后，买卖契约因意思表示有瑕疵或内容违反公序良俗而致无效或者被撤销，而物权行为的效力却不受影响，买受人对于所接受的标的物仍保有所有权。丧失所有权的出卖人只能依据不当得利的规定，请求返还。这就是所谓物权行为无因性理论。③

萨维尼的物权行为理论问世后，深受重视，为多数学者及实务所接受。时值德国民法典制定之际，尽管有少数学者如基尔克等坚决反对，立

---

① 王泽鉴：《民法学说与判例研究》第 1 册，第 282—283 页；刘得宽：《民法诸问题与新展望》，第 467 页。

② 史尚宽：《物权法论》，第 19 页；刘得宽：《民法诸问题与新展望》，第 465 页；王泽鉴：《民法学说与判例研究》第 1 册，第 276 页。

③ 史尚宽：《物权法论》，第 22 页；刘得宽：《民法诸问题与新展望》，第 467—468 页；王泽鉴：《民法学说与判例研究》第 1 册，第 280—281 页；张龙文："论物权契约"，载《民法物权论文先辑上》，第 21 页。

法者仍将物权行为无因性理论采为德国民法之基本原则。此项理论并为受德国立法影响的国家多数学者所接受。

（一）肯定有独立物权行为的立法

以德国民法典为其典范。德国民法典第 873 条规定，为了移转土地所有权，或为了在土地上设定某项物权或移转此项权利，或为了在此项物权上更设定某项物权，除法律另有规定外，必须由权利人及相对人，对于此种权利变更成立合意，并必须将此种权利变更之事实，登记于土地登记簿内。第 929 条规定，动产所有权之出让，必须由所有人将物交付于取得人，而且双方就所有权之移转，必须成立合意。如取得人已经占有该物时，仅须就所有权之移转成立合意。其立法理由书中明确指出，"以前的立法，特别是普鲁士普通邦法及法国民法将债权法上之规定与物权法上之规定混淆一起……此种方法未能符合债权行为与物权行为在概念上之不同，增加对法律关系本质认识之困难，并妨害法律适用"。① 上引条文中关于物权变动的合意，在法典第一次草案中曾明确使用物权契约概念，但受到批评，认为未臻精确。第二次草案以物权的合意取代物权契约一语，此物权的合意是否为物权契约，留给学说去决定。② 一些学者认为，所谓物权的合意与登记或交付相结合，才构成物权契约。而另外的学者则认为，所谓物权的合意本身即是物权契约，而登记或交付属于契约外的法律事实。③ 无论何种解释，均一致肯定德国民法典采纳萨维尼的物权行为无因性理论，严格区分债权行为与物权行为，以无因性物权行为作为物权变动的根据。学者将此种立法称为物权合意主义。

这里有必要谈到国民政府所制定的"中国民法"，该法典虽在大陆上被废除，却至今仍在我国台湾适用。该法典第 758 条规定，不动产物权依法律行为而取得、设定、丧失及变更者，非经登记，不生效力。第 761 条规定，动产物权之让与，非将动产交付，不生效力；但受让人已占有动产

---

① 引自王泽鉴《民法学说与判例研究》第 1 册，第 283 页。

② 王泽鉴："民法总则编关于法律行为之规定对于物权行为适用之基本问题"，载《法学丛刊》总第 123 期，第 28 页。

③ 史尚宽：《民刑法论丛》，第 102 页；《法学丛刊》总第 123 期，第 29 页。

者，于让与合意时即生效力。该法未有明文规定物权行为之无因性，判例中亦未使用过"物权行为无因性"概念，但绝大多数学者承认物权行为无因性是该法之一项基本原则。① 这是由于继受德国民法学说的结果。②

（二）否定有独立物权行为的立法

以法国民法典为其代表。法国民法典第711条规定，财产所有权因继承、生前赠与、遗赠以及债的效果而取得或移转。依此规定，物权变动为债权行为的当然结果，不承认有物权行为。以买卖契约为例，依照第1583条的规定，当事人就标的物及其价金相互同意时，即使标的物尚未交付、价金尚未支付，买卖即告成立，而标的物的所有权亦于此时在法律上由出卖人移转于买受人。所有权的移转以债权契约为根据，既不须另有物权行为，也不以交付或登记为生效要件。学者称之为纯粹意思主义。

日本民法典与法国法相似。日本民法典第176条规定，物权的设定及移转只因当事人的意思表示而发生效力。依第177条和第178条的规定，物权变动，非经登记或交付，不得以之对抗第三人。其中所说意思表示，究竟属于债权行为，抑或属于物权行为，学者间难免发生歧见。而通说及判例采独立物权行为否认说。③

奥地利民法典在否认独立物权行为这点上，与法国民法相同。但按照奥地利民法典的规定，除债权契约之外，还须有交付或登记等形式要件，才发生物权变动的效力。（第380、424、425条）法国民法和日本民法只以交付或登记作为对抗第三人的要件。但奥地利民法则以交付或登记作为物权变动之生效要件。此在立法主义上属于意思主义与交付主义之结合。

（三）折衷主义的立法

瑞士民法介于上述德国民法之物权行为肯定主义与法国民法之物权行为否定主义之间，属于折衷主义立法。瑞士民法以原因行为、登记承诺与

---

① 梅仲协：《民法要义》，第68页；史尚宽：《物权法论》，第22页；郑玉波：《民法物权》，第37页。

② 王泽鉴：《民法学说与判例研究》第1册，第282页。

③ 张龙文："论物权契约"，载《民法物权论文选辑（上）》，第17—18页。

登记相结合，而发生物权变动的效力。第 657 条第 1 款规定，移转所有权的契约，不经公证无约束力。此所谓移转所有权的契约，究竟是债权契约，抑或是物权契约？学者解释为债权契约。但所有人所作登记承诺（第655 条第 1 款）则兼有物权契约的意义；设定担保物权的契约（第 799 条第 2 款）兼有物权契约的内容。其所谓债权契约与物权契约，难作明确划分。① 根据第 974 条的规定，无法律原因或依无约束力的法律行为所作登记，为不正当。可见原因行为无效时，所有权移转行为原则上无效。此表明对于土地的转让不适用物权行为无因性理论。第 714 条规定，动产所有权移转，应移转占有。此外，是否应有物权的合意，该合意是否为无因？立法者对此问题的态度故意暧昧，学者见解不一，但 1929 年的联邦法院判例采否定说。② 可见瑞士民法对于土地所有权及动产所有权之让与，并不适用物权行为无因性理论。这与德国民法典是不相同的。

（四）社会主义国家的立法

如所周知，1922 年的苏俄民法典在制定时着重参考了德国民法典和法国民法典。其编制体例及主要制度大抵仿照德国民法典。但关于所有权移转，立法者却不采德国民法物权行为无因性理论，而采取了法国民法的立场，以物权变动为债权行为当然结果，不承认有所谓物权行为。其第 66条规定，物之所有权，依出让人与受让人间所缔订之契约而移转之。对于特定物，自缔订契约之时起，受让人取得所有权；关于依种类规定之物，自其交付之时起，受让人取得所有权。此规定显然参考了法国民法典第1583 条。其中所称契约，当然是指买卖契约，即债权契约。毫无疑问，这一规定采取了纯粹意思主义。

法国、日本及苏俄（1922）民法所采纯粹意思主义，使物权变动基于当事人的债权行为，不承认有物权行为之存在，买受人因买卖契约之成立即取得标的物所有权，程序简单，便利交易活动，是其突出优点。惟不以交付登记为生效要件，使物权变动缺乏外部表征，致第三人无从辨识，因

---

① 史尚宽：《物权法论》，第 21 页。
② 刘得宽：《民法诸问题与新展望》，第 471—472 页。

而对交易安全不利。① 比较起来，奥地利民法采意思主义与交付主义之结合，以交付或登记为物权变动生效要件，可避免纯粹意思主义的缺陷。这恐怕是 1964 年的苏俄民法典修正关于所有权移转立法方针的主要原因。1964 年的新法典第 135 条规定，按合同取得财产的所有权，如果法律或合同没有其他规定，自财物交付之时起产生。如果关于转让物的合同须要登记，则所有权自登记之时起产生。显而易见，上述规定是意思主义与交付主义之结合，与奥地利民法相同。

鉴于前苏联的立法和理论对其他社会主义国家的影响，1964 年苏俄民法典第 135 条也为其他社会主义国家民法所仿效。例如，1964 年捷克斯洛伐克民法典第 134 条，1975 年东德民法典第 26 条，1977 年重新颁布的匈牙利民法典第 117 条，我国民法通则第 72 条。值得一提的是，东德在一个长时期内继续沿用 1896 年的德国民法典，其间，物权行为无因性理论当继续有效，但新的法典断然抛弃物权行为无因性理论，而采取了意思主义。

由萨维尼所创立的物权行为概念及无因性理论，由 1896 年德国民法典采为立法基本原则，经过了将近一个世纪的实践检验，其优点和缺点经过长期争论，已显露无遗。物权行为无因性理论及物权合意主义立法的优点，依学者一致见解，有以下三项：

其一，有利于使法律关系明晰。以买卖为例，依物权行为无因性理论，被划分为三个独立的法律行为：一为债权行为即买卖契约；二为移转标的物所有权的物权行为；三为移转价金所有权的物权行为。三个行为截然分开，相互独立，概念清楚，关系明确，每个法律行为的效力容易判断，有利于法律适用。②

正是这一点受到反对者的尖锐批评。因为它将生活中简单的财产转让，硬从法律上分解为相互完全独立的三个行为，显然违背生活之常情，与一般观念不符。即便是到商店购买一副手套，当场一手交钱一手交货，也硬要当事人把这一如此简单的过程设想成三个相互独立的法律行为。首

---

① 王泽鉴：《民法学说与判例研究》第 1 册，第 289—290 页。
② 同上书，第 284 页。

先是缔结一个债权契约，由此产生一方交副手套和对方支付价款的债务；其次缔结一个转移手套所有权的物权契约，和一个转移价金所有权的物权契约；最后是一方交付手套和对方支付价款的事实，完成整个买卖过程。这完全是人为的拟制，极端的形式主义，不仅没有使法律关系明晰，反而使本来简单明了的现实法律过程徒增混乱，有害于法律的正确适用。[①] 这一理论，捏造了独立于债权行为之外的物权行为，又进一步割裂原因行为与物权行为的联系，极尽抽象化之能事，符合德国法学思维方式对抽象化之偏好，严重歪曲了现实法律生活过程，对于法律适用有害无益。毫无疑问是不足取的。

其二，有利于保障交易安全。此最为学者所注重。[②] 仍以买卖为例，在标的物交付之后，若买卖契约未成立、无效或被撤销，依不承认物权行为无因性的立法，不发生标的物所有权的转移。买受人如果已将标的物转卖，属于无权处分。基于任何人不得将大于自己之权利让与他人的原则，第三人纵为善意亦不能取得标的物所有权。反之，依承认物权行为无因性立法，则物权行为不受买卖契约的影响，买卖契约虽未成立、无效或撤销，买受人仍取得所有权。从而其转卖属有权处分，第三人亦能取得标的物所有权。因而有利于保障市场交易之安全。

无可否认，物权行为无因性理论在一定程度上确有保障交易安全的功用，但这只是在未规定善意取得制度的条件下。在规定了善意取得制度的条件下，第三人可藉助于善意取得制度而受保护，而不必求助于物权行为无因性。例如，按照德国民法典第 932、933 条，其物虽非属于出让人，取得人属于善意时仍可取得其所有权。实际上，在法国、日本、瑞士等国，正是用善意取得制度保护善意第三人的利益，使交易安全获得保障。例如法国民法典第 2279、2280 条，日本民法典第 192 条，瑞士民法典第 714 条第 2 款，1922 年苏俄民法典第 60 条，1964 年苏俄民法典第 152 条等。就此点而言，物权行为无因性理论，可谓已失其存在之依据。[③]

---

① 刘得宽：《民法诸问题与新展望》，第 468 页。
② 史尚宽：《民刑法论丛》，第 110 页；王泽鉴《民法学说与判例研究》第 1 册，第 284 页。
③ 王泽鉴：《民法学说与判例研究》第 1 册，第 287 页。

其三，有利于减少举证困难。依德国民法典，动产物权移转以交付为要件，不动产物权的移转以登记为要件。其第 891 条关于土地转让规定，在土地登记簿上，登记某人为某项权利的权利人时，就推定其权利属于某人；从土地登记簿上涂销已登记之权利时，就推定其权利不存在。因此，物权取得之证明极为容易。

但减少举证困难，为登记或交付主义之功用，而与是否承认物权行为及其无因性理论没有关系。不承认物权行为及其无因性的法律，亦可采登记主义，赋予此种登记以推定力，使物权之变动易于证明。因而物权行为无因主义，在举证上并无多大利益。①

物权行为无因性理论和物权合意主义立法的最大缺点，在于严重损害出卖人利益，违背交易活动中的公平正义。② 在交付标的物之后发现买卖合同未成立、无效或被撤销，因物权行为具有无因性，不受债权行为影响，买受人仍取得标的物所有权，而出卖人仅能依不当得利制度请求对方返还不当得利。这种情形，出卖人从所有权人变为债权人，不能享受法律对物权的特殊保护，其地位十分不利。（1）如果买受人已将标的物转卖，即使第三人为恶意，亦能获得标的物所有权。出卖人不能对第三人行使任何权利，他只能向买受人请求返还转卖所得价金。（2）如果买受人已将标的物提供担保，即在标的物上设定担保物权，担保物权在法律效力上优于债权，因而出卖人不能请求返还标的物，只能向买受人请求赔偿。（3）如果买受人的其他债权人对该标的物为强制执行，则出卖人不能依法提出异议之诉。（4）如果买受人陷于破产，出卖人不能依物权行使别除权从破产财产中取回标的物。他只能同其他债权人一起，按照债权额比例受清偿。（5）如果非因于买受人的过失致标的物灭失毁损，买受人可以免责。

反之，若不适用物权行为无因性理论，在契约不成立、无效或撤销时，所有权不发生移转，出卖人仍保有标的物所有权。他可以得到物权法上的保护。在第（1）种情形，如第三人属于恶意，则出卖人得直接向该恶意第三人起诉，请求返还标的物；第（2）种情形，则担保设定行为应

---

① 史尚宽：《民刑法论丛》，第 113 页。
② 王泽鉴：《民法学说与判例研究》第 1 册，第 286 页。

为无效；第（3）种情形，出卖人得依法提起异议之诉；第（4）种情形，出卖人可以行使别除权；在第（5）种情形，如买受人对于契约之不成立、无效或被撤销有过错，则不能免除责任。前四种情形，出卖人均可望依法取回标的物，第五种情形，亦可望获得赔偿。

鉴于上述缺点，德国判例和学说于是通过解释方法，对物权行为无因性理论之适用予以限制，即所谓物权行为无因性之相对化趋势，甚至主张废弃物权行为无因性理论，变更立法主义。

物权行为无因性之相对化，即以某种理由使物权行为的效力，受作为原因的债权行为的制约，限制物权行为无因性理论的适用。其一，共同瑕疵理论。即使物权行为与债权行为得因共同的瑕疵而致无效或撤销。例如，因当事人无行为能力或限制行为能力，因欺诈、胁迫、错误、显失公平及违反公序良俗，使物权行为与债权行为均为无效或一并撤销。其二，条件关联说。即使当事人依其意思，将物权行为的生效系于债权行为之有效。买卖契约无效时，物权契约亦无效。此种意思可以是明示也可是默示。其三，法律行为一体化理论。即依据德国民法典第 139 条关于法律行为一部无效，原则上应全部无效的规定，解释买卖契约与物权契约为统一的法律行为，则买卖契约无效时，物权契约亦应无效。①

德国学说和判例除想尽办法限制物权行为无因性理论之适用外，不少学者主张干脆抛弃物权行为概念及无因性理论，改变立法主义，采意思主义与交付主义之结合。在否认物权行为概念之后，将移转所有权的意思纳入于债权契约的意思表示之中，同时表示之。其他如赠与、互易、设立担保之约定等，均作如此解释。② 我国台湾学者如史尚宽先生、郑玉波先生主张限制物权行为无因性理论之适用，即采相对的无因说。③ 刘得宽先生认为，主张物权行为无因性，实际上并无多大的实益可言。建议参考德国

---

① 王泽鉴："民法总则编·关于法律行为之规定对物权行为适用之基本问题"，载《法学丛刊》总第 123 期，第 41 页；刘德宽：《民法诸问题与新展望》，第 470—471 页。

② 刘得宽：《民法诸问题与新展望》，第 472 页注 19、20；王泽鉴《民法学说与判例研究》第 1 册，第 290 页注 35。

③ 史尚宽：《物权法论》，第 26 页；郑玉波：《民法物权》，第 38 页。

判例学说之趋向，对应否继续维持物权行为之无因性，进行检讨。① 王泽鉴先生则主张改采意思主义与交付原则之混合制度，彻底抛弃物权行为概念及其无因性理论，而将发生物权变动的意思表示，纳入债权行为之中，与成立债权关系之意思一并表示之，不必加以独立化而自成一个法律行为。②

我国在民法通则颁布前，立法关于财产所有权转移未有明文规定。民法理论和实践所持立场是允许双方当事人在买卖契约中就标的物所有权转移作出约定。当事人无约定时，则所有权转移时间依标的物是特定物或种类物而分别确定。标的物为特定物，所有权在契约成立时移转于买受人；标的物为种类物，则所有权移转时间以标的物实际交付时间为准。③ 这是采纳了苏俄 1922 年民法典第 66 条的立场。我国从 1979 年起开始第三次民法起草工作，着重参考苏俄 1964 年民法典、1964 年捷克斯洛伐克民法典、1975 年东德民法典及 1977 年修订重新颁布的匈牙利民法典，注意到这些法典关于所有权转移立法方针的改变并采纳了苏俄 1964 年民法典第 135 条的新规定。1981 年 4 月的民法草案（征求意见二稿）第 73 条规定，依照合同或其他合法方式取得财产的，除法律另有规定或当事人另有约定的以外，财产所有权自财产交付的时候起转移。正式颁布的民法通则第 72 条，与此相同。

《民法通则》第 72 条规定："按照合同或者其他合法方式取得财产的，财产所有权从财产交付时起转移，法律另有规定或者当事人另有约定的除外。"其中所说"合同"，当然是指债权合同，包括买卖合同、互易合同、赠与合同等。所说"其他合法方式"，首先是指民法方式，如继承、遗赠等，其次应包括法院判决、拍卖，最后应包括某些公法上的行为，如征收、没收等。法律不要求另有移转所有权的合意即所谓物权行为，系以所有权转移作为债权行为（买卖合同等）及其他合法方式的当然结果、但要求以交付（动产）为生效要件。在立法主义上，非采德国民法之物权合意

---

① 刘得宽：《民法诸问题与新展望》，第 475 页。
② 王泽鉴：《民法学说与判例研究》第 1 册，第 291 页。
③ 王家福、谢怀栻等：《合同法》，第 202 页。

主义，也不是法国、日本民法之纯粹意思主义，而是采取奥地利民法及苏、捷、匈等民法之意思主义与交付主义之结合。虽然允许当事人就所有权转移时间作另外的约定，但这种约定属于债权行为的合同内容之一部，并不构成独立于债权合同之外的物权合同。另外，我国城市私有房屋管理条例规定私有房屋所有权转移应进行登记，我国土地管理法规定改变土地的所有权或者使用权应办理土地权属变更登记，即我国对于不动产物权变动，以登记为生效要件。此即属于民法通则第 72 条所谓"法律另有规定"。依城市私有房屋管理条例第 7 条的规定，办理房屋所有权登记，要求提交房屋所有权证，及债权文书包括买卖合同、赠与书、换房协议等，同样不要求另有物权契约，这与民法通则的规定完全一致。[①]

综上所述，我国现行法不承认有物权行为，以物权变动为债权行为之当然结果，并以交付或登记为生效要件，在立法主义上系采意思主义与交付主义之结合，与现代民法、判例和学说之最新发展趋势正相吻合。那种认为我国民法有独立物权行为的观点，不符合现行立法规定精神，且与法律发展潮流相悖，是不足取的。

（原载《法学研究》1989 年第 4 期）

[①]　我国尚未对动产善意取得制度作明文规定，是为漏洞。但学说和实践向来承认有此制度。见章戈"试论善意取得"，载《法学研究》1986 年第 6 期。

论产品制造者、销售者的严格责任

民法通则第 122 条规定：因产品质量不合格造成他人财产、人身损害的，产品制造者、销售者应当依法承担民事责任。本条为我国产品责任制度之基本规定。凡因产品缺陷遭受财产损害和人身损害的消费者，即可依据本条对产品制造者或销售者提起侵权诉讼，请求给付损害赔偿金。但因本条文字过于简略，且有措辞欠当，有解释权的机关亦未对所使用概念作出界定，致学理解释上发生歧见，有影响本条正确适用之虞。

一　民法理论上的歧见

第一种意见认为，产品制造者、销售者之责任属于过错责任，即应适用过错责任原则。此说以著名学者佟柔先生为代表。佟先生主编的法学教材《民法原理》，在论述特殊侵权行为时将产品责任排斥在外，表明作者认为产品责任属于一般侵权行为而不是特殊侵权行为，当然应适用一般侵权行为之过错责任原则。① 佟先生主编的另一著作《中华人民共和国民法通则简论》特别强调指出："该条法律规定表明我国对产品责任案件适用过失责任原则。"②

第二种意见认为，民法通则此条规定既不是过错责任，也不是严格责任，而属于"视为有过错的侵权责任"。此说以著名学者江平先生为代表。依江先生的见解，根据产品质量不合格的事实本身，就应视为产品制造者有过错。这种"视为"是法律的直接认定，不允许责任人用反证予以

---

① 佟柔主编：《民法原理》（修订本），法律出版社 1986 年版，第 19 章。
② 佟柔主编：《中华人民共和国民法通则简论》，中国政法大学出版社 1987 年版，第 264 页。

推翻。①

第三种意见认为，产品制造者、销售者之责任属于严格责任或称无过错责任。责任之成立不以主观上有过错为要件。不论产品制造者、销售者有无过错，均应对产品所造成损害承担责任。多数民法学者主张此说。②

上述第一说和第二说，均坚持以过错为责任的要件，即无过错便无责任，因而同属于过错责任的范畴。但两说亦有重大差异。依第一说，应由受害人负举证责任，证明产品制造者或销售者具有过错，否则不能获得赔偿。同时，产品制造者或销售者亦可通过证明自己无过错，例如证明产品符合有关质量标准，而获免责。但依第二说，受害人不负举证责任。产品制造者、销售者亦不能通过证明自己无过错而免责。因此，第一说属于严格意义上的过错责任原则，受害人所处之地位最为不利。第二说所谓"视为"，亦即外国法上所说"不可反驳的推定"。通过这种法律技术之运用，免除了受害人的举证责任，使其从最不利地位转变为较有利。第二说虽然未脱离过错责任的范畴，但在效果上已与严格责任非常接近。

就所达到的效果言之，第二说与第三说已非常接近，但两说仍有重大差别。即第二说仍然坚持以产品制造者、销售者具有过错为责任要件，而第三说全然不考虑有无过错问题。依第三说，根本不发生过错举证问题，当然也就无须借助于推定、视为这类法律技术。过错责任包括推定的或者视为过错责任，其基本思想在于对过错行为的惩戒；而严格责任之基本思想乃在于不幸损害之合理分担。③

二 严格责任为民法通则第 122 条之立法本意

我国立法向来无制作和发表立法理由书的制度，这无疑给法律解释、

---

① 江平："民法中的视为、推定与举证责任"，载《政法论坛》1987 年第 4 期。

② 唐德华主编：《民法教程》，法律出版社 1987 年版，第 447 页；王利明等：《民法新论》上册，中国政法大学出版社 1987 年版，第 527 页；陈国柱主编：《民法学》，吉林大学出版社 1987 年版，第 473 页；徐开墅等：《民法通则概论》，群众出版社 1988 年版，第 242—243 页。

③ 王泽鉴："侵权行为法之危机及其发展趋势"，载《民法学说与判例研究》第 2 册，第 168 页。

探求立法本意增添了困难。尽管如此，仍可从下述三个方面来判明本条之立法本意。

（一）决定民法通则采严格责任制之根本原因

众所周知，我国在改革开放前长期实行权力高度集中的行政经济体制，限制商品经济的发展，社会生活中长期存在的问题是消费品短缺，而不是消费者保护。消费者的法律保护问题不可能引起重视。我们发现，在1985年前出版的民法著作中，竟然完全未涉及因产品致人损害的侵权责任问题。1979年成立的前法制委员会民法起草小组，至1982年共草拟了四个民法典草案，其中未对产品责任作任何规定。民法通则是从1985年下半年开始起草的，四个民法典草案（尤其是第三稿、第四稿）是其重要参考和依据，例如民法通则关于侵权责任的大多数条文均以民法典草案第三稿为依据。令人注目的是，民法典草案关于产品致人损害的侵权责任无只言片语，而1985年11月13日提交六届人大十三次常委会审议的民法通则草案第97条已规定了产品制造人、销售人的责任。

负责主持民法通则起草工作的顾昂然先生曾强调指出："民法通则是在民法四稿的基础上，根据这几年的新情况、新经验制定的。"[1] 导致民法通则起草者将产品缺陷致损作为一种特殊侵权行为并使产品制造者、销售者承担严格责任的根本原因，正是20世纪80年代上半期，我国经济生活中发生了严重危害消费者人身和财产安全的新情况和新问题。

经济体制改革和开放政策的实施，促进了我国商品经济的极大发展。各种家用电器、化学化纤制品、美容化妆品、各类饮料和医药、食品等的大量生产、大量销售，在满足广大消费者物质文化生活需要的同时，也发生了严重的社会问题。因产品缺陷对消费者人身和财产安全造成严重危害的情况日益突出。饮料瓶炸裂、电视机显像管喷火爆炸、电视天线和电热水器漏电、食品中毒等事件时有发生；一些厂商大肆粗制滥造、以次充好、以假充真，严重损害消费者利益；不少地区发现制造贩卖假药、毒品

---

[1]　顾昂然：《民法通则概论》，北京师范学院出版社1988年版，第20页。

和有毒食品等严重危害消费者生命财产安全的犯罪活动。[①] 在这种背景下，制定我国产品责任法，加强对消费者的民法保护，开始受到民法学者和立法者的关注。《法学研究》发表了马凌先生的文章，建议在我国建立以严格责任为基本原则的现代产品责任制度。[②] 民法通则起草者受到这一建议的启迪，在参考国外产品责任法成功经验的基础上制定了民法通则第122条，对产品制造者、销售者课以严格责任，目的在于改变受害人的不利地位，以加强对消费者的民法保护。

（二）民法通则关于侵权责任的立法体例

民法通则第六章，将侵权责任与违约责任合并为民事责任制度，具有自己的特色，且符合民法发展之最新潮流。但其中关于侵权责任的规定，仍沿袭大陆法系的编排体例，即将侵权行为区分为两类：一般侵权行为与特殊侵权行为。按照这一体例，法典规定一个侵权行为的概括性条文，适用于一般侵权行为，例如德国民法典第823条第1款，日本民法典第709条；另外，法典就若干特殊侵权行为，作分别规定，如德国民法典第833条、第836条，日本民法典第717条、第718条。

大陆法系民法区分一般侵权行为与特殊侵权行为的实益，在于二者责任构成要件亦即归责原则不同。凡法律未设特别规定的侵权行为，均属于一般侵权行为，应适用概括性条文，以行为人具有过错为责任要件，亦即适用严格的过错责任原则；而法律有特别规定的侵权行为，属于特殊侵权行为，则不以行为人有过错为责任成立要件。

民法通则第106条第2款，即关于一般侵权行为的概括性规定，相当于德国民法典第823条第1款和日本民法典第709条。民法通则第121至第127条，以及第133条，属于特殊侵权行为的规定，与德、日民法典相比，只是特殊侵权行为的种类增加了。按照民法通则第106条第3款，凡属特殊侵权行为，不适用过错责任原则。

---

① 1985 年 7 月 12 日最高人民法院、最高人民检察院、公安部和司法部"关于从严打击制造贩卖假药、毒品和有毒食品等严重危害人民生命健康的犯罪活动的通知"，载《最高人民法院公报》1985 年第 3 号，第 10—11 页。

② 马凌："谈谈建立我国的现代产品责任制度"，载《法学研究》1985 年第 2 期，第 45—53 页。

从民法通则关于侵权责任的编排体例可以证明，第122条为严格责任。因为，假使立法者的本意是要对产品责任适用过错责任，就不必要也不应该设第122条对产品责任作特别规定；反之，既然民法通则特设第122条将产品责任归入特殊侵权行为，因而明示排除了对产品制造者、销售者适用过错责任的可能性。

（三）参与民法通则起草人的解释

民法通则颁布不久，最高人民法院举办全国法院系统民法通则培训班，邀请了参加民法通则立法工作的负责人和著名专家教授，对民法通则作系统的讲解。[①] 毫无疑问，他们的解释较符合立法之本意。

全国人大常委会法制工作委员会副主任顾昂然先生在讲解"民法通则的制定和立法精神"时指出：我国民法通则的规定，原则上采取过错责任。但也规定，没有过错，但法律规定应该承担民事责任的，应当承担民事责任。这就是无过错责任。[②] 顾先生还在《民法通则概论》中对第122条规定精神作专门解释：按民法通则规定，因产品责任受到损害的人可以向产品制造者提出赔偿损失，也可以向产品销售者提出赔偿损失。因为受害者搞不清是生产者还是销售者或者其他环节的责任，受害者找谁都可以，不管是谁的过错，产品制造者、销售者都应当承担责任，所以说是一种无过错责任。[③]

民法学者魏振瀛先生在讲解民法通则第122条时解释说，产品责任可以实行过错责任原则，也可以实行无过错责任原则。合同关系中对质量不合格的责任，通常都实行过错原则。产品责任可以根据法律规定实行无过错责任。民法通则第122条规定的产品制造者、销售者依法承担民事责任，即属于无过错责任原则。[④]

民法学者张佩霖先生虽然不赞成"无过错责任原则"这种提法；但并不否认民法通则规定了"无过错责任"。他解释说，一般情况下民事责任

[①]　最高人民法院民法通则培训班《民法通则讲座》后记，第475页。
[②]　《民法通则讲座》，第47页。
[③]　顾昂然：《民法通则概论》，第133—134页。
[④]　《民法通则讲座》，第256页。

都是有过错才负责任，这就是有名的过错原则。至于有的情况下没有过错也要负责，那是特殊情况。没有过错要负责任，一定要有一个条件，就是必须法律有明文规定。张先生指出，民法通则规定了实行无过错责任的七种特殊情况，即第 121—127 条。关于产品责任的规定是其中之一。张先生还特别强调第 122 条总的立法精神是最大限度地保护消费者的利益。①

我在前面已经指出民法通则第 122 条之立法本意，是对产品制造者、销售者课以严格责任，以加强对消费者的民法保护。上述三位先生的解释更加证实了这一点。

三　民法通则第 122 条采严格责任制符合现代产品责任法之最新发展趋势

产品制造者、销售者的严格责任，是美国法院创造的一项侵权法制度。严格责任思想之最早表述，见于 1944 年埃斯可拉诉可口可乐装瓶公司一案中泰勒（Traynor）法官的意见，但该意见未被采纳。1963 年的格林曼诉尤巴电力公司一案，被公认为标志严格责任制度得以确立的里程碑。加州最高法院在判词中对严格责任规则作了准确的表述：制造商将其产品投入市场，明知其产品将不经检验而被使用，则此有缺陷商品所致人身损害应由制造商承担严格责任。此即所谓"格林曼规则"。②

法院在适用严格责任规则时，其审查重点在于产品本身及其使用所引起的危险，而不在于制造者在设计和生产该产品过程中是否有足够的注意。③ 这就完全解除了受害人证明制造者有过错的举证责任。受害人只须证明产品具有缺陷并因此缺陷产品致受损害，责任即可成立。受害人因而获得较充分之保护。

鉴于美国各州法院对严格责任的注重，美国法学研究所遂在 1965 年的《侵权法第二次重述》中采纳严格责任原则，规定为第 402A 条。按照

---

① 《民法通则讲座》，第 266、276 页。

② Dix W. Noel and Jerry J. Phillips, *Products Liability*, West Publishing Co., 1974, pp. 68—69.

③ Stephen J. Leacock, *A General Conspectus of American Law on Product Liability*, J. Bus. Law, 1989, 5, p. 274.

第 402A 条的规定，任何人出售对使用人或消费者或其财产有不合理危险的缺陷之产品，在符合下述条件时，应对最后的使用人或消费者因此遭受的人身和财产损害承担赔偿责任。应符合的条件是：（1）出卖人是以经营该种商品为业；（2）该商品到达使用人或消费者时仍保持出售时之状态，并无实质改变。即使出卖人在准备或出售其产品时已尽一切可能的注意，且使用人或消费者并未从出卖人购买该产品或与该出卖人并无任何合同关系，上述规则亦应适用。在美国的 50 个州中，有 45 个州根据《侵权法第二次重述》第 402A 条，采用了严格责任。[①]

　　1988 年之前，英国产品责任法一直坚持过失侵权责任。要构成过失侵权行为，应具备三项要件：（1）存在对原告的注意义务；（2）此项注意义务被违反；（3）因该义务之违反致原告遭受损害。是否具备这三项要件，应由原告承担举证责任。但在实践中，法庭常引用事实自证规则（res ipsa loquitur），以免除原告关于制造商违反注意义务（即有过失）的举证责任。[②] 即便如此，仍然存在制造商证明自己无过失而获免责的可能性。因而，过失侵权责任不足以保护消费者利益。有鉴于此，英国司法大臣于 1971 年 11 月 2 日要求法制委员会检讨现行法制，提出改进建议。至 1975 年，法制委员会提出研究报告，广泛征求专家学者及社会各界人士意见，后于 1977 年以第 82 号报告正式发表。1978 年，皇家委员会也发表了所谓"皮尔逊报告"。两个报告均认为英国现行法制不利于消费者保护，均建议采纳严格责任制。[③]

　　西德从 20 世纪 50 年代开始，产品责任成为热烈争论的课题。依西德民法典，产品致损属于一般侵权行为，应适用过错责任原则，须由受害人对制造商之具有过错负举证责任。同时，依民法典第 831 条关于替代责任的规定，制造商可以主张自己对于受雇人之选任、监督已尽相当注意而获免责，因而消费者处于极不利的地位。西德的判例和学说于是致力于寻求新的解决办法，在 1963 年 9 月召开的第 47 届法学大会上，西米特斯

---

① 未采纳严格责任的 5 个州是：密西根、北卡罗来纳、弗吉尼亚、怀俄明和西弗吉亚。

② Duintjer Tebbens, *International Product Liability*, 1980, the Hague, p. 51.

③ Ibid., p. 45.

（Simitis）教授和联邦法院法官西蒙（Simon）均主张依侵权责任，采取过错推定，以强化对消费者的保护，但因产业界人士阻挠而未获通过。① 此后不久，西德最高法院在著名的鸡瘟案（Fowl—pest Case）中正式采用过错推定，将西德产品责任制度向前推进了一大步。按照该案所确立的原则，举证责任被转移给了产品制造者。原告只要证明因产品遭受损害，则产品制造者被推定为有过错，除非他能推翻这一推定。于是，无法说清楚的缺陷的风险就落到制造者身上，② 受害人的地位得到了改善。

在法国，产品责任法的发展并未遇到如像在西德那样的阻碍。在追究产品制造人和进口商的侵权责任时，法院根据将致人损害的缺陷产品投入流通的事实，即认定为具有过失，而不要求证明有特定的过失行为。此与英美法上的"事实自证"规则（res ipsa loguitur）颇为类似。法国法用来确立产品制造人责任的另一重要根据，是民法典第1384条第1款关于物的监护人责任的规定。"物的监护人"概念，已经被法庭精心改造成为对产品制造人课以严格责任的策略。只要引起损害的缺陷被解释为属于产品内部结构缺陷，则法庭据此判决制造人作为"物的监护人"承担无过错责任。③

荷兰早在1961年的新民法典草案中，就对产品责任规定了过错推定原则："因包含他所未知的缺陷而对人或物构成危险的产品，一旦该危险成为现实，则产品之制造者或者将其投入流通或者使其被投入流通的人，应当承担与明知该缺陷的情形同样的责任，除非他能证明该缺陷之存在不是由于他的过错，也不是由于他所委任的第三人的过错或者他所使用的设备之故障所致。"（第6.3.3条）这一条文草案引起了热烈的讨论。多数荷兰学者欢迎这一规定，尽管他们中某些人更希望规定严格责任。例如舒凯特（Schut）曾建议规定："制造者应承担责任，除非他证明该缺陷发生在产品离开其工厂之后。"也有一些学者批评该条过分严格。草案公布之前，判例法一直坚持过错责任原则。草案公布后的若干判例表明，实际上采用

---

① 刘得宽："西德之消费者保护立法"，载《民法诸问题与新展望》（台），三民书局1980年版，第186—187页。

② *International Product Liability*，pp. 76—77.

③ Ibid.，pp. 91、92—93.

了草案所规定的过错推定原则。由于考虑到欧共体极可能采纳严格责任原则，荷兰政府于 1976 年宣布撤销了上述民法条文草案。尽管如此，该条文草案不仅对荷兰而且对欧共体产品责任法起了促进作用。[①]

日本现行产品责任法制，坚持根据民法典第 709 条适用过错责任原则，因而对消费者极为不利。从 20 世纪 60 年代以来，学者发明了种种新过失理论，如预见可能性说、新过失说等，将主观过失概念改造成为客观过失概念，对产品制造者加以高度注意义务。这些理论有的已被法院采为判决依据，因而在不改变过错责任原则的前提下，加重了制造商责任，使受害人之不利地位有所缓和。但不少学者认为，要彻底改变消费者不利地位，必须改变过错责任原则。他们企图通过法解释学方法，直接导入严格责任。途径之一是将侵权行为区别为意思责任之侵权行为，及结果责任之侵权行为，而产品致损属于后者，应适用严格责任；途径之二是扩张解释民法典第 717 条关于土地工作物的无过错责任的规定，以适用于产品责任。这两种方法均未被判例采纳。1974 年 7 月 12 日，经济企划厅国民生活审议会消费者保护部会所提出之报告，主张至少应对危险商品及含有加害物质之食品，适用严格责任原则。此报告虽被否决，但关于严格责任之见解，经制造物责任研究会详予讨论，而于 1975 年 8 月提出的《制造物责任要纲试案》，主张采严格责任原则。[②]

以上六个国家的产品责任法制，足以反映现代产品责任法的概况。现代产品责任法可以归纳为三种类型：其一为严格责任类型。责任之成立不以过错为要件，对消费者最有利，以美国和法国为代表。其二为中间责任类型。通过举证责任之倒置，使制造商或经销商负推定过失责任，在实际效果上接近于严格责任。西德、荷兰属于这一类。其三为过错责任类型。英国和日本属于这一类。坚持以过错为责任成立之要件，原则上应由受害人对制造商或经销商负证明过错之举证责任，但在实践中，法院往往引用事实自证规则或所谓新过失理论以缓和受害人之不利地位。虽仍坚持过错

---

　　① *International Product Liability*, pp. 105—107.

　　② 以上参见朱柏松"日本商品制造人责任论"，载《法学丛刊》第 99、100、106 期。《制造物责任要纲试案》为学者提出之立法草案，曾经日本第 38 次私法学会大会讨论。

责任原则，但已经过某种程度之修正。须加说明的是，以上所介绍的是迄至 1987 年底各国产品责任法的发展，并且这种发展主要是在判例法中。即使如此，亦足以表明产品责任法由过错责任演变为严格责任，乃是各国法制之共同趋势。①

自美国判例法确立严格责任制以来，人类在产品责任法乃至整个侵权行为法领域所取得的最伟大的立法成就，是由欧共体及其成员国在 20 世纪 80 年代作出的。欧共体关于产品责任的立法活动开始于 1973 年。立法理由是：（1）为了避免因成员国产品责任的不同法律规则影响成员国生产者之间的竞争；（2）保证共同体内商品的自由流通不受那些不同规则的影响；（3）创造一个对因产品遭受损害的消费者平等的法律保护体制。②1976 年提出的欧共体理事会关于协调成员国产品责任法的指令草案，经历三年的长时间讨论，在 1979 年进行了修正，于 1985 年以 85/374 号指令正式通过。指令规定，对于产品责任适用严格责任原则，并要求各成员国必须在三年内修改自己的法律，使之与指令相一致。③ 该指令已于 1988 年生效。现在，欧共体 12 个成员国均已按指令的要求制定了新的产品责任法或法律草案，实行严格责任原则。

我国在 1985 年起草民法通则时，着重参考了美国、西德的产品责任法和欧共体指令。民法通则第 122 条立足于我国社会经济生活的实际情况，吸收各国成功的立法经验，采纳严格责任原则，完全符合当代产品责任法的发展趋势。

四　产品制造者、销售者严格责任的法律政策基础

（一）产品致损社会问题的极端严重性

第二次世界大战以后，各发达国家推行凯恩斯主义经济政策，倾力谋求经济复兴和起飞，时值国际局势逐渐缓和及和平环境持续，加上科技飞

---

① 王泽鉴："产品责任现状之检讨及其发展趋势"，载《民法学说与判例研究》第 3 册，第 196 页。

② *International Product Liability*, p. 144.

③ L. Kramer, EEC, *Consumer Law*, Story Scientia, 1986, pp. 275—276.

速进步，促成现代化商品经济的大发展。在增进人类生活福利的同时，却酿成危害人类生命财产安全的严重社会问题。因产品缺陷致人身财产损害，其严重危害程度绝不亚于工业灾害、汽车事故和公害。例如日本的森永奶粉中毒事件，11891 人受害，其中 113 人死亡。[①] 西德的孕妇用安眠药沙利豆迈事件，受害者遍及全球，仅日本在 1962 年左右就有受害畸形婴儿 300 余名。[②] 荷兰 1960 年的人造黄油引起皮肤炎事件，有 8000 名受害人向制造厂商诉求损害赔偿。[③] 美国 1970 年的一份报告估计，美国每年因产品缺陷受伤害人数达 2000 万人，其中 3 万人死亡，11 万人终生残疾。[④] 我国自改革开放以来，因产品缺陷致人身、财产遭受损害的严重事件时有发生，仅以工业酒精冒充白酒出售所引起的死亡、受伤人数就不下几千人；今年见报的贵州省毕节县煤油燃爆事件，伤亡 57 人，其中重伤 20 人，死亡 3 人。[⑤] 严格责任制，正是针对产品致损这一严重的社会问题的法律对策。

（二）消费者的基本权利

在现代商品经济社会中，消费者虽有时被说成"上帝"，究其实乃是一个"弱者"。他们缺乏商品知识，不得不完全依赖厂商的技术与信用；他们往往出于赶时髦、虚荣心和侥幸心理选购商品，无经济上合理性可言，最易于为厂商所利用；加之消费者缺乏组织，无法与现代化企业组织相抗衡。企业因追求利润而不择手段，致消费者处于丧失生命财产的危险之中。20 世纪 60 年代以来，消费者运动兴起，乃提出消费者权利思想。公认的消费者基本权利包括：（1）安全的权利；（2）了解真相的权利；（3）选择的权利；（4）意见被尊重的权利；（5）损害救济的权利。以上权利被称为消费者五项基本人权。[⑥] 现在，消费者权利已成为各国制定消

---

① 引自加藤一郎《不法行为法研究》，有斐阁版，第 180 页。
② 《法学丛刊》第 99 期，第 99 页注 14。
③ *International Product Liability*, p. 98.
④ Ibid. , p. 14.
⑤ 《中国消费者报》1990 年 4 月 26 日第 2 版。
⑥ 王泽鉴："消费者的基本权利与消费者的保护"，载《民法学说与判例研究》第 3 册，第 15 页。

费者政策之基础。严格责任乃是现代民法基于消费者权利，谋求实质上平等的结果，是消费者保护政策的一个重要组成部分。

（三）新型侵权行为的特殊性

随着工商业的发达，科学技术的演进及社会结构的改变，侵权行为之形态不仅与现代民法制定时显著不同，就是与二战以前相比也有相当差异。工业灾害、交通事故、产品致损、医疗事故、核子灾害及环境污染公害，构成新的侵权行为形态。加害主体往往是拥有相当经济实力的、有计划地从事大规模生产经营之企业组织或各种营利团体，其与受害消费者之间无平等性及互换性可言。受害之客体则往往是广大消费者的生命、身体和健康。且损害之发生与主观过错并无必然的联系。根据工学原理，在产品的设计、制造、检验过程中，即使尽一切必要之注意，仍不能避免有缺陷之产品。要求受害者举证证明制造者在生产过程中具有过失，几乎近于不可能。新型侵权行为的这些特殊性，均非现代民法确立过错责任原则当时所能预料，因而要求对传统民法侵权行为理论作大幅度之修正。产品致损的侵权行为适用严格责任原则，是其必然结果。

（四）严格责任之道德合理性

传统民法侵权责任之采过错责任原则，乃着重于行为人之过失。正如德国学者耶林所说，"使人负损害赔偿的，不是因为损害，而是因为过失，其道理就如同化学上之原则，使蜡烛燃烧的不是光而是氧一般的浅显明白"。[①] 依传统侵权行为理论，行为人因具有过失，因而行为具有"反社会性"和"违法性"。过失责任制之基本思想，正是在于对具有"反社会性"和"违法性"的行为之制裁。但当代之新型侵权行为，如企业之经营、汽车之使用、商品之产销及核子装置之持有，乃是现代化社会生活中必要的经济活动，实无"反社会性"和"违法性"可言。因此，严格责

---

① 王泽鉴：《民法学说与判例研究》第 2 册，第 150 页。

任制度之基本思想乃在于对社会生活中所发生的不幸损害之合理分担。① 严格责任正是基于上述价值判断，即在产品制造者和受害人之间，受害者最不应该承担该项风险，而制造者则是承担责任的适当人选。理由之一，是根据"谁受益谁负担风险"的罗马法原则，产品制造商应对产品缺陷所致损害负责；理由之二，制造商可以通过价格和责任保险，将支出转嫁给广大消费者。②

（五）可以促使企业改进设计，完善生产管理，提高产品质量

无论如何强调严格责任赔偿消费者因产品缺陷所受损害的功能，也不应忽视严格责任对于企业具有鞭策和吓阻作用。它可以刺激企业改进产品设计，完善和加强对生产过程的监督和管理，提高产品质量，并阻止其将不合格产品投入流通。③ 这里起作用的是这样一种法律——经济机制，谁将具有危险的产品投入市场，就由谁承担因此而发生的风险。产品制造者是危险的制造者，而且只有制造者才能以最低的代价控制和预防危险，理所当然也应由他承担所造成的损害。这不仅有道德的合理性，而且有经济上的合理性，即刺激产品制造者尽量将危险消灭在未然之先，或者将危险减少到最低限度。

我国目前有一种观点认为，对产品制造者和销售者课以严格责任，将加重企业的负担，影响企业开发新产品的积极性，并且不利于我国产品的出口。④ 关于加重企业负担问题，且不说这种负担将最终转嫁到广大消费者头上，严格责任将增加企业负担的可能性显然被人为地夸大了。据德国研究产品责任的著名学者凯茨教授（Köts）的介绍，德国从1990年1月1日起实施新产品责任法，出乎意料的是企业支出的保险费只比上年增长了0.234%。事实证明，所谓严格责任将增加企业负担的说法毫无根据。至

---

① 王泽鉴："侵权行为法之危机及其发展趋势"，载《民法学说与判例研究》第2册，第168页。

② *A General Conspectus of American Law on Product Liability*，p. 274.

③ International Product Liability，p. 119.

④ 张万明："建立我国产品责任法的设想"，载《江海学刊》1989年第2期。这种观点反映了一部分企业甚至企业主管部门的意见。

于说到将损害企业开发新产品的积极性，现在的问题是这种不负责任的
"积极性"已经造成严重社会问题。不少企业为谋取不法利益，完全置消
费者生命健康和财产安全于不顾，轻率地推出对人体有害的各种"新产
品"。如果实行严格责任制，能够"损害"一下这些企业的所谓"积极
性"，实则刺激其责任心，则为广大消费者之大幸。所谓严格责任不利于
我国产品向国际市场出口，更是毫无根据。在当代国际市场上，惟有依靠
安全、优质和完善的服务，才能有竞争力。想用质量低劣（甚至包含对人
体的危险）的便宜货打开国际市场，不仅天真而且可笑。可以断言，只有
实行严格责任才能提高我国产品在国际市场上的竞争力。

　　我国实行社会主义政治经济制度，社会生产的根本目的是不断满足广
大人民群众物质文化生活的需要。因而，保护消费者问题具有更加重大的
意义。保护广大消费者，即人民群众的人身和财产安全，是政府、立法、
司法及企业界的头等重大任务。绝对不能容许以损害消费者即人民群众的
生命、身体、健康和财产为代价，以换取所谓经济高速发展。无论以何种
理由，企图从民法通则第 122 条所规定的严格责任退回到过错责任，都将
严重损害广大人民群众和整个民族的根本利益。

五　对民法通则第 122 条若干概念的解释

　　法谚云，任何完善之法律条文，不经解释均难以适用。民法通则第
122 条虽不失为当代先进立法例，但条文简略，且有的措辞欠当，增加了
法院适用的困难，因此更有解释之必要。

（一）关于"产品"概念

本条对"产品"一语，未设限制。若依文义解释方法，则应解释为凡
与自然物相对应的一切劳动生产物。不仅包括动产，而且包括不动产；不
仅包括工业产品，而且包括农业产品；不仅包括有体物，而且包括无体
物；不仅包括物质产品，而且包括精神产品。如果作如此广泛的解释，显
然将违背产品责任之本旨。我认为，欧共体指令关于"产品"的概念，可
资借鉴。

按照欧共体指令第 2 条的规定，"产品"指一切动产，即使被组装或安装在另一动产或不动产中的动产也包括在内，但农业原产品和猎物除外。所谓"农业原产品"是指土地、畜牧和渔业的出产物，已经过加工的除外。"产品"还包括电力。

因此，对民法通则第 122 条所谓"产品"一语应作缩小解释。首先，应指劳动产品，不包括自然产物；其次，在劳动产品中，仅指物质产品，不包括精神产品；再次，还应将农业原产品和猎物排斥在外。最后归结为：本条所谓"产品"，指一切工业产品，无体物之电力、煤气亦包括在内。土地、畜牧、渔业产品和猎物经过加工者，亦应包括在内。

（二）关于"质量不合格"

产品责任法通用"缺陷"（defect）一语，以区别于合同法上的"瑕疵"概念。按照《美国侵权法第二次重述》之定义，所谓"缺陷"是指产品含有对使用人或消费者人身或财产之不合理危险。按照欧共体指令第 6 条，若产品未提供消费者有权期待的安全，则该产品为有缺陷。在判断一种产品是否具有缺陷时，还应考虑产品的外观表示、合理的用途、投入流通的时间等因素。可见，所谓"缺陷"是指对于使用者或消费者的人身和财产安全具有的危害性。这与合同法上"瑕疵"仅指产品规格质量不符合法定或约定标准，是完全不同的。例如一台电视机，如果规格型号不符合约定，或没有图像，或图像、伴音不清晰，属于"质量不合格"即"瑕疵"，买主可请求厂商更换、修理、退货或赔偿损失，属于违反合同责任。但是，如果显像管喷火爆炸或天线漏电，造成人身财产损害，则属于有"缺陷"，受害人可依产品责任法使制造者或销售者承担严格责任。事实上，依合同法属于瑕疵产品，并不一定具有对人身财产安全的危险，因而不一定属于产品责任法上的缺陷产品；而在产品责任法上属于有缺陷的产品，也可能在合同法上并无瑕疵，属于质量合格产品。

所谓"缺陷"，包括四种：（1）设计缺陷，指因设计原因造成缺陷；（2）制造缺陷，指设计并无缺陷，只是制造加工过程中疏于监督、控制致部分产品具有缺陷；（3）指示缺陷，产品设计、生产均无问题，质量完全符合标准，只是未对产品的安全使用提供充分的指示和警告；（4）开发缺陷，指依当时科学技术水平不可能发现的缺陷。美国法原则上承认上述四种缺陷，但有些州容许以当时科学技术水平不能发现为由提出抗辩（state of art），即排除开发缺陷。欧共体指令原草案包括四种缺陷，但1985年正式通过的指令改变了立场，将开发缺陷排除在外。

我国民法通则制定时，先是规定"因产品质量问题造成他人财产、人身损害的"，后将"问题"二字删去，在正式提交人大常委会审议的草案上，又增加了"不合格"三字。大概是有人认为原文仅说"因产品质量"不清楚，因为质量有好有坏。其结果是使之与合同法上的"质量不合格"发生混淆，致使部分学者用合同法上的"瑕疵"概念予以解释，解为不符合有关产品质量的法定标准和合同约定标准，包括国家标准、部颁标准、企业标准等。由于这一解释错误，导致了对本条归责原则的误解。因为，既违反法定约定质量标准，当然可认定为或视为有过错。有的学者主张本条属于过错责任，或属于"视为有过错的责任"，其错误根源亦在于此。主持民法通则起草工作的顾昂然先生在解释本条时一再强调"产品责任与产品质量有关，但不是一般的产品质量问题"[1]，显然已意识到"质量不合格"一语之不当。

我认为，民法通则第122条所谓"质量不合格"一语，属于措辞欠当，不合立法本意。在解释上应按产品责任法通用之"缺陷"概念进行解释，即解为具有对消费者人身、财产的危险性，不符合消费者在合理使用产品时有权期待的安全标准。并建议在将来修改本条时，用"缺陷"概念取代"质量不合格"一语。

（三）关于"制造者"、"销售者"和"损害"概念

本条所谓"制造者、销售者"应解为基于经济目的从事生产、销售的自然人或法人。出于非经济目的，如为自我欣赏、自己或家人享用而制作的工艺品或食品，不适用本条。如妻子为家庭晚会制作蛋糕，虽造成丈夫和客人中毒，不属于本条所谓制造者。所谓制造者、销售者，还应包括将自己的姓名（名称）、商品、商标及其他标识附着于产品，以表示自己是

---

[1]　顾昂然：《民法通则概论》，第133页；《民法通则讲座》，第50页。

制造者或销售者的人。为出售、出租、转让等营业目的而进口产品的人，应解为本条所谓制造者、销售者。

本条所谓"损害"包括人身损害和财产损害。关于人身损害的赔偿，应依民法通则第 119 条的规定。关于财产损害，应指因缺陷产品造成消费者其他财产的损害。缺陷产品本身的损害，及因缺陷产品本身损害造成受害人可得利益的损失，不包括在本条所谓"损害"概念之中。理由是，缺陷产品本身的损害及因此所受可得利益损失，应依合同法的规定处理。其是否赔偿，应视违约情节及合同具体约定。

（四）抗辩理由

严格责任非绝对责任，法律允许被告主张若干理由以获免责。综合考虑各国产品责任法的规定并根据我国实际情况，对本条进行解释，应有如下抗辩理由：（1）证明自己未将该产品投入市场，或将该产品投入市场时并不存在缺陷；（2）缺陷之存在是由于遵守强制性法规，且对于安全使用的指示或警告并无不当；（3）证明该产品不是基于经济目的而制造、转让或出售；（4）当时的科学技术水平决定了制造者或销售者不可能发现该缺陷。

（五）时效和除斥期间

基于产品责任法最大限度保护消费者人身财产安全的立法精神，依本条提起的请求，应适用民法通则第 135 条所规定的普通诉讼时效期间。为贯彻民法通则第 4 条所规定的公平原则，应参考各国产品责任法的成功经验，设立一除斥期间以平衡消费者和生产者的利益。建议采纳欧共体指令第 11 条及英国 1987 年产品责任和消费者安全法的经验，设定 10 年的除斥期间，此期间从该产品被第一次出让之日起计算。

此外，不允许预先以约定限制或排除依本条发生的责任，当事人预先约定限制或排除责任的免责条款无效。

（原载《法学研究》1990 年第 5 期）

论制定道路交通事故赔偿法

一　导言

从道路交通发展史看，人类社会经历了三个时代，即所谓步行时代、马车时代和汽车时代。其中，马车时代长达四千年之久，大约始于公元前二千年，迄于 19 世纪末。1886 年，德国人研制出第一辆内燃机汽车，标志汽车时代开始，至今仅百余年。由于汽车的广泛使用，极大地提高了交通运输能力，促进了现代化商品经济的发展，增进了人类的福利。

汽车的发明和广泛使用，不仅给人类带来利益，同时也带来祸害。伴随汽车时代而来的道路交通事故，给人类的生命、身体、健康和财产造成极其严重的危害，成为现代民法上的一种新型侵权行为。道路交通事故的损害赔偿，如果拘守民法侵权行为的过错责任原则，将严重不利于受害人，并违背社会公平正义等道德观念。因此，从 20 世纪开始以来，各国相继制定特别法，对道路交通事故的损害赔偿采取无过错责任原则（即严格责任原则）。这些国家是：奥地利（1908 年）、德国（1909 年）、意大利（1912 年）、瑞典（1916 年）、荷兰（1925 年）、芬兰（1925 年）、挪威（1926 年）、丹麦（1927 年）、瑞士（1932 年）、日本（1955 年）、法国（1985 年）。①

对道路交通事故的损害赔偿采取无过错责任原则，其理论根据是：（1）交通事故是伴随汽车运行在一定程度上必然要发生的特殊危险，如果拘守过错责任原则，只在加害人有过错时才承担赔偿责任，则于受害人显

---

① 以上资料（除法国外）引自加藤一郎《不法行为法研究》，有斐阁 1983 年版，第 71—72 页。

然过苛，使其得不到法律保护；汽车所有人承担无过错责任，可以将赔偿支出计入成本（提高价格或收费，或者通过责任保险），转嫁给消费者或社会分担，此做法对于汽车所有人并非过苛。（2）道路交通事故作为一种特殊危险，惟有汽车所有人和驾驶人可能预防和减少其发生，采无过错责任原则，可以间接加重汽车所有人和驾驶人一方的注意义务，有利于防止和减少事故。（3）汽车所有人大多属有产者，并且是汽车运行利益的获得者，依民法报偿理论，由所有人承担损害赔偿责任，完全符合社会道德观念。因此，汽车所有人的无过错责任，系基于危险责任和报偿责任的一种特殊责任。①

中国之进入汽车时代比各国晚。据记载，最早的两辆汽车大约是在1901年由美国运到上海的。半封建半殖民地的旧中国，外受帝国主义列强的侵略压迫，内则官场腐败，政治黑暗，经济落后，没有自己的汽车制造业。1949年，全国仅有汽车50，900辆，与当时人口之比是9000人/辆。而当时美国已达3人/辆，法国已达16人/辆，瑞士已达22人/辆，西德已达39人/辆。②1955年，日本也达到55人/辆。新中国在建立自己的汽车制造工业之后，社会保有汽车总数急剧增长，至1980年达到1，782，925辆，与人口之比为560人/辆。改革开放以来的十年间，我国汽车制造和交通运输事业有了飞速发展，1989年社会汽车保有量为5，113，204辆，如果加上摩托车数，则为13，185，335辆，达到83人/辆。同其他国家一样，道路交通事故亦已成为我国严重的社会问题。

以1980年作为基准，该年社会保有汽车总数为1，782，925辆（100%），发生交通事故件数为116，692件（100%），死亡人数为21，818人（100%），受伤人数为80，824人（100%），财产损失总额为4960万元（100%）。1987年社会保有汽车总数为4，080，689辆（228.9%），交通事故298，147件（255.5%），死亡人数为53，439（244.9%），受伤人数为187，399人（231.9%），财产损失总额为27，938万元

①　加藤一郎：《不法行为法研究》，第71—72页。
②　以上是1951年的数字。引自加藤一郎《不法行为法研究》，有斐阁1983年版，第69页。

（563.3%）。① 20 世纪 80 年代，我国每年因交通事故造成的死亡人数和财产损失超过了全社会纳入国家统计的非正常死亡和财产损失的总和。② 道路交通事故已成为全社会关注的社会问题。

我国在一个相当长的时期，单纯依靠行政机关和行政手段解决交通事故的损害赔偿问题，有的受害人向人民法院提起损害赔偿诉讼，法院往往以法律未有规定而不予受理。这种状况非常不利于争议的解决和对受害人的法律保护。③ 1986 年颁布的民法通则第 123 条规定：从事高空、高压、易燃、易爆、剧毒、放射性、高速运输工具等对周围环境有高度危险的作业造成他人损害的，应当承担民事责任；如果能够证明损害是由受害人故意造成的，不承担民事责任。其中所谓高速运输工具造成他人损害，当包含道路交通事故。因此，这一条文是我国人民法院受理并裁判道路交通事故损害赔偿案件的法律依据。

由于民法通则第 123 条规定非常简略，实际上它仅解决了应适用的责任原则问题，法院在依据该条裁判交通事故损害赔偿案件时将面临种种困难。鉴于当前道路交通事故问题的严重性，及这一类新型侵权行为的特殊性，有必要以民法通则第 123 条的规定为基础，参考各国成功的立法经验和理论研究成果，尽快制定我国道路交通事故损害赔偿法。

二　基本立法类型分析

（一）德国法

德国是最早制定特别法规定无过错责任原则的国家之一。现行《道路交通法》制定于 1952 年，迄今经过 32 次修改，最近一次修改是 1987 年。该法第 7 条规定：车辆在驾驶过程中致人死亡、受伤或者损害人的健康和财物时，由车辆所有人就所生损害向受害人负赔偿责任。如果事故是由于不可避免的事件所引起，而这种不可避免的事件既不是因车辆故障也不是

---

① 本文关于我国车辆及事故数字，系根据公安部研究室提供的统计资料。
② 公安部交通管理局编：《道路交通事故处理教程》，安徽教育出版社 1988 年版，第 1 页。
③ 《道路交通事故处理教程》，第 238—239 页。

因操作失灵而起，则不负赔偿责任。所称不可避免的事件，是指由于受害人或第三人的过失或动物而引起的事件，并且所有人或驾驶人对此情况已予以高度的注意。

按照该条规定，损害赔偿责任的成立不以车辆所有人或驾驶人一方有过错为要件，所有人或驾驶人一方也不能通过证明自己无过错而获免责，因而属于无过错责任。但此无过错责任非结果责任，法律明文规定以"不可避免的事件"为免责事由。被告如能证明自己一方已尽高度注意义务，且非车辆机能障碍或操作失灵所致，而是由受害人或第三人的过错或动物所引起，即属于"不可避免的事件"，因而可以免责。

（二）日本法

日本历来的判例对于交通事故的损害赔偿采近于事实上的无过错责任的加重责任。[1] 进入 20 世纪 50 年代，鉴于交通事故件数和死伤人数激增，为了强化道路交通事故的损害赔偿责任，日本于 1955 年 7 月 29 日颁布《自动车损害赔偿保障法》。迄今经过 12 次修改，最近一次是在 1986 年。该法第 3 条规定：为自己而将汽车供运行之用者，因其运行而侵害他人生命或身体时，对所生损害负赔偿责任。但能证明自己及驾驶者对于汽车运行并无怠于注意之情形，以及被害人或驾驶者以外之第三人有故意或过失，而汽车并无构造上的缺陷或机能上的障碍时，则不在此限。

其第 3 条系仿德国《道路交通法》第 7 条，规定了无过错责任。其免责事由亦与德国法大致相同，即应由被告证明自己及驾驶者已尽相当注意，且车辆不存在构造缺陷和机能障碍，并属于被害人或第三人的故意过失。学者称之为"免责三要件"，其与德国法所谓"不可避免的事件"的构成要件仅有细微差异，即日本法未将动物的原因计算在内。因此，学者认为日本法与德国法相比较，责任稍重。[2]

有的日本学者认为，《自动车损害赔偿保障法》第 3 条运用了举证责

---

① 《自动车损害赔偿保障法》的制定，着重参考了德国的立法经验。加藤一郎：《不法行为法研究》，第 73 页。

② 加藤一郎：《不法行为法研究》，第 72 页。

任转换的法律技术，性质上属于推定过失责任。只是在实际运用中，判例对加害者一侧无过错的举证怎么也不予承认，因而在实质上近似于无过失责任。① 此种见解不妥之处，可从以下几点证明：其一，按照推定过失责任，被告只须证明自己一方无过失即可推翻法律所作推定并因而免除责任。但依本条规定，被告仅证明自己一方无过失尚不能免责，他还必须进一步证明另外两项要件，即证明汽车不存在构造缺陷及机能障碍，及事故系由被害人或第三人过错所致。其二，在因汽车构造缺陷或机能障碍致发生事故的场合，该缺陷或障碍系由制造业者或修理业者的过失所致，汽车供用人对此并无过失，仍不能免除责任。其三，在委托他人驾驶或管理的场合，汽车供用人即使对驾驶人或管理人的选任、监督并无过失，亦不能免除责任。② 应当肯定，《自动车损害赔偿保障法》第 3 条的规定，无论在形式上或实质上，均属于无过错责任。

（三）法国法

早在 1919 年，法国最高法院就在判例中通过重新解释民法典第 1384 条第 1 款，确立了无过错责任原则，称为"物的监护人责任"。如果损害是因物所固有的缺陷所致，则所有人必须承担赔偿责任，即使缺陷原因不明。当这一无过错责任原则被用来解决交通事故的损害赔偿案件时，学术见解和法院均发生了分歧。过错责任原则的维护者坚决主张，第 1384 条的无过错责任应严格限制在损害起因于物件固有缺陷的场合，例如因汽车刹车失灵造成事故。如果损害起因于客体被操作的方式，例如未及时刹车以致撞伤行人，则应适用民法典第 1382、1383 条所规定的过错责任，只在驾驶人有过错时才成立赔偿责任。这场争论因 1930 年的 Jand'heur 案而获解决。最高法院在该案判决中为交通事故损害赔偿确立了无过错责任的一般原则：无须区分损害原因是汽车固有缺陷或者是驾驶人的行为，应一律适用第 1384 条。因为汽车本身属于固有危险的物体，要求操作者对使用该物体给第三人造成的危险予以特别注意。免除

---

① 森岛昭夫：《不法行为法讲义》，有斐阁 1987 年版，第 258 页。
② 安田实："自赔法 3 条的免责与无责任能力"，载《法学家》增刊总合特集 No. 42，第 73 页。

责任的惟一可能性，是证明不可抗力或某种外部的、不可预见和不能避免的事件。

但是到了 20 世纪 60 年代，由于过失相抵规则的广泛运用，受害人一方的"过失"成为减少赔偿金的共同原因，从而导致裁判的不一致和不公正。在关于 Desmares 一案的判决中，最高上诉法院再次表述了有利于受害人的见解：仅不可抗力事件可以免除物的监护人责任，受害人"过失"不具有不可预见和不可避免的性质，因而不得作为减轻责任的理由。这一判决的效力在于，从适用第 1384 条的诉讼中排除了"过失相抵"规则。由于 Desmares 案判决是由最高上诉法院第二民事庭作出的，不具有 Jand'heur 案判决那样的效力（后者是由最高法院全体法官会议作出的判决），因而某些下级法院拒绝遵循。此外，在以刑事附带民事提起的赔偿诉讼中，因适用第 1382 条规定的过错责任原则，"过失相抵"规则依然有效。这就导致审判实践出现更大的混乱。例如在 Derguini 一案中，被告因轧死一个 5 岁女孩而被判有罪，死者父母依刑事附带民事提起的赔偿请求，因适用过失相抵规则而被减额 50%。死者完全不可能明白交通危险，且她是在正确的位置（人行横道）横穿。但是 Desmares 一案中，受害人是成年人，应完全明白横穿公路的危险，且是否利用人行横道并未被证实，却得到全额赔偿。

为了消除这种不公正和严重混乱，社会党政府提出立法草案；经议会在 1985 年 7 月 5 日通过，此即《改善道路交通事故受害人地位并加速赔偿程序法》。按照本法，受害人的地位确实得到相当大的改善。其内容如下：（1）不可抗力事件和第三人行为不得作为免责理由；（2）如果受害人是行人和骑自行车人，不得适用"过失相抵"规则；（3）唯一免责事由是受害人犯了"不可原谅的过错并构成事故惟一原因"。如果受害人未满 16 岁或在 70 岁以上，或者持有永久性残疾程度在 80% 以上的证明，即使属于"不可原谅的过错并构成事故惟一原因"，也应获得全额赔偿，除非受害人是故意寻求伤害（自杀）；（4）在责任成立要件中，用"牵连关系"（involvement）取代因果关系（causality），因为后者太严格。①

---

① 参见 Ruth Redmond-Coper, *Freach Road Accidents and Fault*, (1989) 38-3ICLQ, pp. 502、201。

（四）新西兰法

在道路交通事故赔偿法领域，最为引人注目的立法是新西兰 1972 年《意外事故补偿法》（The Accident Compenmtion Act 1972）。被誉为"人类文化上史无前例的法律制度之创举"。[①] 这一法律的革命性意义在于，抛弃了以侵权行为法律制度解决交通事故损害赔偿问题的传统做法，而新创社会安全保障制度。依据该法，设立意外事故补偿基金和意外事故补偿委员会。任何意外事故和机动车事故的受害人，不论事故发生地点、时间和原因，均可依法定程序向意外事故补偿委员会请求支付一定金额。

负责检讨英国现行损害赔偿法制的以皮尔逊勋爵为首的皇家委员会，受新西兰法的影响，于 1978 年提出的报告中，建议英国引入新西兰的此项制度。按照皮尔逊报告所提出的方案，在英国设立社会安全支付制度，对在公共道路和公共场所发生交通事故的所有受伤者及死者的受赡养人，自动地支付一笔赔偿金。无须证明过错，也无须因受害人与有过失而减少赔偿金。皮尔逊委员会所建议的制度与新西兰现行制度的区别如下：依新西兰法，关于交通事故（及其他意外事故）完全废弃了传统侵权责任制度；而按照皮尔逊方案，侵权责任制度将继续予以保留，但有两点修正：（1）侵权诉讼所获得的赔偿金将不包括事故发生后三个月内身体疼痛和精神痛苦的赔偿；（2）并将从中扣除已获得或可能获得的社会安全支付金额。[②]

（五）英国法

皮尔逊委员会的建议迄今未被采纳，英国关于交通事故的损害赔偿，一直适用普通法侵权责任原则。在阿蒙德诉克罗斯维尔（Ormrod V. Crosville Motor Services Ltd）一案中，法官丹宁勋爵对这一普通法原则表述如下：汽车所有人同意由他人驾车在公路上行驶，不论该他人是其雇

---

① 美国加州大学教授弗莱明（Fleming）语，转引自王泽鉴《民法学说与判例研究》第 2 册，第 173 页。

② Tony Weir, *A Casebook on Tort*, 4th led, London, 1979, p.254.

员、友人或其他什么人，法律都使汽车所有人承担一种特殊的责任。只要汽车是全部或部分被用于所有人的事务或者为所有人的目的，则汽车所有人应为驾驶人一方的任何过失负责。只在汽车是出借或出租给第三人，被用于对所有人无益或无关的目的时，汽车所有人才能免除责任。① 设 B 驾驶属于 C 的汽车致行人 A 受人身伤害，在属于下述几种情形之一时，A 能够对 C 诉求赔偿：（1）C 允许 B 驾车系出于疏忽；（2）B 是 C 的雇员，且驾车是在受雇职务范围之内；（3）C 要求 B（雇员或非雇员）驾驶该汽车；（4）C 允许 B（无论是谁）驾驶该汽车，而 B 和 C 都未投保责任保险。② 可见，损害赔偿责任的成立，必须以所有人或驾驶人一方有过错为要件，属于过错责任。

三　民法通则第 123 条评析

如所周知，民法通则是在前法制委员会民法起草小组的民法典草案第四稿的基础上制定的。但在民法典草案第四稿上，高度危险作业致损和交通事故致损分别规定在两个条文中。第 432 条规定，从事高空、高压、易燃、易爆、剧毒、放射性等对周围环境有高度危险的作业而造成损害的，应当承担民事责任；如果能够证明损害是不可抗力或者是受害人故意造成的，可以不承担民事责任。第 433 条规定，交通运输工具的驾驶人员，在执行职务中造成交通事故致人损害的，应当由驾驶人员所在单位首先承担赔偿责任，但不排除追究驾驶人员的其他法律责任。驾驶人员不是在执行职务中造成交通事故致人损害的，由本人承担责任。如果事故的发生完全或者部分由受害人的过错造成的，驾驶人员和他的所在单位可以不承担或者少承担责任。如果损害完全由第三人的过错造成，由第三人承担责任。

值得注意的是，民法典草案第四稿第 433 条所规定的内容，比第 432 条要丰富得多。第 433 条特别规定了驾驶人员所在单位的替代责任，及在受害人与有过失时适用过失相抵规则。现行民法通则第 123 条系以草案第

---

① *A Casebook on Tort*, p. 252.

② Ibid. , p. 253.

432 条的规定为基础，只是在列举的高度危险作业种类中添加上"高速运输工具"六字，并从免责事由中删去"不可抗力"。立法者显然是注意到了交通事故属于高度危险作业致损的性质，合并为一个条文，在立法技术上有其理由。其结果是，遗漏了"替代责任"、"过失相抵"等重要内容。毫无疑问，民法典草案第四稿第 433 条的上述内容，应当作为对民法通则第 123 条进行解释的依据。

民法通则第 123 条，是受了苏俄 1964 年民法典第 454 条的影响。第 454 条以"对高度危险来源所造成的损害的责任"为标题规定：其活动对周围的人有高度危险的组织和公民（交通运输组织、工业企业、建筑工程部门、汽车占有人等），如果不能证明高度危险来源所造成的损害是由于不能抗拒的力量或受害人的故意所致，应当赔偿所造成的损害。

苏俄 1964 年民法典第 454 条则是以苏俄 1922 年民法典第 404 条为原型的。第 404 条规定：个人与企业，其业务对于附近之人有高度危险之关联者，如铁路、电车、工厂企业、贩卖易燃物品商人、野兽之豢养人、建筑或设备之施工人等等，对于高度危险之来源所致之损害，如不能证明此项损害之发生，系由不可抗力或受害人之故意或重大过失，应负责任。显然，本条立法思想深受当时德、奥等国新兴的无过失责任立法和危险责任理论的影响。

苏联学者对上述条文的解释正是以危险责任理论为根据的。他们指出，物质世界的某些物品，如机械、设备和汽车等，是高度危险来源。这些物品在使用过程中表现出不受人的控制或不完全受人控制的有害性，其结果是对周围的人造成了危险。[①] 为了保护受害人的利益，立法者对高度危险来源致损规定了无过错责任，责任的成立不以过错为要件。

试将民法通则第 123 条与两个苏俄民法典相应条文相对照，可以看出：责任原则相同，而免责范围有重大区别。1922 年苏俄民法典明定三项免责事由：（1）不可抗力；（2）受害人故意；（3）受害人重大过失。1964 年民法典减为两项：（1）不可抗力；（2）受害人故意。即使证明受害人有重大过失，亦不能免除责任。而我国民法通则又进一步删去"不可

---

① 《苏联民法》下册，法律出版社 1986 年版，第 406 页。

抗力"，仅规定以"受害人故意"为惟一免责事由。这种重大差异，表明同属社会主义性质的三部民法，因历史时代的差异，其立法思想愈来愈强调对受害人的法律保护。我国民法通则第123条将"不可抗力"、"受害人过失"及"第三人过错"排除在免责范围之外，绝非偶然，反映了立法者强化对受害人保护的倾向。当然，这种倾向最终取决于改革开放以来我国社会生活的深刻变化。

在道路交通事故的损害赔偿范围内，试将我国民法通则第123条与前述发达资本主义国家法律相比较，民法通则第123条具有如下特点：第一，就规定无过错责任一点而言，与德国法、日本法和法国法相同，而异于英美法；第二，就规定受害人故意为惟一免责事由而言，比德国法、日本法更为严格，而与法国法相似；第三，就适用过失相抵规则而言，又与德国法、日本法及英美法相同，而异于法国法；第四，就未有赔偿限额的规定而言，则与日本、法国法及英美法相同，而异于德国法。概而言之，即使与发达国家民法相比较，我国民法通则第123条关于交通事故损害赔偿责任的规定，亦不失为先进立法，其责任程度介乎德国法、日本法与法国法之间。

鉴于我国社会经济发展水平及社会主义民主法制状况，设想现时或可预见的将来废弃传统侵权责任制度，实行新西兰法和皮尔逊委员会所建议的社会安全保障制度，是不现实的。制定我国道路交通事故赔偿法，只能是以现行民法通则第123条的原则规定为基础。毫无疑问，任何企图扩大免责范围甚至退回到过错责任原则的主张，都是与民法通则的立法精神相违背的，因而是有害的。

四　替代责任

前已述及，民法典草案第四稿第433条规定交通运输工具的驾驶人员在执行职务中造成交通事故致人损害，应由驾驶人员所在单位承担赔偿责任，即民法所谓"替代责任"。替代责任制度的适用不限于交通事故，但在交通事故的损害赔偿案件中最常用，因而制定我国道路交通事故赔偿法时，有必要明确规定。

替代责任（Vicarious Liability）为英美法上的制度。依此制度，雇用人对其受雇人从事职务时因侵权行为致他人损害应负赔偿责任。论其性质，属于一种无过错责任，雇用人不得主张选任监督受雇人已尽相当注意而获免责。①

在英国历史上，雇用人仅于命令或同意受雇人为不法行为时，始应负责。即所谓特别命令说，17 世纪以后，因工业革命结果，使英国工商业急剧发展，特别命令说不足以适应社会发展的需要，法院于 1697 年创替代责任理论，认为雇用人对于受雇人为一般授权时，即可推知其有默示的命令而应负责。19 世纪以来，默示命令说终为职务范围理论所取代，雇用人对于受雇人在职务范围内所为一切不法行为均应负责。当今英美学者均承认替代责任的主要依据，在于公共政策（Public Policy），即危险分担思想。雇用人承担责任之后，可通过提高商品或劳务价格，或通过保险，将损失分配给社会大众，并可促使雇用人慎于对受雇人之选任、监督，以维护社会安全。②

德国法上的相应制度，为民法典第 831 条所规定的雇用人责任。依该条规定，雇用人对于其受雇用人在执行职务范围内所生损害，仅于对受雇人的选任、监督未尽必要注意时，方才承担赔偿责任。盖因德国普通法将过失责任主义奉为侵权行为法的伦理基础。19 世纪之后，虽有若干特别立法规定无过错责任原则，但现行民法典起草人态度较为保守，未接受对雇用人责任改采无过错原则建议。其理由是，认为雇用人无过失亦应负责，势必导致工业不振、商业停顿、经济不景气，其结果对被害人亦将不利。最后通过的第 831 条，仍坚持过失责任原则，但稍作修正，即规定雇用人之选任监督过失先由法律推定，不必由受害人举证。

依德国民法典第 831 条的规定，德国法上的雇用人责任有下述特点：其一，雇用人责任系基于其对受雇人选任监督的过失，因此非替代责任；其二，对受雇人选任监督的过失系由法律推定，因此，雇用人得证明对受雇人选任监督已尽必要注意，推翻法律所作推定而获免责；其三，受雇人

---

① 王泽鉴："雇用人无过失侵权责任的建立"，载《民法学说与判例研究》第 1 册，第 2 页。
② 同上书，第 3 页。

执行职务而加损害于他人时，雇用人即应负责，受雇人是否具有故意过失，在所不问。①

日本法关于雇用人责任的规定系仿德国法，日本民法典第715条第1款与德国民法典第831条完全相同。雇用人得证明对受雇人选任监督已尽相当注意而获免责。但与德国法不同，日本学者通说和法院判例对第715条的解释，认为雇用人责任之发生须以受雇人具有故意过失为前提。基于这种立场，在受雇人不具有故意过失的场合，或者在受雇人为加害行为时无行为能力的场合，被害人不仅不能向受雇人请求赔偿，他也不能向雇用人请求赔偿。按照通说和判例的见解，在被害人依法不能向受雇人请求损害赔偿时，如果承认被害人可以向雇用人请求赔偿，将是不合逻辑的。②应予说明的是，在汽车驾驶人是所有人的雇员的情形，依《自动车损害赔偿保障法》第3条的规定，雇用人承担汽车供用人责任并不以受雇人（驾驶人）有故意或过失为前提。因此在受雇人免除责任的场合，作为汽车供用人的雇用人却不能免除责任，这一点正与德国法关于雇用人责任的规定相同。

法国法上的雇用人责任，规定在民法典第1384条第3款：主人与雇用人对仆人与受雇人因执行受雇的职务所致的损害，应负赔偿责任。按照这一规定，雇用人责任属于一种无过错责任，不以雇用人有选任监督过失为成立要件，因而雇用人也不能通过证明自己对受雇人选任监督已尽必要注意而获免责，并且雇用人责任之成立也不以受雇人有故意过失为前提，即使受雇人无故意过失，雇用人亦应承担责任。可见，其既不同于德国法、日本法，也不同于英美法。

我国现行法关于雇用人责任问题基本上没有规定，之所以说是"基本上没有"，是因为民法通则第121条涉及国家机关工作人员在执行职务中致人损害的责任问题。但该条只规定"应当承担民事责任"，究竟由谁承

---

① 王泽鉴："雇用人无过失侵权责任的建立"，载《民法学说与判例研究》第1册，第4—5页。

② 田上富信："论对使用者的损害赔偿请求"，载奥田昌道等《民法学·不法行为的重要问题》，有斐阁双书，第121—122页。由上先生个人见解，认为通说判例的这一结论与第715条的实质存在理由相矛盾。

担责任，将由有关国家赔偿的法律具体规定。① 上文提到民法典草案第四稿第 433 条涉及雇用人责任，草案条文是：交通运输工具的驾驶人员，在执行职务中造成交通事故致人损害的，应当由驾驶人员所在单位首先承担赔偿责任，但不排除追究驾驶人员的其他法律责任。驾驶人员不是在执行职务中造成交通事故致人损害的，由本人承担责任。另外，最高人民法院《关于贯彻民法通则若干问题的意见》（修改稿）第 175 条规定，雇工在受雇期间从事雇用活动造成他人损害的，由雇主承担民事责任。② 从这两个草案条文可以推知我国立法机关的立法意向和司法机关的裁判见解。在此基础上参考各国立法经验，我国关于雇用人责任应采下述基本原则：（1）我国雇用人责任应是一种无过错责任。责任之基础在雇佣关系，而不是雇用人本身的选任监督过失。其理论依据为"归责于上"理论及"危险分担"理论。其本质非雇用人自己责任，而是代替受雇人所负之责任。因此，有别于德国法、日本法上的雇用人责任，而与英美法上的"替代责任"及法国法上的雇用人责任同其本质。（2）雇用人不得以证明自己对受雇人之选任监督已尽相当注意而免责。这是由无过错责任性质决定的。（3）雇用人责任之成立是否以受雇人有过错为前提条件，因加害行为之属于特殊侵权行为或一般侵权行为而有不同。如属特殊侵权行为，如道路交通事故及其他高度危险作业致人损害，则不以受雇人有故意过失为前提；如属一般侵权行为，则应以受雇人有故意过失为前提。就这一点而言，既不同于英美法，也不同于法国法和德国法。（4）受雇人在受雇事务范围之外造成他人损害的，应由受雇人本人负责，不发生雇用人责任。此为各国所共同的原则。

五 过失相抵

所谓过失相抵，即在加害人依法应承担损害赔偿责任的前提下，如果受害人对于损害的发生也有过失，可以减轻加害人的赔偿责任。此为现代

① 穆生秦：《民法通则释义》，法律出版社 1987 年版，第 131 页。
② 此系 1990 年 12 月第五次全国民事审判工作会议上的讨论稿。

民法一项重要规则。有关道路交通事故的损害赔偿，除法国法排斥过失相抵规则的适用外，其他国家立法如英国法、德国法、日本法及我国台湾现行法，均承认过失相抵规则。

按照英国 1945 年法律改革（受害人与有过失）法（The Law Reform 〈Contributory Negligence〉 Act 1945），部分由于自己的过错部分由于他人的过错而受损害的人所提出的损害赔偿请求，不得以受害人与有过失为由予以驳回，但他所应得的损害赔偿金应由法庭斟酌其对损害应负责任的比例减至公平合理的程度。

在大陆法系民法，过失相抵规则既可适用于侵权行为的受害人，也可适用于债权人。德国民法典第 254 条规定，损害的发生被害人与有过失者，损害赔偿的义务与赔偿的范围，视当时情况特别是损害的原因主要在何方决定之。日本民法典将对债权人适用的过失相抵规定在第 418 条，对侵权行为受害人的过失相抵规定在第 722 条。第 722 条第 2 款规定，受害人有过失时，法院可以斟酌其情事，确定损害赔偿额。

我国现行法对于过失相抵亦有规定。民法通则第 131 条规定：受害人对于损害的发生也有过错的，可以减轻侵害人的民事责任。将这一规定与同法第 123 条的规定综合考虑，可知：受害人具有故意，即自寻伤害时，可以免除加害人的责任；在受害人具有过失（一般过失或重大过失）时，不得免除加害人的责任，但可以适用过失相抵规则，即法庭斟酌双方过失比例，减少受害人应得的损害赔偿金。我国道路交通管理部门在处理交通事故损害赔偿的实践中，也正是这样做的，只是不称过失相抵，而称为"交通事故责任的认定"。①

毫无疑问，制定我国道路交通事故赔偿法时应当规定过失相抵规则，但应考虑的问题是应否对这一规则的适用附加某种限制。我国民法通则第123 条立法精神，着重于强化对高度危险作业受害者的法律保护，体现了在社会主义社会中公民生命健康权应受到特别的尊重和保护，体现了社会主义的人道主义和公平正义道德观念。基于这一立法精神，可考虑从以下三方面限制过失相抵规则的适用：其一，如果受害人是残疾人、70 岁以上

---

① 《道路交通事故处理教程》，第 11 章。

的老人和 12 岁以下的儿童，应不适用过失相抵规则。他们由于身体（如聋哑、失明或肢体残缺）或者年龄方面的原因，在横穿公路时往往会犯重大判断错误。他们应当获得全额损害赔偿金，除非被证明是故意自寻伤害。[1] 其二，应规定过失相抵规则仅适用于对消极损害的赔偿及抚慰金，对积极损害的赔偿不适用过失相抵。所谓积极损害是指所支出的费用，如医药费、住院费等；消极损害指可得利益、工资收入损失；抚慰金指对受害人及其亲属的精神损害赔偿金。如果对积极损害、消极损害和抚慰金全部适用过失相抵，则可能发生过失比例较大的受害人反而要赔偿加害人所支出的医药费的情形，使受害人在实际上无法获得救济，违反对这类侵权行为规定无过错责任的宗旨。因此基于立法政策上的考虑，应只限于对消极损害和抚慰金适用过失相抵。其三，应依优者危险负担原则决定过失相抵的基本比例，使物理上危险性较大者或回避能力较差者，负担较重的危险责任。如人与车相较，则车为优者；汽车与摩托车相较，则汽车为优者；汽车与汽车相较，则重型车、大型车或速度较快者为优者。假使在不考虑优者负担原则时，双方过失相等即各占一半，则依优者负担原则评定过失相抵的基本比例应为：行人 1/5；车 4/5；卡车 3/5；轿车 2/5。[2]

　　在交通事故案件中如何具体评定过失相抵的过失比例，做到实事求是、公平合理，是最大的难题。我国道路交通管理部门在实践中尝试进行定量的分类，区分为：全部责任、大部责任、主要责任、同等责任、次要责任、一定责任和没有责任七种。其中，除全部责任和没有责任之外，均属于过失相抵。例如一方严重违章，为事故主要原因，属大部责任，过失比例为 75%—99%，另一方违章轻微，负一定责任，过失比例为 1%—24%；一方违章情节较重，为事故主要原因，应负主要责任，其过失比例为 51%—74%，另一方违章情节较轻，为次要原因，应负次要责任，其过失比例为 26%—49%。[3] 这种分类和做法，与单纯依靠自由心证决定过失相抵比例的做法相比，肯定要进步得多。但仍有下述缺点：（1）每一档次

———————

① 此系借鉴法国立法经验，见 Ruth Redmond-Coper, *French Road Accidents and Fault.*
② 优者危险负担原则为日本之经验，见刘得宽《民法诸问题与新展望》，第 211—214 页。
③ 《道路交通事故处理教程》，第 178 页。

的幅度过大；（2）未采纳优者危险负担原则；（3）远未达到客观化和量化目标。下面介绍日本在这方面的经验。

为解决过失相抵比例的客观化和定型化问题，基于对过去交通事故判例的详细分析，仓田、福永二位法官于昭和 44 年发表《汽车事故之过失成数认定基准表》，并于昭和 46 年修正。此基准表包括基本要素和修正要素。主要依道路通行之优先关系为基础，决定过失成数基本比例，作为基本要素；再依个案应考虑情事，包括当事人之注意等主观情事与道路状况、环境等客观情事，分别决定应增加或减去之过失比例，称为修正要素。遇具体案件则对照此基准表，以基本要素为主，修正要素为辅，计算出确当的过失比例。昭和 49 年，滨崎泰生、田中康久、佐佐木一彦三位法官在仓田基准表基础上予以改进，发表《民事交通诉讼之过失相抵认定基准表》。该基准表对事故的分类详细，附表 29 种，运用非常方便，极有参考价值。

例如，发生在有交通管理之人行横道上的事故。基本要素：行人黄灯开始穿越，车绿灯进入，基本过失比例为行人 40%；修正要素：（1）加算要素：①夜间 5%，②干线道路 10%，③穿越中停止、后退，5%—10%；（2）减算要素：①住宅商店街 10%，②儿童、老人 5%，③幼儿 10%，④集团穿越 10%，⑤驾驶人有显著过失 10%，⑥驾驶人有重大过失 20%，⑦人行道车道无区别 10%。设行人于黄灯开始穿越人行横道，被绿灯进入汽车撞倒，事故发生在晚上 9 时，为干线通路，汽车司机酒醉驾驶，则以基本要素 40%，加上属于加算要素之夜间 5% 和干线道路 10%，减去属于减算要素之司机重大过失 20%，得到受害人过失相抵之过失比例为 35%。[①]

六　好意同乘者

道路交通事故损害赔偿的另一个问题，是对遭受损害的好意同乘者是否赔偿及如何赔偿的问题。严格言之，好意同乘与无偿同乘是不同的概

---

① 秦天来：《交通事故法律研究》，第 245—277 页。

念。虽属好意同乘，如果同乘者负担燃料费，则非无偿同乘；反之，虽属无偿同乘，但在迎送顾客或医生的场合，却非好意同乘。因此，通常所谓好意同乘，系指无偿的好意同乘，即所谓搭便车。

按照德国道路交通法第 8 条的规定，在汽车所运送的人死亡或受伤的场合，如属有偿的营业上的运送关系，汽车所有人应依本法第 7 条承担责任。而对于无偿同乘者则不负责任。战前的判例和学说采"默示责任放弃的合意"的见解，战后采"危险承诺"说，均否认对无偿同乘者的赔偿责任。联邦普通法院 1961 年的判决改变立场，采"责任量的限制"理论。依此理论，应按照民法典第 254 条关于过失相抵的规定，决定赔偿金额。瑞士道路交通法第 59 条第 3 款，关于对无偿同乘者的赔偿，授予法官减轻乃至有特别情节时免除责任的权力。在法国法，在无偿同乘者受伤害的场合，应适用民法典第 1382 条规定的过失责任原则，即必须证明驾驶人有过失。英美法关于交通事故损害赔偿适用过错原则，美国近 30 个州制定了同乘者法，只在驾驶人有故意或重大过失时才成立赔偿责任。[①] 日本法关于好意同乘者的赔偿问题无立法规定，因而学说上提出各种主张，例如好意协定关系理论、责任肯定说、他人性阻却说、责任相对说等。[②] 日本判例承认对无偿同乘者赔偿的减额，例如对于单纯的无偿同乘，减少抚慰金的 20%—50%，常用型无偿同乘，减少消极损害（所失可得利益）赔偿和抚慰金的 30% 左右；饮酒驾车的无偿同乘，减少全部赔偿额的 40%。[③]

我国关于好意同乘者的赔偿问题，缺乏经验的总结和理论研究。我认为，有偿的好意同乘，如支付部分汽油费，应属于民法通则第 123 条所谓"他人"的范畴，其损害赔偿应与一般受害人同其原则；应由立法规定的，是无偿的好意同乘，建议在制定道路交通事故赔偿法时专设一条，规定由法庭斟酌具体情形，比照过失相抵规则，减少责任人的赔偿责任。

---

① 以上资料引自潮海一雄"驾驶者家属及无偿同乘者的赔偿请求"，载《民法学·不法行为的重要问题》，第 145—146 页。

② 比佐和枝："好意同乘的减额"，载《法学家》增刊总合特集 No.42，第 135—137 页。

③ 《民法学·不法行为的重要问题》，第 140 页。

七　本法适用范围和责任人

　　根据我国处理道路交通事故损害赔偿的实践并参考各国立法的成功经验，本法适用范围应从下述四个方面予以确定：

　　1. 必须是机动车辆事故。此所谓机动车辆，指陆上机动车辆，包括各种轿车、卡车、公共汽车、无轨电车、装载车、摩托车、电瓶车、轮式专用机械车及拖拉机。上述车辆的拖车亦应包括在内。但火车、有轨电车、缆车不属于本法调整范围。

　　2. 必须是发生在公共道路和公共场所的事故。所谓公共道路，包括公路、城镇街道和胡同（里巷）。乡村可供机动车通行的便道、机耕道、通向单位或单位内部停车场的岔道、单位内部有公共使用性质的通道亦包括在内。但单位内部不具有公共使用性质的通道上发生的事故，不属本法范围。所谓公共场所，包括车站、码头、广场、公共停车场等可供车辆通行和停放的场所。单位内部停车场不包括在内。

　　3. 必须是机动车辆在运行中所发生的事故。所谓运行，指机动车辆处在运动状态，包括启动、行驶、转弯和倒车等。车辆在静止状态所发生的事故，如公共电汽车到站停稳后，乘客上下车所发生的事故，或非机动车与正确停放的机动车相碰撞的事故，均不属本法调整范围。

　　4. 责任人一般是车辆所有人。在车辆所有人与驾驶人不一致的场合，应由车辆所有人依本法承担损害赔偿责任。车辆所有人承担责任向受害人支付赔偿金之后，可以依其与驾驶人之间的劳动关系或雇用关系向驾驶人求偿，但必须以驾驶人对于事故之发生有故意或重大过失为限。

　　决定车辆所有人承担赔偿责任的根据，在于运行支配与运行利益的归属。[①] 车辆所有人因种种原因丧失运行支配及运行利益时，车辆所有人将不承担责任，而由运行支配与运行利益的实际归属者承担责任。以下几种情形，车辆所有人将不承担责任：其一，借用或出租。所有人将车辆出借

---

　　① 藤仓皓一郎：“决定运行供用者的判断基准”，载《民法学·不法行为的重要问题》，第125页。

或出租，一般应由借用人或租用人承担责任。但借用人或租用人是所有人的雇员、职工和家庭成员的场合，仍应由车辆所有人承担责任；如果借用人或租用人不具备使用、驾驶车辆的资格和技能，则应由车辆所有人与借用人或租用人连带承担赔偿责任。其二，实际交由他人使用、管理。所有人将车辆交给他人使用、管理的场合，如果所有人已丧失运行支配及运行利益，则应由实质上享有使用权、管理权的人承担责任。如果用分期付款方式购买车辆，在价款全部付清以前购买人未取得所有权，但仍应承担责任。委托他人维修、保管、运输中的车辆，在维修、保管、运输期间发生事故，应由修理人、保管人、承运人承担责任。其三，擅自使用车辆。单位职工、雇员、家庭成员未经所有人同意擅自使用车辆所发生的事故，仍应由车辆所有人承担责任。上述人员以外的人擅自使用的场合，由擅自使用人承担责任，如果所有人对车辆之保管未尽应有注意，则应由车辆所有人与擅自使用人连带承担责任。其四，车辆被盗。被盗车辆所发生的事故，车辆所有人不承担责任。

制定道路交通事故赔偿法，还应规定的重要问题有：时效问题，基于所侵害客体的重大性，因交通事故提起的赔偿请求，应适用民法普通时效期间；强制保险，应规定对一切机动车辆强制实行损害赔偿责任保险；社会保障制度，对无保险车，及肇事后逃逸、车主不明的事故受害人，设立专门的赔偿基金予以赔偿。

（原载《法学研究》1991 年第 2 期）

论出卖人的瑕疵担保责任

一　序言

按照现代民法，因购买使用缺陷产品而遭受人身或财产损害的受害人，通常可以基于下述三项责任提起损害赔偿请求：其一，侵权行为责任；其二，一般违约责任；其三，瑕疵担保责任。此三种责任在法律效果上并无不同，均可使受害人获得损害赔偿，但在责任成立要件上却有差异。本文着重论述瑕疵担保责任。

买卖合同有效成立后，出卖人依合同负有交付标的物的义务和使买受人获得标的物所有权的义务，此外，还负有两项瑕疵担保责任：权利瑕疵担保责任和物的瑕疵担保责任。所谓权利瑕疵担保，即保证买受人不致因第三人主张权利而丧失其标的物；所谓物的瑕疵担保，即担保标的物应具有通常的品质或特别保证的品质。本文所论，为物的瑕疵担保。

大陆法系民法所谓物的瑕疵担保责任，发端于罗马法上大法官告示。按照罗马法，奴隶和家畜的买卖，标的物具有一定的瑕疵时，买主有价金减额诉权（actio quanti minoris）和契约解除诉权（actio redhibitoria）。罗马法瑕疵担保责任为近代诸民法典所继受。基于此沿革上的理由，各国民法典将出卖人的瑕疵担保责任作为主要是买卖合同的特别制度加以规定，而与一般违约责任在成立要件和效果上均有差异。[1]

英美法上具有与大陆法瑕疵担保相同机能的制度，是 warranty（担保或保证），尤其是其中的 implied warranty（默示担保）。按照英美法，合同

---

① 五十岚清："瑕疵担保与比较法"，载《比较民法学诸问题》，一粒社 1976 年版，第 86 页。

约款分为两类：condition（条件）和 warranty（担保）。条件乃涉及合同本质的约款。违反条件即构成违约，受害方有权解除合同并请求损害赔偿。担保则属于合同之附随约款，违反担保只发生损害赔偿义务，不得解除合同，因而与违反合同的情形有别。这一普通法特别担保制度，后来被规定于 1893 年英国货物买卖法中，成为制定法上的制度。1906 年，美国统一货物买卖法又有类似规定。但美国法瑕疵担保制度与英国法的最大区别在于承认受害方基于违反担保也有解除合同之权。而对于违反担保采取区别于一般违约责任的处置，则英美两国并无不同。[①]

我国尚未制定民法典，现行民法通则未涉及瑕疵担保问题。但 1986 年的《工业产品质量责任条例》中关于出卖人的瑕疵担保责任已有原则规定。民法理论和实务均承认这一特别制度。运用比较的方法研究瑕疵担保责任制度，将有助于正确阐释我国现行法上的瑕疵担保制度，并进一步从立法上完善这一制度，充分发挥这一制度对于保护消费者和其他买受人利益的特殊功能。

二　外国法上的瑕疵担保责任

（一）德国法

早在普通法时期就已对出卖人规定了严格的瑕疵担保责任，大体上为德国民法典所遵从。按照德国民法典的规定，出卖人应担保其标的物在危险负担移转于买受人时，无灭失、价值减少，或通常效用或契约预订效用的瑕疵，及具有出卖人所保证的品质。价值或效用的减少程度轻微，不视为瑕疵。买卖合同成立时，买受人知有瑕疵者，出卖人不负担保责任。买受人因重大过失而不知者，如出卖人未保证其无瑕疵，则出卖人仅在故意隐瞒瑕疵时始负责任（第 459、460 条）。在出卖人应负瑕疵担保责任时，买受人可以请求解除契约或请求减少其价金。标的物缺少所保证的品质及出卖人故意不告知其瑕疵者，买受人得不解除契约或减少价金，而请求不履行的损害赔偿（第 462、463 条）。其他情形，买受人无损害赔偿请求

---

① 五十岚清：《比较民法学诸问题》，第 86—87 页。

权，仅在解除契约时有对契约费用的赔偿请求权。尽管如此，必须注意的是，德国民法学上的缔约过失理论有补充瑕疵担保责任的作用。尽管德国民法典不承认作为瑕疵担保责任的损害赔偿，但作为契约缔结上的过失，多数说认为当然应赔偿其信赖利益，其中包含履行利益。①

（二）法国法

按照法国民法典的规定，买卖标的物含有隐蔽的瑕疵，以致不适于其应有的用途或减少其效用时，出卖人应承担瑕疵担保责任；出卖人对于明显的且买受人自己能够发现的瑕疵，不负担保责任；出卖人即使不知标的物含有隐蔽的瑕疵，仍应负担保责任（第1641—1643条）。在卖主就瑕疵负担保责任时，买受人有解除契约或价金减额请求权（第1644条）。值得特别注意的是，法典关于"恶意出卖人"（mala fide seller）和"善意出卖人"（bona fide seller）所作的不同规定。所谓"恶意出卖人"指明知标的物有瑕疵的出卖人。法典规定，除返还其收取的价金外，并应赔偿买受人的全部损害（第1645条）。不知标的物有瑕疵的"善意出卖人"则仅返还价金并赔偿因买卖契约而支出的费用（第1646条）。

本世纪以来，法国法院为了强化对缺陷产品受害人的保护，通过解释技术之运用，使法国民法瑕疵担保责任获得重大发展。② 其表现在于判例法确立了两项原则：（1）对于职业卖主一律适用民法典第1645条，使其承担恶意出卖人的责任（即责任内容严格化）；（2）居于连锁买卖之末端的买受人，可以超越直接契约关系，直接追究在先的出卖人或制造商的责任（即直接诉权）。下面先介绍责任内容严格化。

关于责任内容之严格化，其渊源为 Domat 和 Pothier 的学说。Domat（1625—1696年）首先将出卖人区别为善意出卖人和恶意出卖人，而使瑕疵担保责任异其内容，并加上一项例外规则：在出卖人负有应知标的物瑕疵的义务的场合，即使其主张不知，亦应与恶意出卖人作同样处理。究竟

---

① 来栖三郎：《契约法》，有斐阁1985年版，第76页。
② 1972年莫郎乔公司生产的奶粉含有害物质致使40多名幼儿死亡，以此事件为契机，激进的消费者保护思想高涨。这是推动法国瑕疵担保责任制度发展的主要动力。

什么场合出卖人负有应知标的物瑕疵的义务，Domat 未予说明。Pothier（1699—1772 年）发展了上述学说，主张对于职业卖主，即使对于物的瑕疵全然不知，亦应承担赔偿由此所生一切损害的责任。因为职业卖主（无论是否为所贩卖产品的制造者），"受自己熟练技术的约束"，其不熟练或无知本身即为应归责的过失。这样，Domat 所表述的例外规则，被 Pothier 明示作为追究职业卖主瑕疵担保责任的一般规则。法国民法典第 1645、1646 条差不多是 Pothier 主张的条文化，但关于上述规则未有明文。

在 1925 年 1 月 21 日法国最高上诉法院审理的一个案件中①，第二审法院认定制造商和出卖人为善意，适用第 1646 条，并扩大解释善意出卖人的赔偿责任应包括缺陷产品所致损害。最高上诉法院认为第二审判决无误，驳回制造商的上告。Josserand 对此案的评释认为适用第 1646 条不当，违反了立法者区别善意出卖人和恶意出卖人的立法精神。他主张采 Pothier 上述规则：作为职业活动的制造者和贩卖者，不可能不知道自己所制造和贩卖商品的缺陷。其"善意"的主张不应准许。因为"不知"本身就意味着他的重大过失，应视为恶意的出卖人，适用第 1645 条。

由 Domat 和 Pothier 发展的规则，经 Josserand 的评释，为法院判例所采。开初仍肯定职业卖主可作善意的反证。1971 年 4 月 27 日，最高上诉法院商事部判决更进一步认为，一切制造者负有应知其制品有害瑕疵的义务，必须赔偿此瑕疵所致损害，撤销了原判②。这样，对于职业卖主，尤其是制造者，不承认有善意的反证，使对卖主恶意的推定成为一种"不可推翻的推定"。于是严格责任得以确立，被称为世界上最严格的产品责任。③

---

　　①　案件事实为，Y 从 B 购入 A 制造的汽车，因汽车缺陷发生事故，致同乘者 X 受重伤，X 对 Y 请求损害赔偿，Y 对 B、B 对 A 提出诉讼。第一审承认 X 对 Y 的请求，驳回 Y 对 B、B 对 A 的请求。而第二审确认 A 及 B 应负责。

　　②　原判认为，如证明潜在瑕疵源于通常不能发现的原因，则制造者可免负瑕疵担保责任，即承认制造者善意的反证。

　　③　平野裕之：《制造物责任的现代意义与法解释论》（一），《法律论丛》第 58 卷第 1 号，第 91—192 页；Harry D. Tebbens, *International Product Liability*, pp. 84—85。

（三）日本法

日本民法典与其他大陆法系民法典不同，关于瑕疵担保责任仅有一个条文。即第 570 条：买卖标的物隐含瑕疵时，以买受人不知其事，且因之不能达到契约目的的情形为限，买受人可以解除契约并请求损害赔偿；其他情形，买受人仅能请求损害赔偿。

在日本法上，要成立出卖人瑕疵担保责任，首先，要求买卖标的物有瑕疵。所谓标的物有瑕疵，指关于特定物买卖存在使物的价值及对通常用途或契约预定用途之适合性的减损或消灭的缺陷；不具备出卖人所保证的性能也属之。其次，要求买卖标的物瑕疵属于"隐含瑕疵"。而关于隐含瑕疵的理解，判例学说颇不一致。按照多数判例的见解，所谓隐含瑕疵，指买受人无过失而不知的瑕疵。换言之，即买受人以交易上一般要求的注意程度所不能发现的瑕疵。最后，要求在契约缔结当时，买受人不知其瑕疵。

在瑕疵担保责任成立的场合，日本民法典仅规定买受人有解除契约请求权和损害赔偿请求权。由于标的物隐含瑕疵使契约目的不能达到时，可以解除契约。虽有隐含瑕疵，受买人如能修补，经过修补能达到契约目的，亦仅能请求损害赔偿。在因瑕疵使标的物价值减少的情形，日本民法典不承认买受人有价金减额请求权，这是与各国立法最大的不同点之一。不承认减额请求权的理由有二：（1）认为价金减额请求权通常用于契约一部解除，而标的物有瑕疵不属于一部解除；（2）与数量不足的场合不同，标的物瑕疵的场合难以决定减额之比例。[①]

（四）英美法

英国普通法适用"买者当心"的格言，作为一般原则。如果卖主无明示担保，且不构成诈欺，则卖主对于标的物瑕疵不承担责任。这是与大陆法国家的法律不同的。但英国普通法作为一般原则的例外，也在一定条件下承认卖主对标的物瑕疵负默示担保责任。1893 年货物买卖法对此作了规

---

① 来栖三郎，前揭书，第 82—85 页。现在看来，以上不承认价金减额请求权的理由难谓充分。

定。美国法乃以英国法为出发点，亦适用"买者当心"格言，作为例外承认卖主的默示担保责任，只是其范围有扩大的倾向。现今英美货物买卖法由于适用默示瑕疵担保，原来作为一般原则的"买者当心"格言，在英国实际上变成了例外；而在美国这一格言已不存在，现在通行的规则是"卖者当心"。①

英美法默示担保责任，适用于下述两种情形：

1. 商销性担保。在货物凭说明书出售的场合，无论卖主是制造者或商人，应存在一项担保其商品具有商销性的默示条件。如果不具有商销性，卖主即应负担保责任。从英国的判例看，判断买卖标的物是否具有商销性时，应当考虑：（1）该物被使用的用途；（2）所支付的价格；（3）对该类货物通常适用的说明书；（4）该类货物共通的用途；（5）该货物可能被使用的用途。②

按照美国统一商法典第2—314条，货物至少应达到下述标准时，才具有商销性：（1）在交易中，根据合同条款交付时不致被拒收；（2）如果是种类物，应具有合同所说的平均中等品质；（3）适合这种货物的一般用途；（4）在协议允许的范围内，每个单位内的性质、数量、质量应相同，各单位之间的性质、数量、质量也应相同；（5）按照协议的要求进行包装并附适当的标签；（6）货物应与包装或标签上的说明或保证相符。③

2. 特定用途适合性担保。如果卖主在签订合同时有理由知道买主明示或默示要求该商品的特定用途，且买主信赖卖主的熟练技术和判断能力，则无论卖主是否为制造者，均存在一项卖主担保该商品适合该特定用途的默示条件。在英国法，判断商品是否适合特定用途，应考虑若干因素：（1）买卖是在商业过程中进行的；（2）买主已事先告知卖主购买货物的事由；（3）当卖方为买主挑选货物时，买方完全信赖卖主的技能和判断；（4）货物的缺陷已达到不符合其用途的程度；（5）该货物在出售时是否具有缺陷；（6）该货物是否很容易地被修复；（7）该货物是新的还是

---

①　来栖三郎，前揭书，第77—79页。

②　Christine A. Royce – Lewis，*Product Liability and Consumer Safety*，ICSA，Cambridge，1988，p. 54.

③　徐炳："美国的货物质量保证制度"，载《法学研究》1990年第2期，第80页。

旧货。①

美国法关于适合特定用途的默示担保，规定在统一商法典第2—315条。②

关于违反瑕疵担保责任的效果，英美两国略有差异。依英国法，买主一旦接受了货物，则仅有价金减额及损害赔偿请求权，而不能解除契约。而美国法除价金减额及损害赔偿请求权之外，承认买主可解除契约。至于损害赔偿的范围，两国相同，适用普通法违反契约的一般原则，包括履行利益及积极侵害债权所生损害。履行利益即可得利益损失；积极侵害债权所生损害，指诸如食品不洁致人中毒一类损害。③

英美法上卖主的瑕疵担保责任，亦属于无过失责任，或称严格责任。④但美国关于街头小卖商人出售带标签罐装食品致消费者患病死亡的场合，小卖商人应否承担无过失责任，虽发生争论，判例学说见解颇不一致，而大多数判例和学者肯定小卖商人亦应承担无过失责任。⑤

（五）苏俄民法

1922 年的苏俄民法典关于出卖人的瑕疵担保责任有详细的规定。依该法典，所出卖之财产欠缺契约所定品质，及大量减少价值，或不适合通常或约定之用途，应由出卖人承担瑕疵担保责任。但出卖物之瑕疵于订约时为买方已知，或在必要注意时所能发现，则出卖人不负责任。此种情形，出卖人仅于其否认该瑕疵之存在时，始负其责任。关于瑕疵担保请求权，如果契约未定较长之期限，则关于建筑物应在 1 年内提出，其他财产应在 6 个月内提出，从财产交付之日起算。瑕疵担保责任的内容包括：（1）对于种类物，请求给付相当品质之物；（2）请求相应减少价金；（3）解除契约，并请求赔偿所受之一切损害。

---

① Christine A. Royce-Lewis, *Product Liability and Consumer Safety*, p. 55.

② 《美国统一商法典》，潘琪译，中国对外经济贸易出版社 1990 年版，第 32 页。

③ 来栖三郎，前揭书，第 79 页。

④ 五十岚清，前揭书，第 107 页；Christine A. Royce-Lewis, *Product Liability and Consumer Safety*, p. 56；来栖三郎，前揭书，第 79 页。

⑤ 来栖三郎，前揭书，第 79—80 页。

　　由上可见，苏俄民法典瑕疵担保责任与德国民法典的规定类似，这显然是由于立法者着重参考了德国的立法。但我们看到，1964 年的苏俄民法典对原来的规定作了某些修正。例如，按照新民法典，所谓瑕疵是指所出售物品的"质量不符合要求"，未列举"大量减少价值"及"不适合通常及约定之用途"。关于瑕疵担保请求权，新法典增加了"修理"，即由出卖人无偿地消除瑕疵或偿还买受人为弥补缺陷所花的费用。新法典分别规定了提出请求期限和诉讼期限。提出请求期限从交付之日起算：建筑物为 1 年，其他物品为 6 个月；诉讼时效期限为 6 个月，从提出请求声明之日起算，未提出请求声明时从提出请求期限届满之日起算。新法典增加了关于保险期的规定，即对于耐用品或长期保存的产品，由国家标准或技术标准或合同规定一个保险期，此保险期不得短于法律规定的提出请求期限。新法典关于供应合同即社会主义组织之间的买卖设有特别规定，当产品质量低于国家标准、技术标准或样品的要求时，买受人必须拒收产品并拒付价款。①

三　我国的瑕疵担保责任

（一）学说

　　我国民法理论肯定出卖人负有瑕疵担保责任，即出卖人应保证标的物符合国家规定的质量标准或者合同中约定的质量标准。标的物不符合规定或约定的质量标准，即为有瑕疵。买受人用通常方法检查即可发现的瑕疵，属于表现瑕疵；需要经过技术鉴定或者在使用过程中才能发现的瑕疵，属于隐蔽瑕疵。出卖人对于表现瑕疵和隐蔽瑕疵都应承担责任。但买受人必须在规定期限内提出请求。② 不过，关于瑕疵担保责任，迄今未有深入的专题研究。对于瑕疵担保责任的性质、特征、要件及责任形式等，

---

① 参见 1964 年苏俄民法典第 246—249 条，第 261—263 条。
② 佟柔：《中国民法》，法律出版社 1990 年版，第 377 页；金平：《中国民法学》，四川人民出版社，第 442 页。

尚未形成系统的见解。① 民法著作中关于瑕疵担保责任的论述，实际上是
受建国后几次起草的民法草案的影响。

（二）立法草案

我国在 20 世纪 50 年代、60 年代和 80 年代曾三次起草民法典，其中
对于出卖人的瑕疵担保责任均有规定。这些规定虽未正式成为法律，但在
法解释学上自有其地位和意义。

1. 《买卖契约（合同）第六次草稿》（1957 年 4 月 1 日）

这是 20 世纪 50 年代起草民法典时草拟的买卖契约部分最后一稿，关
于瑕疵担保责任的规定最为完善。依规定，出卖人未按约定的规格、质量
交付出卖财产，应负瑕疵责任。购买人接受财产时应即时进行检验，如国
家没有规定或双方没有约定保用期间，则检验之后出卖人不负瑕疵责任。
但对于通常检验方法不易发现或出卖人故意隐瞒的瑕疵，购买人虽在检验
后，一经发现并即时告知出卖人的，出卖人仍应承担瑕疵责任。

众所周知，我国民事立法和民法理论曾经受到苏俄民法典的重大影
响，出卖人的瑕疵担保责任即是一例。现将上述草案关于瑕疵担保责任的
规定与 1922 年苏俄民法典的有关规定作一比较，如下表：

	1922 年苏俄民法典	1957 年买卖契约第六次草稿
瑕疵	欠缺契约所定品质，及大量减少价值，或不适合通常或约定用途	不符合约定规格、质量
责任要件	依通常方法不能发现，或出卖人故意隐瞒；立即通告出卖人	依通常检验方法不易发现，或出卖人故意隐瞒；即时告知出卖人
请求期限	建筑物 1 年；其他财产 6 个月；出卖人有欺骗 3 年；允许约定延长	建筑物或出卖人有欺骗 1 年；其他财产 6 个月；允许依国家规定或合同约定予以延长
责任形式	请求交付相当品质之物；或减少价金；或解除契约，并损害赔偿	请求调换相当品质之物；或免费修理；或减少价金；或解除契约，并损害赔偿

---

① 《法学研究》编辑部编：《新中国民法学研究综述》，中国社会科学出版社 1990 年版，第
528—530 页。

2.《供需合同第四次草稿》（1957 年 4 月 1 日）

20 世纪 50 年代第一次民法起草时，已将供需合同与买卖合同分别规定。按照草稿第 1 条规定，所谓供需合同是指社会主义组织之间根据国家有关物资分配计划签订的合同。其中关于供应方的瑕疵担保责任的规定，与上述买卖合同出卖人的瑕疵担保责任已有不同的规定。这对我国以后的立法有重大影响。

第 15 条　需要方接受物资的时候，应当进行检验。对于供应物资用通常检验方法容易发现或者能够发现的瑕疵，属于同地供应的物资，应当在检验后立即提出；属于异地供应的物资，应当在物资运到 10 天内邀请非有关单位到场见证，作出物资瑕疵记录和意见书寄交供应方。对于供应物资用通常检验方法不容易发现或者不能立即发现的瑕疵，需方在接受物资后 6 个月内发现了瑕疵，应当立即通知供应方。

第 17 条　供应物资的瑕疵应当由供应方负责的，需要方有权要求按质论价或者负责修理或者调换相当的物资，并且可以要求赔偿因物资瑕疵所造成的损失。

按照上述规定，供需合同的瑕疵担保责任有两个不同于买卖合同的特点：其一，是物资瑕疵记录和意见书制度，这是我国现行工矿产品购销合同瑕疵异议制度的雏形。其二，供需合同的瑕疵担保责任，不承认合同解除权。其理论依据在于，依国家计划签订的合同不允许解除，这是社会主义合同法实际履行原则的要求。

3.《中华人民共和国民法草案（第三稿）》（1981 年 7 月 31 日）

我国 20 世纪 80 年代初第三次民法起草共产生了四个草案，其中第三稿曾印发各法院和法律院系广泛征求意见，对理论和实践均有一定的影响。尤其需要说明的是，现行经济合同法、继承法和民法通则都是在第三稿相应编章的基础上制定的。可见第三稿在我国民法思想发展史上，以及在对现行制度进行解释上，有重要的价值。我们注意到第三稿反映商品经济的要求，对出卖人的瑕疵担保责任有较完善的规定。

第 168 条　出售物品应当符合国家规定的或者买卖双方约定的质量标准。对不符合标准的物品，买方可以请求卖方更换、修理或者退货；经双方协商一致，也可以适当降低价格；买方如果受到损失，可以请求赔偿。

出售物品不得以次充好，掺杂使假；违反的，应当追究民事责任。

第 169 条　卖方减价出售有缺陷的物品，应当向买方说明物品的缺陷。卖方隐瞒物品缺陷的，买方有权请求按照本法第 168 条第 1 款的规定处理。

第 170 条　买方接受所购物品后发现不符合约定规格的，有权请求卖方更换或者退货。买方购买零售的日用品后，发现规格不合使用的，在物品没有使用、损坏的条件下，可以请求卖方更换或者退货。

第 171 条　买方接受物品后，发现物品原有缺陷，应当即时向卖方提出。除法律、法令另有规定或者当事人另有约定的以外，对物品缺陷提出请求权的期限为 6 个月，对建筑物的缺陷提出请求权的期限为 5 年，从接受之日起计算。①

此外，还对按照国家计划签订的供应合同规定了供方的瑕疵担保责任。

第 187 条　供应产品必须符合国家主管机关规定的质量标准。没有规定质量标准的，可以由双方议定标准。供应产品的质量不符合规定或者议定标准的，应当由供方负责修理、更换或者退货；经双方协商一致，也可以适当减价。

第 192 条　需方收到产品后，应当按照主管机关规定或者合同规定的标准、方法、期限进行验收。如果发现产品的规格、数量、质量不符合合同的规定，需方应当在规定时间内向供方提出书面异议，需方在规定的时间内不提出书面异议，就认为所有产品符合合同规定。供方接到需方书面异议后，没有在规定时间内提出不同意见，就认为同意需方的书面异议，并承担相应的责任。

现将民法草案第三稿所规定的瑕疵担保责任的要点归纳如下：（1）所谓缺陷，指不符合国家规定的或者合同约定的质量标准。不符合约定规格，亦构成缺陷。减价出售有缺陷的物品，而未向买方说明缺陷，构成隐瞒缺陷。（2）责任形式包括：更换；修理；退货；损害赔偿。另外，减少价金应以出卖人同意为前提。（3）请求权期限，物品（即动产）为 6 个

---

①　在民法草案第四稿中，将对建筑物缺陷的请求权期限改为 2 年。见第四稿第 169 条。

月，建筑物为 5 年。（4）性质上为无过失责任。（5）对于供应合同规定了质量异议制度。

（三）我国现行法上的瑕疵担保责任

我国未颁布民法典，由民法通则及各种民事单行法构成实质民法体系。由国务院发布的若干条例，其中也包含了有关民事法律规范。现行瑕疵担保责任制度，分别规定在《工业产品质量责任条例》和《工矿产品购销合同条例》之中。

1. 《工业产品质量责任条例》（1986 年 4 月 5 日）

概念　本条例所称"产品质量责任"，指因产品质量不符合国家有关法规、质量标准以及合同规定的对产品适用、安全和其他特性的要求，给用户造成损失后应承担的法律责任。产品质量责任包括三种不同性质的责任：其一，民事责任；其二，行政责任；其三，刑事责任。其中的民事责任，亦即传统民法所称的瑕疵担保责任，并不包括违约（债务不履行）责任及侵权责任。

生产企业和经销企业的法定担保　本条例第 8 条规定，生产企业必须保证产品质量符合国家的有关法规、质量标准以及合同规定的要求；第 14 条规定，经销企业在进货时应对产品进行检验，对用户承担责任。

责任形式　第 11 条规定：（1）产品的一般零部件、元器件失效，更换后即能恢复使用的，应负责按期修复；（2）产品的主要零部件、元器件失效，不能按期修复的，应负责更换合格品；（3）产品因设计、制造等原因造成主要功能不符合要求，用户可以要求解除合同，退还价金；（4）造成经济损失的，赔偿实际经济损失。

时效　第 22 条规定，时效期间为 1 年，从知悉或应当知悉权益受损害（即发现瑕疵）之日起算。

2. 《工矿产品购销合同条例》（1984 年 1 月 23 日）

前述民法草案第三稿中已有关于质量异议制度的规定。所谓质量异议制度，是我国民法上关于出卖人瑕疵担保责任的一项特别制度。按照现行法，仅适用于工矿产品购销合同。以下概括介绍《工矿产品购销合同条例》的规定。

概念　所谓"质量异议"，指需方向供方发出的产品存在缺陷的通知。在传统民法中，买受人须履行通知义务，即要求买受人在发现标的物存在瑕疵时，应立即告知出卖人，并以此作为成立出卖人瑕疵担保责任的一项必要条件。鉴于购销合同（供应合同）双方当事人为生产者或经营者，法律要求需方履行瑕疵通知义务时应具备严格的形式，并赋予这种严格形式以直接的法律效力。此即质量异议制度。

供方的法定担保　法律使供方"对提供的产品的质量负责"，即承担法定的瑕疵担保责任。要求购销合同中必须规定供方对产品质量负责的条件和期限。

担保范围　包括产品的品种、型号、规格、花色和质量。需方在验收中，如果发现产品的品种、型号、规格、花色和质量不符合同规定，应一面妥善保管，一面向供方提出书面异议，并有权拒付货款。

质量异议的形式和内容　质量异议必须以书面形式为之。其中应记载合同号、运单号、车（船）号，发货和到货日期；不符合同规定的产品名称、型号、规格、花色、标志、牌号、批号、合格证（或质量保证书）号、数量、包装、检验方法、检验情况和检验证明；提出需方的处理意见，即需方的具体请求。

异议期限　（1）外观瑕疵和品种、型号、规格、花色不符合合同规定，属送货或代办托运，应为货到后 10 天；属需方自提，应在提货时，允许合同约定异议期限。（2）内在瑕疵，应在合同约定的保证期限，或国家规定的检验试验期限内提出。（3）某些必须安装运转后才能发现内在瑕疵的产品，为 6 个月，从运转之日起算，允许合同约定异议期限。

书面异议的效力　如果需方未在规定或约定的异议期限内提出书面异议，依法视为所交产品无瑕疵。书面异议成立，使供方承担瑕疵担保责任，即由供方包修、包换或包退，并承担因此支付的实际费用。

四　关于瑕疵担保责任制度若干问题

（一）责任性质

探讨瑕疵担保责任制度的完善，首先应正确认识瑕疵担保责任的性质。关于瑕疵担保责任的性质，国外民法理论上有两种学说，即法定责任说与债务不履行责任说。

按照法定责任说，瑕疵担保责任为特定物买卖之特有制度，在标的物具有瑕疵的场合，不可能要求出卖人给付无瑕疵之物，出卖人所负债务，只是交付该有瑕疵之物的义务；出卖人一旦交付了该物，债务即已履行，不发生债务不履行问题；因此，本不应追究出卖人违约责任。但是，这种结果从买卖契约有偿性的角度来看，显然是不公平的。法律为谋求当事人双方的公平，特设瑕疵担保制度，使出卖人承担责任。依此说，瑕疵担保责任是由法律直接规定的，不同于债务不履行责任的特别责任。[①]

与瑕疵担保责任性质密切相关的，是能否对种类物买卖适用瑕疵担保责任问题。法定责任说乃以瑕疵担保责任仅能适用于特定物买卖为前提，否认对种类物买卖适用瑕疵担保责任。其理由如下：（1）在种类物买卖，如果出卖人给付有瑕疵之标的物，并不属于依债务之本旨履行，因此并不解除出卖人给付完全的标的物之债务。这种情形，买主可依债务不履行责任获得救济，不必要另外承认瑕疵担保责任。（2）依瑕疵担保，判断标的物之是否具有瑕疵，是以契约缔结之时为准，如标的物具有瑕疵，则该契约成为原始的一部不能。而在种类物买卖，契约缔结之时标的物尚未特定，不发生原始不能问题，其给付标的物有瑕疵，属于后发障害的债务不履行问题，两者应有区别。（3）瑕疵担保对买主的保护手段仅限于解除契约和损害赔偿，[②]不包括代物给付请求权。这是由于瑕疵担保仅适用于特定物买卖的当然结果。如果对种类物买卖适用，则不承认代物给付请求权将与种类物买卖性质不符。（4）瑕疵担保责任之所谓瑕疵，乃基于特定物的观念；在种类物买卖，虽偶然给付有缺陷之物，只要同种类物中还存在完全之物，即不能认为标的物有瑕疵。[③]

在罗马法时代，由于商品经济不发达，特定物买卖为商品交易之中心，因而瑕疵担保仅包括解除契约和价金减额，不发生代物给付请求问

---

① 来栖三郎，前揭书，第86—87页；奥田昌道等：《民法学·契约的重要问题》，有斐阁1983年版，第92页。

② 奥田昌道等，前揭书，第92—93页。

③ 日本不承认价金减额。

题。德国继受罗马法时，资本主义商品经济已有相当的发展，必然以种类物买卖为商品交易的主要形式。在种类物买卖给付瑕疵标的物时，法律对买受人的保护应依瑕疵担保责任或者依债务不履行责任，理论上发生争论。争论的结果，是德国民法典特设第 480 条，明文规定对种类物买卖也应适用关于瑕疵担保责任的规定，并承认买受人有代物给付请求权。日本民法典虽继受德国法，但关于瑕疵担保责任之规定十分简略，尤其是对于种类物买卖能否适用并无明文，因而在解释上发生疑义。大正七年，学者末弘博士发表论文，提出法定责任说，主张关于瑕疵担保责任的规定不适用于种类物买卖，仅能对特定物买卖适用。此后，法定责任说遂成日本之通说。[1]

日本战前战后均有少数学者主张应对种类物买卖适用瑕疵担保责任。其理由是：（1）种类物买卖在标的物特定之后，即应视同特定物买卖；即使事前未予特定，买主受领标的物后，亦已成为特定物，因此应适用瑕疵担保责任的规定。（2）在标的物特定及受领后，依诚信原则及日本不承认价金减额交易惯例，承认买主有完全履行（即代物给付）请求权。（3）否认对种类物买卖适用瑕疵担保责任，特定物买卖和不特定物买卖，其卖主的责任无法协调。[2] 尤其值得注意的是，即使在法定责任说成为通说之后，法院判例也未否定对种类物买卖适用瑕疵担保责任。[3]

1959 年，学者五十岚清在《民商法杂志》上发表《瑕疵担保与比较法》一文，提倡债务不履行责任说。此说一出，受到学者北川善太郎、星野英一、山下末人等的支持，并逐渐取代法定责任说的地位而成为现今之通说。按照债务不履行责任说，瑕疵担保责任并非法定责任，而属于债务不履行责任之特则，不问特定物买卖或不特定物买卖，均应适用瑕疵担保责任。该说受比较法及德国最近瑕疵担保责任理论的影响，试图重构瑕疵担保责任理论。依该说，不问买卖标的物属于特定物或不特定物，代替物或不代替物，出卖人均负有给付与价金相当的标的物义务；如所给付的标

---

[1] 奥田昌道等，前揭书，第 91 页。
[2] 同上书，第 93 页。
[3] 同上书，第 95 页。

的物有瑕疵，不分标的物种类，出卖人均负有债务不履行上的责任和瑕疵担保的责任。瑕疵担保责任是债务不履行责任的一种，是关于买卖的特则。因此，在两者发生抵触的场合，则应适用瑕疵担保责任。① 于是，学者称债务不履行责任说为新说，而法定责任说则被称为旧说。新说的重要意义在于，它为法院判例除特定物买卖之外对种类物买卖也一直适用瑕疵担保的实践提供了理论依据，并适应了瑕疵担保责任制度的最近发展趋势。

按照新说，瑕疵担保责任为债务不履行责任之特则，其与一般债务不履行责任仍有下述差异：（1）一般债务不履行责任属于过错责任，须以故意过失为责任成立要件；而瑕疵担保责任性质上为无过错责任，不以出卖人有故意过失为要件。瑕疵担保之采无过错责任，其理论上的根据在于维护商品交换的等价原则，藉此特别保护交易的公平。②（2）瑕疵担保责任以买受人履行通知义务为要件，如买受人未依法向出卖人发出瑕疵通知，则不能依瑕疵担保责任提出请求。③（3）大陆法系各国民法均规定瑕疵担保责任应适用短期时效，而一般债务不履行责任适用普通时效。除了沿革上的理由之外，瑕疵担保适用短期时效，是为了尽快解决争议，加快经济流转。④

法定责任说与债务不履行责任说的分歧，归根结底，在于如何对待种类物买卖的瑕疵给付问题。在现代商品经济条件下，商品交易的绝大多数为种类物买卖。如采法定责任说，必将使占绝大多数的种类物买卖不适用瑕疵担保责任，使广大消费者和其他买受人不能享受无过错责任利益；而采债务不履行责任说，无论特定物买卖或种类物买卖，一律适用瑕疵担保责任，有利于保护消费者和其他买受人的利益，有利于尽快解决争议，加快经济流转，并有利于促使制造商提高产品质量。因此，我主张借用债务不履行责任说，作为我国瑕疵担保责任的理论基础。应当说明，债务不履

---

① 五十岚清，前揭书，第122—123页；奥田昌道等，前揭书，第97页

② 王泽鉴：《商品制造人责任与消费者之保护》，正中书局1979年版，第14页；来栖三郎，前揭书，第76、79页。

③ 五十岚清，前揭书，第116页。

④ 同上书，第19页。英美法并无适用短期时效的规定。

行责任说也完全符合我国现行制度。按照《工业产品质量责任条例》，不分特定物或种类物，凡不符合国家规定或合同约定的质量要求，生产企业或经销企业均应承担瑕疵担保责任。

（二）适用范围

1. 瑕疵概念

关于瑕疵概念。有客观说与主观说。按照客观说，所交付之标的物不符合该种物所应具备的通常性质及客观上应有之特征时，即具有瑕疵。按照主观说，所交付之标的物不符合当事人约定的品质，致灭失减少其价值或效用时，即具有瑕疵。[①] 罗马法及英美普通法原本采客观说，将瑕疵理解为关于标的物的性质和实体的东西，一切对买主有价值的性质之欠缺。近代诸法典中，奥地利民法典采客观说。依其第 932 条，仅不能除去的、妨碍标的物通常效用之瑕疵，准许解除契约。但法国民法典已不限于客观标准，加入了主观的标准。其第 1641 条规定，因买卖标的物含有隐蔽的瑕疵，致丧失其通常效用或减少通常效用，如达买受人知其情形即不愿买受或必须减少价金始愿买受的程度时，出卖人应负担保责任。关于德国民法典第 459 条，[②] 当初的判例拘于客观说采比较狭义的理解，解释为物理的性质及有害一般使用目的；但现今判例采主观立场，只须影响双方当事人预定的使用，即构成瑕疵。在意大利，关于瑕疵概念曾有激烈争论，法院判例立于传统立场，坚持只对客观瑕疵成立担保责任，此外均应解为债务不履行。意大利新民法典虽然采纳判例的立场，但同时却又规定对于主观瑕疵的场合，也适用通知义务和短期时效（第 1497 条）。[③] 英美法无一般瑕疵概念，除一般的使用目的之外，当事人约定的特殊使用目的，也成为判断标准（美统一商法典 2—314、2—315）。

由上可知，瑕疵概念本来仅指客观的东西，现时扩及于主观的东西。学说由客观主义转向主观主义立场。我国现行法的规定，所谓瑕疵指不符

---

①　王泽鉴，前揭书，第 16 页。

②　第 459 条：物的出卖人对于买受人应担保物在危险责任移转于买受人时无灭失或减少其价值、通常使用的或契约预定的使用价值的瑕疵……

③　五十岚清，前揭书，第 88 页。

合法律规定的或当事人约定的质量要求，属于主观主义，与现今各国法律发展趋势相符。

2. 对种类物买卖的适用

在罗马法上，瑕疵担保责任仅限于对特定物买卖适用，但近代各国法典均已规定对于种类物买卖也当然适用。现今发展趋势，瑕疵担保责任的适用，原则上不区分特定物与不特定物。[①] 前已谈及，依我国现行法，不分特定物买卖与种类物买卖，一律适用瑕疵担保责任。

3. 数量超过与不足

给付数量超过与不足的场合，各国学说一般解为债务不履行，但在实际处理上难以与瑕疵担保相区别，因而也不得不承认成立性质上的瑕疵。尤其是德国商法典明定数量超过与不足的情形，买方应负通知义务。在此基础上，法院判例更进一步适用短期时效。关于给付数量超过与不足，英美货物买卖法设有违反给付义务的特则，而不属于瑕疵担保问题。例如英国货物买卖法第 30 条规定：卖方支付的数量，如少于契约所定数量时，买方可以拒收，但如买方接受所交货物，则须按契约所定价格支付货款；卖方交付的数量，如多于契约所定数量，买方可以接受契约所订数量而拒绝其余部分，亦可拒收全部货物。如买方接受全部货物，则须按契约所订价格支付货款。[②]

按照我国《工矿产品购销合同条例》第 10 条的规定，供方交付产品多于合同规定数量时，需方可以接受，也可以拒收多交的部分，但未规定是否可以拒收全部；在交付产品少于合同规定的数量时，惟使供方负担补交的义务，或负担逾期交货或不履行的违约责任，未规定需方能否拒收。由此看来，我国法律对数量超过与不足不作为瑕疵担保问题处理，颇与英美法相似。建议参考英美法制度，在修改经济合同法和《工矿产品购销合同条例》时，明文规定供方交货多于或少于合同约定数量时，需方有拒收全部货物之权，以妥善保护需方利益。此外，在依合同约定，标的物之数量实际上已构成质量内容之一部时，或出卖人关于数量有保证时，应适用

---

① 五十岚清，前揭书，第 91 页。
② 张锦源：《英文贸易契约实务》，三民书局版，第 187—188 页。

瑕疵担保责任。

4. 给付不同种类之物

依通说，在种类物买卖的场合，所给付之物与合同约定种类不同，乃非依债务之本旨为给付，应认为不构成给付，出卖人因此应负债务不履行责任，而不属于瑕疵担保问题。[1] 惟在具体适用上，究竟属于债务不履行或瑕疵担保，难于区别。依英国货物买卖法第 30 条的规定，卖方所交付的货物中，如混有与契约规定不符的货物，买方可以接受与契约相符的货物而拒绝其余，亦可拒收全部货物。[2] 德国商法典关于异种物的给付也课以通知义务（第 378 条），法院判例则进一步准用短期时效的规定。但该法又规定，所给付商品与约定明显不同，就卖主来说，存在着买主对此当然不会承认的情形，买主无通知义务。法国商事判例有对异种物给付承认瑕疵担保的倾向。[3] 按照联合国国际货物销售合同公约第 39 条的规定，买方对于货物不符合同，必须在发现或理应发现不符情形后一段合理时间内通知卖方，否则将丧失声称货物不符合同的权利。显然，公约对异种物给付适用瑕疵担保责任，

我国现行法关于给付不同种类之物的规定，与上述发展趋势相一致。《工矿产品购销合同条例》第 15 条规定，需方在验收中，如果发现产品的品种、型号、规格、花色不符合同规定，应一面妥为保管，一面向供方提出书面异议；在托收承付期内，需方有权拒付不符合同规定部分的货款。依此规定，给付不同种类之物虽不构成质量瑕疵，但法律采取与质量瑕疵同样的处理方式，即适用瑕疵担保责任的规定。在这个问题上，我国法采取了最彻底的立场。

5. 出卖人的保证

古代罗马法，保证与瑕疵担保是相互独立的两项不同制度。违反保证，构成履行义务之违反，应由出卖人承担债务不履行责任。现代大陆法各国的共同趋势，是将保证纳入于瑕疵担保责任的适用范围，区别保证与

---

[1]　五十岚清，前揭书，第 93 页；史尚宽：《债法各论》，第 24 页。

[2]　张锦源，前揭书，第 188 页。

[3]　五十岚清，前揭书，第 94 页。

瑕疵担保的理由已经消灭。尤其是奥地利民法典（第 922、923 条）、德国民法典（第 459、463、482 条）、瑞士债务法（第 197 条）及斯堪的纳维亚买卖法（第 42 条），对违反保证全面适用瑕疵担保责任。如德国民法典明示欠缺出卖人所保证的品质，属于物的瑕疵。斯堪的纳维亚法也将违反保证纳入瑕疵概念之中。按照这些国家的判例，保证的对象应具有所保证的品质，此所谓品质已超出物理性质，包括物的经济效用。法国法系仍拘守传统见解，不承认保证属于瑕疵担保。依法国民法典，违反保证，原则上仅发生债务不履行责任。只在同时具有隐蔽瑕疵时，才能适用瑕疵担保责任。比较而言，意大利民法典要灵活一些，虽仍以违反保证作为债务不履行，但又规定应适用瑕疵担保的短期时效（第 1497 条）。日本法院判例不遵循法国法而依德国法，承认违反保证应适用瑕疵担保责任。[①]

我国现行法关于出卖人的品质保证未有规定。建议在将来制定民法典或近期修改《工矿产品购销合同条例》时，明文规定：标的物欠缺出卖人所保证的品质，应由出卖人承担瑕疵担保责任。下述情形，应解释为出卖人有关于品质之保证：

其一，样品买卖。在样品买卖的场合，各国法律均认定出卖人保证全部货物将与样品相符。如德国民法典第 494 条规定，货样买卖或样品买卖认为出卖人担保标的物具有货样或样品的品质。美国统一商法典第 2—313 条规定，任何样品或模型，如果是达成交易的基础原因之一，卖方即明示担保全部货物都将符合此样品或模型。英国货物买卖法第 15 条规定，样品买卖的情形，存在一项货物品质将与样品相符的默示条件。毫无疑问，我国法律应采同样立场，在样品买卖的情形，如所交付标的物与样品不符，应使出卖人承担瑕疵担保责任。

其二，关于最低品质保证。在合同书中约定，或产品说明书或产品包装上载明某种有效成分最低含量或某种杂质、有害成分最高含量的场合，即存在一项出卖人关于最低品质的保证。凡所交货物与保证不符，即应使出卖人负瑕疵担保责任。此外，关于产地的保证，亦应理解为一种质量保证。

---

① 五十岚清，前揭书，第 94—97 页。

其三，商品广告。出卖人在商品广告中宣扬其产品尽善尽美，夸大其优点和效能，一般不能据此解释为存在关于品质的保证。但如广告之内容具体明确，如声明其有效成分最低含量为百分之几，或保证其产品具有何种特殊功效，若无此功效愿承担责任（如无效退款）等，则依其情形应认为出卖人有对品质的保证。违反此种保证，应负瑕疵担保责任。

其四，"三包"约款。我国关于工业品质量有所谓"三包"制度，即经销企业售出的产品在保证期限内发现质量不符合国家的有关法规、质量标准以及合同规定的对产品适用、安全和其他特性的要求时，应由经销企业负责对用户实行包修、包换、包退、承担赔偿损失的责任。凡合同中载明或在产品说明书、产品包装上载明"实行三包"，即应认为存在一项出卖人对产品质量的概括保证。违反此项保证，出卖人应承担瑕疵担保责任。

其五，"优质产品"标志。我国有评选优质产品制度，经国家有关机构评选的优质产品被授予优质产品证书和奖牌。凡在合同、产品说明书、产品包装上标有优质产品标志者，即可获得消费者信赖，因此存在一项关于产品符合该种优质产品全部条件的质量保证。如产品质量与所标示优质产品不符，出卖人应承担瑕疵担保责任。

（三）通知义务与短期时效

瑕疵担保责任作为债务不履行责任的特则，其区别于一般债务不履行责任的特征在于：无过错责任、通知义务和短期时效。设无过错责任的用意，着重于保护买受人的利益；而设通知义务及短期时效，则在于保护出卖人的利益。与一般债务不履行相比，在瑕疵担保的场合，有必要保护出卖人利益的主要理由，是因为出卖人毕竟履行了自己的义务，且多数情形属于善意。其后买主基于瑕疵担保的理由请求解除契约及损害赔偿，可能使出卖人遭受损失。因此，法律要求买受人必须直接向出卖人发出瑕疵通知，其瑕疵担保请求权应服从短期时效期间的限制。[1]

---

① 五十岚清，前揭书，第115页。

1. 关于通知义务

各国立法关于通知义务的规定有所不同。一般说来，采民商分立主义的立法，区分商人间的买卖与非商人间的买卖，仅对商人间买卖亦即商事买卖规定通知义务。① 如德国商法典第 373 条、日本商法典第 526 条。对于非商人间买卖，不适用通知义务的规定。德国曾有判例，对于非商人间买卖类推适用商法关于通知义务的规定，但上诉审判决作出否定适用商法的结论。② 采民商合一主义的立法，则对商人间买卖与非商人间买卖不加区分，同样对买受人课以通知义务。如我国台湾现行民法第 356 条、瑞士债务法第 201 条及斯堪的纳维亚买卖法第 52 条。法国虽采民商分立主义，但民商法典均未规定通知义务。学者认为其民法典第 1648 条规定的短期出诉期限，除起到本来的短期时效的功能外，还起到了通知义务的功能。而此项规定的适用并不限于商人间买卖。③ 在英美法上，通知义务并非一项独立制度，但其所起的作用与大陆法无异。如美国统一商法典第 2—602 条规定，拒收货物必须在交付或提示交付货物后的合理时间内作出；如果买方未能及时通知卖方，拒收无效。须说明的是，英美法上通知义务的适用，并不区分商人与非商人，且其适用范围比大陆法广泛，凡有关交付的一切违反契约情形，包括迟延交付、不同场所交付等，均课以通知义务。④ 此外，国际货物销售合同公约亦规定买受人应在一段合理期间内履行通知义务（第 39 条）。

怠于履行此通知义务的后果，各国稍有差异。依德国商法典第 377 条第 2 款，买主怠于履行通知义务，即视为承认，其结果是丧失基于瑕疵担保责任的一切请求权（包括解除契约、价金减额、损害赔偿及代物给付请求权），而依判例，瑕疵担保以外因违反契约而生的请求权也一并丧失。⑤ 按照日本判例，买方怠于履行通知义务，将丧失解除契约、价金减额及损害赔偿请求权，而代物给付请求权仍将存在。但学者主张代物给付请求权

---

① 史尚宽，前揭书，第 30 页。
② 五十岚清，前揭书，第 117 页。
③ 同上书，第 117—118 页。
④ 同上书，第 118 页。
⑤ 同上书，第 117 页。

应一并丧失。① 我国台湾现行民法第 356 条规定，买主怠于为通知者，视为承认其所受领之物。

我国现行法上关于工矿产品购销合同的质量异议制度，亦即国外及我国台湾民法瑕疵通知制度。关于我国质量异议制度，下述几点有必要说明：

其一，我国虽采民商合一主义，但向来有经济合同与非经济合同的区分。所谓经济合同，在现今相当于西方所谓商事合同。依现行法，质量异议制度惟适用于经济合同中的买卖（即购销），而不适用于非经济合同中的买卖。在这一点上，与德国法和日本法相同，而区别于瑞士、斯堪的纳维亚、法国及英美法。我认为，应继续坚持上述立场，因为要求对非经济合同也规定质量异议制度，将不利于保护消费者利益。

其二，依《工矿产品购销合同条例》的规定，需方怠于发出质量异议，将视为所交货物无瑕疵。不言而喻，将因此丧失基于瑕疵担保的请求权。若出卖人对于瑕疵之产生具有过错，需方在丧失基于瑕疵担保请求权之外，是否还可以基于违反合同（债务不履行）请求损害赔偿？我主张借鉴德国判例及日本学者的见解，凡怠于提出书面质量异议，其以产品质量不符（存在瑕疵）为理由的一切请求权，包括瑕疵担保请求权及其他债务不履行请求权，应一并丧失。

其三，我国质量异议制度要求严格的书面形式，比其他国家及我国台湾法关于通知义务的规定更为严格。这有利于保护出卖人利益及尽快解决争议，实践证明是成功的经验。

2. 关于短期时效

瑕疵担保请求权的短期时效制度渊源于罗马法。在现代社会中，出于迅速解决争议，加快经济流转的要求，大陆法各国广泛采用这一制度。而英美法无短期时效的规定，关于担保的请求权，适用一般契约的时效期间。这一期间在英国为 6 年，美国则因州而异，1 年至 6 年不等。美国统一商法典规定违反买卖契约之诉的时效期间为 4 年。

大陆法国家关于瑕疵担保的短期时效，一般是 6 个月至 1 年。德国民

---

① 五十岚清，前揭书，第 119、121 页。

法典及西班牙、拉丁美洲各国法规定，动产为 6 个月，不动产为 1 年。而依日本民法典、瑞士债务法及意大利民法典，不分动产不动产，均为 1 年。惟法国民法典未设固定期间，而依瑕疵种类及契约缔结地习惯决定，具体由法官裁量。关于短期时效的适用范围，一般仅适用于标的物瑕疵。但意大利民法典第 1497 条第 2 款特别规定，违反保证的情形，也应适用短期时效；德国判例承认在给付数量超过和不足、以异种物为给付的场合，亦应适用短期时效。因瑕疵担保的解除契约请求权和价金减额请求权应适用短期时效，对此并无异议。基于瑕疵担保的损害赔偿请求权原则上应予适用，而奥地利判例坚持不应适用，是为例外。而依德国民法典和瑞士债务法，代物给付请求权亦应适用。[①] 关于时效期间的计算，德、瑞、意、美等国均规定从标的物交付之时起算，此为通例。但日本民法典却规定从买受人知悉事实之日起算（第 5666 条）。

我国现行法也对瑕疵担保责任设有短期进效制度。按照民法通则第 136 条的规定，出售质量不合格的商品未声明的，诉讼时效期间为 1 年。《工业产品质量责任条例》第 22 条的规定与此相同。瑕疵担保的短期时效是否应对一切原因及所有请求权适用，法律规定不明确，学说、判例亦未论及，我认为应对发生瑕疵担保责任的一切原因（包括违反保证、给付不同种类之物）及基于瑕疵担保责任的所有请求权（包括解除合同、价金减额、代物给付和损害赔偿），均适用短期时效。按照现行制度，瑕疵担保的短期时效期间从买受人发现瑕疵之日起算，与日本法相同。因我国对于商事买卖有质量异议制度，另有质量异议期间（性质上为除斥期间）的限制，实际上诉讼时效应解为从提出书面异议之日起算。而对于非经济合同，不适用质量异议制度。依现行规定，买受人无论经过多少年月之后，一旦发现瑕疵，均可在发现之日起的 1 年内提出诉讼，这实际上不能起到规定短期时效的作用。因此，建议修订民法通则及《工业产品质量责任条例》时，改采多数国家立法的立场，即修改为：瑕疵担保责任的短期时效期间，应从标的物交付之日起算。

---

① 五十岚清，前揭书，第 119—120 页。

（四）关于直接诉权

在现代商品经济条件下，绝大多数情形，商品制造者并不与消费者直接交易，而是在商品制造者与作为消费者的最终买主和最终使用人之间，介入了许多中间环节即各种批发商和零售商。居于商品流通最末端的消费者因商品瑕疵遭受损害时，应向谁行使瑕疵担保请求权，他能否直接向商品制造者行使该项请求权？各国法律对此有两种不同处理办法。根据大多数国家的法律，遭受损害的最终买主只能向自己的直接卖主提出请求，该直接卖主承担了瑕疵担保责任之后，又可以向他的直接卖主提出请求，这样一层一层追究下去，最后到达买卖的起点，即由最初卖主即商品制造者承担瑕疵担保责任。这是传统的处理办法。其理论根据在契约的相对效力原则。① 法国法院为适应现代销售条件下强化对消费者保护的要求，创立了"直接诉权"制度。依直接诉权，遭受损害的最终买主，可以不对自己的直接卖主，而对一切在先的卖主行使瑕疵担保请求权。换言之，他享有一种选择权，可以在自己的直接卖主、中间卖主及制造商之间，任意选择其一，依法国民法典第 1645 条追究瑕疵担保责任。这种处理办法的根据在于，虽然制造者与最终买主之间不存在直接的契约关系，但两者之间存在一种连锁买卖关系，一切在先的卖主均应作为同一标的物的出卖人对最终买主承担契约上的责任。当今采用直接诉权制度的国家，还只有法国和比利时，但这一制度符合当代法律强化对消费者保护的发展趋势，对于我国瑕疵担保制度的完善不能说没有借鉴意义，因此着重介绍如下。

1. 关于直接诉权的理论构成

学者提出三种学说。其一，作为出卖物的附属物移转说。依此说，瑕疵担保诉权属于出卖物的附属物，将随买卖的连锁层层移转而到达其最终买主。其立法上根据为法国民法典第 1615 条："交付标的物的义务，包括其附件及一切为其连续使用所需之物。"其二，推定为他人约定说。依此说，买主所取得的对于制造者即起源卖主的担保诉权，推定为为以后一切买主的利益而约定。其法条根据为法国民法典第 1122 条：订立契约的人

---

① 这一原则在英美法上称为"合同关系理论"（Privity of Contract）。

应认为为自己并为其继承人或权利继受人而订立契约；但契约有相反的记载，或契约的性质显示相反的意义者，不在此限。其三，推定债权让渡说。此说是在批判前两说的基础上所提出，认为瑕疵担保诉权的让渡，应从连锁买卖的合意的性质本身来看，推定为契约当事人在契约上所要求的东西。其根据是法国民法典第 1135 条：契约不仅依其明示发生义务，并按照契约的性质，发生公平原则、习惯或法律所赋予的义务。①

上述第二、三两说，实质上都是拟制当事人的意思表示，缺点在于无法解释处于连锁买卖中间环节的当事人已明示排除瑕疵担保的情形，其最终买主何以仍能对初始的卖主行使瑕疵担保诉权。比较起来，第一说的优点是，它不是拟制当事人意思表示，回避了对当事人意思的探求，使瑕疵担保诉权与出卖物同一化，必然地、完全地向最终买主转移，其任何中间卖主均不能抗拒这种转移。因此，采第一说为理由的判例较多。②

2. 法国民法典新增第 1646—1 条

以上三说均未能对直接诉权提供有充分说服力的理论构成，于是不得已求助于立法解决。根据 1978 年 1 月 4 日的第 74—12 号法律，法国民法典新增第 1646—1 条：待建房屋的出卖人，自工程验收之日起，应负与建筑师、承包人及其他因工程建筑合同与工程主人有关之人根据本法典第 1792、1792—1、1792—2、1792—3 条规定应负的义务。继承此房屋所有权的人，亦享受此项担保（着重号为笔者所加）。

这一条文关于不动产承揽建筑契约，明文规定了直接诉权。凡将来通过购买或其他方式取得房屋所有权的人，均享有瑕疵担保诉权。这一条文为直接诉权提供了立法上的根据，最终解决了关于直接诉权理论构成的争论。现在看来，法国法上的瑕疵担保直接诉权，是与买卖客体本身结合在一起的东西，是从契约取得的固有权利，归属于作为标的物保有者的买受人。③

3. 直接诉权的适用范围

罗马法上的瑕疵担保诉权有：（1）解除诉权；（2）减额诉权；法国

---

① 平野裕之：《制造物责任的现代意义与法解释论》（一），第 120—127 页。
② 同上书，第 122 页。
③ 同上书，第 129 页，注（134）。

民法上对于恶意出卖人，另外承认（3）损害赔偿诉权。

损害赔偿诉权的行使态样有两种：一是不解除契约，仅行使损害赔偿诉权；二是解除契约，同时行使损害赔偿诉权。在第一种行使态样，即不解除契约，仅运用直接诉权行使损害赔偿诉权，并无异议。发生问题的是第二种，即最终买主运用直接诉权对作为起源卖主的制造者不仅请求损害赔偿，也请求解除契约。

最初面对这个问题的是 1973 年 2 月 27 日最高上诉法院判决。该判决否定了运用直接诉权解除契约。事实是：$Y^1 \rightarrow Y^2 \rightarrow X$ 买卖机械制品，X 基于瑕疵担保责任，对 Y^1 和 Y^2 请求解除契约、返还价金及损害赔偿。原审承认原告请求，Y^1 上告。最高上诉法院判决，最终买主 X 不能对作为起源卖主的 Y^1 行使直接诉权解除契约而撤销了原判，但未说明理由。

学者对这一判决态度不一。Savatier 表示赞成。他认为请求解除契约不同于请求损害赔偿。接受最终买主付款的是其直接卖主，而起源卖主并未接受他的价金，因此不应使其负返还义务。但学者 Cornu 表示反对。他主张对于解除契约亦适用直接诉权，在起源卖主返还自己（从中间买主）收受的价金后，这一金额与最终买主所支付价金之差额，则应由最终买主另外向自己的直接卖主请求返还。而另一学者 Planqueel 则主张，这一差额应作为损害赔偿一并向起源卖主请求。

由于受到学者的批判，最高上诉法院在 1982 年 5 月 17 日的判决中改变了裁判见解，明确肯定对于解除契约诉权也适用直接诉权，但作为起源卖主的制造者，仅以自己所收取的价金为限返还。[①]

现在让我们回到我国瑕疵担保制度上来。《工业产品质量责任条例》第 11 条规定，在产品保证期限内发现质量不符合要求时，由产品生产企业对用户和经销企业承担质量责任。第 15 条规定，经销企业售出的产品在保证期限内，发现质量不符合要求时，应由经销企业负责对用户实行包修、包换、包退、承担赔偿实际经济损失的责任。依此规定，我国现行瑕疵担保制度不承认直接诉权，最终买主（用户）只能向自己的直接卖主

---

① 平野裕之，前揭书，第 130—132 页。

（经销企业）追究瑕疵担保责任。他不能直接向制造者（生产企业）提出请求。当然，其直接卖主承担责任之后，还可以向他的直接卖主行使请求权，一直追及于制造者。

毫无疑问，我国现行制度与多数国家相同，而不同于法国法。在我国当前的合同实践中，已经可以清楚地看到这种传统的处理办法有下述严重缺点，不适应现代商品经济条件下保护消费者利益的要求：

其一，不能对作为最终买主的广大消费者提供充分的法律保护。在我国现实生活中，作为直接卖主的经销者，在绝大多数情形下资力十分有限，难免使受害人的损失不能得到赔偿。例如近几年多次发生的假劣农药、假劣化肥造成农田大面积受害的事件，受害农民人数众多，造成损失金额巨大，而直接卖主多是县、乡供销合作社及小型商店，无法承担全部损害赔偿责任。

其二，导致显失公平的结果。作为直接卖主的经销者，如供销社、小商店、个体业者，它们不具备产品检验的设备、技术和经验，在大多数情形不能发现产品瑕疵，因而不能向在先的大型经销企业和制造者提出质量异议和行使瑕疵担保请求权。一旦它们对最终买主承担了瑕疵担保责任，按理它们可以向自己的直接卖主追究责任，但这时往往早已超过质量异议期限，属于它们的瑕疵担保诉权早已丧失。结果是无辜的零售业者承担了责任，而制造者（它们多数情形是有过错的，如制售假劣农药、化肥）却逃脱了责任。

其三，法律政策上不协调。基于强化对消费者法律保护的法律政策，我国民法通则已对缺陷产品致损的侵权行为规定了无过错责任，并规定受害的买受人享有直接诉权。他可以直接向产品制造者追究责任。但是，如因产品瑕疵致减少价值和效用，或造成人身和家庭财产之外的财产损失，例如彩电无图像、冰箱不制冷、假劣农药、化肥致农田绝收，受害人都不能直接向制造者行使瑕疵担保诉权而获得赔偿。这从法律政策上看，显然不相协调。

其四，不符合诉讼经济原则，不利于产品质量提高。依现行制度，即使能够做到一环追一环一直追及制造者，也必将徒增讼累，违背诉讼经济原则。而在实际上往往难以实现，致有责任的制造者逃脱了责任，这不能不说是法律的漏洞。长此下去，必然使一些生产厂家常存侥幸之心，如何能够促使其加强责任心尽一切努力提高产品质量！？

基于上述理由，我主张在修改现行法或制定产品质量责任法时，改变立场，采取法国的经验，对瑕疵担保责任规定直接诉权制度。

采纳直接瑕疵担保诉权制度，完全符合我国现实的要求。近年来，我国合同实践对于假劣农药、化肥一类案件，大致有两种解决办法：一是诉讼外解决方式，即由地方政府或行政机关出面干预，使生产企业直接对受害人承担赔偿责任；二是透过程序法解决方式，即通过对民诉法关于"第三人"概念的解释，法院依职权将生产企业列为"第三人"参加诉讼，并直接判决生产企业单独承担或连带承担赔偿责任。两种方式均达到了绕过现行瑕疵担保制度使制造者承担责任的目的，保护了受害人的利益。但其副作用也是显而易见的：无论哪一种方式均严重损害了法律的严肃性和权威，不符合法治的要求，且第二种混淆程序法与实体法，于法理难通。毫无疑问，改变现行制度，规定直接诉权是更正确、更明智的选择。

五　结语

当前，我国市场商品质量问题较多，特别是假酒、假农药、假种子、伪劣化肥、劣质电器等商品不断冲击市场，愈演愈烈；因质量问题引起的恶性事故屡有发生，给国家建设和人民生命财产造成了很大的损失；广大用户和消费者对市场商品质量存在的问题极为不满，反映强烈；伪劣商品造成的严重危害已构成不安定因素。[①] 从我国改革开放和发展社会主义市场经济的实际出发，认真研究总结合同实践和审判实践的经验教训，广泛借鉴各国立法的成功经验和理论研究新成果，尽快完善我国民法瑕疵担保责任制度，充分发挥这一制度关于保护消费者利益和促使生产企业提高产品质量的社会功能，无疑具有特别重要的意义。

本文未能涉及出卖人瑕疵担保责任的全部内容，还有一些问题，诸如

---

① 国家技术监督局：《关于严厉惩处经销伪劣商品责任者的意见》（1989 年 6 月 27 日国务院办公厅转发），《中华人民共和国法律全书》增补本，吉林人民出版社 1990 年版，第 104—105 页。

瑕疵担保责任形式及各项请求权的成立要件、损害赔偿的范围及原则、合同免责约款的效力、瑕疵担保责任与不完全给付的债务不履行责任的关系等，均有理论意义和实践价值，当另行著文研究。本文若有不当，请读者指正。

（原载于《比较法研究》1991 年第 3 期）

融资性租赁法律问题研究

一 导言

1952 年 5 月，美国人 H. 杰恩费尔德首创世界上第一家融资租赁公司——美国租赁公司（现名美国国际租赁公司），是为融资性租赁业诞生的标志。不久，企业家们开始认识到融资性租赁这种崭新交易方式的优点，纷纷步杰恩费尔德的后尘。尤其是 1955 年后，融资性租赁业在美国获得迅速发展。从 20 世纪 50 年代末起，美国租赁公司开始向海外发展：1959 年，在加拿大设立了美国租赁公司的附属机构；1960 后，在英国设立了商业租赁公司，是英国商业信贷公司与美国租赁公司的合资公司。①1961 年，融资性租赁业被引入法国，次年成立了法国第一家租赁公司。②1962 年，西德设立了第一家租赁公司。③ 1963 年，日本成立了第一家租赁公司即日本国际租赁公司，次年又成立了东方租赁公司。④ 70 年代日本的租赁公司又将融资性租赁业引入东南亚，80 年代东南亚各国融资性租赁业有很大发展。⑤

自美国租赁公司成立以来，融资性租赁业在世界范围内获得迅猛的发展。据统计，美国现有租赁企业 3000 余家，1985 年租赁成交额为 946 亿

---

① T. M. 克拉克：《租赁》（中译本），物资出版社 1984 年版，第 10、12 页。

② 织田博子："法国租赁交易法"，载《租赁交易法讲座》（加藤一郎、椿寿夫编）上册，第 563 页。

③ 平野裕之："西德租赁交易法"，载《租赁交易法讲座》（上），第 494 页。

④ 加藤一郎："租赁交易的特色——租赁交易法序论"，载《租赁交易法讲座》（上），第 4 页。

⑤ 安田信之："东南亚诸国的租赁法制现状"，载《租赁交易法讲座》（上），第 591 页。

美元，占当年民间设备投资总额的 20%。[1] 在美国，融资性租赁是发展最快的一个行业。经济学家预测，到本世纪末，美国 80% 以上的资本设备将采用融资性租赁方式取得。[2] 1985 年日本融资性租赁成交额超过 40000 亿日元，按当时汇率折合 270 亿美元，占当年民间设备投资总额的 8.72%。[3] 租赁的对象已包括各种生产用机器设备、办公用机器设备、汽车、轮船、飞机、石油钻井平台、人造卫星等，电子计算机的租赁业务已占居显著地位。据统计，70 年代以来，美国、欧洲电子计算机用户的 80%—90%，美国和英国建筑机械用户的 50%，英国拖拉机用户的 30%，都采用了融资性租赁方式。[4]

为了加强对融资性租赁业的管理和协调，各国相继成立了租赁协会。1968 年，全欧跨国租赁协会成立，1982 年，亚洲租赁协会成立。从 80 年代以来召开过多次世界性会议，专门讨论融资性租赁业务的有关问题。设在罗马的国际统一私法协会，从 1984 年起着手讨论制定国际融资性租赁统一法规，1988 年 5 月 28 日在加拿大的渥太华订立了《国际统一私法协会国际融资性租赁公约》。

我国发展融资性租赁业较晚。1979 年 7 月，我国颁布了《中外合资经营企业法》，同年 10 月，成立了中国国际信托投资公司，作为引进和利用外资的一条重要渠道。中信公司成立不久，便派出考察小组出国专门考察现代租赁业务，并着手开展融资性租赁业务，为北京市租进一批日本产小汽车。同期，中国民航首次利用融资性租赁方式从美国租进第一架波音747 飞机。1981 年，中信公司、北京机电设备公司与日本东方租赁公司合资设立了我国第一家租赁公司——中国东方租赁公司，标志我国融资性租赁业的诞生。目前我国已有租赁公司 50 多家，其中中外合资的租赁公司27 家。中国工商银行等金融机构也兼营租赁业务。包括在各地设立的分公司、子公司在内，全国从事融资性租赁业务的机构已达 300 多家。据统计，至 1990 年 4 月底，累计融资性租赁金额已达 40 多亿美元和 40 多亿人

---

① 谭庆丰：《中国融资租赁实务》，中国对外经济贸易出版社 1989 年版，第 4 页。
② 埃尔格斯·克拉克：《租赁决策》（中译本），中国财政经济出版社 1988 年版，第 1 页。
③ 加藤一郎："租赁交易的特色——租赁交易法序论"，载《租赁交易法讲座》（上），第 4 页。
④ 汪尧田：《国际经济合作》，中国展望出版社 1986 年版，第 306 页。

民币，租赁项目达 4000 多项。其中，当时仅占全国"三资企业"总数不足千分之一的 25 家中外合资租赁公司，通过融资性租赁方式引进外资达 20 多亿美元，占全国"三资企业"10 年内引进外资总额 154 亿美元的 13%，为国内各类生产企业承做的技术改造项目达 3000 多项。融资性租赁无疑已成为我国引进和利用外资的一条重要途径。①

融资性租赁是一种新型交易方式，其性质与传统民法上的租赁差异甚大。即使在融资租赁业很发达的国家，如美、法、德、日等，迄今亦未有完善的法制，以致学说和实务上意见纷纭。我国之引入融资租赁仅十有余年，既无相应立法，亦未形成判例规则，甚至学术理论的研究亦非常不足，致使法院裁判案件时无所依循。融资租赁业界人士早有要求尽快立法之议，近期传闻立法机关已有配合此次经济合同法修订，相应制定专门条例以规范融资租赁的打算。有鉴于此，特根据国内业务实践，参考国外学说判例，试图阐明有关融资性租赁的重要法律问题，期能为立法、司法及实务方面提供一点参考。

二　各国法制上的融资性租赁

（一）美国法上的融资租赁

美国在 19 世纪产生了几种租赁形态。其一，为实现本公司产品独占状态的租赁。即拥有特殊技术的企业为了实现垄断市场的目的，采用租赁方式，只准许承租人使用自己的产品。这种租赁成为实现垄断的手段。其二，是作为确保对担保物优先权的手段的租赁，简称担保目的租赁。包括动产设备信托租赁及伪装分期付款买卖租赁两种。

动产设备信托租赁是 1870 年左右出现的，用作铁道车辆的供应。当时铁道公司苦于负债，将公司不动产向债权人设立附有将来取得财产条款（after-acquired property clause）的让渡担保。由于附有此条款，则让渡抵押的效力将及于设定时所有的以及将来可能取得的一切财产。此后铁道公司利用信托取得铁道车辆时，信托公司即采用租赁方式使自己保留对铁道

---

① 张稚萍：《论融资租赁和我国融资租赁立法》，中国人民大学 1990 年硕士学位论文，第 7 页。

车辆的所有权，目的在于排除上述将来取得财产条款的效力。

伪装分期付款买卖租赁（bailment lease），在不承认保留所有权买卖的州如肯塔基、科罗拉多、伊利诺斯、马里兰等，被用作保留所有权买卖的替代手段。因为在这些州，保留所有权买卖如未履行占有移转及登记公示，将被认定为诈欺的让渡（fraudulent Conveyance）而否定其效力。bailment lease 作为规避法律的手段，采用租金方式分期支付价款，一定期间经过后承租人行使购入选择权以获得所有权。bailment lease 与保留所有权买卖相比，还有下面的优点：在保留所有权买卖，出卖人不能对抗从买受人取得财产的善意受让人；而在 bailment lease，出租人能够对抗善意受让人。进入本世纪以后，这种伪装分期付款买卖租赁通过判例及立法，被纳入于保留所有权买卖。① 美国统一附条件买卖法（1918）第 1 条规定，在本法中，附条件买卖指下列两种契约：（1）物品买卖契约……（2）物品寄托或租赁契约，依此种契约，受寄人或租用人约定支付实质上等于物品价值的金额，作为报偿，并约定受寄人或租用人于完全履行契约的订定时应成为或得成为物品的所有人。② 此将实质上等同于保留所有权买卖的租赁，作为保留所有权买卖处理。这一基本立场被美国统一商法典所继受，规定在第 1—201 条第 37 款。必须说明的是，美国统一商法典第 1—201 条所反映的，只是上述担保目的租赁（bailment lease），1950 年以后风行的节税型租赁并没有得到反映。

1950 年以后，租赁被从税收调节（tax—timing）的观点重新认识。按照当时的资产折旧制度，固定资产的法定耐用年限比经济的使用期限更长，这使企业难于实现设备更新。于是租赁被用来作为规避折旧制度，达到加速折旧和节税效果的手段。即利用租赁规定较短的租赁期，将租金作为损耗处理，使推延纳税和机械设备的早期折旧成为可能。但是，随着资产折旧制度的改善，新的折旧制度开始被采用，至 1962 年，固定资产折旧年数平均缩短了 30%—40%，租赁在税制上的优点减少。③ 此后又产生

---

① 以上参见三林宏"美国租赁交易法"，载《租赁交易法讲座》（上），第 533—534 页。

② 引自中央人民政府法制委员会编《民法资料汇编》第七辑，第 536 页。

③ 至 1981 年以后，由于废除折旧制度，导入固定资产加速原价回收制度（ACRS），使租赁在税法上加速折旧的优点完全丧失。因为依新制度，企业自己购买设备比利用租赁更为有利。

了以活用投资减税制度为主要目的的节税型租赁。因为美国在 1962 年执行了刺激投资的政策，作为此政策的一环，投资税额减除制度（ITC）规定企业新设备投资可以享受相当于该设备价额 7% 的所得税扣除。但那些须大额设备投资而自己资金不足或者收益力低的企业，却难以享受 ITC 税额减除优惠。于是，由资金充足且收益力高的租赁公司购入设备，适用 ITC 之后再出租给那些资金不足或收益力低的企业，通过降低租金使企业部分或全部享受税额减除优惠。这种节税型租赁（tax lease or tax oriented lease），特别受中小企业欢迎，70 年代以后成为美国融资租赁的主流。①

在美国交易法上，历来存在一项认为承租人对租赁物享有经济持分（equity）的判例法理。② 依据这一法理，统一附条件买卖法及统一商法典第 1—201 条，将租赁（担保目的租赁）作为一种保留所有权买卖予以规定。美国税法亦根据同一法理，原则上将租赁契约认定为买卖性质，在纳税处理上与买卖契约同样对待。而作为例外，对于某些符合严格要件的租赁形态，在纳税上作为租赁处理。美国税法上所规定的融资租赁有如下几种：

1. 真正租赁（true lease）。1975 年发布的税收规则（revenue procedur）所规定的租赁形态，须符合下述要件：（1）租赁公司可以向他人取得融资以购买租赁物件，但租赁公司自己出资不得低于价款的 20%；（2）租赁不超过经济使用年限的 80%，且租期终了时租赁物件残值不低于原取得价款的 20%；（3）在承租人购买租赁物件的情形，所支付价款不得低于公平市价（fair market value）；（4）租赁公司购入租赁物件时不得接受承租人的出资；（5）承租人也不得向租赁公司提供融资，且租赁公司从他人融资时承租人也不得为其担保；（6）不得专以节税效果为目的，必须有合理经济利益的期待，但不认可仅该承租人可以使用的特殊物件租赁。

2. 金融租赁（finance lease）。1982 年的公平课税财政责任法（tax equity and fiscal responsibility Act）所规定的新型融资租赁形态。预定从 1984 年 1 月 1 日起施行，但考虑到此租赁形态的减税效果可能加剧财政赤字，

---

① 三林宏："美国租赁交易法"，载《租赁交易法讲座》（上），第 535 页。

② 南博方、岩崎政明："租赁交易与租金"，载《租赁交易法讲座》（上），第 299 页。

故延期至 1988 年 1 月 1 日施行。按照其要件，承租人行使购入选择权应支付的对价，应在租赁公司取得价额的 10% 以上；禁止关联公司间的租赁；限于新购入的物件。此外，关于租赁公司最低投资额、租赁期间、特殊物件租赁的禁止等要件，与真正租赁（true lease）相同。[①]

3. Safe-Habor-Lease。根据 1981 年经济重建税收措置法（economic recovery tax Act），为缓和真正租赁的严格要件而导入的租赁形态，被称为典型节税效果移转型租赁。但从 1983 年 12 月 31 日被废止。

4. 杠杆租赁（leveraged lease）。80 年代以来美国融资租赁的主流形态，为 leveraged lease。从前的租赁交易，仅在租赁公司与承租人二当事者间缔结契约，由租赁公司负担租赁物件购入价款的全额出资，因此可称为单一出资者租赁（single investor lease）。而杠杆租赁则除租赁公司、承租人之外，还加上长期资金提供者，至少三当事者间缔结契约。即租赁公司自己出资仅占租赁物件取得价额的 20%—40%，不足部分向银行、保险公司等长期资金提供者取得附无追索权条款（nonrecourse）的融资。[②] 这种租赁形态的优点在于，租赁公司只须提供租赁物件价额 20%—40% 的出资，即能得到 100% 的加速折旧和投资减税的优惠，通过降低租金达到与承租人分享利益。杠杆租赁契约必须符合税法上关于真正租赁的全部要件，因而属于真正租赁的亚种。[③]

现今美国税法上作为租赁契约对待的融资租赁形态，仅有真正租赁和杠杆租赁，而杠杆租赁为真正租赁之亚种，准确地说，仅有真正租赁一种。凡不符合真正租赁要件的租赁形态，均被作为保留所有权买卖对待。可见，区别真正租赁与担保目的租赁，在税法上有极重要的意义。不仅如此，其在私法上亦有重要意义，表现为两方面：首先，是有关统一商法典的适用问题。担保目的租赁（如 bailmem lease），被认为具有买卖加担保

---

① Finance Lease 预定从 1988 年 1 月 1 日导入，但在 1987 年 1 月 1 日已被废止。

② 按照无追索权条款，在承租人租金支付义务履行不能时，资金提供者不能向租赁公司行使追索权。

③ 以上参见南博方、岩崎政明"租赁交易与租金"，载《租金交易法讲座》（上），第 279—282 页。另须说明的是，美国于 1986 年进行了根本的税制改革，废除了投资税额减除（ITC）制度并延长了固定资产加速原价回收制度（ACRS）的回收年限，此改革法案从 1987 年 1 月 1 日起施行，其结果使融资租赁的节税效果显著减少。见同书第 309—311 页。

的实质，只是在外形上采用了租赁契约的法形式，因而关于其买卖的侧面应适用统一商法典第二编（买卖），其担保的侧面应适用第九编（担保交易）。真正租赁并非附担保的买卖，因此不发生适用统一商法典第九编问题，仅发生第二编个别条文的适用或类推适用问题。其次，对于担保目的租赁，将发生依规制高利贷的制定法认定契约全部或一部无效的可能性，而对于真正租赁则不发生该制定法的适用问题。①

在私法上，动产租赁交易受三类法律规则调整，即部分受有关动产的普通法规则调整；部分受有关不动产租赁的普通法规则调整；部分参照统一商法典第二编和第九编关于买卖和担保交易的规定。这些规则并不适合动产租赁交易，因为它只涉及动产，不涉及不动产，它是租赁，既非买卖亦非担保。实践要求专门针对动产租赁的立法。② 于是，产生了美国统一商法典新增第二编租赁（article 2A）。该法典正式评论（official comment）指出了三项立法理由：（1）须由制定法规定什么是租赁。有必要规定一个租赁定义，以便于判定一项交易究竟是租赁抑或是伪装成租赁的担保。因为实践中区分租赁和伪装成租赁的担保，缺乏明确的标准。（2）出租人是否必须对承租人负担保责任？对于买卖，毫无疑问应适用统一商法典第二编关于明示担保和默示担保的规定，但关于租赁的担保法是不确定的。（3）在承租人违约时应给予出租人何种救济。如果交易属于伪装成租赁的担保，统一商法典第九编第五章有明文规定。但对租赁，并无法律规定。③

按照正式评论，统一商法典新增第二编的适用范围，仅限于真正租赁，而不包括担保目的的租赁如伪装成租赁的担保。对二者严格加以区别，不仅因为法典第九编对担保目的租赁已有妥善规定，而是出于法政策的要求。④ 新增第二编专门规定了融资性租赁的定义〔2A—103（g）〕：融资性租赁是指这样一种租赁：（1）出租人不选择、制造或者供应租赁标的物；

① 三林宏："美国租赁交易法"，载《租赁交易法讲座》（上），第541页。
② 此项立法始于1981年，完成于1987年，作为统一商法典新增第二编（Article 2A of UCC）公布，依2A—101条规定，简称统一商法典租赁编（UCC—Leases）。见《美国统一商法典》，1988年正式文本，第214—215页。
③ 《美国统一商法典》，1988年正式文本，第215—216页。
④ 同上书，第216页。

（2）承租人获得标的物或者占有和使用标的物的权利；（3）承租人在签署租赁契约时或在此之前已收到证实出租人购买标的物的契约副本，或者租赁契约规定承租人认可出租人购买标的物的契约，为租赁契约生效要件。① 按照这一定义，要确认一项交易为融资性租赁，首先须确认它属于租赁而不是担保目的租赁。值得注意的是，本编有许多规定仅适用于融资性租赁。②

（二）法国法上的融资租赁

本文引言已经提到融资性租赁这一新型交易于 1961 年被引入法国。为了促进融资租赁业的发展，规制租赁公司的活动，法国于 1966 年 7 月 2 日颁布了融资租赁业法（第 66—455 号）。该法明文规定了融资租赁的定义。在此须对该法制定前的情况稍作回顾。

法国从来的法律关于动产信用买卖，不存在于买方破产时担保卖方债权的有效法律手段。19 世纪以来，为防备在价金支付完毕之前买方支付能力恶化，广泛实行附保留所有权的分期付款买卖。但 19 世纪后半期，最高上诉法院判例将附保留所有权的分期付款买卖视为单纯买卖，除破产宣告前有解除契约的意思表示外，买方破产之际卖方对标的物的所有权不能对抗破产管理人。即于买方破产之际，卖方不得主张保留所有权而行使取回权。因此，为了确保卖方的取回权，发生了一种新的交易形式——买取租赁。依买取租赁，在向用户提供动产时不采买卖契约形式，而是将该动产于一定期间租赁给用户，待最后一期租金支付完时，租赁契约转换为买卖契约。这种信用买卖方式，由于采取租赁契约的形式，待租金支付完后自动发生向买卖契约的转换，因而不是伴有买卖预约的租赁，被认为是将所有权转移时间推延至价金支付完毕的单纯买卖。买方破产时卖方的取回权依然未被承认。为了规避此种结果，双方约定于租赁期满时支付追加金以实现买卖的预约，发展为一种复杂的交易形态。尽管如此，卖方的取回

---

① 《美国统一商法典》，1988 年正式文本，第 220—221 页。
② 仅适用于融资性租赁的条文如下：2A—209，2A—211（2），2A—212（1），2A—213，2A—219（1），2A—220（1）（a），2A—221，2A—405（c），2A—407，2A—516（2），2A—517（1）（a）。

权仍不被法院承认。融资性租赁（法国称为 crédit-bail），由于在设备供应人与用户之间介入了起金融机能的租赁公司，因而其与从来的信用买卖交易不同。但租赁公司与用户之间的交易形态，在外观上类似于买取租赁。因此，在用户破产之际租赁公司对标的物的取回权能否被法院承认，同样是个问题。如 La Rochell 商事法院 1964 年 6 月 26 日判决，仍坚持从来的见解，将融资性租赁混同于买取租赁。本案因很偶然的原因有放弃买取选择权的约定，法院承认租赁公司对标的物有所有权。如果当初没有此项约定，从法院关于买取租赁的判例来看，因融资性租赁的特殊性而承认租赁公司的取回权是不大可能的。

1966 年融资租赁业法的规定，由于时间关系，在法案的准备阶段和审议过程中，关于融资性租赁的法律性质尤其是与现存法律制度如何衔接问题，未得到充分的考虑。立法者的惟一考虑是如何将融资性租赁与从来的信用买卖尤其是买取租赁相区别，于用户破产之际确保租赁公司在租赁物件上的担保权。

按照该法第 1 条的规定，所谓融资性租赁是指，无论名称如何，至少考虑以租金名义支付合意价格之一部，并给予承租人取得租赁物全部或一部的可能性，作为所有者的企业为此而购入设备的租赁。依据这一定义，融资性租赁应具备三项要件：（1）租赁契约；（2）承租人有获得标的物全部或一部所有权的可能性；（3）标的物为出租人所购入或者依出租人的计算而制造。[1]

上述融资租赁业法第 1 条定义对此后的学说产生了很大影响。多数学说认为融资性租赁为一种特殊租赁契约。由于法国民法典关于租赁契约有明文规定，法律性质明确，因而法国税法上有关融资性租赁的课税制度也极为简洁。即，凡符合上述法律定义三项要件的 crédit- bail，原则上与一般租赁契约同样对待。但依法国一般租税法典，关于一定的融资租赁，有对租赁物件让渡利益（plus-value）的课税减免及在租赁物件让渡时对登记税等税率的减低等优惠，而对于一般租赁契约则无此优惠。因此，采用融资性租赁在税法上亦有重要意义。另外，法国税法对滥用融资租赁形式及

---

① 以上参见织田博子"法国的租赁交易法"，载《租赁交易法讲座》（上），第 565—568 页。

税法规避专门作了规定。尽管采用了 crédit-bail 形式，如果只是一种名义，契约内容的经济实质与买卖契约同视的情形，在租税上应否认其 crédit-bail 形式，而基于交易的经济实质作为买卖契约课税。其在理论上的根据，即学说上所谓"租税法的自律性"原则。根据这一原则，新租税法典在纳税手续编规定，下述契约条款不得对抗租税行政厅：（1）以登记税和不动产公示税的减额为目的的条款；（2）以隐蔽利益或所得及其移转为目的的条款；（3）契约或约定的履行有回避销售税全部或一部缴纳的可能的条款。①

（三）德国法上的融资租赁

1962 年西德成立了第一家从事融资租赁业务的公司（即现在的德意志租赁公司的前身）。在此之前，有所谓租赁买卖。即制造商或销售商以自己制造、所有、管理的产品，直接租赁给顾客，亦称直接租赁。这种租赁买卖的特征在于，它是供应人与用户二当事者之间订立的契约；是促进产品销售的一种手段，贩卖利益优先，而金融性质淡薄；而且是一种贩卖融资（absatz finanzierung），而非投资融资（investions finanzierung）。实际上，是作为分期付款买卖之代用。② 按照西德联邦财政法院判例，在对租赁买卖契约课税问题上，不拘于契约的民法外观和所采取的法形式，而是就具体契约内容进行综合的、经济的考察，凡符合一定基准时，即认定为买卖契约。此即所谓"经济的观察方法"。联邦财政法院判例所形成的判断基准如下：（1）租赁买卖契约的租金显著高于通常租赁契约的租金；（2）租赁期间比通常耐用年限短，且该期间支付租金总额相当于物件价额的大部；（3）禁止中途解约；（4）期间终了后，附有购入选择权或估计租赁物件已不存在经济价值。③

以第一家租赁公司的设立为契机，融资租赁业在德国获得迅速发展。从 20 世纪 60 年代中期开始出现因融资租赁关系提起的诉讼，1970 年 1 月

---

① 南博方、岩崎政明："租赁交易与税金"，载《租赁交易法讲座》（上），第 287—288 页。

② 岩崎政明："融资租赁课税的问题点"，载《法学家》No. 861，第 126 页；平野裕之："西德租赁交易法"，载《租赁交易法讲座》（上），第 596 页注（五）。

③ 同上书，第 127 页。

26 日联邦普通法院判决以后，融资性租赁（finanzierungs leasing）即成为判例上固定用语。融资性租赁乃借用传统民法上的租赁契约形态，且超出其本来的意义。即使在美国法上，亦未从私法角度对融资性租赁作充分的分析。德国法与美国法不同，德国民法典关于各种典型契约设有明文规定，且德国法学一向以擅长理论分析著称于世，因而理所当然地发生应将融资性租赁归入何种法定典型契约的所谓分类问题。融资性租赁契约兼有分期付款买卖的要素、租赁的要素及金钱消费借贷的要素，任何人对此均无异议。但联邦普通法院判例及通说关于融资性租赁在私法上的性质，重视其中的租赁契约要素，认为原则上应属于民法典第 535 条以下所规定的使用租赁契约。[①]

在德国税法上，对于融资性租赁无论依上述哪一种要素决定其法律性质，在课税方法上均有不同。从租税法的观点来说，有必要阻止融资租赁契约的加速折旧效果，及谋求购入设备企业与采用租赁方式取得设备企业之间的课税公平，因而不能无视其内在的分期付款买卖要素。德国税法有所谓"经济的观察方法"，但融资租赁契约的经济实质，无论如何也不能否认含有金钱消费借贷即金融的要素。如果适用经济的观察方法，反而更难以将其视同买卖契约课税。更何况不能无视判例通说将融资性租赁解为使用租赁契约的私法性质决定论。于是，德国税法为了回避涉及融资租赁契约的法律性质问题，采用了基于经济的所有判定纳税物件归属的方式。[②]现行税制上，融资性租赁分为两类，并分别规定定义和判断纳税归属之基准。

1. 完全偿还型融资租赁。按照 1971 年 4 月 19 日的"动产租赁通告"和 1972 年 3 月 21 日的"不动产租赁通告"所规定的定义，所谓完全偿还型融资性租赁契约有二层意义：（1）设定一个附有中途解约禁止特约的一定租赁期间；（2）在此期间内用户所支付的租金总额，应能补偿出租人所支出的物件取得价格或者原价和含金融费用的一切附随费用。

---

①　南博方、岩崎政明："租赁交易与税金"，载《租赁交易法讲座》（上），第 299 页。

②　即以谁对租赁物件有经济上的支配作为判定纳税物件归属的基准，其法律依据是旧租税调整法第 11 条第 4 款。该款规定：自主占有的财产归属自主占有者。所谓自主占有者，指对财产作为属于自己的东西而予以占有之人。此即所谓基于经济的所有课税。

完全偿还型融资租赁可进一步分为无购入或期间延长选择权租赁；附购入选择权租赁；附期间延长选择权租赁；特殊物件租赁。

纳税归属判断基准如下：（1）基本租赁期间在租赁物件法定耐用年限的 40% 以上 90% 以下，原则上属出租人；（2）反之，在 40% 以下 90% 以上时，原则上属用户；（3）特殊物件租赁，属用户。

2. 不完全偿还型融资租赁。又称一部偿还型融资租赁。70 年代以后，以电脑、办公机器、汽车等的租赁为中心，不完全偿还型融资租赁日益增长。这种形态的融资租赁，上述动产租赁通告和不动产租赁通告均不能适用。因此，1975 年 12 月 22 日发布了"一部偿还型融资租赁通告"。按照这一通告所规定的定义，所谓一部偿还型融资性租赁契约有二层意义：（1）所设定附中途解约禁止特约的基本租赁期间，在租赁物件法定耐用年限的 40% 以上 90% 以下；（2）此期间内，仅以租金补偿出租人所支出的物件取得价格或者原价和含金融费用的一切附随费用的总额之一部分。[①]

（四）日本法上的融资租赁

融资性租赁于 1963 年由美国导入日本后，在较短的时间内得到迅速普及。但现今日本，除融资性租赁外，还存在经营性租赁、卖出租回、附让渡条件租赁、维修服务租赁等多种多样的租赁形态。其中，融资性租赁是最基本的租赁形态。[②] 学者通说，将租赁分为广义租赁和狭义租赁。凡出租人与承租人之间以一定物件的有偿使用、收益为内容的契约，亦即包括一切租赁形态，均属于广义租赁。而所谓狭义租赁仅指融资性租赁一种，即企业需要机器设备等固定资产时，向租赁公司提出申请，由租赁公司从制造商或销售商购入机械设备再租赁给该企业使用的契约。[③]

关于融资性租赁契约的法律本质，从前在日本租赁业界的实务家之间存在着将融资性租赁与民法典所规定的典型契约进行对比以求把握融资性

[①] 以上参见岩崎政明"融资租赁课税的问题点"，载《法学家》No. 861，第 127—128 页；南博方、岩崎政明："租赁交易与税金"，载《租赁交易法讲座》（上），第 290—293 页。

[②] 冈部真纯："租赁契约的意义"，载《判例租赁·信用交易法》，金融财政事情研究会，第 2 页。

[③] 久森浩："经营性租赁契约"，载《判例租赁·信用交易法》，第 22 页。

租赁的倾向。运用这种手法的结果，使作为对比的赁贷借（即传统租赁）契约、金钱消费贷借契约、保留所有权的分期付款买卖契约等有关的法理，无法妥当解决融资性租赁契约的当事人、标的物、租金、契约成立与终止等主要法律问题。其所得结果正好与租赁业界实务家的意图相反。而日本法院判例为解决融资性租赁契约各种法律问题，却不采用上述租赁业界实务家的方法，而是直接从融资性租赁契约的特殊本质，引出其所固有的法理。例如，怠于支付租金的用户（被告），针对租赁公司（原告）收回租赁物件后请求支付残存租金全额，以融资租赁与赁贷借契约相同，在出租人收回租赁物后租金支付义务即行消灭作为抗辩理由。审理此案的东京地方法院认为，融资性租赁是与赁贷借契约不同种类的契约，并承认了原告的残存租金全额支付请求。① 再如用户（上诉人）认为租金所包含实际年利率达到 18.01%，主张适用金钱消费贷借的法理判定融资租赁契约违反利息限制法，东京高等法院以融资性租赁契约兼有赁贷借和消费贷借的性质为根据，拒绝依金钱消费贷借之法理适用利息限制法，驳回上诉。② 法院判例反映出融资性租赁契约本质的法律特征，可归纳如下：（1）供应商所提供的租赁物件不是由租赁公司而是由用户自己选择决定的；（2）在租赁期间，租赁物件所有权始终归属于租赁公司，用户无取得所有权的权利和机会；（3）在租赁期间，用户以支付租金为条件，对租赁物件享有专用权；（4）为保证租赁公司能收回所投入的资本及支出的费用和金融利益，规定租赁期间绝对禁止用户一侧解除契约；（5）租赁物件之陈旧化风险主要由用户承担。③

　　关于融资性租赁的课税问题，日本于 1978 年 7 月 20 日发布《关于租赁交易法人税及所得税的通告》，简称租赁通告。租赁通告的制定，曾参考德国动产租赁通告、不动产租赁通告及美国的经验。作为制定现行租赁通告之基础的主要课税问题如下：其一，租赁期间经过后，用户无偿受让租赁物件或以其名义对价购入选择权的契约，从其经济实质来看，可解为

---

① 东京地判昭 57·1·28，《判例时报》1050 号，第 96 页。
② 东京高判昭 57·4·27，《判例时报》1048 号，第 107 页。
③ 以上参见冈部真纯"租赁契约的意义"，载《判例租赁·信用交易法》，第 4—6 页。

附延期支付条件的买卖。其二，租赁物件系按用户的特别式样制作，租赁期间经过后难以向第三人转租转卖，亦应与前一类作同样解释。其三，租赁期间比租赁物件法定耐用年限短，在此期间将该物件购入费用、金融费用及一切附随费用的合计额分割以租金形式支付，与购入该物件的折旧方法相比，可以达到早期折旧的效果，如对此不加限制将损害现行折旧制度。其四，购入设备的企业与采用融资租赁方式取得设备的企业之间，将发生课税上的不公平。现行租赁通告为解决这些问题，采取了依经济的观察方法以决定契约性质的指针，对符合通告所确定基准的租赁契约，作为买卖契约纳税处理。这实际上是采纳了德国联邦财政法院处理租赁买卖课税问题的方法论，并不符合融资租赁的本质。因为融资性租赁实质上是租赁公司、用户和供应商三当事者间的契约关系，假如依经济的观察方法决定其性质，与其认定买卖关系存在于租赁公司与用户之间，莫如认定买卖关系存在于供应商与用户之间更为合理。①

按照现行租赁通告所规定的定义，融资性租赁契约有两层意义：（1）设定一定的租赁期间，此期间所支付的租金总额，大致相当于租赁物件取得价额及附随费用的合计额；（2）租赁期间禁止中途解约。关于纳税处理，通告规定了下述判断基准：（1）租赁期间经过后用户无偿取得所有权或附名义对价购入选择权，作为买卖契约课税；（2）特殊物件租赁，也作为买卖契约课税；（3）租赁期间在法定耐用年限的 70% 以下（法定耐用年限为 10 年以上时在 60% 以下），作为买卖契约课税。

须补充说明的是，现行通告所规定的定义，只相当于德国法上的完全偿还型融资租赁。而日本近时的租赁交易实践，以电子计算机、办公用机械及汽车的租赁为中心，租赁期间经过后仍有残存价值的租赁和中途解约可能的租赁即一部偿还型融资租赁正日益增长。另外，现行通告乃以有体物的租赁为前提，而近来关于软件、特定程序及技术秘密等无体物租赁，已广泛普及。因此，租赁通告已与日本融资租赁的实践脱节。②

---

① 岩崎政明："融资租赁课税的问题点"，载《法学家》No. 861，第 129 页；南博方、岩崎政明："租赁交易与税金"，载《租赁交易法讲座》（上），第 273 页。

② 南博方、岩崎政明："租赁交易与税金"，载《租赁交易法讲座》（上），第 274—275 页。

（五）我国实务中的融资性租赁

按照现今各租赁公司所使用的合同条款，可将我国实务中融资性租赁的基本特征归纳如下：

1. 承租人自己选定供应商并选定租赁物件，然后向租赁公司提出租赁申请，由租赁公司购买该物件并出租给承租人使用。一般要求承租人对租赁公司与供应商所订购买合同条款予以确认并在合同书上附带签字。

2. 关于租赁期间，依财政部《关于国营企业租赁费用财务处理的规定》（1985 财工字第 29 号），法定折旧年限在 10 年以上的，应不低于法定折旧年限的 50%—60%，法定折旧年限在 10 年以下的，应不低于法定折旧年限的 60%—70%。实务中一般为 3—5 年。租赁期间，禁止承租人方面解除合同。

3. 租金构成包括设备价款（购买价金加上运输费用及途中保险费等）、利息、手续费、保险费等。

4. 租赁期间，租赁公司对租赁物件拥有所有权，承租人拥有使用权。

5. 租赁期满，承租人有下述选择权：（1）将租赁物件退还出租人；（2）以预定租金续租；（3）以支付残值为代价购买租赁物件。

6. 租赁公司不承担瑕疵担保责任和危险负担。

试将以上基本特征与美、法、德、日等国法制上的融资性租赁相对照，不难得出结论：我国现在实务中的融资性租赁合同与法国、德国和日本的融资性租赁契约具有共同的本质，属于一种崭新的契约类型。其渊源为美国 20 世纪 50 年代以后的节税型租赁（tax lease or tax oriented lease）。换言之，我国融资性租赁，相同于美国税法上的真正租赁（true lease）和统一商法典新增第二编所规定的融资性租赁（finance lease），也相同于法国的融资性租赁（credit-bail）、德国的融资性租赁（finanzierungs leasing）及日本的狭义租赁（finance lease），而异于美国的担保目的租赁、法国的买取租赁、德国的租赁买卖及日本的附让渡条件租赁。

关于融资性租赁，我国现行立法还没有相应的规定。我国现行经济合同法是 1981 年颁布并于 1982 年施行，当时融资性租赁刚引入我国，不可能在立法上得到反映。该法所规定的财产租赁相当于日本所谓经营性租赁，亦即传统民法上的使用租赁。有关融资性租赁的规范文件惟有前述财政部《关于国营工业企业租赁费用财务处理的规定》。国家工商行政管理局所编《中国经济合同统一文本格式》载有融资性租赁合同格式，但其属于示范文本，并无法律上效力。

三　融资性租赁契约法性质论

从美国国际租赁公司创立至今，不过 40 年，融资性租赁已经成为风行各国的一种重要交易形式。如何认定这一交易形式的法律性质，是各国学者长期激烈争论的焦点。探讨融资性租赁契约法律性质问题，无疑具有重要的理论意义和实践意义。

其一，契约分类上的意义。大陆法系国家，大抵由民商法典规定各种类型之典型契约，理所当然地发生应将融资性租赁契约归入何种类型的问题。我国虽未颁布民法典，但现行经济合同法对各种典型经济合同（相当于国外所谓商事契约）设有规定，并依经济合同法制定了种种合同条例，因此，同样发生融资性租赁合同的归类问题。融资性租赁究竟应归入哪一种典型契约，或者应作为一种独立新型契约，取决于对其法律性质的认定。

其二，契约解释上的意义。契约的成立，契约条款的解释及进而判断其合理性，均应以契约法律性质作为依据。对融资性租赁契约法律性质作出不同的认定，将导致截然不同的解释结果。例如，将其法律性质认定为传统租赁，则可能得出"租赁公司只享受权利而不承担义务，因此契约内容显失公平"的解释结论。

其三，法律适用上的意义。在美国，一项租赁契约被认定为担保目的租赁或者真正租赁，在法律适用上将迥然不同。在大陆法国家更是如此。即使在我国，如果将融资性租赁法律性质认定为传统租赁，将适用财产租赁合同条例；如果认定为保留所有权分期付款买卖，则应适用工矿产品购销合同条例；如果认定为金钱消费借贷，则应适用借款合同条例。

其四，税法上的意义。各国税法上将符合一定条件的融资性租赁作为租赁契约对待，企业在税法上可以获得早期折旧和减税的好处。如果将其法律性质认定为非租赁，例如分期付款买卖或金钱消费借贷，则是否还能享受税法上的优惠就成了问题。

其五，当事人利害关系上的意义。对融资性租赁契约法律性质的不同认定，均将直接影响当事人的利害关系。例如，台北地方法院就同一被告、同一案情而原告分别为两家租赁公司的两件返还租赁物诉讼，作出完全不同的判决：一是认定其契约为典型租赁契约，虽失之于保守，尚能使租赁公司立于胜诉地位；另一判决认定其契约为附保留所有权的分期付款买卖，则使租赁公司一败涂地。[①]

我国之引入融资性租赁，不过十余年，既无相应立法，学术理论研究亦非常不足，致使法院裁判案件时，既无法律规定可依，亦无理论学说可资参考。于是有制定融资性租赁条例之议。笔者以为，欲制定有关条例，不能回避融资性租赁法律性质问题。因此，对有关融资性租赁法性质论的主要学说逐一检讨，并在此基础之上表明笔者见解，以供立法部门参考。

（一）分期付款买卖契约说

此说为德国学者 Ebenroth 所提倡，认为租赁公司对于租赁物件仅限于担保利益。着眼于此，则融资租赁契约内容，如租赁公司不负交付义务及由承租人负担租赁物件一切危险等，均可得到合理解释；考虑到这种经济背景，则融资性租赁非常接近于保留所有权的分期付款买卖，其区别仅在于融资性租赁契约无用户将最终取得所有权的预定，这只是出于税法上的考虑，即控制所有权向用户移转，租赁公司并没有作为所有人的经济利益，因此，融资性租赁交易的负担分配表现为特殊的三面关系，由此导出强调买卖法的规定，将融资性租赁契约分析为一种分期付款买卖契约，可使买卖法规定的适用正当化。[②]

台北地方法院 1981 年度诉字第 11191 号判决，即认定融资性租赁契约为"附所有权保留之分期付款买卖"，驳斥租赁公司依据"租赁关系"

---

① 吕荣海、杨盘江：《契约类型·信托行为》，蔚理法律出版社，第 73—77 页。

② 平野裕之：《西德租赁交易法》，加藤一郎、椿寿夫编《租赁交易法讨论讲座》（上册），第 499 页。

的请求。其判决理由如下：租赁关系与分期付款买卖关系，均有一方给付对价，他方交付物之外观，但二者实质内容截然不同。即分期付款买卖之出卖人系以让予所有权之意思将物交付买受人，其于买受人完全给付价金前保留所有权之目的仅为担保分期付款之各期价金债权而已；买受人亦系以所有之意思占有、使用标的物，因此标的物毁损灭失之危险于交付时即由买受人负担。反观租赁关系中，出租人自始即仅有使承租人取得租赁标的物之用益权限，因此租赁物毁损灭失之危险仍由出租人负担，税捐亦应由出租人负担；且因承租人支付租金乃使用租赁物之对价，因此出租人负有使租赁物于交付时合于使用收益之目的，并于租赁关系存续中负有修缮之义务。而通观融资性租赁契约全文，可见租赁公司不负使租赁物于交付时合于使用收益目的、修缮及税捐等义务，标的物之危险于交付时即已移转，与分期付款买卖同而与租赁异。融资性租赁契约虽使用"租赁"字样，但其内容并不具有租赁之实质，因此应认定为分期付款买卖契约。[①]

分期付款买卖契约说一提出，即受到学者的批判。针对 Ebenroth 所谓融资性租赁未预定所有权移转系出于税法上便宜的论点，德国学者 Westphalen 反驳说，在完全偿还型租赁中，租赁公司有对于租赁物残值的经济利益；在不完全偿还型租赁中，租赁公司有作为所有者的风险与机会，因此反对将德国税法上作为租赁处理的融资性租赁契约解为分期付款买卖。[②]

日本现行税法对于附让渡条件租赁不分有偿无偿，原则上一律视为分期付款买卖，法院判例只将附无偿让渡条件租赁认定为分期付款买卖[③]。所谓附让渡条件租赁，乃双方预先约定于租赁期间届满时，租赁物件所有权无偿或以预定价格转让于承租人之租赁契约，实质上是分期付款买卖。此为一种变型租赁，即使在日本，实务上亦极为稀少[④]。应与融资性租赁契约相区别。

---

① 吕荣海、杨盘江：《契约类型·信托行为》，第74—76页。
② 平野裕之："西德租赁交易法"，载《租赁交易法讲座》（上），第499—500页。
③ 白木武男：《附让渡条件租赁契约》，金融财政事情研究会编，《判例租赁·信用交易法》，第20—21页。
④ 庄政志："租赁契约分类·近似观念"，载《租赁交易法讲座》（上），第64页；白木武男："附让渡条件租赁契约"，载《判例租赁·信用交易法》，第16—17页。

　　关于融资性租赁契约的法律性质，日本判例所持见解可归纳为四种类型。第一种类型，视为赁贷借契约（如东京地判昭 57·7·16）；第二种类型，视为实质金融契约（如东京高判昭 56·8·26）；第三种类型，视为并有赁贷借与实质金融两侧面的契约（如大阪地判昭 49·10·8）；第四种类型，视为具有赁贷借、金融及分期付款买卖性质之契约，即形式上利用赁贷借的法律关系，其经济本质为以物为中介提供金融上的便宜，对用户则达到与利用保留所有权分期付款购入之同一效果（东京地判昭56·12·21）①。可见日本判例不采分期付款买卖契约说。

　　分期付款买卖契约说之不足，可以从以下几点予以说明：

　　其一，当事人意图不同。买卖谓当事人约定一方移转财产所有权与他方，他方支付价金之契约。出卖人的意图在出让财产所有权以获取价金；买受人的意图在支付价金以获取财产所有权。因此，买卖的本质是以等价有偿方式转让财产所有权②。在融资性租赁中，承租人的意图在于以支付租金为代价获得租赁期间内对租赁物件的使用权；租赁公司的意图在于获得租金。在整个租赁期间，财产所有权始终归租赁公司，承租人未获得财产所有权，并无此种可能性。因此，融资性租赁不具有买卖契约有偿转让财产所有权的本质。

　　其二，租赁期中无期待权。附保留所有权分期付款买卖作为一种特殊交易制度，自其结构形态而言，包括三个要素：（1）具有债权性质之买卖契约；（2）标的物所有权之移转附停止条件，即出卖人于价金完全清偿前尚保留标的物所有权；（3）有与出卖人之所有权处于相对状态并形成消长关系之买受人期待权③。此买受人之期待权，因买卖契约而成立并与买卖契约同其法律上之命运；其目的在取得标的物所有权，系取得所有权之前阶段，因条件成就变为所有权。因此，属于兼具物权与债权二种因素之特殊权利。与分期付款买卖相反，在融资性租赁之整个租赁期间，承租人并无取得租赁物所有权之期待权。

---

① 伊藤进："租赁交易论与判例法"，载《租赁交易法讲座》（上），第37页。

② 王家福主编：《中国民法学·民法债权》，法律出版社1991年版，第625页。

③ 王泽鉴："附条件买卖买受人之期待权"，载《民法学说与判例研究》（一），第246页。

其三，期间届满后标的物所有权归属不同。保留所有权的分期付款买卖，乃以支付全部价金为移转标的物所有权之停止条件①。一旦条件成就，即买受人支付全部价金，标的物所有权便自动、当然移转于买受人，无须另订协议或买方行使买取选择权。上文提到日本的附让渡条件租赁，因附有此种停止条件，俟最后一期租金支付完时所有权即自动移转于承租人，学说判例均认为实质上属于保留所有权的分期付款买卖。但附让渡条件租赁非真正融资租赁，在日本称为变型租赁。而融资性租赁契约并不附所有权移转之停止条件。② 租赁期满时，承租人享有三种选择权（option），以决定租赁物件之归属。即承租人可以将租赁物件退还租赁公司，或行使续租选择权以预定之租金续订租赁契约，或行使买取选择权以支付残值为对价购买租赁物件。惟在最后一情形发生时，所有权才移转，但此系租赁契约终止后双方另订买卖契约之结果。

其四，违背融资租赁交易之实态。从经济的视点观察融资性租赁交易之实态，租赁公司与用户之间的关系虽形式上为物件的租赁，但实质上乃是为支付物件买卖价金提供信用，亦即一种融资③。用户与供应商之间的关系，从物件的接受、使用、收益方面看，类似于买主与卖主之间的关系。因此学说上有主张承认用户与供应商之间为实质买卖关系的见解。如日本学者片冈义广认为，融资性租赁是由供应商与用户间的实质买卖契约、供应商与租赁公司间的形式买卖契约及租赁公司与用户间的消费借贷契约构成的三当事者间的契约关系，其中供应商与用户间的实质买卖契约为其基础④。实务中亦有对于因物件瑕疵未缔结租赁契约的特殊案件，在法院解释当事者间关系时认定供应商与用户间成立纯粹买卖契约的判例（东京地判昭57·11·12）。依分期付款买卖契约说，将融资租赁契约解为保留所有权买卖显然违背融资租赁交易之实态。退一步说，与其认定租

---

①　德国民法典第455条。

②　白木武男："附让渡条件租赁"，载《判例租赁·信用交易法》，第16页；吕荣海、杨盘江：《契约类型·信托行为》，第96页。

③　盐崎勤："用户与供应商的关系"，载《判例租赁·信用交易法》，第45页；西川知雄：《国际租赁契约手册》，第6页。

④　参见《租赁交易法讲座》（上），第35页。

赁公司与用户间为一种买卖关系，莫如承认供应商与用户间为一种实质买卖关系更为合理。

其五，利益衡量和价值判断。对融资性租赁关系各方利益进行利益衡量和价值判断时，若将融资租赁契约解为分期付款买卖契约，对于租赁公司显然十分不利：（1）融资性租赁契约之租金构成与分期付款买卖契约之价金构成不同，前者包括物件买价及利息、保险费、手续费、利润等在内，显然高于分期付款买卖之总价金，采分期付款买卖契约说，有被法院解释为"显失公平"的可能；（2）解为分期付款买卖契约，则应适用法律特别保护消费者利益之规定，如依台湾法，除非有连续两期迟延支付且迟延金额已达总金额1/5，不能请求支付全部金额或解除契约，相反的约定无效；（3）在承租人将租赁物件转卖给第三人的场合，若解为分期付款买卖，则善意第三人可以获得所有权；（4）在承租人完全支付之前破产的场合，若解为分期付款买卖，则租赁公司不能对抗破产管理人，亦即不能依据所保留的所有权行使取回权；（5）采分期付款买卖契约说，则融资性租赁契约之若干特殊约款如瑕疵担保免责约款等，将丧失其合理性和根据；（6）采分期付款买卖契约说，必然导致否定融资性租赁这种新型交易形式，并否定租赁公司本身，使之变为分期付款公司（台湾）或信贩公司（日本）。

（二）租赁契约说

租赁契约说又分为典型租赁契约说（或传统租赁契约说、纯粹租赁契约说）及非典型租赁契约说（或称特殊租赁契约说）。典型租赁契约说为德国学者Flume所倡，认为融资性租赁契约，乃以物的使用（ususrei）为目的，而不是以物（res）本身为目的，因此，租金非物的对价，而是物的使用的对价。其与买卖的差异在于，保留所有权的买卖中，买主立于类似有物权期待的所有者的法律地位；相反，融资性租赁中的承租人并不具有支配物权的利益，仅有关于利用的债务法上的权利。此说将融资性租赁解为通常的租赁契约。[1]

---

[1]　平野裕之："西德租赁交易法"，载《租赁交易法讲座》（上），第498页。

依典型租赁契约说，将融资性租赁解为传统租赁，只不过以特约作了个别修正，作为融资性租赁契约本质要素的融资机能未得到充分的评价，因而受到学者批判。于是产生了非典型租赁契约说，学者 Westphalen 为其代表。此说强调融资性租赁契约的融资机能，重视契约内容中的特约，认为融资性租赁非纯粹的租赁，民法典关于租赁的规定对其难以规律，因此解为非典型租赁或特殊租赁契约。①

法国 1966 年融资租赁业法第 1 条关于融资性租赁的定义，明定为租赁契约。受该法定义的影响，大多数学者均采租赁契约说，认为融资性租赁契约是伴有以承租人为买卖一方的预约的租赁契约。多数说亦承认融资性租赁契约的内容——租金比通常租赁异常地高、中途解约时承租人负有剩余租金全额支付义务及由承租人负担一切风险——均与通常租赁契约不同。对此，则从融资性租赁契约的经济目的予以说明，并且在法律上以民法典关于租赁契约的规定属于任意性规定说明其正当性。②

在日本亦有学者采特殊租赁契约说，认为融资性租赁在经济上乃以金融为目的，租赁契约是为达成此金融目的所采取的法律手段。与通常租赁契约相比较，融资性租赁具有不能无视的特殊性，应视为特殊之租赁。民法关于通常租赁之规定，必须考虑其特殊性而后决定是否予以适用。③

租赁契约说乃注重当事人间法律关系之外观及当事人所使用文字，因此又称为客观说。台北地方法院 1982 年诉字第 694 号判决，即采此说，认定融资性租赁契约为典型租赁契约，其判决理由如下：解释契约，固须探求当事人立约时之真意，不能拘泥于契约之文字，但契约文字业已表示当事人真意，无须别事探求者，即不得反舍契约文字而更为曲解。本件依两造所不争执之原证租赁合约书观之，不仅契约订明为租赁，且有一方以物租赁他方使用、收益，他方支付租金之约定，依民法第 421 条规定应为典型之有名契约无疑④。日本亦有判例将融资性租赁契约认定为"以赁贷

---

① 平野裕之："西德租赁交易法"，载《租赁交易法讲座》（上），第 498—499 页。
② 织田博子："法国租赁交易法"，载《租赁交易法讲座》（上），第 568 页。
③ 来栖三郎：《契约法》，有斐阁 1985 年版，第 295 页。
④ 吕荣海、杨盘江：《契约类型·信托行为》，第 73—74 页。

借为主体的特殊契约"，即采特殊租赁契约说。①

上述租赁契约说，无论典型租赁契约说或非典型租赁契约说，过分注重法律关系之外观及拘泥于契约所用文字，于融资性租赁交易之实质及法律行为解释原则均有未合，因此受到学者批判，亦为多数判例所不采。此说之缺点可从以下几方面说明：

其一，融资性租赁契约内容与传统租赁契约实质之差异。租赁契约为法律规定之有名契约，即一方将属于自己的财产交付他方使用收益，他方为此支付租金并于期满后将原物返还之契约。租赁契约为一种财产之有偿使用关系，出租人应使租赁物于交付时及在整个租赁期间合于使用收益状态，因此负有瑕疵担保责任及维修义务，并负担租赁物因意外事故毁损灭失之危险及税捐等，承租人在不继续使用时，得解除租赁契约。但在融资性租赁契约，却有中途解约禁止、瑕疵担保免责、标的物之危险及维修义务由承租人负担等约款，这是与传统租赁契约之根本差异。即使解为一种特殊租赁契约，用债法之任意性亦仅说明这些约款不违法，未能正面解释融资性租赁契约与传统租赁契约的本质差异。②

其二，违背融资性租赁契约的经济实质。融资性租赁契约通常是租赁公司应用户的要求，从用户选定的制造商或批发商购入用户选择的设备，在附有禁止中途解约的一定期间内，出租给用户使用，设备之购入价金及包括金融费用在内的一切附随费用，由用户以租金形式分期偿还。从租赁公司立场看，有金融的性质，即对用户贷借购买设备所需资金。融资性租赁与金钱消费贷借的区别仅在于，前者是以租赁物件为中介，即以"融物"实现"融资"，而后者是不以物为中介的融资③。无论典型租赁契约说或非典型租赁契约说均无视了融资性租赁契约的经济实质。

其三，融资性租赁非继续性契约。继续性契约为租赁契约之重要特征：即，出租人按期继续收取租金与承租人之继续使用标的物为对价关

---

① 东京地判昭 57·7·16 见伊藤进《判例中融资性租赁契约的法性质、有效性及成立问题》，附表，《租赁交易法讲座》（上），第 346—354 页。

② 加藤一郎："租赁交易的特色——租赁交易法序论"，载《租赁交易法讲座》（上），第 21 页。

③ 岩崎政明："融资租赁课税的问题点"，载《法学家》No. 861，第 125 页；西川知雄：《国际租赁契约手册》，第 6 页。

系，即以物之使用换取金钱收益。当承租人不能继续使用标的物时，可拒绝继续给付租金；而在融资性租赁中，租赁物件系特别为用户之使用目的而购入，租赁公司意图仅从该承租人收回购置设备之成本及预计之利润。租赁公司乃以"货物"换取金钱而非以"使用"换取金钱。换言之，租赁公司一旦按照用户的指定购买租赁物件，即已履行自己所负义务，因而有权从该特定承租人收回全部成本与利润，而不问承租人是否继续使用、租赁物件是否有瑕疵及发生毁损灭失危险，亦不容许承租中途解约及拒付解约后的租金。由此观之，融资性租赁契约实不具备传统租赁契约之继续性契约特征。若将融资性租赁解为租赁契约，则承租人不继续使用租赁物件时即可拒绝支付租金，或因承租人违约，租赁公司收回租赁物件后，承租人之租金给付义务应当然消灭。其结果将彻底摧毁租赁公司缔约之目的与获利之意图，进而妨碍融资性租赁这一新型交易制度之发展。①

（三）金钱消费借贷契约说

法国学者提出的金钱消费借贷契约说，德国学者提出的特殊与信契约说，以及日本学者所谓实质金融契约说，均着眼于融资性租赁具有融资的经济实质，而将融资性租赁契约的法律性质解为金钱消费借贷契约。法国学者 Calon 在关于不动产租赁的论文中认为，在融资性租赁中，承租人所支付的租金并非使用租赁物件的对价，而是偿还租赁公司购买租赁物件所支出的原本及其利息，因此主张将融资性租赁契约解为金钱消费借贷契约②。德国学者 Borggrafe 认为，融资性租赁契约确乎是以利用供与为目的，但却不仅是以物的利用可能为中介，更重要的是一种融资的给付；租赁公司所承受的不是贩卖危险，而是信用危险；用租赁公司的利用供与及承租人支付这种利用供与的对价，难以说明融资性租赁契约的权利义务关系，租赁公司的义务是通过租赁物件的融资；法律关于买卖及租赁的规定均不能作为融资性租赁契约的适当判断基准，要解决其判断基准及所生法

---

① 吕荣海、杨盘江：《契约类型·信托行为》，第 109—110 页。
② 织田博子："法国租赁交易法"，载《租赁交易法讲座》（上），第 569 页。

律问题，必须将融资性租赁解为一种与信契约①。日本学者西川知雄写道：在给予对方当事人的与信行为之点，融资租赁与消费贷借并无差异。极而言之，融资性租赁是以租赁物件为中介而对用户的与信行为，其与金钱消费借贷之差别在于金钱消费借贷无租赁物件之中介。所谓消费借贷，乃是金钱及有价证券等消费物的贷借，而融资性租赁则是耐用有形固定资产的贷借，二者对于用户的与信机能及法律上权利义务有许多共同点。所以，二者并无本质不同。②

日本的判例和学说采实质金融说者较多。而采实质金融说及金钱消费借贷契约说，往往援用担保契约的法理以解释有关租赁物件的关系。因此，作为融资性租赁契约的法律构成，也有视为附所有权担保的金钱消费贷借契约的见解③。采实质金融说的法院判例，在表述上也各不相同：（1）具有金钱消费贷借的实质（东京地判昭52·3·21）；（2）实质上是购入价金的融资（东京地判昭57·3·24）；（3）本质上对希望购入者提供金融上的便宜（大阪地判昭49·10·8）；（4）其经济上的机能与信契约相同（水户地判昭52·3·15）；（5）实质上有提供金融的便宜之性格（最三小判昭57·10·19）。④

台湾高雄地方法院七二诉5262号判决：按融资性租赁，因其本质为在经济上对承租人提供金融上之便利，应特定承租之要求，买下租赁物且交付价金于供应商后，出租于特定之承租人；就租赁公司而言，其所要回收者，乃系从该特定承租人处收回这笔提供之资金、利息、利润及费用，而非承租人使用之对价；且融资租赁债权，亦不受因承租人违约，而出租人终止租约之影响，两者可并行请求，因在整个融资租赁活动中，租赁物之于出租人，应为出租"租赁债权"之担保物，因此其所有权具有与担保物权相同之功能，出租人对租赁物拥有担保义务，向承租人要求取回租赁

---

① 平野裕之："西德租赁交易法"，载《租赁交易法讲座》（上），第502—503页。
② 西川知雄：《国际租赁契约手册》，第6页。
③ 伊藤进："租赁契约与金钱消费贷借契约·担保契约法理之关系"，载《租赁交易法讲座》（上），第78页。
④ 《租赁交易法讲座》（上），第346—354页。

物之意思通知而已①。本判决显系受日本判例学说影响，采实质金融说。

金钱消费借贷契约说（包括与信契约说及实质金融说），着眼于融资性租赁之经济功能，认为融资性租赁具有金钱消费借贷之实质，却忽略了法律概念与当事人之关系，将契约背后的经济作用与为达成该经济作用所采取的法律形式混为一谈，难以令人心服②。此说之不足，可从以下几点说明：

其一，融资性租赁不符合金钱消费借贷契约的构成要件。依金钱消费借贷契约（我国称为借款合同），出借人应将一定数额金钱之所有权移转于借款人，借款人则应归还相同数额金钱并支付利息。其构成要件有三：（1）约定出借人将金钱所有权移转于借款人；（2）向借款人交付金钱；（3）借款人返还同数额金钱并附加利息。若将融资性租赁解为金钱消费借贷契约，则必须满足此三项要件。即融资性租赁契约应约定由租赁公司向承租人交付金钱并移转其所有权，由承租人归还同数额金钱并附加利息。但融资性租赁交易中，租赁公司系将金钱所有权移转及交付于设备供应商，而非移转交付于承租人，因而不同于金钱消费借贷契约。承租人所支付的租金包括：基本额（即购入租赁物件之价金减去残值）；利息；固定资产税（即租赁公司作为所有者所负担税金额）；保险费；手续费；利润。此与金钱消费借贷之偿还原本并附加利息显然有别。

其二，金钱消费借贷契约说不能解释租赁物件的使用关系。金钱消费借贷契约只涉及一定数额金钱的移转交付，而不涉及物件的使用关系。借款人用借入金钱购买设备，当然享有设备所有权，其使用收益乃以所有权为根据，而与出借人无涉。但融资性租赁契约，不能无视物件使用关系的存在，且该使用关系属于债权关系性质。此物件使用关系为融资性租赁契约之基本要素③。不援用租赁契约的法理，单从金钱消费借贷契约，无法解释这种使用关系。

其三，买取选择权的存在与金钱消费借贷契约说矛盾。依金钱消费借

---

① 曾隆兴：《现代非典型契约论》，修订 3 版，第 116 页。
② 吕荣海、杨盘江：《契约类型·信托行为》，第 107—108 页。
③ 伊藤进："租赁交易论与判例法"，载《租赁交易法讲座》（上），第 46 页。

贷契约说，承租人只从租赁公司借入一定数额金钱用以购买设备。因此承租人当然对设备享有所有权。按照附所有权担保的金钱消费借贷契约的见解，为担保租赁公司的金钱债权，承租人将所有权让与租赁公司而自己保留占有、使用和收益权能①。这样一来似乎解释了融资性租赁中租赁公司之拥有所有权与承租人之拥有使用收益权，但是，一个无法克服的难题是融资性租赁契约中的买取选择权。在融资性租赁契约，租赁期间届满承租人有三项选择权，即他可以将租赁物返还于租赁公司，或以预定租金续租，或以支付残值为对价买取租赁物。而按照金钱消费借贷契约说，在承租人偿还原本及利息后，租赁公司之担保权即应消灭，租赁物应当然回归承租人，即不发生将租赁物返还租赁公司之问题，亦无须承租人行使所谓买取选择权。

其四，金钱消费借贷契约说将导致对融资性租赁契约适用利息限制法，对融资性租赁这一新型交易制度的发展显然不利。各国关于金钱消费借贷，均设有限制利息率的强行性法律规定。采金钱消费借贷契约说，融资性租赁契约有可能被法院认定为隐匿金钱消费借贷的伪装行为（如东京地判昭 57·4·26），或者被认定为规避利息限制法之脱法行为。②

（四）动产担保交易说

此为我国台湾学者吕荣海所创新说。吕荣海认为，惟在大陆法系国家才发生有关融资性租赁法律性质之争论，在美国则不发生此问题。盖因美国为融资性租赁之发源国，在融资、担保法制史上，"租赁"作为动产担保交易制度之一种，具有悠久之历史。现行统一商法更废除了各种动产担保交易在形式、名称上之区别，明文规定租赁得意图作为担保之用，契约所创设之担保利益包括意图供担保之租赁，融资性租赁之法律性质为动产担保交易，不成问题。反之，在大陆法系国家，德、日两国，因受"物权

---

① 平野裕之："租赁物件归属与担保化"，载《租赁交易法讲座》（上），第 164 页。

② 东京高判昭 57·4·27，当事人以租金之实际利息率达到 18.01%，主张适用利息限制法判决契约为无效，法院判决认为融资性租赁非金钱消费借贷契约，驳斥了当事人关于适用利息限制法的主张。假使法院采金钱消费借贷契约说，则应认可利息限制法之适用。参见《租赁交易法讲座》（上），第 441—442 页。

法定主义"及动产担保原则上须移转占有之限制，加之融资性租赁新传入，固有的法律即发生无法适应之情形，而产生融资性租赁这一新型经济活动之法律性质究竟如何之困扰与争论。

基于动产担保交易之法制背景，吕荣海认为融资性租赁之法律性质为一种动产担保交易。此动产担保交易说，将能够兼容前述法律性质诸学说之长处，同时又能克服诸学说之缺点。详言之，动产担保交易同时具有三项特点：（1）融资功能。债务人得藉此担保方式争取融资；（2）担保功能。债权人对标的物拥有担保权益，得放心提供融资；（3）使用功能。债务人不须将标的物移转供债权人占有，仍得继续使用标的物。此即：动产担保交易能够达成"以融资所筹措之动产本身，作为融资之担保"，同时"接受融资者尚能够占有、使用该动产"之功能。同样，在融资性租赁，承租人（债务人）得藉此方式争取融资（融资功能），同时，出租人（债权人）对租赁物享有所有权，得放心提供融资（担保功能），再者，承租人亦不须将租赁标的物移转供出租人（债权人）占有，仍得继续使用标的物（使用功能），其"以融资所筹措之动产本身作为融资之担保，同时接受融资者尚能占有、使用该动产"之特征与一般动产担保交易并无两样。因其具有"融资功能"之特征，故能包容金钱消费借贷说及无名契约说之长处（指出融资性租赁实质、本质为金融行为），并能克服金钱消费借贷说法律形式容有疑问之缺点，以及克服特殊租赁说"继续性契约"之缺点。因其具有"担保功能"之特征，则能克服金钱消费借贷说未能涵盖信用供给者对标的物享有权利，得于债务人违约时取回标的物之缺点。最后，因其具有"使用功能"之特征，故能包容特殊租赁说之长处；指出债务人（承租人）占有、使用收益标的物之事实。[①]

归纳起来，吕荣海提出动产担保交易说之根据有三：（1）在美国法制上，融资性租赁之法律性质为动产担保交易；（2）融资性租赁具有与动产担保交易相同的三项功能；（3）动产担保交易说可以包容金钱消费借贷说、无名契约说及特殊租赁说之长处，并可克服各学说之缺点。笔者认为，动产担保交易说同样不能令人信服，其不足可以从以下几点说明：

[①]　吕荣海、杨盘江：《契约类型·信托行为》，第114—116页。

其一，美国法制上视为动产担保交易的租赁并非现今所谓融资性租赁。回顾美国法上融资性租赁发生、发展的历史，可见美国在19世纪后期产生了几种租赁形态，如动产设备信托租赁及伪装分期付款买卖租赁（bailmentlease）。前者使信托公司保留对铁道车辆的所有权，目的在于排除铁道公司与其他债权人设立让渡担保所附将来取得财产条款的效力。后者是在不承认保留所有权买卖的州被用作保留所有权买卖的替代手段。二者均以担保债权为目的，因而被称为担保目的租赁。进入20世纪后，担保目的租赁通过法院判例及立法被纳入于保留所有权买卖即动产担保交易①。美国统一附条件买卖法第1条及美国统一商法典1—201（37）、9—102（2）所规定的租赁，正是担保目的租赁（bailment lease）。美国在20世纪中期产生了以规避固定资产折旧制度实现加速折旧和节税为目的的租赁，以及以活用投资减税制度为主要目的的租赁，被称为节税型租赁（Tax Oriented lease）。美国税法上视同租赁契约纳税处理的真正租赁（True Lease）和杠杆租赁（Leveraged Lease），即属于节税型租赁，是为美国融资性租赁之主流形态。由于节税型租赁发生较晚，在统一商法典上未得到反映，统一商法典所规定的只是担保目的租赁。诚如吕荣海所说，担保目的租赁被作为动产担保交易看待，因而应适用统一商法典第二编关于买卖的规定及第九编关于担保交易的规定。但节税型租赁（真正租赁及杠杆租赁），并非动产担保交易，因此不发生适用统一商法典第九编的问题。② 现今各国盛行的融资性租赁乃源于美国的真正租赁即节税型租赁，而非源于担保目的租赁。吕荣海以美国法上将担保目的租赁视为动产担保交易，证明融资性租赁法律性质为动产担保交易，显属不当。③

其二，动产担保交易说无视融资性租赁之加速折旧和节税功能。动产担保交易说之主要根据在于融资性租赁具有的融资、担保及使用三项功能，此三项功能与动产担保交易完全相同。这里遗漏了一项与融资功能同

---

① 三林宏："美国租赁交易法"，载《租赁交易法讲座》（上），第533—534页。

② 同上书，第541页。

③ 1987年公布的美国统一商法典新增第二编（Article 2A）租赁，明文规定了租赁的定义和融资性租赁的定义，而将担保目的租赁排除在本编适用范围之外。见《美国统一商法典》，1988年正式文本，2A—103条及对本条的正式评论。

样重要且为动产担保交易所不具备的功能，即加速折旧和节税的功能。融资性租赁这一新型交易方式之所以产生，并在六七十年代获得迅速发展以致风行全世界，是因为采用融资性租赁获得设备与企业自己购入设备相比，有两大好处。一是资金上的好处。采融资租赁方式，实际上由租赁公司垫付设备价款，企业不须一次性投入巨额资金即可使用新设备，然后在一个长时期内以新设备所产生的利润作为租金分期向租赁公司支付，比企业以自有资金或贷款购买设备显然更为有利。二是加速折旧和税法上节税的好处。由于科学技术飞速发展使设备的经济使用年限愈来愈短，而固定资产法定耐用年限往往太长，企业按照固定资产折旧制度难于实现设备更新；采融资性租赁方式，租赁期间比法定耐用年限短，在此期间租金全额作为损耗处理，可以实现事实上加速折旧的目的并得到节税的好处。此所谓资金上的好处，亦即融资性租赁具有融资功能、担保功能和使用功能，所谓加速折旧和节税的好处，亦即融资性租赁之加速折旧和节税功能。如果仅有资金上的好处，融资性租赁绝不可能获得如此飞速发展，甚至难以作为一种独立的交易形式存在。因为采用动产担保交易，如附保留所有权的分期付款买卖及信用买卖等，即可得到同样的效果。融资性租赁之作为一种独立的交易形式获得飞速发展，正是在于融资性租赁不仅有融资、担保和使用功能，可以使企业获得资金上的好处，而且有加速折旧和节税的功能，可以使企业获得加速折旧和节税的好处。[①]

　　其三，融资性租赁与动产担保交易在法律形式上有重大差异。融资性租赁交易系由租赁公司与用户之间的租赁契约及租赁公司与供应商之间的买卖契约两个契约构成。动产担保交易（以日本的信用贩卖交易为例）系由信用贩卖公司与贩卖店之间的加盟店契约、贩卖店与购入者之间的买卖契约及购入者与信用贩卖公司之间的垫付契约三个契约构成。二者之差异表现在四个方面：（1）在融资性租赁交易中，买卖契约的当事者为租赁公司与供应商，用户非买卖契约之当事者；而在信用贩卖交易中，买卖契约的当事人为购入者与贩卖店，信用贩卖公司非买卖契约之当事者。（2）在融资性租赁交易中，租赁期间从用户签发物件受领证

---

① 加藤一郎："租赁交易的特色——租赁交易法序论"，载《租赁交易法讲座》（上），第7页。

（借受证）之时开始，租赁公司凭物件受领证向供应商支付价款；而在信用贩卖交易中，物件交付后不须签发借受证，信用贩卖公司依据加盟店契约于支付日对贩卖店付款。（3）在融资性租赁交易中，物件所有权在价金支付之同时由供应商移转于租赁公司，即使期间届满亦不向用户移转；而在信用贩卖交易，商品所有权在垫付金支付之同时由贩卖店移转于信用贩卖公司，至分期付款完毕前信用贩卖公司保留此所有权，但分期付款完毕即由信用贩卖公司移转于购入者。（4）在融资性租赁交易中，租金中包含固定资产税、保险费等；而在信用贩卖交易中，固定资产税、保险费等由购入者自己支付。①

其四，动产担保交易说之担保权构成。动产担保交易说之核心，在于"以融资所筹措之动产本身，作为融资之担保"②。以动产担保交易说解释融资性租赁，则租赁公司对于租赁物件享有所有权只是用来担保租金债权，属于一种所有权担保。此所有权担保之法律构成，不外乎两种方式：一是让渡担保构成。即承租人从供应商取得所有权，然后将此所有权让渡于租赁公司，以担保租赁公司之债权。二是所有权保留构成。即供应商交付物件时保留所有权，因租赁公司代位清偿而将此保留所有权移转于租赁公司。若采让渡担保构成，则租赁公司与承租人之间的法律关系为所有权担保的金钱消费借贷契约；若采用所有权保留构成，则租赁公司与承租人之间的法律关系为保留所有权的分期付款买卖契约。或者回到金钱消费借贷契约说，或者回到分期付款买卖契约说。关于两说之缺点前已论及，在此不赘。无论采取哪一种担保权构成，在所担保债权获得清偿后，所有权即应当然回归于承租人，而与融资性租赁之实际情形正相反。③

（五）无名契约说

此说认为，融资性租赁契约与现存各种典型契约相比较均有相异之处，因此不能归类于任何一种典型契约。应根据融资性租赁所具有的基本

---

① 卷之内茂："租赁契约与信用贩卖契约"，载《判例租赁·信用交易法》，第53—54页。

② 吕荣海、杨盘江：《契约类型·信托行为》，第115页。

③ 平野裕之："租赁物件的归属与担保化"，载《租赁交易法讲座》（上），第156页。

特征，承认其为一种独立于既存典型契约的无名契约。采无名契约说的学者认为，融资性租赁契约的基本要素如下：（1）物件所有权归租赁公司，而不归承租人；（2）租金支付义务与物件之使用收益非对价关系；（3）与租金支付义务立于对价关系的是以支付物件购入价金方式对承租人的信用供与；（4）只应在物件筹措的限度内承认其金融性格；（5）关于物件的使用收益，租赁公司只负消极义务而非积极义务，因而只受处分的约束；（6）租赁公司不负物件瑕疵及灭失、毁损之责任；（7）仍保留物件的使用关系；（8）此使用关系属于债权关系而非物权关系等。以上述基本要素为前提，将融资性租赁契约与典型契约，如租赁契约、金钱消费借贷契约、分期付款买卖契约、担保权设定契约、使用权设定契约等相比较，可以发现，融资性租赁契约与任一典型契约均有本质上的差异。因此，应当承认融资性租赁契约之独自契约性。① 融资性租赁制度，若就典型契约而言，虽属租赁契约之一种，但就其机能而言，除有租赁契约之性质外，尚有买卖、融资、担保等作用，故解释为系一种有偿无名契约，较为妥当。② 有的学者在对关于融资性租赁法律性质的诸种学说进行分析比较之后，认为无名契约说更为适当，解为具有独自内容的一种无名契约。③

　　从对日本法院判例的分析可见，采无名契约说的判例所占比例最大。如东京高判昭57·4·27认为并有实质上赁贷借与消费贷借的性格之契约；东京地判昭52·3·31认为含有赁贷借要素的无名契约；东京地判昭57·3·24认为实质上是融资，法律上属于诸成契约的赁贷借契约之一种。属于这一类型的判例很多，日本最高法院判决亦采此说，因而学者预测，将融资性租赁契约作为并有赁贷借的侧面和实质金融的侧面的契约之判例法正在形成。④

　　有的学者指出，无名契约说的缺点在于不具积极性，从适用法律之实用角度及法律进化之角度而言，融资性租赁这一生活事实定性为无名契

---

① 伊藤进：“租赁交易论与判例法”，载《租赁交易法讲座》（上），第45—46页。
② 曾隆兴：《现代非典型契约论》，第103页。
③ 加藤一郎：“租赁交易的特色——租赁交易法序论”，载《租赁交易法讲座》（上），第21页。
④ 伊藤进：“租赁交易论与判例法”，载《租赁交易法讲座》（上），第36—37页。

约，仅属消极的做法，尚未积极地解决问题。①

　　笔者认为，在关于融资性租赁法性质论的诸说中，无名契约说的优点是显而易见的。无名契约说抛弃了用现有典型契约解释融资性租赁法律性质，企图将此新型交易形式纳入于旧有契约类型的所谓"归类法"，而是正视这一新型交易之现实形态，分析归纳其本质和基本特征，在此基础上承认融资性租赁为一种独立的新契约类型。采无名契约说，能够做到并重融资性租赁契约之法律形式和经济实质，即既注重所采取的类似传统租赁契约的法律形式，并且洞察此法律形式背后所隐藏的经济实质，承认其并有租赁和融资双重法律性质，为正确认识及解释融资性租赁契约并妥善处理有关各种法律问题，提供了法理依据。至于吕荣海所谓无名契约说"不具积极性"之缺点，笔者认为不成其为问题。盖契约之有名无名，为学说上之区分，乃以现行法是否设有专门规定为准。所谓无名契约，亦即法律尚未设立专门规定之新型契约。无名契约说，亦可谓为新型契约说。其足以指导判例和立法，应毋庸置疑。我国迄未制定民法典，现行经济合同法及技术合同法所规定的有名契约，种类有限，实际生活中存在的无名契约不下十数种。倘能在此次经济合同法修订时，增设关于融资性租赁的规定，并相应制定融资性租赁合同条例，则融资性租赁即成为我国法制上区别于传统财产租赁之一种新型有名契约。

四　融资性租赁若干法律问题

（一）融资性租赁契约之成立与生效

　　融资性租赁交易是由三方当事人、两个契约所构成的交易。即租赁公司与承租人签订的融资性租赁契约及租赁公司与供应商签订的买卖契约，两契约相互交错。其通常缔约过程如下：（1）用户与供应商之间商定设备买卖契约条件；（2）用户向租赁公司提出缔结租赁契约的申请；（3）用户与租赁公司之间签订租赁契约；（4）租赁公司与供应商之间签订买卖契约；（5）供应商向用户交货，用户进行验收；（6）用户向租赁公司交付

---

① 　吕荣海、杨盘江：《契约类型·信托行为》，第112页。

物件受领证（借受证），并支付第一期租金；（7）租赁公司向供应商支付买卖价金。①

在上述过程中，租赁契约之成立与生效，和买卖契约之成立与生效，相互交错。至第3阶段租赁公司与用户签订租赁契约时，只是契约成立而尚未生效；须至第6阶段，用户对供应商交付货物验收后向租赁公司交付物件受领证并支付第一期租金，租赁契约方才发生法律效力，于是租赁期间开始计算，用户负交付租金义务。而租赁公司须待接到用户交付的物件受领证后，方才向供应商支付买卖价金。

虽然租赁契约与买卖契约有密切的联系，但法律上仍然认为是两个相互独立的契约。如大阪高判昭58・8・10判决，断言除有特别情事外，其一契约之有效无效，对另一契约之成立与效力不生影响。此立场已为其他判例所接受，形成为一项判例法原则。但对于变型融资性租赁之售出租回（sale and Lease-back），由于供应商与承租人为同一人，承认两契约间的相互影响。②。

值得一提的是东京地判昭57・11・12判决。案件事实：用户预订利用融资性租赁，因而与供应商达成供应设备的合意，在设备交付、验收并签发验收证明书后发现设备瑕疵，结果未缔结租赁契约。用户要求退货，供应商不同意。于是用户提起诉讼，请求确认债务不存在，而供应商则提起反诉，请求用户支付价金全额。判决：以供应商对设备进行修补为条件，认可供应商要求用户支付买卖价金的请求，驳回用户的请求。③亦即在此特殊情形，法院使用户负担与买卖契约的买主同样的债务。

笔者认为，融资性租赁契约与买卖契约毕竟有密切的联系，而区别于通常的租赁契约和通常的买卖契约。前述日本法院判例视两契约相互独立、互不影响的见解，容有商榷余地。因此，赞同几代教授的主张：租赁契约不成立、无效或解除时，如在物件交付之前，租赁公司与供应商之间的买卖契约应可解除，或者因默示解除条件成就而自动失效，但如在物件

①　片冈义广："租赁契约生效前的法律关系"，载《判例租赁・信用交易法》，第94—95页。
②　伊藤进："租赁交易论与判例法"，载《租赁交易法讲座》（上），第31—32页。
③　片冈义广："租赁契约生效前的法律关系"，载《判例租赁・信用交易法》，第96页。

交付后，买卖契约应不受影响；买卖契约不成立、无效或解除时，租赁契约应可解除，或者因默示解除条件成就而自动失效。[①]

融资性租赁契约因其特殊性质，如租金比通常租赁高及包含若干特殊约款，在发生争议时，承租人一方往往以内容显失公平、违反利息限制法、违反公序良俗等为由，主张契约无效。这里介绍一著名判例：日本名古屋高判昭 55·7·17 判决。

本案中，用户主张：（1）本件契约规定租赁公司有解除权，而用户无论有何理由均不能解除契约，这一规定显失公平；（2）本件租赁契约的实体，无非是租赁公司对用户的资金融通，不仅在租金总额中加算了融资原本在租赁期间的利息，而且对于租金支付迟延又规定了迟延损害金条款，认为对原本构成高利的复利；（3）租赁公司取去租赁物件后，仍可请求租赁期间相应的租金，结果成为无对价地取得物件；（4）出租人应负租赁物件的瑕疵担保责任及管理责任，而本件租赁契约规定租赁公司全然不负责任，等等。因此，本件租赁契约属于滥用契约自由以牟取暴利的契约，因违反公序良俗而应无效。

名古屋高等法院判决，关于（1）、（2）、（4）项，驳回了用户的主张，关于（3），命令对于物件取走时的规定损失金与租赁期间届满年度的规定损失金差额进行清算。最高法院判决支持原审关于（1）、（2）、（4）项判断，而关于（3）项作了变更，命令清算物件取走时的价格与租赁期间届满时的预定价格之差额。[②] 在此案中，法院全面肯定了租赁公司的主张，即肯定融资性租赁契约的合法性。总之，各国判例通说，从融资性租赁的特殊性出发，均不容许以其包含若干特殊约款而否定其合法性，我国无疑亦应采同样立场。

（二）租赁公司的交付义务

依金钱消费借贷契约说，不发生租赁公司交付租赁物件的问题。但融资性租赁契约之法律性质不能解为金钱消费借贷，已如前述。因此，判例

---

① 伊藤进："租赁交易论与判例法"，载《租赁交易法讲座》（上），第 32 页。
② 大西武士："租赁契约的有效性"，载《判例租赁，信用交易法》，第 113—114 页。

通说注重于融资性租赁契约具有租赁契约之要素，肯定租赁公司有物件交付义务。[①] 通过对日本法院判例的分析可见，在判断租赁公司是否存在交付义务时，法院主要考虑：（1）融资性租赁实质上是金融色彩强烈的契约，同时也存在租赁的要素，因此租赁公司负有物件交付义务。（2）租赁公司不必要到现场确认物件的存在，不必直接向用户交付，而是由供应商直接向用户交付；在用户基于自己的意思与责任向租赁公司发出物件受领证后，除租赁公司具有恶意的特殊情形外，即视为租赁公司已履行其物件交付义务并免除其责任。（3）但是，在某些具体案件中，供应商与租赁公司间有特殊关系——如供应商与租赁公司间有提携关系、租赁公司为供应商之子公司、由供应商代订租赁契约等——的情形，因供应商的背信行为致用户受骗作为物件受领证时，则应保护用户的利益。[②]

这里介绍一个用户发出受领证后要求解除融资性租赁契约的著名判例：东京地判昭 52·3·31，案件事实为用户（原告）与供应商通谋为骗取物件价金，作成内容虚假的建设机械受领证书，租赁公司误信物件已经交付于是向供应商支付了价金，其后，用户以物件并未交付为由主张解除租赁契约并要求返还已支付的租金。法院判定原告发出受领证书后又以未交付为由要求解除租赁契约为滥用权利，违反诚实信用原则，驳回其请求。其判决理由涉及融资性租赁法律性质：本案属融资性租赁，供应商与租赁公司之间为买卖契约，用户与租赁公司之间为含有租赁要素之无名契约，两契约有密接不可分的关系，其实质无非是租赁公司对供应商及用户的信用供与，租金在经济上有金钱消费借贷原本与利息的分期偿还金的意义。即使租赁物件未现实交付，只要已发生与交付同样的事态——价金支付、租金支付，基于租赁公司对供应商的信用供与，则租赁契约应生法律效力。[③]

关于物件受领证发出后物件并未交付的判例，还有东京地判昭 56·10·2、东京地判昭 57·3·24，均强调物件受领证的法律意义，以用户发

---

① 伊藤进："租赁契约与金钱消费借贷契约·担保契约法理之关系"，载《租赁交易法讲座》（上），第 88 页。

② 林部实："租赁业者的物件交付义务"，载《判例租赁·信用交易法》，第 121 页。

③ 同上书，第 119 页。

出受领证书后又主张物件未交付属于违反诚实信用的民法一般原则，而判决租赁公司胜诉。同类案件亦有判决租赁公司败诉的，如东京地判昭55·4·2及札幌高判昭58·2·2。但上述二案均属于有特别情事，前者系供应商代订租赁契约而供应商欺骗用户在物件未交付时发出受领证书；后者则是物件受领证本身不具备验收日期等重要内容，属于租赁公司有怠于注意之过失。

如上，融资性租赁契约因具有租赁之要素，因此租赁公司不能不负物件交付义务，但融资性租赁契约非纯粹租赁契约，乃以租赁契约的法律形式意图实现融资的经济本质，法律性质上应解为并有租赁和融资双重性质之新契约类型，因而并不要求租赁公司直接地履行其交付义务。换言之，租赁公司之物件交付，非现实形态的物件交付，而是观念意义上的物件交付，法律上以用户向租赁公司发出物件受领证为判定标准。一旦用户发出物件受领证，除租赁公司有重大归责事由外，即应视为租赁公司已履行其物件交付义务，即使租赁物件并未交付，融资性租赁契约的法律效力亦不受影响。

（三）中途解除契约

融资性租赁契约通常规定有禁止在租赁期间届满之前解除契约的约款，称为中途解约禁止特约。即使契约书中未有明文规定禁止中途解约，在解释上亦应认为当然有此特约。因为禁止中途解约乃是从融资性租赁契约的本质所导出的当然结论。[①] 日本税法上的租赁通告，将禁止中途解约规定为融资性租赁要件之一。

中途解约禁止特约在实务上有三种形态。一是契约书上并无明文规定，但从契约全文看，乃以不能解约为前提，即使是租赁公司也不能解除契约；二是契约书明文规定用户一侧不能中途解约，至于租赁公司一侧可否解除契约未作规定；三是契约书规定，除有特定情形外，双方均不能解约，而所谓特定情形，指用户不履行契约义务（拒付租金）及资信状况恶化，此种情形亦仅租赁公司一侧可以解约。上述第二种，虽未规定租赁公

---

① 太田丰："租赁契约的中途终止"，载《判例租赁·信用交易法》，第173—174页。

司一侧可否解约，亦应与第三种作同样解释。无论属于何种形态，关于租赁公司一侧解约，仅限于可归责于用户的场合，方为有效。①

融资性租赁契约禁止中途解约的理由，首先，在于融资性租赁契约中，租赁物件是由用户自己选定的，一般不具备通用性，即使返还给租赁公司，不能期待通过出卖租赁物件收回残存租金的相当金额。其次，租赁物件的购入价金、利息、固定资产税、保险费、手续费等，于固定租赁期间采用租金形式分期偿还，若允许用户一侧中途解约，将使租赁公司难以收回所投下的资本。②

现实生活中，用户一侧以种种理由要求中途解约的案件并不少见。如名古屋地判昭 54·6·27 判例，用户主张单纯与供应商约定，在不使用租赁物件时可以退回，因此要求解除租赁契约，将租赁物件退给租赁公司。法院认为，中途解约有害于租赁公司的权利，判断为违背融资性租赁契约之行为。③

从融资性租赁契约的法律性质及其经济目的看，禁止中途解约是有其合理性的。但是，融资性租赁交易实践中，在租赁期间的中途解除契约的情形正日益增多。在电子计算机及其他办公机器的融资性租赁，由于技术革新的结果，不断开发各种新机型，用户希望改用新机型，同租赁公司协商达成中途解约的合意。称为合意解约。在日本，关于办公机器的融资性租赁契约之合意解约，已经成为一种惯例，达到 30%—40%。此即学者所谓融资性租赁契约的"中途解约惯行化"现象。④

我国融资性租赁业起步较晚，目前主要是大型机械设备的租赁，但不久的将来总会发展电子计算机等办公机器的融资租赁，所以应当重视上述"中途解约惯行化"现象。我国各租赁公司所使用的契约格式一般规定"禁止单方解约"，依民法解释学之反对解释方法，应解释为允许双方合意解约。

---

①　大西武士："租赁契约的有效性"，载《判例租赁·信用交易法》，第 115—117 页。

②　太田丰："租赁契约的中途终止"，载《判例租赁·信用交易法》，第 174 页。

③　同上。

④　加藤一郎："租赁契约的特色——租赁交易法序论"，载《租赁交易法讲座》（上），第 14—15 页；太田丰："租赁契约的中途终止"，载《判例租赁·信用交易法》，第 175 页。

（四）瑕疵担保免责特约的有效性

融资性租赁契约中通常明文规定租赁公司不承担瑕疵担保责任，此即所谓瑕疵担保免责特约。如中国东方租赁公司租赁合同书第 7 条规定：如卖主迟延租赁物件的交货，或租赁物件的规格、式样、性能、机能等与购买合同所规定的内容不符，或有不良或瑕疵等情况，甲方（租赁公司）不负责任。在融资性租赁契约所发生的诉讼中，用户往往主张此免责特约于用户显著不利或显失公平，要求确认其无效。

各国判例及学者通说从融资性租赁的法律性质及经济目的出发，均承认此种免责特约为有效。其理由如下：（1）任意法规性。民法关于瑕疵担保责任的规定为任意性规定，允许契约双方以特约予以变更。（2）制度的本质的要求。多数判例认为，融资性租赁的经济机能在于向用户提供融资，具有金融的性质，因此，瑕疵担保免责特约为融资性租赁制度本身的本质要求。（3）用户的选择责任。融资性租赁契约反映其金融性质，用户基于自己的知识和经验，选定设备的制造厂商、设备的种类、数量、规格、型号、商标牌号等，租赁公司完全按照用户的指定予以购买。因此，因选择错误所产生的结果，应由用户负责。（4）租赁公司缺乏商品知识、信息、经验和处置能力。租赁公司的机能仅在向用户提供融资，不具备关于商品的知识、信息、经验和处置能力，因而不应承担瑕疵担保责任。（5）对用户保护的考虑。融资性租赁契约在规定免责特约的同时，订有损害赔偿请求权让渡约款，即规定将租赁公司在买卖契约上对供应商所享有的损害赔偿请求权让渡给用户，用户可直接向供应商行使请求权。实务中，供应商直接向用户交付保证书的情形日渐增多，据此，在供应商与用户之间应认为有维修服务契约之预定。因此，在发生瑕疵的场合，用户可以直接向供应商行使请求权。[①] 笔者认为，以上各点均可作为我国确认瑕疵担保免责特约有效的根据。

但是，在某些特殊情形，瑕疵担保免责特约亦可能被确认无效。一是

---

① 庄政志："从判例法看租赁业者的瑕疵担保责任"，载《租赁交易法讲座》（上），第369—371 页。

由租赁公司选择决定供应商、设备种类、规格、型号、商标等的情形，租赁公司不能免责。但租赁公司只是向用户介绍、推荐而由用户自己作出选择决定的情形，免责特约仍应有效。二是租赁公司明知有瑕疵而未告知或因重大过失而不知有瑕疵，可因违反诚实信用原则而使免责特约无效。三是租赁公司与供应商有密切不可分的关系，如租赁公司为供应商的子公司或有相互提携关系的情形免责特约亦可能被确认为无效。四是未给予用户以救济手段或用户不能行使请求权的情形，瑕疵担保免责特约应无效。①

（五）用户对供应商的直接请求权

租赁公司瑕疵担保责任免除的前提条件之一及这种免除的必然结果，是用户对供应商直接行使瑕疵担保请求权。关于此直接请求权的理论根据和法律构成，学说和判例提出了各种各样的见解。

1. 两契约收缩的构成。即供应商与租赁公司之间的买卖契约，和租赁公司与用户之间的租赁契约，两契约收缩，合为一体，依完全有效的条款，以租赁公司对用户的担保责任全部免除为前提，由供应商对用户直接负担保责任。用户以物件瑕疵及交付迟延为由，有直接对供应商提起诉讼的资格与利益。此为法国 Vervin 商事法院 1967·4·18 判决中所提出，在本案上诉审 Amiens 上诉法院 1967·12·20 判决中得到支持。此后为巴黎商事法院 1970·5·19 判决、最高上诉法院商事部 1972·1·3 判决以买卖契约与租赁契约是不同的两个契约为由，予以排斥。②

2. 债务人的交替更改。即租赁契约上的债务人租赁公司，对于债权人用户，用负买卖契约上担保责任的另一债务人供应商替换自己，因此免除自己的瑕疵担保责任。但这种更改要有效，须以当事者明示的意思，尤其是债权人免除债务人责任的明示意思表示为必要。如当事者意思不完全，即不能达成合意，因而受到批评。为最高上诉法院 1977·1·26 判决所推翻。③

---

① 庄政志："从判例法看租赁业者的瑕疵担保责任"，载《租赁交易法讲座》（上），第372—373页。

② 织田博子："法国租赁交易法"，载《租赁交易法讲座》（上），第572页。

③ 同上书，第574—575页。

3. 为第三人的契约。即依民法关于为第三人契约的理论，认为在缔结买卖契约时，作为要约人的租赁公司对作为受要约人的供应商，有供应商作为卖主所负担保责任利益由第三人（用户）作为受益者享受的约定，因此承认用户对供应商的诉权。这种法律构成在法国得到多数判例和学者的支持。① 在日本的判例、学说中亦有同样见解。②

4. 委任。法国法院多数判例所采取的法律构成，是为第三人的契约并以租赁公司对用户的诉讼委任作为补充。有时亦仅基于委任承认用户对供应商的诉权。依委任构成，用户作为租赁公司的受托人对供应商行使诉权。采委任构成，用户成为为租赁公司提起诉讼，而实际上用户是为自己的利益。因此，委任构成虽为多数判例承认，在学说上仅受到部分学者的支持。③

5. 债权让渡。关于用户直接向供应商行使瑕疵担保请求权的法律构成，法国最高上诉法院最终采取了债权让渡说。即依契约条款，租赁公司将自己对于供应商的买卖契约上的请求权，转让给用户。用户因此直接对供应商行使瑕疵担保请求权及损害赔偿请求权。但这一让渡要能对抗供应商，应以通知供应商并得到供应商的承诺为必要。实务上对这种承诺的要求较低，只须供应商在物件交付书上签字或在订货单上签字，即为已足。债权让渡说，从用户以自己名义行使买卖契约上的请求权的结果来看，可以避免上述各种构成的不足。但在对供应商的通知和得到承诺这一要件未能满足的场合，法院仍然采用为第三人契约及委任构成。④ 债权让渡说对于日本判例和学说亦有影响。⑤

6. 损害担保契约。认为在用户与供应商之间成立损害担保契约，承认用户可直接对供应商追究损害赔偿责任。采此法律构成的法院判例有：大阪地判昭 51.3·26、大阪高判昭 53·8·31 及其上告审最高判昭 56·4·

---

① 织田博子："法国租赁交易法"，载《租赁交易法讲座》（上），第 575—576 页。
② 基于为第三人契约而肯定用户请求权的判例有大阪地判昭 60·7·5，见《判例租赁·信用交易法》第 156 页。
③ 织田博子："法国租赁交易法"，载《租赁交易法讲座》（上），第 576 页。
④ 同上书，第 576—578 页。
⑤ 盐崎勤："用户与供应商的关系"，载《判例租赁·信用交易法》，第 48 页。

9。此外，日本学者还提出了用户与供应商间实质买卖关系、融资性租赁为三当事者契约关系等法律构成，迄今未被法院判例所采。①

上述各种法律构成中，笔者认为，以债权让渡构成最为可采。首先，是债权让渡说直接根据当事人的意思，比之其他构成基于对当事人关系的理论解释，更具合理性。其次，债权让渡说符合融资性租赁交易之实态。例如我国各租赁公司所使用的合同文本均有租赁公司将购买合同中对卖主的索赔权转让给用户的规定。最后，债权让渡构成与将来由法律直接规定用户对供应商的请求权，并不矛盾。依民法原理，债权让渡亦可基于法律的规定而发生。②

尤其值得注意的是，巴拿马关于融资性租赁的第七号法律（Law No. 7 of 10 July 1990）明文规定承租人有代位权，即承租人有权代位行使出租人基于买卖契约对于设备制造商或供应商的瑕疵担保请求权和损害赔偿请求权。依此规定，当租赁物与契约不符或有瑕疵时，承租人对供应商有直接请求权。③

笔者认为，在我国法律尚未对融资性租赁作出规定前，可采债权让渡构成，以作为确认对供应商直接追究瑕疵担保责任的法律基础。依我国民法通则第91条的规定，债权让渡应征得债务人同意。考虑到瑕疵担保请求权之让渡与其他债权让渡不同，不致于对债务人（供应商）有任何不利，且供应商于缔结买卖契约时已明知标的物将出租给用户使用，索赔权转让为融资性租赁交易之惯例，因此解释时不应过分拘泥，应解为仅以通知供应商为已足，不要求供应商有同意的明示。建议我国立法机关于制定融资性租赁合同条例时，明文规定承租人的代位权，即承租人有权代位行使出租人基于买卖合同而对于出卖人的瑕疵担保请求权。④

---

① 盐崎勤："用户与供应商的关系"，载《判例租赁·信用交易法》，第48页。

② 王家福主编：《中国民法学·民法债权》，第71页。

③ Espino – Sagel, *Panama Introduces New Financial Leasing Law*, L's MCLQ, August 1991, pp. 301 – 311.

④ 此承租人代位权，应不包括解除买卖契约请求权。关于瑕疵担保请求权，请参见拙作"论出卖人的瑕疵担保责任"，载《比较法研究》1991年第3期。

（六）危险负担免责特约的有效性

在传统租赁契约中，租金与标的物之使用收益互为对价关系，出租人负有保持标的物适于使用收益状态之义务，因不可归责当事人双方之事由致标的物毁损灭失时，其危险应由出租人负担。但融资性租赁契约则相反，这反映其所具有的金融性质。融资性租赁契约设有危险负担免责特约，以排除民法有关租赁契约危险负担规定之适用，而将危险负担移转于承租人。在租赁期间，租赁物件因不可抗力等不可归责于当事人双方之事由而致灭失、被盗及毁损致不能修复的场合，用户不能解除契约，应向租赁公司支付规定损害赔偿金；非因用户之故意过失致租赁物件一部灭失时，用户不得就灭失部分要求租金减额；残存部分不能达成租赁之目的时，用户无权解除契约并应向租赁公司支付规定损害赔偿金。我国各租赁公司所使用的合同书均有此危险负担免责特约。①

这里介绍一个关于危险负担免责特约有效性的著名判例：大阪地判昭51·3·26判决。案情是在租赁期间，因台风造成水害，租赁物件浸水致丧失机能，租赁公司与用户发生争执，用户拒绝支付规定损害赔偿金。法院判决租赁公司的危险负担免责特约为有效。其判旨大意：融资性租赁契约实质上是承租人购买租赁物件，由出租人向承租人贷与购入资金的融资，意图产生与承租人购入该物件同一的经济效果；租金非物件使用收益之对价，属于物件购买价金、利息及其他经费的分期偿还。承租人始终对租赁物件有现实的支配，其因该物件灭失所受损害，应采用保险予以填补。与传统租赁契约不同，本件契约并不因标的物灭失而终止，承租人亦不能免除租金支付义务。之所以如此，因为标的物灭失危险由承租人负担的规定并不造成当事者间显失公平。②

各国判例和通说均承认租赁公司的危险负担免责特约为有效，理由如下：（1）民法关于危险负担的规定属于任意性规定，允许当事人以特约排除其适用。（2）融资性租赁之经济实质，为租赁公司对于承租人的融资，

---

① 如中国环球租赁公司合同书第 8 条、中国东方租赁公司合同书第 9 条。

② 日野丰："租赁物件灭失的危险负担与免责特约之效力"，载《租赁交易法讲座》，第 386 页。

民法关于金钱债务不得以不可抗力为免责事由的原则亦应适用。（3）危险
负担免责特约为保障租赁公司收回所投下资金的必要手段，并不构成经济
地位之滥用。（4）租金之计算并非作为物件使用收益的对价。（5）虽说
由用户负担危险，实际上由租赁公司办理投保，最终由用户负担的部分很
小。（6）从规定损害赔偿金的计算方式来看，并无不当。（7）与由物件
形式上的所有者负担危险相比，由具有现实的支配权、对物件使用收益的
一方负担更为合理。尤其是关于动产，承租人即使无过失，其设置场所、
保管状态等往往对于事故的发生有很大影响。① 上述各点，均可作为我国
法院认定免除租赁公司危险负担特约有效的根据。

（七）承租人的违约责任

融资性租赁契约通常对承租人违约责任有明文规定。在承租人不支付
租金或有其他违约情事时，租赁公司可以请求立即支付残存租金全额，或
者径行解除契约并请求支付规定损害赔偿金或相当于残存租金额的损害赔
偿。实践中因而发生三个问题：即，期限利益丧失；损害赔偿金的支付；
损害赔偿金约款的过苛性。

1. 关于期限利益丧失。融资性租赁在每期租金支付期限到来之前，租
赁公司无权请求其支付，即承租人对于期限之到来享有期限利益。融资性
租赁契约规定，承租人不支付租金或有其他违约情事，租赁公司有权要求
即时付清全部租金，即法律上所谓期限利益丧失约款。以期限利益丧失作
为对违约人的制裁。发生期限利益丧失之后果，须具备三项要件：（1）有
期限利益丧失事由；（2）有期限利益丧失约款；（3）租赁公司行使期限
利益丧失选择权。

2. 关于损害赔偿金的支付。在承租人违约时，租赁公司依据约定可以
直接解除契约，收回租赁物件并请求承租人支付损害赔偿金。此损害赔偿
金或者以相当于残存租金额计算，或者以残存租金额减去中间利息计算，
后者又称规定损害赔偿金。判例和学说均肯定在承租人违约时，租赁公司
有权获得损害赔偿金。因为融资性租赁具有金融的性质，其租金为投下资

---

① 庄政志：“租赁契约与危险负担”，载《判例租赁·信用交易法》，第162页。

金之对价，而非物件使用收益的对价，且租赁物件往往不具通用性，为保障租赁公司收回所投下资金，在承租人违约解除契约之后亦应以损害赔偿金名义收取租金金额。

3. 关于损害赔偿金约款的过苛性。在承租人违约的场合，租赁公司不仅收回租赁物件，而且获得一笔数额巨大的损害赔偿金。而在租赁契约完全履行的场合，租赁公司仅可取得租金全额及期满后取得租赁物件之残余价值。因此，发生损害赔偿金约款的过苛性问题。各国法律解决此问题有不同方式。下面介绍法国和日本的解决方式。

在法国，依融资性租赁契约，即使用户仅有一次怠于支付租金，租赁公司亦有权解除契约，收回租赁物件，用户还须支付相当于残存租金额的损害赔偿金。为了回避此苛酷的结果，学说上提出了各种理论，但都不足以成为承租人利益的有效防卫手段。最后不得不求助于立法。1975 年 7 月 9 日的法律（第 75—597 号），授予法官以增加或减少约定损害赔偿金的裁量权。该法对民法典第 1152 条作了修改。原 1152 条规定，在契约规定损害赔偿金的情形，法官只能判给约定的金额，禁止法官对约定损害赔偿额作增减。修改后的 1152 条规定，在约定的金额明显过大或过小的场合，法官可酌予增减。使法官拥有干涉当事人约定，协调双方利益冲突的自由裁量权。值得指出的是，巴黎上诉法院于 1975—1977 年间判决的 29 件案件，有 22 件判决减额，其中有 13 件减额 50% 以上。①

在日本，租赁公司对于残存租金和租赁物件的双重取得曾经被视为理所当然，不主张进行清算的见解在初期阶段占支配地位。用户一方要求从返还的租赁物件价值中抵偿损害赔偿金。而租赁公司一方则认为，如果否定损害赔偿金，将导致动摇融资租赁事业之基础。最近的判例则一面承认损害赔偿的请求并无不当，一面却命令租赁公司于中途收回租赁物件的场合，有对于由此所生利益进行清算的义务。鉴于损害赔偿金约款之过苛性，并考虑到租赁公司在经济上的优势地位及采附合契约形式，现时的学说中，主张承认租赁公司负有清算义务的见解占居多数。而在实务中亦已出现在契约书上明订清算条款。按照最高判昭 57·10·19 判决，融资性

---

① 织田博子："法国租赁交易法"，载《租赁交易法讲座》（上），第 580—582 页。

租赁契约，租赁业者于租赁期间中途从利用者取回租赁物件的场合，即使取回的原因是利用者的债务不履行，除特殊情事外，应将租赁物之返还所取得的利益返还于利用者或者充作租金债权的支付，这从正面肯定了租赁公司的清算义务。清算的对象为租赁物件返还时所具有的价值，与本来租赁期间届满时应有的残存价值之差额。[①]

我国各租赁公司的合同书中均规定有期限利益丧失约款和损害赔偿约款。例如中国东方租赁公司合同书第 13 条规定，如乙方不支付租金或违反本合同任何条款时，甲方有权采取下列一部或全部措施：（1）要求即时付清租金或其他费用之全部或一部；（2）径行终止本合同，收回租赁物件，并要求乙方赔偿损失。又如中国环球租赁公司合同书第 10 条规定，如乙方不支付租金或违反本合同其他条款，甲方有权要求乙方即时付清租金和其他费用；或收回租赁物件，并自行处置，所得款项充抵乙方应付租金及迟延利息，不足部分应由乙方赔偿（这一规定已经包含了清算条款）。参考国外的经验，并结合我国实际，笔者认为，关于承租人的违约责任应确立下述原则：一是期限利益丧失选择权与契约解除权不得一并行使；二是在行使契约解除权收回租赁物件时，租赁公司应负清算义务，即以租赁物件收回时所具有的价值减去租赁期满时应有残存价值之差额，抵偿残存租金额或损害赔偿金额。此清算义务不以契约订有清算约款为前提；三是约定损害赔偿金额显著过高或过低时，法院应有酌予增减之裁量权。

（八）关于承租人破产

1. 解除约款的有效性。融资性租赁契约中通常规定，遇承租人停产、关闭、破产时，租赁公司有权解除契约，收回租赁物件并要求支付损害赔偿金。此即契约解除约款。关于此解除约款是否具有法律效力，学说上有两种不同见解。一为肯定说，认为租赁公司为预防在承租人陷于破产时因适用破产程序而使自己利益受到限制或损失，预先设立契约解除约款，依

---

① 太田丰：“租赁物件之中途收回与清算之要否”，载《判例租赁·信用交易法》，第 178—179 页；伊藤进：《从判例法看因不付租金中途收回租赁物件与残存租金请求及清算义务》，《租赁交易法讲座》（上），第 425—430 页。

民法契约自由之基本原则，当然应为有效。二为否定说，认为依破产法租赁物件应加入破产人总财产，在全体债权人间进行公平分配，如承认解除约款的效力，将使租赁公司立于比其他债权人优越之地位，为求债权者间的利益平衡，应否定此解除约款的效力。① 笔者认为，融资性租赁为并有租赁与融资双重性质之新型契约，其解除约款与其他约款如瑕疵担保免责特约及危险负担免责特约等，均系保障租赁公司收回所投下资本的必要手段，为这一制度本身的要求，且契约当事人预先约定解除约款完全符合民法契约自由之基本原则，因此赞同肯定说。依此说，于承租人陷于破产时，租赁公司可依据解除约款，行使契约解除权，解除融资性租赁契约，收回租赁物件并请求损害赔偿。须说明的是，租赁公司收回租赁物件后亦负有清算义务，此与因承租人违约而收回租赁物件的情形相同。

2. 因债务不履行而解除契约。在承租人破产之前，因迟延支付租金，租赁公司已有解除租赁契约的意思表示，其解除当然应为有效，租赁公司因而可以请求返还租赁物件并要求支付损害赔偿金。学说上对此并无疑问，而发生问题的是，在承租人破产前，有不支付租金之事实而租赁公司尚未有解除契约的意思表示，在破产手续开始后还能不能解除契约。学说上有分歧意见。一是消极说。认为破产手续开始后，债权人非依破产手续不得请求履行债务，就这一意义上说，债务不履行的状态已经消失，因此债权者不能以债务不履行为理由要求解除契约。二是积极说。认为在破产手续开始前债权人已经取得解除权，破产管理人因受此解除权的对抗，应依破产手续处理。从实质上考虑，破产手续开始前作为解除原因的债务不履行已经存在，暂时未行使解除权的债权人如果一旦破产手续开始就一概不能行使解除权，则对债权人显然过苛。因此，应解为债权人（租赁公司）在破产手续开始后可以行使契约解除权。② 显而易见，上述两说中以积极说为合理。

3. 破产管理人的选择权。通说认为，融资性租赁契约于承租人陷于破产时，应依破产法使破产管理人享有选择权：破产管理人有权选择继续履

---

① 盐崎勤："租赁交易与破产"，载《租赁交易法讲座》（上），第217—218页。
② 同上书，第219页。

行契约或者解除契约。如果他选择继续履行契约，则租金债权不作为破产债权处理，而应优先于破产债权受清偿，如破产管理人怠于支付租金，则租赁公司可以解除契约，请求返还租赁物件并要求损害赔偿。如果破产管理人选择解除契约，则应返还租赁物件于租赁公司，而残存租金债权则作为破产债权处理。① 而在实际上，破产管理人选择继续履行契约的情形极为稀少，大多数情形均选择解除契约。②

在论及承租人破产之后，应顺便谈到作为出租人的租赁公司破产，虽然租赁公司破产的事例极少。租赁公司陷于破产的情形，其破产管理人能否解除租赁契约？学者之通说，采否定的见解。其理由如下：（1）若认租赁公司之破产管理人有解除契约之权，将违背当代法律注重保护承租人之基本精神；（2）无可归责于承租人之原因，因租赁公司之破产而解除契约，剥夺承租人对租赁物件之使用权，成为对承租人期待权的严重侵害；（3）从融资性租赁的性质看，租赁公司收回租赁物件后仍须变卖，能卖得几许价款尚是问题，而收回租赁物件必然使承租人遭受重大损害，此损害赔偿请求权只能作为破产债权处理，其结果对承租人极为苛酷。③ 基于上述理由，不应允许租赁公司破产管理人有解除契约之权。

（九）对第三人的侵权行为责任

因租赁物件本身及其设置、保管、使用等致第三人遭受损害：通常有四种情形：（1）租赁物件为汽车等交通运输工具，因交通事故致第三人遭受损害，发生交通事故责任；（2）因租赁物件本身具有缺陷而造成他人的人身和财产损害，发生产品责任；（3）租赁物件为建筑物（不动产融资租赁）或构成建筑物之一部，因倒塌、脱落等致他人遭受损害，发生建筑物责任；（4）因租赁物件侵犯他人知识产权，发生侵犯知识产权的责任。本文只论及前两种责任。

1. 交通事故责任。按照我国民法通则第123条的规定，因高速运输工

---

① 盐崎勤："用户与供应商的关系"，载《判例租赁·信用交易法》，第227—228页。
② 伊藤真："租赁契约与破产事件手续"，载《判例租赁·信用交易法》，第212页。
③ 盐崎勤："租赁交易与破产"，载《租赁交易法讲座》（上），第237页。

具造成他人损害时，应由高速运输工具的经营者承担无过错责任。在发生交通事故的车辆属于融资性租赁之标的物时，究竟应由承租人或是租赁公司承担损害赔偿责任。关键在于判断谁是高速运输工具的经营者。依民法学说，判断经营者的标准有两条：运行支配和运行利益。对车辆之运行拥有运行支配并享受运行利益之人，为经营者，应对车辆所造成他人损害负赔偿责任。[①] 显然，承租人对于车辆之运行拥有运行支配和享受运行利益，应作为经营者承担损害赔偿责任。对此不应有疑问。有疑问者为租赁公司应否承担赔偿责任，因为租赁公司为车辆之所有人，其将车辆出租给承租人使用，从承租人收取租金，应否认为对于车辆之运行亦享受运行利益。按照通说，融资租赁虽采租赁契约之法律形式，而其实质为租赁公司为对承租人的融资，所收取的租金实际上是所投下资金的分期偿还，与租赁物之使用收益并非对价关系，即使因不可抗力致租赁物件灭失毁损，承租人不能使用收益，其租金支付义务亦不因而消灭。可见此所谓租金仅具有形式的意义，不能以租赁公司按期收取租金而认定其享受运行利益。因此，租赁公司不应承担交通事故的损害赔偿责任。

2. 产品责任。按照我国民法通则第122条的规定，因产品具有缺陷致产品之消费者、使用者遭受人身和财产损害时，应由产品之制造者或销售者承担无过错责任。[②] 在租赁物件因具有缺陷发生人身财产损害时，承租人既非产品之制造者，也非产品之销售者，当然不应承担赔偿责任。其应由租赁物件之供应商或制造者承担赔偿责任，应是毫无疑问。租赁公司虽非制造者，但依契约条款，租赁期届满，用户行使购买选择权，以支付残值为代价取得租赁物件之所有权时，租赁公司应否作为销售者承担赔偿责任，难免发生疑问。应解释为租赁公司不应作为销售者承担赔偿责任，理由如下：（1）融资性租赁在实质上乃是租赁公司对于用户的融资，在融资性租赁交易中，租赁公司是以资金换取收益，而非以商品换取收益，其经济地位接近于金融业者，而异于贩卖业者；（2）在融资性租赁中，租赁公司并不与租赁物件直接发生联系，不具备有关的商品知识、信息、检测技

---

① 梁慧星："论道路交通事故赔偿法"，载《法学研究》1991 年第 2 期。
② 梁慧星："论产品制造者销售者的严格责任"，载《法学研究》1990 年第 5 期。

术和手段；（3）融资性租赁交易之实态，不过是用户从供应商购买物件而由租赁公司垫付价款，租赁公司之取得所有权乃是作为收回投下资金之担保，因此实质买卖关系存在于用户与供应商之间。

融资性租赁契约中通常规定：因租赁物件本身及其设置、管理、使用等原因致使第三人遭受损害时，应由承租人负赔偿责任。此项规定应有商榷余地。如上所述，因租赁物件所生对第三人的侵权行为责任，属于交通事故责任时，依法应由承租人承担赔偿责任；属于缺陷产品致损的产品责任时，依法应由供应商或制造商承担赔偿责任，而承租人并不负责。无论属于交通事故责任或产品责任，租赁公司均不负赔偿责任。

五 后记

融资性租赁这一新型契约制度是第二次世界大战以后现代化商品经济高度发展的产物，其法律结构、经济功能和民事权利义务关系相当复杂，向我们提出了许多前所未见的法律理论问题。民法学者有义务去研究这些实践中提出的新课题，广泛参考借鉴国外最新判例和学说，结合我国在这方面的实践经验，及时作出理论的概括和解释。本文如有不当，请读者赐正。

中国环球租赁公司法律部张稚萍女士建议笔者研究这一课题，为笔者搜集提供了大部中外文资料其中包括张本人以《论融资租赁和我国融资租赁立法》为题的硕士学位论文，并为本文若干重要论点提供了宝贵意见。谨此致谢。

（本文初稿完成于 1992 年 1 月，5 月修改定稿，其中第 2 部分曾刊于
《法学研究》1992 年第 4 期）

市场经济与公序良俗原则

一　引言

公共秩序和善良风俗，合称公序良俗，是现代民法一项重要法律概念和法律原则，在现代市场经济社会中，有维护国家社会一般利益及一般道德观念的重要功能，被称为现代民法至高无上的基本原则。[①] 我国现行法未使用公序良俗概念，是受苏联民法立法和理论影响的结果。[②] 《民法通则》第 7 条规定，"民事活动应当尊重社会公德，不得损害社会公共利益"。第 58 条规定，"违反法律或者社会公共利益"的民事行为无效。按照民法学者的解释，此所谓"社会公共利益"，其地位和作用相当于各国民法中的"公共秩序和善良风俗"。[③]

现今中国大陆正处在由权力高度集中的计划经济体制向社会主义市场经济体制转变的过程中。改革开放和发展社会主义市场经济的实践，已经取得了举世瞩目的经济成就。同时也发生了许多损害国家社会一般利益和违反社会一般道德准则的丑恶现象。因此，研究市场经济条件下公序良俗原则的地位和作用，借鉴和吸收市场经济发达国家和地区关于公序良俗的立法经验及判例学说，对于完善市场经济法制和建立健康有序的市场经济法律秩序，无疑有重大意义。

[①]　郑玉波：《民法总则》，1979 年版，第 338 页。

[②]　周林彬主编：《比较合同法》，兰州大学出版社 1989 年版，第 418 页。

[③]　王家福主编：《中国民法学·民法债权》，法律出版社 1991 年版，第 356 页。

二　各国法制上的公序良俗

1. 法国法

《法国民法典》第6条规定：个人不得以特别约定违反有关公共秩序和善良风俗的法律。第1133条规定：如原因（Cause）为法律所禁止，或原因违反善良风俗或公共秩序时，此种原因为不法的原因。按照第1131条的规定，基于不法原因的债，不发生任何效力。此外，第1128条亦属于有关公序良俗的规定。

第1128条规定：得为契约标的（Object）之物以许可交易者为限。属于关于标的不能的规定。但由于法国民法中没有直接规范标的不法的规定，因此判例学说均从第1128条寻求认定标的不法之契约无效的根据。并须注意，该条所谓得为契约标的之"物"，不限于有体物，债务人的"行为"亦包括在内。因此，不仅约定买卖法律禁止流通物如毒品的契约，可依第1128条认定为无效，约定从事违法行为的合意，亦依同一条文判定为标的不法而否定其效力。

标的不法与原因不法是严格区分的。例如，转让妓馆经营权的契约，属于标的不法，应依第1128条判定其无效。为了开设妓馆而购买房屋或承租房屋，此种契约不构成标的不法。但依法国现时的判例学说，当事人开设妓馆的意图成为决定契约缔结的动机，构成原因不法，该房屋买卖或租赁契约应依第1131、1133条认定为无效。

关于判断是否构成公序良俗违反，历史上比较重视契约之标的，而现今比较重视原因。今日的判例，以原因不法及合意违反有关公序良俗的法律作为理由，认定违反公序良俗的情形较多，而作为标的不法性问题处理的较少。[1]

2. 德国法

《德国民法典》只有善良风俗概念，而无公共秩序概念。这是德国法

---

[1]　以上参见后藤卷则"法国法上的公序良俗论及其对我国的启示"，载《法律时报》65卷2号，第80页。

与法国法、日本法及我国台湾法不同点之一，另一不同点是，将暴利行为作为违反善良风俗之一特例加以规定。

《德国民法典》第 138 条规定：（1）违反善良风俗的行为，无效。（2）特别是，法律行为系乘他人的强制状态、无经验、判断力欠缺或显著意志薄弱，使其对自己或第三人的给付作财产上利益的约定或提供，而此种财产上利益比之于该给付显失均衡者，该法律行为无效。① 此外，《德国民法典》第 826 条规定：以违反善良风俗的方法对他人故意施加损害的人，对受害人负损害赔偿的义务。将善良风俗违反行为作为侵权行为之一种。

须加说明的是，《德国民法典》第一草案第 106 条曾经同时规定了公共秩序和善良风俗两个概念。起草理由书关于并用两概念的理由指出，善良风俗属于"道德的利益"，而公共秩序属于"国家的一般利益"，两个概念并不完全重合，例如营业自由的原则，就只能说是公共秩序，而不能说是善良风俗。由于受到多数论者的批评，在第二草案中删去了公共秩序概念。主要理由是：其一，公共秩序概念界限不明，属于不确定概念；其二，所谓违反公共秩序的一切情形，包括侵害营业自由原则在内，均可用"违反法秩序"及"违反善良风俗"予以说明。

令人难以理解的是，公共秩序概念与善良风俗概念，均属于不确定概念，何以独以概念的不确定性为由排斥公共秩序概念？首先是因为，公共秩序乃是法国法上固有的概念，德国民法典第一草案采自法国民法典。此前的德国普通法学完全不知有此概念。删除公共秩序概念的原因，主要是在德国当时将公共秩序作为法律概念的时机尚不成熟。其次，善良风俗概念本来的涵义，虽以道德为其核心，像营业自由及人权等原则亦可涵括，是一个相当概括的概念。

《德国民法典》施行后，1901 年莱比锡最高法院判决，关于是否违反善良风俗，由法官按照"考虑正当且公平的一切大的道义感"进行判断。

---

① 第 138 条第 2 款原文为"乘他人穷迫、轻率或无经验"，1976 年修改为"乘他人的强制状态、无经验、判断力欠缺或显著意志薄弱"。参见林幸司"德国法上的良俗论与日本法的公序良俗"，载《法制时报》64 卷 13 号，第 247 页。

由于这一判断基准的确立，使善良风俗概念具备了适应社会变化的极大弹性，成为依法官裁量无论什么内容均可装进去的"黑洞"。善良风俗概念的"黑洞化"，有时为法官恣意破坏法秩序开了方便之门，1936 年 3 月 13 日莱比锡最高法院判决，将"健全的国民感情"即纳粹的世界观视同善良风俗，即是明证。于是，出现了将善良风俗的范围限定于性道德及家族道德问题，另外规定公共秩序概念的主张。①

3. 日本法

日本民法虽说是继受德国法，却未像德国民法典那样排斥公共秩序概念，而是并用公共秩序与善良风俗两概念。《日本民法典》第 90 条规定：以违反公共秩序或善良风俗的事项为标的的法律行为无效。另外，日本民法未特别规定暴利行为，学说和判例将暴利行为作为违反公序良俗行为之一种。

日本民法学曾经深受德国法解释学的影响，其表现是：重视理论体系的确立，概念、论理的细致精密，忽视判例的作用。② 大正 10 年以后，日本民法学试图摆脱概念法学的影响。以末弘严太郎为首创立了民法判例研究会，并对日本民法追随德国解释法学的一边倒状况进行痛烈的批判，认为离开判例研究根本不可能了解现行法。由于受末弘先生的影响，学者我妻荣尝试判例综合研究方法，对违反公序良俗的行为进行类型化，将判例所处理的违反公序良俗行为分为以下七种类型：（1）违反人伦的行为；（2）违反正义观念的行为；（3）乘他人穷迫、无经验获取不当利益的行为；（4）极度限制个人自由的行为；（5）限制营业自由的行为；（6）处分生存基础财产的行为；（7）显著的射幸行为。③ 此即著名的"我妻类型"。在一个相当长的时期，"我妻类型"成为法官裁判案件的基准，起到了确保具体妥当性、法律安定性及预测可能性的重要功能。但"我妻类型"也是时代的产物，难以超越时代的局限。作为其基础的判例，基本上是战前的判例。由于战后日本社会经济政治生活发生了巨大变化，"我妻

---

① 以上参见林幸司"德国法上的良俗论与日本法的公序良俗"，载《法律时报》64 卷 13 号，第 245，246 页。

② 椿久美子："关于公序良俗的我妻类型"，载《法律时报》64 卷 12 号，第 63 页。

③ 最初发表的论文中为八类型，后经修正定为七类型。

类型"已与战后新判例实践不相符合，其价值因而大为减少。①

4. 中国法

我国清朝末年实行法制改革，聘请日本学者起草民法典草案，称为第一次草案。其中仅规定"公共秩序"概念，而未提及善良风俗。民国成立后以第一次草案为基础，制定第二次草案，用"风化"二字取代公共秩序概念。国民政府于1929—1930年正式颁布的《中华民国民法》第72条规定：法律行为，有背于公共秩序或善良风俗者，无效。此将"公共秩序"与"善良风俗"并用，显系参考法、日立法例。② 该民法典于1949年在我国大陆被废止，迄今仅适用于我国台湾地区。因此，以下称为台湾"法"。

史尚宽先生指出，何种事项属违反公共秩序及善良风俗，难以一一列举。盖以社会之一般秩序、一般道德为抽象的观念，其具体的内容，随时代而变迁，应按照时代需求而各别具体决定。先生依日本判例、我国民国时期判例及台湾地区判例，提出下列判断标准：（1）有反于人伦者。指违反亲子夫妻间之人情道义之法律行为，例如约定母子不同居之契约。（2）违反正义之观念。指劝诱犯罪或其他不正行为或参加其行为之契约，例如赃物收买之委托、拍卖或投标时之围标约定。（3）剥夺或极端限制个人自由者。如以人身为抵押标的之契约。（4）射幸行为。例如赌博、买空卖空、彩票、马票等，但经政府特许者除外。（5）违反现代社会制度或妨害国家公共团体之政治作用。如当事人均为中国人并在中国境内缔结契约，为规避中国强行或禁止法规，而约定适用外国法律。③

中国大陆在1949年后曾经进行过三次民法典起草，各次草案均未使用公序良俗概念。如1957年1月15日的民法典总则篇（第四次草稿）第3条规定：民事权利的行使和民事义务的履行，不能违反法律和公共利益。1981年的民法典草案（第3稿）第124条规定：合同的内容，不得违反法律、法令和国家计划的要求，不得与社会公共利益或者社会主义道德准则相抵触。《民法通则》的颁布和施行，使"社会公共利益"成为一项正

---

① 椿久美子："关于公序良俗的我妻类型"，载《法律时报》64卷12号，第66页。
② 郑玉波：《民法总则》，第335页。
③ 史尚宽：《民法总论》，台北3版，第301—304页。

式的民法概念。《民法通则》作为一项基本原则在第 7 条规定：民事活动应当尊重社会公德，不得损害社会公共利益，破坏国家经济计划，扰乱社会经济秩序。第 55 条规定，民事法律行为应当具备的条件之一是：不违反法律或者社会公共利益。第 58 条规定，违反法律或者社会公共利益的民事行为无效。此外，《民法通则》关于对企业法人追究法律责任的第 49 条，及关于适用外国法律和国际惯例的第 150 条均涉及社会公共利益概念。

认为《民法通则》上的"社会公共利益"相当于法、德、日及我国台湾地区的公序良俗概念，乃是大陆民法学者之通说。① 关于"社会公共利益"这一概念的含义，有学者认为，既包括"社会主义物质文明建设方面的利益，也包括社会主义精神文明建设方面的利益；既包括巩固人民民主专政和进行社会主义现代化建设所必须的法律秩序，也包括社会主义的社会公德；既包括国家的、集体的利益，也包括公民个人的合法利益"。② 笔者亦曾指出，所谓社会公共利益，是一个极抽象的范畴，凡我国社会生活的基础、条件、环境、秩序、目标、道德准则及良好风俗习惯皆应包括在内。③ 这些解释均失之空泛，难以作为法官判断的基准。

另须说明的是，《民法通则》有关的规定还有第 58 条关于"乘人之危"的规定，以及第 59 条关于"显失公平"的规定，此系借鉴《南斯拉夫债务关系法》的经验，将传统民法上的暴利行为规则分为两条。其利弊得失本文后面将要涉及。

三　公序良俗规定的含义、性质和作用

1. 什么是公序

什么是公共秩序？迄今并无统一的界说。史尚宽先生说，公共秩序谓为国家社会之存在及其发展所必要的一般秩序。不独宪法所定之国家根本

---

① 王家福主编：《中国民法学·民法债权》，第 356 页；佟柔主编：《中国民法学·民法总则》，公安大学出版社 1990 年版，第 21 页；梁慧星：《民法》，四川人民出版社 1988 年版，第 129 页。

② 最高人民法院民法通则培训班：《民法通则讲座》，第 136—137 页。

③ 梁慧星：《民法》，第 129 页。

组织，而且个人之言论、出版、信仰、营业自由，乃至私有财产、继承制度，皆属于公共秩序。① 黄茂荣先生认为，所谓公共秩序当指由现行法之具体规定及其基础原则、制度所构成之"规范秩序"，它强调某种起码秩序之规范性。② 按照法国当前有代表性的体系书的叙述，公共秩序分为政治的公序与经济的公序。其中政治的公序为传统的公序，经济的公序为现代的公序。政治的公序包括：（1）关于国家的公序，即国家的基本秩序。宪法、刑法、税法及关于裁判管辖的法律，与之相当。（2）关于家族的公序，指家族关系中非关于财产的部分。（3）道德的公序（实际上指善良风俗）。③ 经济的公序，为对传统公序概念加以扩张的结果，分为指导的公序和保护的公序。日本学者亦谈到公序包括宪法秩序、刑法秩序、家族法秩序等。④ 这就在实际上将公共秩序等同于法秩序。

将公共秩序等同于法秩序，即应推出如下结论：只在有相应的法规时，才能作出违反公共秩序的判断。法国的判例学说曾经长期坚持这一立场。1929 年法国最高上诉法院对于法律未有禁止规定的行为作出违反公共秩序的判决之后，判例学说所采取的立场是：关于公序的法律不存在的场合，亦可发生公序违反问题。⑤ 由此可见，公共秩序未必是法律所规定的秩序，公共秩序概念比法秩序概念的外延更宽。除现行法秩序外，还应包括作为现行法秩序的基础的根本原则和根本理念等内容。

2. 什么是良俗

什么是善良风俗？史尚宽先生认为，善良风俗谓为社会国家之存在及其发展所必要之一般道德。⑥ 黄茂荣先生认为，善良风俗指某一特定社会所尊重之起码的伦理要求，它强调法律或社会秩序之起码的"伦理性"，从而应将这种伦理要求补充地予以规范化，禁止逾越。⑦ 可见，善良风俗

---

① 史尚宽：《民法总论》，第 300 页。
② 黄茂荣：《民法总则》，第 539 页。
③ 难波让治："法国判例中的公序良俗"，载《法律时报》65 卷 3 号，第 88 页。
④ 林幸司："德国法上的良俗论与日本法的公序良俗"，载《法律时报》64 卷 13 号，第 248 页。
⑤ 后藤卷则："法国法上的公序良俗论及其对我国的启示"，载《法律时报》65 卷 2 号，第 81 页。
⑥ 史尚宽：《民法总论》，第 300 页。
⑦ 黄茂荣：《民法总则》，第 539 页。

应是以道德为其核心的概念，与我国《民法通则》第 7 条所谓"社会公德"相当，应解为某一特定社会应有的道德准则。

有必要涉及善良风俗与诚实信用原则的关系。依学者之通说，诚实信用亦属于社会应有的道德准则。① 因此，仅指明善良风俗为社会国家存在和发展所必要之一般道德，或者某一特定社会所尊重之起码的伦理要求，尚不确切。我赞成将善良风俗概念限定在性道德及家庭道德的范围内，②这样，与作为市场交易的道德准则的诚实信用原则，③ 便不至发生混淆。

3. 公序与良俗的关系

德国法因排斥公共秩序概念，而将本属于公共秩序的内容，例如营业自由原则，纳入于善良风俗概念。法国法、日本法及我国台湾法，将公共秩序与善良风俗并列，因而发生二者的关系问题。前面提到法国有代表性的体系书，关于公序的分类，将善良风俗纳入公共秩序概念，属于政治公序中的"道德公序"，或称为"政治的道德的公序"，或用"社会的公序"包含政治的公序与善良风俗。④ 日本法上从来占支配地位的学说，对公共秩序与善良风俗不作区分，而以"社会的妥当性"一语替代之。判例亦不探究公序良俗本来的意味，而将二概念合为一体，作为一个其本身并无内容的概念使用。⑤ 史尚宽先生指出，公共秩序与善良风俗大部分同其范围，而且有时明为区别，亦甚困难。惟一者自外部的社会秩序方面言之，一者自内部的道德观念言之，同系以社会国家健全的发展为目标，而使障害此发展之一切法律行为悉为无效。然善良风俗与公共秩序亦非完全一致，有不违反善良风俗而违反公共秩序者，亦有不违反公共秩序而违背善良风俗者。⑥

在判例实务中，法庭往往并不区分案件事实是属于违反公序或者违反良俗，只是宣告该案件事实"违反公序良俗"。这样一来，公序良俗成为使法

---

① 史尚宽：《债法总论》，台北 1978 年版，第 319 页。

② 德国学者 K. Simitis 的见解，见林幸司"德国法上的良俗论与日本法的公序良俗"，载《法律时报》64 卷 13 号，第 246 页。

③ 王家福主编：《中国民法学·民法债权》，第 389 页。

④ 难波让治："法国判例中的公序良俗"，载《法律时报》65 卷 3 号，第 88 页。

⑤ 林幸司："德国法上的良俗论与日本法的公序良俗"，载《法律时报》64 卷 13 号，第 247—248 页。

⑥ 史尚宽：《民法总论》，第 301 页。

庭所作价值判断正当化的工具。① 这就关系到应当如何认识公序良俗规定的
性质及作用的问题。

4. 公序良俗规定的性质和作用

关于公序良俗的规定性质上为一般条款。② 鉴于立法者不可能就损害
国家一般利益和违反社会一般道德准则的行为作出具体的禁止规定，因而
通过规定公序良俗这样的一般条款，授权法官针对具体案件进行价值补
充，以求获得判决的社会妥当性。因此，公序良俗规定相对于法律强行性
和禁止性规定而言，具有补充规定的性质。其作用在于弥补强行性和禁止
性规定之不足，以禁止现行法上未作禁止规定的事项。③

按照私法自治原则，市场经济活动及其他民事活动，应由立于平等
地位的当事人自由协商决定他们之间的权利义务关系，非基于正当的重
大事由，国家不应加以干涉。公共秩序和善良风俗，属于国家一般利益
及社会一般道德准则，毫无疑问，为正当的重大事由。以公序良俗限制
私法自治原则的范围，乃是罗马法以来所认之法则。但在《法国民法
典》制定时代，不过是对契约自由原则作例外的限制，其适用范围较
窄，而在今日，公序良俗已成为支配私法全领域的基本原则。不独契约
自由，如权利的行使，义务的履行，自力救济的界限，法律行为之解释
等均属于公序良俗原则的支配范围。④ 学者进一步指出，公序良俗原则
的作用在于限制私法自治原则，当然具有足以与私法自治原则相匹敌的
强行法性格。⑤

四　公序良俗原则的发展

1. 从政治的公序到经济的公序

自法国民法典规定公序良俗以来，在长达一个世纪的时期，以保卫社

---

① 林幸司："德国法上的良俗论与日本法的公序良俗"，载《法律时报》64 卷 13 号，第 248 页。
② 黄茂荣：《民法总则》，第 537 页。
③ 同上书，第 537 页。
④ 史尚宽：《民法总论》，第 300 页。
⑤ 林幸司："德国法上的良俗论与日本法的公序良俗"，载《法律时报》64 卷 13 号，第 248 页。

会主要组织即国家和家庭为其目的。因而称为政治的公序。例如依公序良俗违反认定买卖投票用纸的契约无效，认定禁止结婚、再婚的合意无效。同时为了维持这些组织正常的机能，则要求其成员遵守一定的道德，因此依公序良俗违反认定企图获取不道德利益的合意无效。如赌博契约、为开设妓馆而购买或租赁房屋的契约，及违反性道德的合意、姘居夫妇间的赠与契约。政治的公序与财产和劳务的交换即市场经济活动无直接的关系。因为财产和劳务的交换，应由当事人依契约自由原则去决定，公序良俗原则旨在防止无限制的契约自由损害国家和家庭秩序。[①]

战后以来，由于市场经济的发展及国家经济政策的变化，导致公序良俗概念的扩张，即在传统的政治公序之外，认可经济的公序。所谓经济的公序，指为了调整当事人间的契约关系，而对经济自由予以限制的公序。政治的公序与财产及劳务的交换无直接关系，而经济的公序恰好相反，其目的在使国家介入个人间的契约关系。

经济的公序又分为指导的公序和保护的公序两类。指导的公序是统制经济所产生的概念，以贯彻一定的国家经济政策为目的，从个人间的契约关系中强行排除违反国家经济政策的东西。例如实行价格管制时期，认定违反国家定价的契约无效。此外，关于货币的公序亦属于指导的公序。在各国改变凯恩斯经济政策，废止价格管制法规之后，指导的公序已经不再占有过去的重要地位。于是保护的公序逐渐占居了重要位置。所谓保护的公序，指保护劳动者、消费者、承租人和接受高利贷的债务人等现代市场经济中的弱者的公序。指导的公序，是关于全体人民利益的公序，而保护的公序，则是对市场经济中的弱者个人利益予以特殊保护的公序。[②] 从判例学说来看，保护的公序是近时最为活跃的领域。

2. 以公序良俗作为保护消费者的法律手段

以日本为例，自70年代中期以来的判例实务中，关于各种"恶德"交易方法受害，而给予受害消费者以损害赔偿救济的判例增加。所谓"恶

① 后藤卷则："法国法上的公序良俗论及其对我国的启示"，载《法律时报》65卷2号，第81—82页。

② 以上参见后藤卷则"法国法上的公序良俗论及其对我国的启示"，载《法律时报》65卷2号，第82页；难波让治："法国判例中的公序良俗"，载《法律时报》65卷3号，第90页。

德”交易方法受害，如“连锁贩卖交易”（Multilevel Marketing Plan）、“无限连锁推销方式”及私设期货交易，交易方法本身具有欺瞒性，加上显著不公正的劝诱方法，使消费者丧失自由意思决定，蒙受重大损害。法院在这类判例中，运用公序良俗原则作为保障消费者自由意思决定的手段，以交易方法、结构本身的不当性、劝诱方法的不当性为由，认定构成公序良俗违反，使消费者获得损害赔偿。在现代市场经济条件下，公序良俗原则成为保护消费者的一种法律手段。①

　　3. 以公序良俗作为保护劳动者的法律手段

　　战后判例实务中另一突出特点是，法院运用公序良俗原则，以保护劳动者的利益为目的，强行干预劳动关系。这方面的判例大致可分为两类。其一是公司利用自己的经济优势，在与雇员签订的劳动协议、劳动契约中，给予雇员以不当的不利益。例如，规定以雇员对公司无不利行为作为支付退职金的条件，关于奖金支付的不利于雇员的规定，对出勤率低的雇员不予加薪的规定等，其二是公司在劳动契约中规定的男女差别条款。如女子提前退休条款、解雇有子女二人以上女雇员的人员整顿标准、男女劳动报酬差别的规定。尤其是 1975 年以来，日本的法院频繁地作出上述条款违反公序良俗无效的判决，以达到保护劳动者的目的。表明法院为了改善劳动者待遇，维持劳动关系的公正，利用公序良俗原则作为强行介入劳资关系的法律手段。②

　　4. 从绝对无效到相对无效

　　公序良俗违反的效果为该法律行为绝对无效。这已经成为判例学说从来一致的立场。所谓绝对无效，系指从该法律行为成立之时日起，当然、确定、全部无效，无论何人（当事人或第三人）均可主张其无效。③ 绝对无效对于违反政治的公序及经济的公序中的指导公序，不发生问题，惟独对于经济的公序中的保护公序，则有可能不利于受保护一方的利益。因此，在违反保护的公序的场合，法院改采相对无效，即仅使受保护一方当

---

　　① 参见今西康人“消费者交易与公序良俗违反”，载《法律时报》64 卷 12 号，第 80—82 页；中舍宽树：“战后判例中的公序良俗”，载《法律时报》64 卷 11 号，第 76 页。

　　② 中舍宽树：“战后判例中的公序良俗”，载《法律时报》64 卷 11 号，第 78 页。

　　③ 难波让治：“法国判例中的公序良俗”，载《法律时报》65 卷 3 号，第 92 页。

事人享有主张无效的权利；在无效的范围上，亦可仅认定违反公序良俗的条款无效，而使其余条款继续有效；并允许有权主张无效的一方溯及地予以追认。[①] 在公序良俗违反的效果上承认相对无效，就使法院获得了更大的机动性，可以更好地协调当事人之间的利害关系，达到保护经济上的弱者的目的。

5. 调整当事人利害关系的机能增大

按照传统的理解，公序良俗原则的机能在于确保社会正义和伦理秩序，其所适用的事例主要是违反人伦的行为，其效果为绝对否定违反行为的效力。战后以来，依公序良俗原则处理的反伦理事例显著减少，而有关市场交易的事例占了压倒的多数。与此相应，公序良俗原则的机能多样化，尤其是调整当事人间利害关系的机能增大。

由于公序良俗原则所处理主要事例，不再是违反人伦的事例，而是与市场交易活动有关的事例，这就导致公序良俗原则所欲达成目的的发生变化。由确保人伦为中心的社会正义和伦理秩序，变为调整当事人间的利害关系，确保市场交易的公正性。也由于这一目的的变化，导致法院在判断是否构成公序良俗违反时，从过去仅考虑该行为是否具有反公序良俗性，变为对于与该行为有关情事进行综合判断。不仅如此，在违反公序良俗的效果上，由原来的绝对、全面无效，变为依具体情形可认定相对无效、一部无效，以及将公序良俗违反作为认定侵权行为之违法性的根据，和作为判决给付返还的根据。因此，现代的公序良俗原则，极而言之，已经成为有关市场交易的无论什么事例都可适用，无论什么样的效果都可导出的一种"魔法条文"，[②] 在市场经济条件下，发挥着协调当事人之间的利害冲突，确保健康公正的市场交易秩序的多样化的重要机能。

---

① 参见中舍宽树"战后判例中的公序良俗"，载《法律时报》64 卷 11 号，第 81 页；鹿野菜穗子："德国判例中的良俗违反"，载《法律时报》65 卷 1 号，第 84 页；后藤卷则："法国法上的公序良俗论及其对我国的启示"，载《法律时报》65 卷 2 号，第 82 页；难波让治："法国判例中的公序良俗"，载《法律时报》65 卷 3 号，第 90 页。

② 以上见中舍宽树"战后判例中的公序良俗"，载《法律时报》64 卷 11 号，第 74—82 页。

五 公序良俗违反行为的类型

鉴于我国大陆法院迄今依公序良俗（社会公共利益）原则处理的判例有限，[①] 笔者结合法、德、日本及我国台湾有关著作中所介绍的判例，将现今可能被判断为违反公序良俗行为归纳如下，以供我国大陆学说及实务发展上之参考：

1. 危害国家公序行为类型

国家公序，指国家政治、经济、财政、税收、金融、治安等秩序，关系国家根本利益，其违反行为无论在过去或当代均为公序良俗违反行为之重要类型。例如，以从事犯罪或帮助犯罪行为作为内容之合同；投票用纸之买卖契约；身份证件（身份证、护照等）之买卖合意；规避课税的合意；意图影响投票而为选举人提供免费饮料的合意等。

2. 危害家庭关系行为类型

家庭关系属于政治公序。这一类型在公序良俗违反行为中从来占有重要位置。例如，约定父母与子女别居的协议；约定夫妻别居的协议；约定断绝亲子关系的协议；婚姻关系中的违约金约款等。新出现的代替他人怀孕的所谓"代理母"协议，以及代理母中介协会等，亦属此类型。

3. 违反性道德行为类型

性道德为善良风俗之基本内容。依公序良俗原则确认这类违反行为无效，对于维系社会起码的道德秩序，至关重要。例如，妓馆之开设、转让契约；为开设妓馆而购买或承租房屋的契约；对婚外同居人所作之赠与或遗赠，以同居为条件之财产移转等。

4. 射幸行为类型

指以他人之损失而受偶然利益之行为，因有害于一般秩序而应无效。例如，赌博、买空卖空、彩票、巨奖销售等，但经政府特许者除外。

---

① 如张连起、张国莉诉张家珍损害赔偿纠纷案，法院认为：被告在招工登记表中规定"工伤概不负责"，违反宪法和劳动法规，严重违反了社会主义公德，属无效民事行为。见《最高人民法院公报》1989 年第 1 期。

5. 违反人权和人格尊重的行为类型

人权和人格之尊重，为现代民主法治社会之前提条件。我宪法明文规定保障人身自由和人格尊严不受侵犯，因此依公序良俗原则规范违反人权和人格尊重的行为，具有重大意义。例如，过分限制人身自由的劳动契约；以债务人人身为抵押的约款；强制债务人在债主家作奴仆以抵偿债务的约款等。北京地区近年出现的企业有权对顾客或雇员进行搜身检查的约款或规定，亦属此类。

6. 限制经济自由的行为类型

经济自由为市场经济之基本条件，其违反行为当然应无效。例如，竞业禁止条款，限制职业自由的条款等。经济体制改革以来，严重存在的利用垄断地位或行政权力分割市场、封锁市场，限制原材料输出或商品进入的协议或规定，在有关禁止垄断的法律颁布、生效前，应归入这一类型，依公序良俗违反认定为无效。

7. 违反公正竞争行为类型

公正竞争为市场秩序之核心，当然应受公序良俗原则之保护。属于这一类型的行为有：拍卖或招标中的围标行为；以贿赂方法诱使对方的雇员或代理人与自己订立的契约；以诱使对方违反其对于第三人的契约义务为目的之契约等。

8. 违反消费者保护的行为类型

在现代市场经济条件下，消费者为经济上的弱者，无法与拥有强大经济力的企业相抗衡，于是各国执行消费者保护政策，由国家承担保护消费者之责任，消费者保护成为公序良俗原则适用的重要领域。违反消费者保护的行为，主要是利用欺诈性的交易方法、不当劝诱方法，及虚假和易使人误信的广告、宣传、表示，致消费者遭受重大损害的行为。自改革开放以来，这类行为几达到泛滥程度，如近年发生的所谓"电子增高器"、"换肤霜"、"交友热线电话"等典型事例。

9. 违反劳动者保护的行为类型

同消费者保护一样，劳动者保护也是现代保护的公序的重要领域。已构成各国依公序良俗处理的重要类型。如劳动关系中以雇员对企业无不利行为作为支付退职金条件的规定；"工伤概不负责"约款；"单身条款"

（即女雇员一旦结婚立即辞退）；男女同工不同酬的差别规定等。

10. 暴利行为类型

关于暴利行为，这里稍作讨论。

上文已经提到德国民法将暴利行为作为良俗违反行为的特例规定在法典第 138 条第 2 款。其主要原因是，德国在 1860 年废除利息限制法，实行利息自由政策，导致发生金钱消费借贷约定极端高利率构成"信用暴利"的严重社会问题。1880、1893 年制定禁止暴利行为的刑罚法规，因而产生民法上规制暴利行为之必要。第 138 条第 2 款立法之目的，在于强化对暴利行为的规制，但由于条文上规定了"双重要件"，即须有给付间显失均衡的客观要件及乘他人穷迫、轻率或无经验的主观要件，尤其实务上对主观要件作严格解释，因此实务中认定为暴利行为的判例格外地少。说明暴利行为规定并未起到预想的功能。1976 年的修正法将主观要件作了扩张，即改为"乘他人的强制状态、无经验、判断力欠缺或显著意志薄弱"，亦未达到缓和主观要件的目的。因此，判例实务对于本应适用第 138 条第 2 款，而主观要件不能满足的案件，改为适用第 1 款作为一般违反善良风俗处理，学说上称为"准暴利行为"。① 日本法未特别规定暴利行为，判例学说均认暴利行为是公序良俗违反行为之一类型，解释上与德国法相同，要求客观要件和主观要件，但实务上对于主观要件不具备仍然认定为暴利行为的判例颇不少。由于未作明文规定，适用上反比德国法更灵活。②

德国判例中作为暴利行为处理的，有价值 8 万马克的不动产以 4.5 万马克出卖的契约，利息超过市场利率 2 倍的合意。作为准暴利行为处理的，主要是占有垄断地位和经济优势一方与经济上较弱一方缔结的显失均衡的法律行为。这种情形，给付不均衡特别显著的，推定为有应受非难的意图。依所谓"滚雪球式贩卖法"（Schneeball system，即对介绍顾客的人给予奖励的宣传贩卖法）所缔结的买卖契约，亦作为准暴利行为处理。③

---

① 林幸司："德国法上的良俗论与日本法的公序良俗"，载《法律时报》64 卷 13 号，第 246—247 页；鹿野菜穂子："德国判例中的良俗违反"，载《法律时报》65 卷 1 号，第 83 页。

② 同上书，第 247 页。

③ 鹿野菜穂子："德国判例中的良俗违反"，载《法律时报》65 卷 1 号，第 83 页。

日本战后判例中暴利行为所占比例最大，在 1948—1989 年共 480 件中，占 228 件（认定 120 件，否定 108 件），主要是违反利息限制法约定高利息及高额违约金的金钱消费借贷契约。判例学说已形成固定见解，仅否定其超过部分的效力，将超过部分充抵原本，尚有剩余可请求返还。其他如违反住宅建筑业法报酬限制的约款；交易约款中对业者有利的条款，如分期付款买卖中的违约金条款、运送约款中的业者免责及责任限制条款、房屋租赁中的居住者限制及保证金不返还特约等。① 值得注目的是，日本最近的判例学说出现了所谓"新型暴利行为"的主张，认为对于保护消费者及规制交易约款来说，与适用法律关于错误、诈欺、强迫及意思能力欠缺的规定相比较，作为暴利行为处理更为有利，并将依不公正交易方式、不当劝诱手段缔结的契约称为"关系状况滥用型"或"不当劝诱型"新的暴利行为类型。②

我国大陆《民法通则》将传统民法暴利行为一分为二，即第 58 条中的"乘人之危"和第 59 条中的"显失公平"。乘人之危行为，应有利用对方急需、窘迫、危难、轻率或无经验等不利情事之故意，即主观要件；如仅双方给付显失均衡而不具备上述主观要件，则应属于显失公平行为。③ 依笔者见解，上述规定应有其合理性，在市场经济条件下可以更好地发挥保护消费者利益和规制交易中的违反公序良俗行为的作用。传统暴利行为依民法通则应属于乘人之危行为，而德、日判例学说所谓准暴利行为或新型暴利行为，应属显失公平行为。《民法通则》将显失公平行为规定为可撤销行为，亦与法、德、日判例实务中的相对无效相合。

六　结语

从法解释学上说，虽然大部分法律概念都是不确定的，却至少还有可能的文义可以作为法官解释的依据，而公序良俗这类一般条款竟连可能的

---

① 中舍宽树："战后判例中的公序良俗"，载《法律时报》64 卷 11 号，第 77 页。
② 此为大村敦志教授、米仓明教授及长尾治助教授的见解，参见今西康人"消费者交易与公序良俗违反"，载《法律时报》64 卷 12 号，第 83—84 页。
③ 梁慧星：《民法》，第 137—138 页。

文义也没有，它只是为法官指出了一个方向，要他朝着这个方向去进行裁判，至于在这个方向上到底可以走多远，则全凭法官自己去判断。这是由于立法者认识到自己能力有限，无法事先预见一切公序良俗违反行为并作出详细的具体规定，因而采"白地委任型"条款，授权法官于个案中依价值判断予以具体化，以求兼顾法律安定性及个案之社会妥当性。德国民法典第 138 条立法理由书指出：本条为立法者所作之重要一着。赋予法官这样大，且史无前例之裁量权，虽非毫无疑虑，且不能完全避免误用的情形发生。但考诸德国法官忠于良心的品德，毫无疑问地可以信赖他们将谨守本条之规范意旨，予以适用。①

公序良俗原则由于包含了法官自由裁量因素，具有极大的灵活性，因而能处理现代市场经济中发生的各种新问题，在确保国家一般利益、社会道德秩序，以及协调各种利益冲突、保护弱者、维护社会正义等方面发挥极重要的机能。这对于正在向市场经济过渡的我国大陆，尤有借鉴意义和参考价值。面对社会经济生活的急剧变革，各种新问题层出不穷，而社会主义市场经济法制有待逐步建立，应当更加重视法律一般条款的规范功能。仰赖忠于法律正义、熟练掌握法律技术的法官，善用《民法通则》有关社会公共利益及乘人之危、显失公平等原则性规定，应能规制各种各样的公序良俗违反行为。

最后，考虑到"社会公共利益"一语虽可解释为与公序良俗概念相当，但终究难谓正规法律概念，且不能涵括一切公序良俗违反行为类型。因此建议立法机关于制定民法典时，以"公共秩序与善良风俗"取而代之。

（本文写于 1992 年，刊于《中国社会科学院研究生院学报》1992 年第 3 期）

---

① 转引自黄茂荣《民法总则》，第 538 页。

立法论争

原始回归，真的可能吗？

——读《权利相对论——权利和（或）义务价值模式的历史建构及现代选择》一文的思考

《比较法研究》杂志 1994 年第 3、4 期合刊，刊载了中国社会科学院法学研究所研究员陈云生先生的一篇长文：《权利相对论——权利和义务价值模式的历史建构及现代选择》（以下简称《陈文》）。仅从论文的题目看，就足以引起读者阅读的兴趣。笔者在反复阅读之后，觉得有若干不解的疑问，现在冒昧写出来，以求教于作者及学界同仁。

一　原始回归，这是可能的吗

首先让我们来看《陈文》作者在全文结尾所得出的结论，亦即作者在反思人类几千年权利义务发展史的是是非非之后，就权利和义务价值模式所作出的"现代选择"。这个选择就是："权利和义务价值模式的反朴归真和原始回归。"

作者告诉我们，在人类的童年，在人类的权利和义务的价值体系和价值意识还处在朦胧的、混沌的状态，甚至还不知道什么是权利和义务的时代，"人类的权利和义务关系就被习俗调整好了，而且调整得是那么自然！没有自我约束，没有权威的强迫命令，没有自责和惩罚，既无自我陶醉，又无外加的痛苦"，"那是多么令人羡慕！多么令人惊叹！多么令人遐想和向往！"从作者一连使用了三个惊叹号，足可体会到作者对人类童年时代，即原始社会的所谓"前权利义务价值模式"的无限向往之情。接下来是作者对人类几千年文明史的反省："可是，自从人类长大成年以后，尽管有了健全的头脑和理智，还是把原本朴实无华、平淡自然的权利和义务关系搞得一塌糊涂，斩不断，理还乱。""人类自身，包括那么多饱学的儒士和政治精英绞尽脑汁，挖空心思，总想把权利和义务关系之舟驾到宁静、平和、明媚的彼岸，但几千年的人类文明史总在跟他们过不去、开玩笑。权利和义务之舟总是在险山恶水的江河或沟汊纵横的湖海中转圈圈，找不到出路。"从这充满感伤的语言，就不难领会作者心情的悲哀和悲观。与作者对原始社会、蒙昧、混沌状态的一往情深，形成多么强烈的对照！作者进一步发挥道："几千年的人类权利义务关系的文明史就这样陷入循环往复的悖论之中，令人一筹莫展。人们越是弘扬和渴望得到权利，越是要无休无止地被强制尽义务。人们越是弘扬和鼓励人们去尽对他人和社会的义务，越是有人享尽无边的特权。人类几千年的权利和义务发展史尽管创造出光辉的英雄业绩，但人类也为此付出了重大痛苦和牺牲的代价。"于是，作者采用设问的形式："在人类向往原始、追求自然，以反朴归真为时尚的当代，难道人类不应当用更理智的头脑去反思几千年权利和义务发展史的是是非非，并重新认识和肯定人类童年混沌权利义务价值模式的内在价值吗？是否可能和必要以人类童年混沌的权利和义务价值模式的底蕴为价值坐标，去反思、整合，重构人类未来的权利和义务价值模式？"就这样托出了作者替人类所作的现代选择。但为了怕引起误解，天真的读者会误以为作者在劝人们去重过原始社会的物质生活，因此作者赶忙加以解释说："当然，这不是让人类放弃现代文明的一切享受，去过车马不乘、舟楫不用、茹毛饮血、洞居穴处的原始生活，而是在更高级的社会和理想基础上实现反朴归真和原始回归，是要把权利和义务提升到似有却无，说无却有，你中有我，我中有你的超然境界！是在更高的理想反思、分析、评价、认识、了悟的基础上去实现个人和群体、社会各层次上的自我实现和自我超越！"在作了这番解释和点化之后，作者自己忍不住发自内心的赞美："这是多么令人渴望和神往的美妙意境！"①

请读者特别注意，作者对现代选择的核心在于："要把权利和义务提升到似有却无，说无却有，你中有我，我中有你的超然境界。"读到这里，

① 《比较法研究》，1994 年第 3、4 期合刊，第 263 页。

笔者不禁要问作者：这种"似有却无，说无却有，你中有我，我中有你"的东西，真的可能存在吗？如果真的可能存在，这种如此玄妙不可言状的东西，还是法律上的权利义务吗？还能够作为人们的行为规范和裁判案件的准据吗？

请读者特别注意作者关于并不是要求人们放弃现代文明的一切享受的特别说明。于是，在实现作者所谓的"反朴归真和原始回归"之后，人们照样可以喝咖啡、饮美酒、乘洋车、住别墅、进舞厅、唱卡拉 OK！只是要求人们在尽情享受现代物质文明的一切成果，过高度文明的物质生活的同时，去过一种权利义务"似有却无，说无却有，你中有我，我中有你"的混沌难分、蒙昧迷离的法律生活。质言之，是要人们彻底放弃权利意识、权利感情、权利自觉，一句话，彻底放弃对作为人所应有的自由和权利的要求！

按照作者的现代选择，物质生活的高度现代文明与法律生活的高度蒙昧状态被和谐地结合起来了！这是一种"多么令人渴望和神往的美妙意境"！？一种多么令人渴望和神往的乌托邦！？一种多么天真烂漫的浪漫主义！？笔者，我想还有别的读者，情不自禁要问：这真的可能吗？！

二　如何看待以狄骥为极端代表的社会权利思想

作者用以支撑自己的理论建构的主要支柱之一，是狄骥的社会连带主义学说。作者在"权利本位价值模式的历史建构及衰落"一节，[①] 花了相当大的篇幅介绍和评价狄骥的学说，不惜大段大段地引用狄骥的《宪法论》，并不无赞美地强调说，"从中不难看出，狄骥对传统的自然权利说持何等鲜明的否定和批判态度"。在叙述自己的原始回归的结论之前，又用专门一节，[②] 评价"社会学法学具有法律关系评价的变革意义"。作者概括地描述了"由孔德——狄骥——庞德，由法律实证主义——社会连带主义——社会学法学这一带有相关性和连带性的新法律价值观的发展历程"，

---

① 《比较法研究》1994 年第 3、4 期合刊，第 234—235 页。
② 同上书，第 262 页。

特别强调这一思想路线"在西方法哲学史上，无疑具有重大而深远的意义"。它表明："个人权利的观念及其价值的倍受崇尚的光辉时代差不多永远地结束了，个人权利的观念及其价值已经丧失了其至高无上的和不可动摇的地位。"①

笔者注意到，作者对其他被用来支撑自己主张的思想，如儒家思想的义务本位，以及我国思想界权利与义务并重的评价态度，在肯定和褒扬的同时也没有忘记指出它们的偏颇或不足，而唯独对于"孔德——狄骥——庞德"这一思想路线，竟无一字稍涉贬义，作了全面的肯定评价。作者进一步指出："社会学法学对于这种法律关系评价的变革所作出的特殊贡献，无疑值得肯定和赞评。"难道惟独这一种学说就那样完美无缺，放之四海而皆准吗？

让我们来看看为作者所特别称道的狄骥的权利否定说。预先需要说明的是，狄骥对权利的攻击和否定，始终是以所有权尤其是土地所有权为目标的。狄骥于1911年8—9月间被邀在阿根廷的布宜诺斯艾利斯大学法学院就私法的普通原理进行了若干次讲演，回国后于1912年将讲演稿整理出版，题为《拿破仑法典以来私法的普遍变迁》。值得特别重视的是其中第一讲"主观法与社会职务"和第六讲"社会职务的所有权"。

在第一讲中，狄骥把攻击的矛头一下子就对准了自由权和所有权这两项最重要的权利。关于自由，狄骥说，在自由的近代概念内，"凡作为一个人都应完成一种社会职务，因此他有完成这种职务的社会义务"，"他有尽量发展个人的智德体三方面，借以最完善的完成这种职务的义务"。"但是人没有不动作的权利，而自己阻碍其个人的自由发展；他没有毫无动作而懒惰的权利。统治者可以干涉而使他工作。他们并且可以规定他的工作，因为统治者就是在迫使他完成他所应完成之社会职务的义务"。②

至于所有权，狄骥指出，在近代法律内，所有权已"不复为持有财富者对于财富享有之不可触摸而绝对的权利了"。"所有权不是一种权利，而为一种社会职务。所有主，换言之就是财富的持有者，因持有该财富的事

---

① 《比较法研究》1994年第3、4期合刊，第262页。
② 狄骥：《拿破仑法典以来私法的普遍变迁》，徐砥平译，会文堂新记书局1937年版，第15页。

实，而有完成社会职务的义务。当他完成了这个职务，他的所有主之行为就被保护。"倘若他不完成这个职务，或则完成得不好，例如他任他的房子崩坏，或不垦殖他的田地，统治者就将进行干涉，"强迫他完成所有主的社会职务"，以确保他所持有之财富依照它的用途加以利用。①

在第六讲，狄骥集中阐发其否定所有权的思想。他指出，所有权是用以配适一种经济需要而成立的法律制度，他和其他各种法律制度一样必须随着经济需要的本身而演进。现在，所有权法律制度所应满足的经济需要已经有了深切的变化；因此，法律制度之所有权本身亦应改变。狄骥说，这种演进带有社会主义的色彩。它是被日益密切之各种社会要素的联带关系所支配和决定的。因此，狄骥指出："所有权是社会化了。"这不是说它变成了集产主义下的集产，而是表明"个人的所有权"已经不复为个人的权利而变为一种"社会职务"了。②

狄骥补充说，他的论述仅涉及经济学家所称之资本的所有权，而将性质不同的消费品的所有权暂置不论，因为在消费品的所有权方面，倘亦说它向社会主义的意义上演进，这是不准确的。同时，他所要讲的资本的所有权，动产与不动产都包括在内。这两种所有权之演进性质是相同的。不过土地所有权方面的演进格外显明些，因此特别拿土地的所有权作为例子。③

请读者特别注意狄骥的下述思想："不过在今日，我们都有一个明确的意识，认为人是手段而不是目的，个人只是一部机器（指社会机体）的一个轮盘，我们的生在世界上，只于在社会工程内完成一种职务时，才有生存的理由。"④ 这种把人看作手段而不是目的的思想（请读者特别注意这种思想的极大危险性），正是狄骥否定个人自由和所有权的理论基础。狄骥指出，"在近代社会里，社会联带关系之深切而明确的意识已很占优势，自由既然是个人利用其智德体三方面活动以发展这个联带关系的义务，因此所有权之于财物的持有者，亦是一种客观的义务"，即利用他所

① 狄骥：《拿破仑法典以来私法的普遍变迁》，第15—16页。
② 同上书，第126页。
③ 同上书，第126—127页。
④ 同上书，第132页。

持有的财产以维持并增益社会联带关系的义务。①

狄骥进一步总结了自己的思想："因为每个人在社会内都占有一个位置，所以都应该在社会内完成一个相当的职务。财物的持有者，就因为他持有财物，因而可以完成只有他能够完成的相当职务。只有他能够增加一般的财富，只有他能够利用所持有的资本以满足大众的需要。所以他应该为社会完成这种事业，并且他只于完成这种事业与在所完成的限度内受到社会的保护。"就这样，所有权已不复为所有主的主观权利了，而变为财产持有者对社会的义务。②

在大段引用狄骥的著作之后，读者想必对其权利否定说已有大概的了解。现在让我们对以狄骥为极端代表的这种社会思潮作一概述。

从 19 世纪末叶以来，由于欧洲主要国家推行自由放任主义政策的结果，使社会生活中发生了两极分化、贫富悬殊、劳资冲突等严重问题，于是兴起团体主义、社会主义思想，因法国人权宣言和拿破仑法典而获得立法表现的个人本位的权利观念，尤其是个人的所有权思想，渐被社会的所有权思想所取代。首先积极提倡社会的所有权思想的，是德国学者耶林。他对罗马型土地所有权思想，痛切地加以批判，认为所有权不可侵之观念，乃是个人恣意、刚愎、利己之思想作祟所致。耶林在《法律目的论》一书中，特别强调所有权行使之目的，不仅应为个人利益，同时亦应为社会利益，因而主张以社会的所有权替代个人的所有权。其后日耳曼法学者基尔克，基于日耳曼法之传统精神，更加力倡社会的所有权思想。他在《德意志私法论》第二卷中，认为所有权并非与外界对立而毫无限制之绝对权利，同时指出：所有权之行使，应依照法律秩序，且顾及各个财物之性质与目的。土地所有权，因内含着"义务"成分，因而所有人于行使权利时，自应注意所有权本身之内在限制。③在法国主张社会的所有权最烈者，首推狄骥。他一反天赋人权说，而倡社会连带说，以为财产权之所以获得尊重，在于促进社会利益，而权利人亦负有此种社会职务。进而提倡

---

① 狄骥：《拿破仑法典以来私法的普遍变迁》，第 133 页。
② 同上书，第 133—134 页。
③ 温丰文：《现代社会与土地所有权理论之发展》，五南图书出版公司 1984 年版，第 17 页。

"权利否定说"，即根本否认所有权为一种权利之思想。① 社会的所有权思想，在上述诸学者的提倡之下，从 19 世纪末起，即逐渐取代个人的所有权思想，而成为社会思潮之主流。②

这种社会的所有权思想在立法上获得表现，首推德国 1919 年威玛宪法。该法第 153 条第 3 项规定："所有权负有义务，于其行使应同时有益于公共福利。"至此，社会的所有权思想始在德国法典上正式确立。惟威玛宪法施行后不久，社会的所有权思想却因与纳粹思想相结合，而转化为法西斯式的绝对全体主义的所有权思想。1933 年纳粹取得政权后，即以社会的所有权思想为理论根据，极力排斥所有权之外在制约，而高唱所有权之内在限制，且借公共利益之名，对个人所有权任意无偿征用。结果致使个人之财产权被剥夺殆尽，而本来以匡正个人的所有权之缺失为目的的社会的所有权观念遂因之而变质。③

再看日本，1919 年 3 月 8 日大审院关于信玄公旗挂松事件之判决，首先在判例中以权利滥用禁止理论修正个人的土地所有权思想。此后不久，德国威玛宪法上的社会的所有权观念传入，与日本以天皇为中心的国家全体主义思想相结合，而转化为国家全体主义的所有权思想。至二战爆发，此种国家全体主义的所有权思想，因受军阀利用而趋于极端。在国家总动员法与紧急命令下，个人的自由绝无可言，个人财产几成为支持侵略战争之工具。其结果，个人所有权之自由悉被剥夺，而成为与纳粹统治下的情形相同。有鉴于此，战后日本修改民法时，本来在修正草案中增列"私权应为公共福利存在"一句，由于表现过于强烈，深怕再度导致战时国家全体主义的所有权思想，因此改为"私权应符合公共福利"。④

综上所述，可以得知在近代史上，社会的所有权思想系滥觞于 19 世纪末期的团体主义、社会主义思想，而狄骥的权利否定说则是这一社会思潮的极端表现。在今天，当我们评价这一思潮时，对于狄骥的社会连带主义和权利否定说曾经被利用来作为纳粹法西斯主义和日本军国主义的理论

---

① 温丰文：《现代社会与土地所有权理论之发展》，第 17—18 页。
② 同上书，第 18 页。
③ 同上书，第 19—20 页。
④ 同上书，第 20—21 页。

基础的历史教训，必须有足够的认识。应该看到，所谓社会的所有权思想之产生与流行，其初衷固在匡正个人的所有权思想之缺失，但这一思想本身犹如带有两面锋刃之利剑，如用之不当，适足以抹杀私人财产权，戕害个人自由，最终酿成人类之惨剧。

三　如何看待我国改革开放前的"权利义务价值模式"

作者在"权利和义务并重的价值模式的建构"一节，用了相当大的篇幅论述原苏联、东欧及我国改革开放前的权利义务价值模式。作者指出，"在当代，包括我国在内的社会主义国家在新的社会基础和理论基础之上，建构了一种全新的"权利和义务价值模式，这就是"权利和义务并重的"或称为"权利相对论的价值模式"。并指出在原苏联及东欧国家也曾建构过大抵类似的权利和义务并重的价值模式。

作者指出，这种价值模式的现代建构是马克思主义权利义务观指导的结果。"马克思主义的经典作家及他们的继承人通过对共产主义社会理想的精心设计，通过对社会主义的经济基础和社会阶级结构的周密探讨和观察，通过对以往人类社会一切有价值的权利学说的总结和批判继承，创造性地提出和发展了马克思主义的权利义务观，其核心就是权利和义务并重的一致观或相对观。"① 在以大量篇幅引述马克思、恩格斯、斯大林、列宁、毛泽东的著作之后，作者写道："总之，马克思主义的经典作家及他们的继承人通过对权利和义务的本质的深刻把握，通过对社会主义经济基础和上层建筑的精微调查，提出了科学的权利和义务的价值观，其核心是权利和义务价值并重的观念。这一观念不仅为社会主义国家处理权利和义务之间的关系问题提供了根本的指导思想，而且为社会主义法学关于权利和义务问题的研究，打下了重要的法哲学基础。"②

笔者认为，对于上述《陈文》两段关键文字，有必要加以甄别：其一，应对马克思主义创始人和他们的继承人加以区别。作为马克思主义创

---

① 《比较法研究》1994 年第 3、4 期合刊，第 241 页。

② 同上书，第 243 页。

始人的马克思和恩格斯，虽然创立了科学社会主义学说，但他们没有亲身经历建设社会主义社会的实践，他们不可能"对社会主义的经济基础和社会阶级结构"进行"周密探讨和观察"，他们仅仅是"通过对共产主义社会理想的精心设计"，"通过对以往人类社会一切有价值的权利学说的总结和批判继承"，而提出自己的权利义务观念的。而真正能够既"通过对共产主义社会理想的精心设计"，同时又"通过对社会主义的经济基础和社会阶级结构的周密探讨和观察"，"通过对社会主义经济基础和上层建筑的精微调查"，而提出"科学的权利和义务价值观"的，只能是斯大林和毛泽东这两位马克思主义的继承人（列宁领导社会主义实践的经历太短，这里不予评论）。其二，应对所谓"社会主义经济基础"加以区别。原苏联在斯大林领导下所建立的社会主义经济基础，即权力高度集中的行政经济体制，在斯大林去世后经过赫鲁晓夫、勃列日涅夫和戈尔巴乔夫领导的经济体制改革，最后在 20 世纪 90 年代初已同"苏联"一道被废弃。我国在 20 世纪 70 年代与 80 年代之交，根据中共十一届三中全会的决议，开始进行经济体制改革，即对在毛泽东领导下建立起来的社会主义经济基础进行变革，到了 1992 年改革的目标已经被中共十四大决议正式确定下来，这就是建立社会主义的市场经济体制。显而易见，在我国，现在的以多种所有制结构和市场经济体制为本质特征的社会主义经济基础，与改革开放前以单一的所有制结构和计划经济体制为本质特征的社会主义经济基础，是有根本性的区别的。不特别注意和强调改革开放前后我国社会主义经济基础的根本区别，则何以理解邓小平所说的经济体制改革是一场革命？！其三，在作了上述区别之后，有必要特别指明，在上引段落中作者所着意强调的，马克思主义的继承人斯大林和毛泽东据以提出"科学的权利和义务价值观"的"社会主义的经济基础"，显然是原苏联在斯大林亲自领导下建立起来的以单一公有制和权力高度集中的行政经济体制为本质特征的"社会主义经济基础"和我国改革开放前的以单一公有制和计划经济体制为本质特征的"社会主义经济基础"。特别要指出的是这两种社会主义经济基础，均已成为历史而非现实存在。

在作了这样的区别，明确了据以"建构"作者所谓"权利义务并重的或称为权利相对论的价值模式"的"社会主义经济基础"之后，让我们再来看看这一为作者称道的权利义务价值模式的真实情形。对于斯大林是否提出过"科学的权利和义务价值观"以及前苏联是否在斯大林领导下建构了所谓"权利和义务并重的价值模式"暂置不论，下面只讨论我国的实际情形。

1. 《关于正确处理人民内部矛盾的问题》是否表明了毛泽东"权利和义务并重的法哲学立场"？

《陈文》写道："毛泽东忠实地继承并发展了马克思列宁主义，对权利与义务内在的有机联系也有精辟的论述，他在《关于正确处理人民内部矛盾的问题》一文中明确指出：我们的这个社会主义的民主是任何国家所不可能有的最广大的民主。……所谓有公民权，在政治方面，就是说有自由和民主的权利。但是这个自由是有领导的自由，这个民主是集中指导下的民主，不是无政府状态。"作者立即评价说，"这种恰当的、精辟的分析，表明了他所持的权利和义务价值并重的法哲学立场"。其评价不可谓不高。对此，笔者要提出的问题是：这一评价是否恰当？

1957 年 2 月毛泽东在最高国务会议上作了《关于正确处理人民内部矛盾的问题》讲话，提出划分敌我和人民内部两类矛盾的界线，用民主的方法来处理人民内部矛盾，可以认为这是他接受了斯大林错误的教训而提出的观点。但是，必须注意其中所说的两类矛盾及其解决办法，仍是阶级概念，而不是法律概念。既然我国已经颁布了宪法，要建设法治国家，则无论处理对抗性矛盾或非对抗性矛盾，都必须以宪法和法律为依据。打击的对象只应是各类刑事犯罪分子。而对于犯罪分子进行制裁的根据，应当是犯罪事实和法律规定，而不应问其阶级成分，因为法律面前人人平等。[①]应当特别指出的是，《关于正确处理人民内部矛盾》一文，并不是没有表明毛泽东的哲学思想和立场，但是有一点不容怀疑：无论该文所表明的哲学思想和立场在今天看来是正确或者错误，都与所谓的"法哲学立场"或者"权利和义务价值并重的法哲学立场"毫不相干！绝不要认为毛泽东的讲话中提到"权利"、"自由"、"自由权"等字眼，就轻率地断定毛泽东持有什么权利和义务价值并重的"法哲学立场"。让我们来看历史事实：

就在毛泽东作了《关于正确处理人民内部矛盾的问题》讲话后不到两

---

① 李锐：《毛泽东的早年与晚年》，贵州人民出版社 1992 年版，第 230—231 页。

个月，毛泽东于 5 月 15 日写了《事情正在起变化》的文章，发给党的高级干部阅读，提出为了清除发生匈牙利事件的危险，应采取"引蛇出洞"的办法。6 月 8 日发出由毛泽东起草的党内指示《组织力量反击右派分子的猖狂进攻》，并在人民日报发表毛泽东撰写的社论《这是为什么？》，7 月 1 日又发表毛泽东撰写的社论《文汇报的资产阶级方向应当批判》。反右派斗争就这样开始了。据 20 年后右派改正时的统计，全国共有 55 万多人被错误地打成"右派"（包括被株连的家属就达几百万人）。这个数字，是当时全国知识分子总数的九分之一。李维汉指出，把一大批知识分子、爱国人士和党的干部错划为右派分子，使他们和家属长期遭受委屈和打击，这不仅是他们本人的不幸，也是国家民族的不幸。[①] 这当然也是中国走向法治之路的不幸。历史事实丝毫没有给作者所谓"权利义务价值并重的法哲学立场"提供肯定的证明。

2. 什么是毛泽东所设计的社会理想？

《陈文》写道，"马克思主义的经典作家及他们的继承人通过对共产主义社会理想的精心设计"，"创造性地提出和发展了马克思主义的权利义务观，其核心就是权利和义务价值并重的一致观或相对观"。[②] 这就使我们情不自禁地要搞清楚，毛泽东据以"创造性地提出和发展"了作者所谓"权利和义务价值并重的一致观或相对观"的"社会理想"到底如何。

毛泽东青年时期受到康有为《大同书》和日本的新村主义的影响，毛泽东 1919 年写的《学生之工作》一文，其中关于新村的构想颇像后来的人民公社。在《论人民民主专政》中说："康有为写了《大同书》，他没有也不可能找到一条到达大同的路。"而对康有为关于大同社会的设想之属于乌托邦性质，在毛泽东的全部著作中并无一字评论。到了大跃进时，毛泽东自认为找到了这条道路。毛泽东是一国之主，康有为只能想想的事情，现在可以付诸实行了。从 1958 年初起，毛泽东就开始构想未来中国的理想蓝图，认为乡社合一将是共产主义的雏形。毛泽东在两次同刘少奇的谈话中提到康有为的《大同书》。《大同书》主张男女同居不得超过一

---

① 李锐：《毛泽东的早年与晚年》，第 238 页。
② 《比较法研究》1904 年第 3、4 期合刊，第 241 页。

年，通过消灭家庭来消灭私有财产。在大跃进时，毛泽东多次有过消灭家庭的想法。1958 年 7 月 16 日出版的《红旗》杂志第 4 期《在毛泽东同志的旗帜下》一文，第一次公布了毛泽东要建立人民公社的思想。8 月初，毛泽东视察河南新乡七里营，感触颇深地说："看来人民公社是个好名字，包括工农商学兵。它的特点一曰大，二曰公。"随后到山东，又说"还是办人民公社好"。在北戴河会议讨论人民公社问题时，毛泽东讲过：空想社会主义中的一些理想，我们要实行。各地大办人民公社时，毛泽东曾将《大同书》和《哥达纲领批判》一起送给徐水县的干部阅读。毛泽东还对汉末张鲁所实行的"五斗米道"中的"置义舍"（免费住宅），"置义米肉"（吃饭不要钱），"不置长吏、皆以祭酒为治"（近乎政社合一、劳武结合），非常欣赏，在通过《关于人民公社若干问题的决议》时，还将《张鲁传》亲自作注，印发与会者阅读。1958 年 8 月北戴河会议通过了《关于在农村建立人民公社问题的决议》，认为"人民公社是加速社会主义建设过渡到共产主义的一种最好的组织形式，并将发展成为未来的共产主义的基层单位"。于是一两个月内，全国实现了人民公社化。在经济文化落后的中国，在生产力十分落后的基础上，企图尽快消灭社会的各种差别和不平等现象，建立理想中的公正、平等、纯洁的社会，是毛泽东毕生执著追求的目标。大跃进的失败和三年严重经济困难，也没有动摇他对自己设计的社会主义理想模式的向往。在发动"文化大革命"的同时，他又把这个理想蓝图展示在全国人民面前。这就是 1966 年 5 月 7 日给林彪的信，当时称为《五·七》指示所提出的，消灭社会分工，把各行各业都建成亦工亦农、亦文亦武的"共产主义大学校"。实质上是一种向小农思想的回归，是要倒退到自给自足的自然经济的小生产社会去。问题在于，他所追求的这种公正、平等、纯洁的理想社会，实质上是一个体现古代农民战争的均贫富、等贵贱的口号，结合革命战争时期根据地供给制生活实践经验的具有浓厚平均主义色彩的闭关锁国的乌托邦。[①] 按照《陈文》的说法，毛泽东正是通过自己对共产主义社会理想的精心设计，创造性地提出和发展了所谓"权利和义务价值并重的"权利义务观的。

---

① 李锐：《毛泽东的早年与晚年》，第 271 页。

3. 毛泽东是否真有所谓"权利和义务价值并重"的权利义务观？

由上可知，毛泽东所精心设计的理想社会，是一个纯粹公有制成分、实行产品经济、分配上大体平均的，限制资产阶级权利的自我封闭的社会主义乐园。在这种社会里，产品并不丰富，但是分配平均；社会分工模糊，但是公正；所有制成分单一，但是纯洁。总之，平等、公正、纯洁，是毛泽东毕生执著追求的人类社会目标。这个目标他自认为属于马克思的共产主义理想。毛泽东不仅设计了这个社会主义理想，同时也提出了实现这个理想社会的基本途径，这就是"无产阶级专政下继续革命"的阶级斗争理论。其结果是导致继续不断发动的政治运动步步升级直到发动"文化大革命"，造成持续十年之久的社会大动乱。这已经由《关于建国以来党的若干历史问题的决议》作了结论，在此无须赘述。而在此须加以明确的是，毛泽东既然通过阶级斗争来实现他所精心设计的理想社会，就绝不可能重视法律的地位和作用，也就绝不可能形成所谓"权利和义务价值并重的"权利义务观或者法律观。

人类社会发展的历史，即使是阶级社会的发展历史，内容也是无比丰富的，包括政治、经济、军事、法律、文化、艺术、科学、教育、民族、宗教，等等，各有其自身特殊的内容和发展规律，也各有其对历史发展所起的特殊作用，绝不能够以阶级斗争予以包括或替代。特别是经济、文化、艺术、科学、教育的发展，都有赖于社会的稳定。而社会的长期稳定，只能靠法律，只能靠法治。阶级社会的历史表明，夺取政权靠暴力革命即激烈的阶级斗争，但一旦取得政权之后，就要依靠法律以维持长期的社会稳定，形成正常的法律秩序。因此，阶级斗争的理论基本上只在革命时期起主导作用，和平时期如我们的社会主义建设时期，虽然在一定范围内还存在某种程度的阶级斗争，但绝不能靠"阶级斗争为纲"来发展生产力，来发展文化、科学、教育，来推动社会前进。改革开放前长达 20 年的"左"的错误理论和实践，表明毛泽东在阶级斗争问题的认识上，夸大了革命战争年代的经验，通过阶级斗争实现带有空想社会主义色彩的社会理想，无视人类社会发展的客观规律，说他创造性地提出和发展了什么权利义务观或法律观，是不符合历史事实的。

毛泽东在早期的著作中确有重视民主的思想。如在《古田会议决议》

中提出要在军事建设上坚持贯彻民主精神。延安整风提出要发扬民主，知无不言，言者无罪，闻者足戒。取得政权以后，他就不再像民主革命时期那样强调民主问题了，更没有提出过民主必须法律化。随着"阶级斗争为纲"的提出，他愈来愈习惯于集中、集权和专断。甚至认为"民主这个东西，有时看起来似乎是目的，实际上，只是一种手段"。"民主是一个方法，看用在谁人身上，看干什么事情。"实质上，毛泽东的民主思想类似于儒家的民本思想，如便民、利民、为民作主、民贵君轻等，与改革开放以来中共中央提出要建立社会主义民主政治中的民主，其实并不相干。毛泽东晚年很欣赏所谓"大民主"，并不说明他对民主感兴趣，而是说明他对法制不感兴趣。他看不惯一切规范的东西，将列宁所谓"专政是直接凭借暴力而不受任何法律约束的政权"奉为圭臬。他用谚语"和尚打伞，无法（发）无天"，表达自己轻视和否定法制的思想，并引为自豪。在读《政治经济学教科书》时谈道："许多问题的解决，光靠法律不行，法律是死条文，是谁也不怕的；大字报一贴，群众一批判，会上一斗争，比什么法律都有效。"我们这样大的国家，竟然在几十年里没有民法、刑法、民事诉讼法和刑事诉讼法，这难道是偶然的吗?! 从反右斗争开始，一再批判"司法独立"、"三权分立"是所谓资产阶级观点，撤销了国务院法制局和司法部，将最高法院、最高检察院和公安部合署办公，取消了三机关之间的独立性和制衡作用，发展到"文化大革命"期间的"砸烂公检法"。民主没有法律的保障甚至不能起到一种手段的作用，只能仅仅成为一种宣传口号。[①] 试想，按照法律程序选举的国家主席，尚且因一张大字报就被剥夺了人身自由，被迫害而死，哪还有起码的民主和法制可言!? 哪里谈得上有什么"权利和义务价值并重"的权利义务观或法律观!?

当我们谈论毛泽东的权利义务观或法律观时，不应忽略他关于"限制资产阶级法权"的思想。毛泽东所设计的所谓"公正、平等、纯洁"的理想社会主义模式，与马克思主义关于社会主义阶段按劳分配原则，是格格不入的。因此，他多次借用马克思的"资产阶级法权"概念，来否定按劳分配原则。他认为，八级工资制、按劳分配、货币交换，这些跟旧社会没

---

① 李锐：《毛泽东的早年与晚年》，第290—291页。

有多少差别，所不同的是所有制变更了。他甚至将资产阶级法权概念扩张，以至于社会生活中一切不平等现象，一切不合理现象，几乎都是"资产阶级法权"。其实，这是对马克思原意的误解。马克思在《哥达纲领批判》中说，劳动者以一种形式给予社会的劳动量，又以另一种形式全部领回来，在这里平等的权利按照原则仍然是"资产阶级的法权"。"法权"这一意译是不准确的，后来改为"资产阶级权利"，仍然不够准确，准确的译法应当是"市民权利"。在大跃进和人民公社运动中，毛泽东一度提出取消工资制，恢复供给制。他认为，过去战争年代实行的供给制是先进的，具有共产主义性质，而工资制有很大弊病，社会主义社会不是非要实行不可。这就是希望先从分配和消费上实现他理想中的共产主义。北戴河会议之后，张春桥迎合其思想，在上海发表《破除资产阶级法权思想》一文，毛泽东为之写了编者按，肯定"张文基本上是正确的"，让人民日报转载。"文化大革命"中，他把对待所谓"资产阶级法权"的态度，视为识别修正主义和走资派的重要依据。1975年，毛泽东再次提出"资产阶级法权"要在"无产阶级专政下加以限制"，并开展了对资产阶级法权的批判，导致全国城乡"割资产阶级尾巴"，彻底堵塞了繁荣经济、勤劳致富的道路。这一对资产阶级法权的批判，还直接导致对社会主义市场经济的错误认识，将市场经济等同于资本主义。[①] 在所谓"限制资产阶级法权"亦即限制"市民权利"的思想支配之下，绝不可能形成什么"权利和义务价值并重的"权利义务观或法律观，应是毋庸置疑的。

请读者注意1979年6月28日邓小平在会见日本公明党第八次访华团时的谈话。邓指出：民主和法制，这两个方面都应该加强，过去我们都不足。要加强民主就要加强法制。没有广泛的民主是不行的，没有健全的法制也是不行的。我们吃够了动乱的苦头。我们好多年实际上没有法，没有可遵循的东西。这次全国人大开会制定了七个法律。这是建立安定团结政治局面的必要保障。没有安定团结生动活泼的政治局面，搞四个现代化不行。这次会议以后，要接着制定一系列法律。我们的民法还没有，要制定；经济方面的很多法律，比如工厂法，等等，也要制定。我们的法律是

---

① 李锐：《毛泽东的早年与晚年》，第291—293页。

太少了，成百个法律总要有的，这方面有很多工作要做，现在只是开端。民主要坚持下去，法制要坚持下去。这好像两只手，任何一只手削弱都不行。① 这一段话，毫无疑问是对我国改革开放前长时期极度轻视民主法制的深刻教训作了总结。当然应该成为我们评价改革开放前的民主法制状况，包括是否有所谓"权利义务价值并重"的权利义务观或法律观的认识基准。

四　评所谓"我国已经和正在建构权利和义务并重的价值模式"

作者认为"权利和义务并重的价值态度在我国现行法律规范体系中已有初步但较为明显的反映"，并得出"我国已经和正在建构权利和义务并重的价值模式的雏形"的论断。为了论证这一论断，作者提出了五个方面的证据。首先，举出《宪法》第 33 条第 1 款关于公民在法律面前一律平等的规定，及第 5 条关于一切国家机关、武装力量、政党、团体、企事业组织都必须遵守《宪法》和法律的规定。其次，举出《宪法》第 33 条第 2 款关于任何公民享有《宪法》和法律规定的权利，同时必须履行《宪法》和法律规定的义务的规定，认为这一规定"突出地体现了公民权利和义务的一致关系"。第三，作者指出现行《宪法》规定了我国公民能够享受的广泛的权利和自由，又规定了必不可少的义务。举了《宪法》第 2 条关于一切权力属于人民的规定，以及第 34 条至 50 条，第 51 条，第 42 条，第 46 条，等等。并特别指出第 51 条体现了不得滥用自由和权利的要求。第四，作者特别举出第 42 条和第 46 条关于公民有劳动的权利和义务，有受教育的权利和义务的规定，认为在这些问题上权利和义务浑然成为一体，不能再分割，这是权利和义务一致性的最突出的体现。最后，作者指出"在我国民事权利的体系中，例如财产所有权以及与财产所有权有关的财产权、债权、知识产权和人身权等权利中，都具有相对性"。②

---

① 《邓小平文选》第 2 卷，第 189 页。
② 《比较法研究》1994 年第 3、4 期合刊，第 245—246 页。

作者谨慎地将自己的论据限制在现行法律规范体系和现行宪法范围内,这当然是明智的。但遗憾的是,作者并没有指明现行法律规范体系之开始建立和现行宪法之颁布,是在中共十一届三中全会决定拨乱反正、改革开放和进行经济体制改革之后,尤其是在《关于建国以来党的若干历史问题的决议》通过之后。笔者认为,指明这一历史时代背景,具有特别重大的意义。如前所述,在改革开放之前,尤其从反右派斗争直到"文化大革命",并没有提出建立社会主义民主政治和社会主义法制的要求,实行的是人治而不是法治,没有也不可能建立一个法律规范体系,当时的宪法虽然规定了人民可享受若干自由和权利,但基本上不能实行,只是一种宣传口号。现行宪法和现行法律规范体系据以建立的经济基础,是社会主义市场经济,应当反映社会主义市场经济的本质特征和基本要求。因此,我们在评价现行法律规范体系和现行宪法的基本精神,判断其所体现的权利义务价值倾向时,绝不应脱离社会主义市场经济这个经济基础,而对现行规定作任意解释。例如《宪法》第 51 条规定,相当于各国立法或判例上所谓"权利滥用之禁止"原则,是以法律强调和保障人民享有广泛的自由和权利为前提的,这一原则在我国法律上出现这一事实,正好说明我国法律反映经济基础的要求,强调对人民自由和权利之保障。在改革开放前并不打算实行法治和保障人民享有真正的自由和权利,当然不发生禁止权利滥用的问题。同时,这一原则的实质也不在于什么权利和义务价值的并重,而仅仅在于为自由和权利之行使设立一个界限,不允许借口行使自由和权利去损害社会公益和他人利益。例如德国民法典被学者一致公认为权利本位的立法,而该法典第 226 条已经规定了权利滥用之禁止原则,可知这一原则只是对权利之行使略加限制而已,与作者所谓权利和义务并重的价值模式无关。

特别需要指出,作者认为"在我国民事权利的体系中,例如财产所有权以及与财产所有权有关的财产权、债权、知识产权和人身权等权利中,都具有相对性",并用来证明其所谓"我国已经和正在建构权利和义务并重的价值模式",是出于对民法上所谓权利的相对和绝对的误解。民法学关于权利以不同的标准进行不同的分类,例如,以权利之标的为标准,分为财产权与非财产权;以权利之作用为标准,分为支配权、请求权和变动权；以权利之效力为标准分为绝对权与相对权。所谓绝对权，指权利人可以对一切人主张的权利，又称对世权。所谓相对权，指权利人仅可以对特定人主张的权利，又称对人权。依此分类，物权包括所有权、用益物权和担保物权，人格权和知识产权均属于绝对权，而债权则属于相对权。可知民法上所说的绝对权之绝对性和相对权的相对性，绝不应被混同于哲学上所谓绝对性、相对性、绝对化、相对化等概念。

这里有必要涉及近代民法所谓所有权绝对原则。民法所谓"所有权绝对"，包括：绝对不可侵性、绝对自由性和绝对优越性三者。绝对不可侵性，系指土地所有权为绝对不可侵夺之权利，亦即土地所有权具有排他的、唯我独尊之性质而言。所谓绝对自由性，乃所有权人对自己所有之土地可任凭已意自由使用、收益、处分之谓。至于绝对优越性，指土地所有权透过契约关系，而与土地利用权形成对立时，所有权处于绝对优越之地位而言。一般而言，上述三种特性常相辅相成，彼此关联，浑然成为一体。不过，在学理上，不可侵性属于公法学上的概念，而自由性与优越性则为私法学上的概念。所以不可侵性常被明定于宪法条文中，而自由性与优越性则常表现于民法典之内。此种不可侵性、自由性与优越性浑然成为一体之所有权绝对思想，在昔日对于封建制度之铲除，及促进资本主义经济之发展具有不可磨灭之功绩。[1] 但在 19 世纪后期造成种种社会问题，导致立法和判例学说对该原则的限制。称为所有权的社会化思想。基于所有权社会化思想，现代法遂对所有权进行若干限制，包括从公法上规定一定条件下国家实行征收、进行管理以限制其不可侵性，从私法上规定权利滥用之禁止原则以限制所有权的自由性，再以租赁权物权化限制其优越性。但在所有权绝对原则受到这些限制之后，能不能说所有权已经变成了相对性的权利呢？不能。所有权仍属于绝对权，仍属于可以对抗一切人的权利。即使主张所有权社会化最为极端的狄骥也承认，只能够说所有权的保障"所根据的法律意念有了变化。虽则如此，个人所有权仍旧受到保障而抗拒一切的侵害，就是公共权力的侵害亦在抗拒之列"。[2] 因此，即使用现

---

[1]　温丰文：《现代社会与土地所有权理论之发展》，第 15—16 页。
[2]　狄骥：《拿破仑法典以来私法的普遍变迁》，第 135 页。

代法上所有权绝对原则受到限制的事实来证明作者所谓权利和义务价值并重或者权利相对论，也是不确切的。

我国改革开放以来的法治实践的最突出特征是什么？是突出、强调和强化对广大人民群众和企业权利的保障。如所周知，我国经济体制改革是首先从农村开始的。即废除人民公社制度，实行家庭联产承包责任制。其实质是使农民从政社合一的人民公社体制的行政隶属关系中解脱出来，成为有独立经济地位、法律地位和民事权利能力的主体，依据联产承包合同享有对集体土地、山林、草场的使用权，对自己劳动的成果享有所有权。而在三级所有队为基础的人民公社体制下，农民只是政社合一的人民公社这个组织体内部的构成员，没有独立的经济法律地位和权利能力，严格按照上级命令进行生产劳动，根据年终分配获得消费品，如果不算被称为资本主义尾巴的自留地和自养禽畜，几乎谈不到有什么财产权利。两相对照，可以说农村经济体制改革，实质上是从义务本位向权利本位的回归，或从身份（行政隶属关系）到契约的进步。至于城市的经济体制改革，则大致的轨迹是扩权——利改税——承包经营——建立现代企业制度。在改革开放之前，企业并无独立经济地位和法律地位，它们是社会主义国营经济中的一个个细胞，它们不具有民事权利能力，对企业财产包括自己的产品也不享有任何权利，实质上是行政机关的附属物（在前苏联和我国早些时候的经济法著作中国有企业曾被称为"经济机关"）。因此，改革从扩权开始。近年国务院颁布的转换企业经营机制条例规定企业享有十多项权利。中共十四大决议提出要建立现代企业制度，即逐步将大中型国有企业改组成股份公司和有限责任公司，使现在的国有企业真正成为能够享有各种民事权利的法律主体——法人。我们同样可以说，城市经济体制改革尤其是国有企业改革的实质，仍然是从义务本位向权利本位的回归，或从身份（行政隶属关系）到契约的进步。

再看改革开放以来的立法，尤其是作为民事基本法的民法通则，完全是以权利作为立法的中心。第一章第一条即明定立法目的是：为了保障公民法人的合法权益。第二章规定权利主体。第四章规定权利之取得。第五章规定各种权利，包括物权、债权、知识产权、人格权。第六章规定对权利的保护。请读者将民法通则与世界上号称权利本位的著名法典如法国、德国、日本、瑞士的民法典相对照，看看是否有根本的不同。难怪民法通则一颁布，就在世界上引起极大反响，被称为"中国的权利宣言"。当然，笔者并不否认，民法通则上也有体现社会本位思想的规定，如关于诚实信用原则，关于权利滥用的禁止原则，关于特殊侵权行为的无过错责任，等等，说明民法通则在突出权利本位，强调对公民法人民事权利的保护的同时，也提出了兼顾国家利益和社会公益的要求，不允许滥用权利以损害国家、集体和社会公益。但民法通则仍不失为权利本位的立法，绝不应混同于《陈文》所谓的权利和义务价值并重的或权利相对论的价值模式。笔者还要提请读者注意，我国改革开放以来的立法，还特别针对社会上某些易于受到损害的人群颁布了特别的权利保护法，如消费者权益保护法、妇女权益保护法、归侨和侨眷权益保护法，等等。如消费者权益保护法专设第二章规定消费者九大权利，包括人身财产安全的权利、知情的权利、选择的权利、公平交易的权利、获得赔偿的权利、成立消费者团体的权利、受教育的权利、人格尊严和民族习惯受尊重的权利、对商品和服务进行监督的权利，同时却在第三章规定经营者的各项义务。法律将权利给予了消费者一方，却将义务强加给了经营者一方！这样的立法实践按照《陈文》所谓权利和义务的一致性、权利相对论或者权利和义务价值并重的模式，是无论如何也解释不通的。总而言之，我国改革开放以来的法制实践，绝不是有意模糊权利和义务的界限，使权利义务相对化，使权利变成"似有却无，说无却有"的不可名状的东西，绝不是搞什么"原始回归"，"反朴归真"，也绝不是什么"权利和义务价值并重"，而是突出、强调、强化对公民法人权利的保护！《陈文》断言"我国已经和正在建构权利和义务并重的价值模式"，绝不符合我国改革开放以来的改革方向和法治实践！

五　结束语

中共中央提出要加强社会主义民主和社会主义法制的建设，要尽快建立社会主义市场经济法律体系。因此，讨论以什么样的法律观或权利义务观作为建设社会主义民主法制的基本理念，换言之，讨论法律的本位问题或价值取向，绝不是没有意义的。应当看到，当代西方法律学者针对片面强调个人自由权利及执行自由放任主义政策所导致的社会弊端，提倡社会的权利思想或者社会本位的立法思想，固然有其进步意义。但所谓社会本位之法制，亦仅对权利本位法制稍作调整而已，绝非义务本位法制之复活。以人权宣言和拿破仑法典所确立的体现权利本位法律精神的三大原则，即契约自由、权利之不可侵及过失责任，迄今仍为世界各国法制之基础。实则所谓社会本位与权利本位，个人利益与社会利益，未必根本冲突。所谓社会，不过是个人之集合。没有个人，何来社会？故社会观念必自个人观念始，社会利益观念必自个人权利观念始，无个人权利观念之社会观念，不过是奴隶观念之别称！本世纪以来之所谓社会本位立法思想及立法实践，乃在纠正和防止片面强调个人权利之弊，但其基本出发点仍未脱离个人及权利观念。法律一日为人类社会之规范，则可以断言个人观念、权利观念必有其一日之存在！① 我国有长达数千年的义务本位法制传统，个人观念、权利观念十分薄弱，加之新中国成立后在民主法制建设上走过一段弯路，尤其是从反右斗争至"文化大革命"这一段，片面强调国家和社会利益，否定个人利益和个人权利，近乎彻底的社会本位。有鉴于此，当前在建设社会主义民主和法制的实践中，应突出对公民法人权利的保障。在坚持权利本位的基础上兼顾社会利益。不可轻信、轻言所谓权利本位立法思想已经衰落，更不可轻率地提倡什么原始回归和反朴归真！

还有一点应当补充说明的是，笔者并不否认个人利益和个人权利应受一定限制，问题是这种限制应当有正当理由，并有一个合理的"度"，以保障不至于走向彻底否定个人利益和个人权利的极端。如前所述，对权利的限制可以采取两种途径，其一是所谓外部限制，其二是所谓内部限制。所谓外部限制，概而言之。是在承认并保障权利之不可侵性、自由性的前提下，以公法上的国家征收及适当行政管理措施以限制其不可侵性，以私法上的权利滥用之禁止原则、诚实信用原则和公共秩序与善良风俗原则限制其自由性。这是现今法治国家所通行的做法。所谓内部限制，以威玛宪法关于所有权负有义务的规定为滥觞，认为权利本身包含义务，权利应为

---

① 王伯琦：《民法总则》，第31—34 页。

社会的目的而行使，混淆权利与义务的界限，最后使权利变成"说有却无，似无却有"的东西。其理论的极端代表为狄骥的权利否定论。学者提倡权利之内部限制，目的在于实践公益优先原则，必要时牺牲个人利益以维护社会公益。殊不知社会公益有真假之分，所谓内部限制很容易成为借社会公益之名剥夺个人权利的理论依据。纳粹德国和日本军国主义正是利用了权利内部限制说的这一致命弱点。《陈文》所谓权利和义务价值并重的或权利相对论的价值模式，以及所谓原始回归，反朴归真，实际上就是走的权利内部限制说的路子。

邓小平在《答意大利记者奥琳埃娜·法拉奇问》中指出，我们这个国家有几千年封建社会的历史，缺乏社会主义的民主和社会主义的法制。现在我们要认真建立社会主义的民主制度和社会主义法制。① 我国才刚刚开始走上民主法治建设之路，人民大众和企业的权利意识、法律意识才刚刚开始复苏，各种侵害合法权益的事件还层出不穷，各种阻碍社会主义民主法治的因素和势力还严重存在。因此，要求法学理论研究在评价我国历史上的和现今的民主法治状况，以及选择关系民主法治建设的根基的基本理论如权利义务观或者法律观时，不可不慎之又慎！

谨以此文作为对伟大五四运动之纪念。1995 年 5 月 4 日。

（刊于《比较法研究》1995 年第 9 期）

---

① 《邓小平文选》第 2 卷，第 348 页。

是制定"物权法"还是制定"财产法"

——郑成思教授的建议引发的思考

引言

2001 年 6 月、7 月、9 月，中国社会科学院《要报》接连刊载中国社会科学院法学研究所郑成思教授的三篇文章，建议不制定物权法而制定财产法，并对中国民法学界进行了尖锐的批评。

中国社会科学院《要报》是一份专供中央高层领导阅读的机密内刊。郑成思教授选择该刊而不是选择一般学术刊物连续发表此三篇文章，一下子就将此事关民事立法、事关民法学术的重大问题，提交国家最高领导层，寄希望于最高领导层的权威以解决问题，而有意回避学术争论。

鉴于郑成思教授的建议，事关国家民事立法走向，涉及民法学术上的重要理论，如民法调整对象、物权的本质、民法典的结构体例，对"物"、"物权"、"财产权"等基本概念的理解，以及如何看待包括网络技术在内的高科技和知识产权，等等，毋庸讳言，也关系到整个中国大陆民法学界的声誉，因此笔者经犹豫再三之后，决定撰写本文①，与郑成思教授商榷。

为便于读者对郑成思教授的建议和批评有充分了解，特将郑成思教授的三篇文章（第一篇是原文，第二、三两篇是摘要，文中黑体字依照《要报》）置于本文正文之前。

郑成思教授的第一篇文章：

---

① 本文撰写中得到北京大学教授尹田及本院博士生冉昊、徐涤宇，硕士生徐雨衡的帮助，谨此表示感谢。

关于制定"财产法"而不是"物权法"的建议（本文中简称《建议一》）

一、无论在物权法中还是在将来的民法总则中，使用"物权法"还是使用"财产法"，有必要认真研究。 关于使用"财产法"的建议，是我在1997 年读到同样是从计划经济向市场经济转轨的越南所起草的《民法典》时，受到启发而提出的。由于我国多数民法学者的基本概念来自我国台湾地区、日本、德国等使用"物权"概念的民法中，故至今我的建议不被我国民法界接受，但我仍旧希望立法机关能够认真研究一下这个问题。

二、法律乃至整个社会科学领域应当过问的是人与人的关系，不是人与物的关系。 "物权法"开宗明义就须界定什么是"物"。这是与我国民法学者们在他们的"民法总论"中大都认为"民法调节人与人、人与物、两个人与第三人这三种关系"有关的。而认为民法调节人与物的关系的论点，我认为并不正确。我们可以从马克思在《哥达纲领批判》中第一段的论述中推断出的，诸如阳光、风力乃至雷电，等等，都是"物"，其中有些甚至可以是"财富"，但它们显然并不属于法律规范的对象。即使真如一些民法学者所说"物权法是调整财产归属的"（而不可能调整上述物的归属），那么称"财产法"而不称"物权法"就更加合理一些，也是显而易见的。

民法典的始祖法国民法典并不使用"物权"。20 世纪 90 年代两个曾经与我国制度相同的国家俄罗斯与越南新制定的民法典，也不使用"物权"（俄罗斯民法典中提到物权，越南则根本不提）。

自 19 世纪中叶以来，即使不赞成马克思主义理论的西方法学家，也有相当一部分赞同并转述着马克思主义理论中的这样一个观点："财产"不过是指人与人之间的一种关系。这种观点，直到 20 世纪末叶，仍旧被西方学者转述着。例如，在德莱豪斯的《知识产权哲学》一书的开始，我们就可以读到下面一段在马列著作中屡见不鲜的论述："把财产看做物，而不看做人与人的某种关系，即使不是完全错误的，也至少是毫无意义的。"

但是，财产（无论动产还是不动产）一般会首先表现为某种"物"。因此，在马克思主义出现之前，财产往往被看做是人与物之间的关系，其至是物与物之间的关系。

三、我国由于大致从改革开放的 20 世纪 70 年代末才真正允许对财产法的研究，现在民法中财产权理论几无基础。一些作为教材的论著把财产法所规范的关系（至少其中一部分关系）归纳为"人与物之间的关系"。**他们忘记了：只有自然科学才可能研究人与物的关系。在社会科学中，在法学中，在法学的民法项下的财产法中，当我们讲到某物归某人所有时，我们讲的实质是该人同其他一切人的一种关系。**这是人与人的关系，法律要规范的正是这种关系，而决不会去规范人与物的关系。当我们讲到某甲欠了一百元债。在财产法中也决不能停留在甲与这一百元的关系上。任何律师都会进一步提出："欠了谁的?"这仍是人与人之间的关系。**所以，把财产法归纳为规范人与物的关系的论述，失误在把现象当成了本质。**这种论述本身只停留在了门槛上。

无论是法国民法中以财产权开头还是德国民法以物权开头，接下去都会立即涉及"所有权"然后方是"用益权"，等等。又无论从财产权理论出发还是从物权理论出发，相关法条及学者的专著，又都把财产的分类或物的分类，首先划分为动产与不动产。马克思认为：这种划分法，目的在于掩盖"剩余劳动"中隐藏的阶级剥削关系。但从另一方面看，这种划分有助于分别不同客体去研究各种法律关系，即较有条理地去"入门"。所以，无论在马克思之前还是之后，至今这种划分一直继续着。只是德、日法理体系的"物"的概念，这样一划分，又回到财产概念了。动产（Movable Property）与不动产（Inmovable Property）都重新使用了可移动与不可移动的"财产"（Property）概念，暂时放弃了"物"（Real Thing）的概念。只是在未能仔细考虑将外来文字转述恰当的我国著述中，才出现过在"物"的大项下，"动产、不动产"随之又与这二者并肩存在的"财产"这种十分值得商榷的划分法。在中文里，的确有人看不出这种同语的重复和逻辑上的冲突。

由于财产几无例外地必然联系到"权"，所以，在不少国家的法律条文和法学著述中，"财产"与"财产权"往往交替使用，却指的是同样对象。甚至在同一个题目下，对有的财产直称"财产"，对有的财产则称"财产权"。各国法乃至国际公约，更是时而称知识产权为 IP，（知识财产），时而称 IPR（知识产权）。甚至在同一公约的同一条中，针对同一事物，也这样交替使用。最明显的例子是几乎缔结最迟、法律用语上本应是炉火纯青了的 TRIPs（即《与贸易有关的知识产权协议》，参见该协议英文原文文本第四条与第五条）。这些说明：在民法及其分支财产法的研究中，在人们通常可以理解其本义的情况下，没有必要去咬文嚼字。

四、我认为，从马克思主义的观点出发，并认真参考现有国外民法典的成例，可以顺理成章地把民法典归纳为三个部分。一是人。这是民事主体。这部分包括家庭、婚姻，等等。**二是财产权**（即一人对一切人的民事权利）。**三是债权**（即一人对某一个或某一些特定人的民事权利）。这样的归纳可能比目前许多持"物权"论的民法学说更加合理、科学一些，它至少不会产生把物都当成财产或把债都当成财产那样的误解或误导。

五、在当代社会，缺少了信托制度，则动产、不动产、资金中的相当一部分，均难以得到有效的利用。于是原先一直坚持"一物一权"信条的法国、日本，等等，均先后从英美法系引进了这一制度。有人曾形象地借德国人的话表达出德国法中的"形而上学"在面临信托制度时遇到的困难："你认为应该把信托制度列入《德国民法典》的'债权篇'还是'物权篇'？"

如果遇到任何法律问题，都只愿走一概念、二定位、三法律体系、四法律关系的思路，那就有不少路走不通，问题解决不了。欧陆法系国家在 20 世纪一再引入英美法系的"预期违约"、"即发侵权"、"反向假冒"等初看起来在法理上说不通的概念及原则。更进一步讲，至于欧陆法系国家学者自己，都在十多年前已承认诸如财产所有权的"三项主要功能"（使用、收益、处分）虽看起来十分合乎逻辑，却实质十分肤浅。这些，也向学习欧陆法系法理的学生们指出：老师的观点在发展变化、学生决不可再墨守成规了。我们立法者在以学生的身份从德国、日本（直接是从我国台湾地区）引进"物权"概念时，如果真的自己陷入"见物不见人"，并且法律从题目到内容也实际引导国民"见物不见人"；而今天就连西方学者都认为马克思关于民事法律或财产法律关系中"见人不见物"的原理仍旧适用，那么我们可能被人视为在两个方面都没有成为合格的学生。

六、对使用财产权概念的异议，最初可能是由语言障碍引起的。原因是整个现代民法体系，都几乎是从"外"引进的。而学者中的一部分又偏偏不重视外语。如上所说，有的学者断言"债"也属于"财产权"，同时却又指出：财产法是规范财产归属的、债权法是规范财产流转的。至于"转移"这种动态自身怎么又成了"财产"了？却没有给予答案。也许难以回答。实际上，这是把"debt"（债）与"obligation"（债、责任、义务，等等）混淆了。Debt 确属财产权。而 Obligation（责任、义务）是否也属于财产权？就是说，是否在人身权之外就只剩下了财产权？这就大大值得商榷了。**所有的西方国家民法的债权篇（Obligation）均是与财产权篇（Property）分立的，绝不可能出现前者也属于后者的混淆。**（原文载中国社会科学院《要报：信息专版》，第 41 期，2001 年 6 月 8 日）

郑成思教授的第二篇文章：

关于法律用语、法律名称的建议（本文中简称《建议二》）

《要报》编者按，郑成思研究员曾在本刊第 41 期刊文，提出制定财产法而不是制定物权法的建议，最近他又给本刊来稿，就我国立法名称及相应用语中存在的问题，再次提出建议。现摘报如下。

我国绝大多数法律，是"名实相符"的。但有很少一部分法律，名称与内容不大相符。这样的法律大致分以下三类：

第一种类型是刚刚颁布的《婚姻法》（修正案）。（略）

第二类是名称欠妥，且已颁布一段时间，但不像《婚姻法》那么长，又并非代表大会颁布的法律。这一类的典型可推《著作权法》。（略）

第三类是尚在起草中的法律。这类法律在颁布前即应反复推敲其名称，以免颁布后使人感到不妥，再来讨论其名称改还是不改。这一类的典型是"物权法"。从法哲学角度看，古罗马时，将法律分为"人法"、"物法"、"行为法"（或债法）。19 世纪初法国民法典起草时，起草人意识到法律不可能调整人与物的关系；物的形式下掩盖的仍然是人与人的关系。故当时更改"物法"部分为"财产法"。因为"财产"反映的则是人与人的关系。19 世纪末，德国民法典起草时，在哲学上走了回头路。虽然德国民法从条理上、体系上比法国民法进了一大步，但在法律究竟是调整人与人还是人与物的关系问题上，则退回到古罗马时代了。这与 19 世纪初，历史唯物主义处于上升阶段，而 19 世纪末，历史唯物主义处于又一个低谷的事实，不是没有关系的。即使抛开法哲学不谈，《物权法》也存在显然的名实不符。例如：物权法中划分所有人掌握的物时，仍划为"动产"与"不动产"，却不按其逻辑划为"动物"与"不动物"。可见该法起草者在解决实际问题时仍自觉不自觉地回到"财产权"的理论上去。

上述第一类的用语不当或名实不符，是我国立法早期经验不足造成的。而后两类，则主要是不加分析地照搬日本法律用语造成的。"著作权"、"物权"均是日本法中使用的汉字原文。而如果我们直接从德国法中借用相关术语，也未必用"物权"。因为德国民法典中相应的"Ding Liche Rechte"或英文中的"Real Right"，意译为"实在权"还是译为"物权"更合适，仍有研究的余地。

我们的法学家或法律起草者，走捷径而直接从日文中把相应汉字搬来（或我国台湾地区先搬去，我们又从台湾地区间接搬来），对加速我国立法有一定益处，但也不应不加分析地大量搬来。因为自我国唐代大量向日本移植汉字之后的千年中，汉字在两国不同经济、文化环境下，有些已有了完全不同的发展方向，**我们不加分析地大量搬来，肯定会严重破坏我国语言的纯洁性**。除上述提及的法律名称外，还有许多从日本搬来的用语，已经使我国法律用语离大众语言太远了。例如："瑕疵"在我国语言中本来是"小缺陷"的意思。但现在的中国《合同法》等法律中，无论有关标的缺陷有多大，乃至大到整个标的都是假的或完全坏掉的，也称为"有瑕疵"。这一类用语如果大量搬到我国法律中来，对我国语言文字的影响是可悲的。（原文载中国社会科学院《要报：信息专版》，2001 年 7 月 6 日，第 54 期）

郑成思教授的第三篇文章：

再谈应当制定财产法而不制定物权法（本文中简称《建议三》）

《要报》编者按，郑成思研究员曾在本刊第 41、54 期刊文，就我国应设立"财产法"而非"物权法"提出建议。最近他与薛虹博士再度就此问题作了分析并提出建议。现摘报如下。

1. 究竟什么是德国的物权法（略）

2. 明确不同含义的"财产权"

有学者主张"财产权"是上位概念，包括债权、物权、知识产权等十分广泛的具有财产价值的权利。用"财产权"代替"物权"，将把除人身权以外的全部权利囊括其中，就不应该有独立的债和合同制度。

我们认为，主张用来代替"物权"的"财产权"显然并非所谓上位概念的"财产权"。把财产权定义为包括物权、债权、知识产权等之上的总的权利已经被证明是错误的观点，而且这种一直沿用的提法有很令人费解之处。这种观点属于受了德国法的不完全影响。德国法中不使用财产权的概念，也不把物权和债权统一到财产权上。如果硬要把非常不同的物权和债权统一到财产权的旗下，就只能抽干了物权和债权的全部不同（绝对权和相对权的不同，对世权和对人权的不同），归结为都属于经济利益的权利这一空洞的基点上。但即使在这一点上，也是不正确的。债不仅包括财产利益，还包括责任、义务。

我们主张，"财产法"的"财产权"应被定位为不包括债权的对世权，而不是被掏空内涵的所谓总括性的权利。"债"作为取得财产的方法，应该有独立的债和合同制度（债权的特性在于对人性，对世化了的债权应当被归入财产权范畴）。财产法并非无所不包，它应是与债法并立的法律制度。

3. 财产法不会扰乱民法体系（略）

4. 建议用"财产法"代替"物权法"

我们建议，设立"财产法"而非"物权法"。其根本理由在于，"物"在财产中的比重已经很小，"物"又是一个缺乏弹性和延伸性的概念。如果以"物权"为起点立法，就会造成调整社会财富关系的基本法律制度将社会财富的主要部分排除在外的结果。这种结果是完全不能被接受的。

20 世纪后期，无形财产和无形服务已作为社会和私人财产的重要内容越来越与有形的"物"分庭抗礼。目前，金融服务、邮电服务、计算机网络服务、医疗服务、律师服务等行业快速发展，社会财富构成中所占比例越来越大。但是"服务"与"物"或"物权"没有直接关系，仅以合同法的体系容纳或规范，不足以保护和促进这些服务行业的发展。在建立世界贸易组织的国际多边谈判中，欧、美、日等国际贸易强国都将服务贸易、货物贸易和知识产权并立为国际条约规范的三大内容。"物"或"物权"并不能容纳以知识产权为代表的无形财产。而法国法采取的"财产"概念，正好迎合了20世纪末的现实。"财产"和"财产权"的概念完全能够包括无形财产和服务的内容。当然，对于无形财产中的知识产权，法国另立了知识产权法典。

我国如果真要制定一部调整社会财产关系的基本法律，就应当认真考虑法国法中财产权的概念，不要把有形的"物"作为主要的、甚至惟一的财产形式来对待，也不要把蒸汽机时代形成的过时规则移植到网络时代。（原文载中国社会科学院《要报：信息专版》第62期，2001年9月7日）

以下是本文：

一　中国大陆民法学者是否真的认为民法调整人与物的关系

《建议一》：法律乃至整个社会科学领域应当过问的是人与人的关系，不是人与物的关系。"物权法"开宗明义就须界定什么是"物"。**这是与我国民法学者们在他们的"民法总论"中大都认为"民法调节人与人、人与物、两个人与第三人这三种关系"有关的。**而认为民法调节人与物的关系的论点，我认为并不正确。

我国民法学者们，是否真的认为民法调整"人与物的关系"？这涉及民法的调整对象，亦即什么是民法的问题。让我们考察一些具有代表性的民法教科书。

新中国第一本民法教科书，是中央政法干校民法教研室编写的《中华人民共和国民法基本问题》，其第一章第一节标题是"什么是民法"。其中写道：

"中华人民共和国民法，是社会主义类型的民法，它是我国法律体系的一个部门。

在我国法律体系中，一切法律部门都反映着我国一定的社会关系，并且反过来又调整（保护、巩固或限制消灭）这些社会关系。不同社会关系的不同性质，就决定了法律部门的区别。我国民法所调整的社会关系，便是**一定的财产关系和人身非财产关系**。"①

在经过"整风反右"的政治运动之后，本书经作者对内容作了补充和修改，于1958年由法律出版社正式出版，其第一章第一节标题改为"中华人民共和国民法的定义"。其中写道：

"中华人民共和国民法，是我国整个社会主义的法律体系中的一个部门，它是为了实现社会主义而调整一定的财产关系和人身非财产关系的各种法律规范的总和。"②

虽然经过政治风暴的洗礼，该书作者关于民法调整对象的观点并无改变，仍然坚持民法调整一定的财产关系和人身非财产关系的主张。该书可以说是中国大陆改革开放之前正式出版的惟一的民法教科书。因此，民法调整一定的财产关系和人身非财产关系的主张，也就是1949—1979年的30年间，中国民法学者们关于民法调整什么关系的基本观点。

下面考察改革开放以来的民法教科书。首先是中国人民大学法律系民法教研室编写的《中华人民共和国民法原理》（上、下册），其第一章第一节的标题是"我国民法调整对象问题的研究"。其中写道：

"民法是我国统一的法律体系中的有机组成部分，又是一个具有相对独立性的法律部门，这是因为它调整着一定性质和内容的社会关系。也就是说，我国民法应该有它自己的调整对象。十分明显，民法调整对象问题的研究，将关系到我国民法科学的建立，民法典的编纂以及司法实践中对民法规范的正确运用。因此，民法对象是民法科学中首先应该解决的一个基本问题。

通常，人们把'财产关系'或'经济关系'作为民法的调整对象。但是究竟哪些财产关系属于民法调整对象？目前还没有一致的看法。我们认为我国民法的调整对象应该是：社会主义的商品经济关系。"③

这就是当时中国大陆民法学经济法学论战中，著名学者佟柔先生所提

---

① 中央政法干校民法教研室：《中华人民共和国民法基本问题》，法律出版社1957年版，第1页。

② 同上书，第19页。

③ 中国人民大学法律系民法教研室：《中华人民共和国民法原理》（上册），1981年版，第2页。

出的"**商品经济关系说**"。该书经适当增删修改后，更名为《民法概论》，于 1982 年 11 月由中国人民大学出版社正式出版，其中关于民法调整对象的表述，仅文字稍有不同：民法的调整对象"**应该是发生于我国社会主义条件下的商品关系。**"①

我们看到，其他政法院系的民法教材不采商品经济关系说，而提倡一定范围的财产关系和人身关系说。例如，北京政法学院民法教研室编写的《中华人民共和国民法讲义》，其第一章第一节的标题是"民法的对象"。其中写道：

"民法是调整**一定范围内的财产关系和人身关系**的法律规范的总称。"②

再如西北政法学院科研处编写的《民法原理》（本院教材），其第一章第一节的标题是"民法的概念和本质"。其中写道：

"任何一个法律部门，都以一定的社会关系，作为自己的调整对象。民法调整的主要对象，是财产关系。但不是所有的财产关系都归民法调整。同时民法调整的社会关系也并非只是财产关系，有些人身关系也归民法调整。民法调整的对象是**一定范围的财产关系和与此财产关系相联系的人身关系。**"③

还有中南政法学院民法教材，李静堂主编的《民法学》，其第三章第一节的标题是"民法的概念和对象"。其中写道：

"每一个法律部门都有其调整的特定对象。民法作为我国法律体系一个独立的、重要的法律部门，也有其特定的调整对象。我国民法的调整对象是**一定范围的财产关系和人身关系。**"④

至此我们已经看到，改革开放以后中国大陆民法学者们关于民法的调整对象的认识，大体分为两种观点：一是中国人民大学佟柔教授主张的商品经济关系说；二是在 1958 年中央政法干校民法教材的**一定的财产关系和人身非财产关系说**基础上稍作修正而形成的**一定范围的财产关系和人身**

---

① 佟柔、赵中孚、郑立主编《民法概论》，中国人民大学出版社 1982 年版，第 2 页。
② 北京政法学院民法教研室：《中华人民共和国民法讲义》（校内用书），1981 年版，第 1 页。
③ 西北政法学院科研处：《民法原理》（本院教材），1983 年版，第 17 页。
④ 李静堂：《民法学》，1985 年版，第 15 页。

关系说。应当肯定，**商品经济关系说**由于揭示了民法与市场经济（当时叫社会主义商品经济）的本质联系，在改革开放初期的特定历史条件下，有力地论证了民法存在的必要性及其基本法地位，因而是有重要贡献的。但是，**商品经济关系说**不能涵盖民法调整对象中的非商品交换的财产关系（如赠与合同关系、遗产继承关系、侵权赔偿关系），及非财产关系的人身关系（如婚姻家庭关系、人格权关系等）。这应当是其他政法院系教材不采**商品经济关系说**而提倡**一定范围的财产关系和人身关系说**的主要理由。当然，**一定范围的财产关系和人身关系说**也有其不足，主要是所谓**一定范围**之不确定。

请看武汉大学法律系的民法教材，凌湘权、余能斌著《民法总论》对此问题的检讨：

关于我国民法的概念问题，目前大多认为：我国民法，即调整一定范围内的财产关系和人身关系的法律规范的总称。这一概念，仔细研究未免失之笼统。**首先是缺乏对所调整的法律关系的主体的规定，这样就产生在理论上的缺点，因为由法律所调整的社会关系实质上都是人与人的关系，没有人，任何社会关系都不会存在；法律不以一定人之间的关系为调整对象，此种法律也就丧失任何社会意义。其次，所谓"一定范围"，也表现不出民法调整对象质的规定性，因为人们可就"一定范围"做出多种解释。**所以，我们认为目前关于民法概念的表述是值得研究的。

那么，什么是民法呢？按照马克思主义观点，"民法不过是所有制发展的生产发展一定阶段，即生产发展的一定阶段的表现"，而一定社会的生产资料所有制不过是指生产资料归个人、阶级、集团或社会所有，是人与人之间在占有生产资料方面所形成的关系。所有制关系是任何社会都存在的，而作为法的一种形式的民法，则只是所有制发展到一定阶段即在阶级社会才出现的。它反映由生产资料所有制决定在这个阶段上人们在经济活动中的一定地位和相互关系，一定的交换关系和一定的产品分配关系。**因此可以说，民法就是调整平等主体的公民之间、法人之间、公民和法人之间的财产关系和人身关系的法律规范的总和。**[①]

---

① 凌湘权、余能斌著：《民法总论》，武汉大学出版社 1984 年版，第 52—53 页。

1986 年 4 月 12 日第六届全国人民代表大会第四次会议通过了《中华人民共和国民法通则》。其第二条规定：**中华人民共和国民法调整平等主体的公民之间、法人之间、公民和法人之间的财产关系和人身关系**。中国的立法机关，在民法通则第二条明确规定民法的调整对象，为民法学者们关于民法调整对象的讨论，及民法学者与经济法学者间关于民法与经济法调整范围的争论，画上了句号。毫无疑问，民法通则第二条的规定，是以改革开放以来民法学者们关于民法调整对象的认识为根据的，并将成为此后民法学者们在民法教材中阐述民法调整对象问题的法律根据。

请看 1988 年由北京大学民法教授李由义主编的《民法学》（高等学校文科教材），其第一章第二节的标题是"民法调整的对象"。其中写道：

"民法通则第二条对我国民法调整的对象作了明确的规定，即**中华人民共和国民法调整平等主体的公民之间、法人之间、公民和法人之间的财产关系和人身关系**。从这一规定中，我们可以看出：（1）民法调整的社会关系发生于公民间、法人间以及公民与法人间，从主体方面确定了民法调整的范围；（2）民法调整的社会关系属于上述主体间的财产关系和人身关系，从社会关系的类别方面确定了民法调整的范围；（3）民法调整的是平等主体间的财产关系和人身关系，即横向的经济关系和人身关系，从而又确定了民法调整的财产关系和人身关系的属性。"[①]

再看笔者著《民法总论》（高等学校法学教材）第一章第六节"一、民法的调整对象"：

一个国家的全部法律规则，构成一个内部井然有序的法律体系。法律体系划分为若干重要构成部分，每一个重要构成部分，称为一个独立的法律部门。民法是中国统一的社会主义法律体系的一个重要构成部分。作为独立的法律部门的民法，以民事生活领域为其调整范围。但是，民事生活领域存在多种社会关系，并非都适于由法律调整，例如社交、情感、友谊等关系既不适于也无必要由法律调整。适于且有必要由法律调整的，只是其中的财产关系和身份关系（人身关系）。**民法通则第二条规定："中华人民共和国民法调整平等主体的公民之间、法人之间、公民和法人之间的**

---

① 李由义主编：《民法学》（高等学校文科教材），北京大学出版社 1988 年版，第 14 页。

财产关系和人身关系。"根据这一规定，中国民法的调整对象包括两种社会关系，即发生在自然人之间、法人之间、法人和自然人之间的财产关系和人身关系。须说明的是，中国民法调整的民事关系的主体，除自然人、法人外，还有不具备法人资格的其他组织。①

再看吉林大学民法教材，李建华、彭诚信著《民法总论》第一章第一节关于民法调整对象的论述：

任何独立的法律部门，都有自己特定的调整对象，民法也不例外。所谓民法的调整对象，是指民法规范所调整的社会关系的性质和范围，是对民法所调整的社会关系定性、定量的规定和概括。我国民法通则第二条规定："中华人民共和国民法调整平等主体的公民之间、法人之间、公民和法人之间的财产关系和人身关系。"据此，我国民法通则规定的民法的调整对象，主要包括以下两方面的社会关系：1. 平等主体的公民之间、法人之间、公民和法人之间的财产关系。……2. 平等主体的公民之间、法人之间、公民和法人之间的人身关系。②

小结：

通过上面的考察，我们已经看到，中国大陆民法学者们，关于民法的调整对象问题的认识，无论是改革开放之前的中央政法干校民法教材所提倡的**一定的财产关系和人身非财产关系说**、改革开放以后佟柔教授提倡的**商品经济关系说**、其他政法院系民法教材所提倡的**一定范围的财产关系和人身关系说**，**在坚持认为民法调整人与人之间的关系上是完全一致的和始终一贯的。这一认识，成为立法机关制定民法通则的理论基础，被规定在民法通则第二条。这一规定又反过来，作为此后民法学者进一步研究、阐发民法调整对象及划分民法与其他部门法的根据。**

我们没有找到任何一本民法教材（无论是否以《民法总论》为书名）认为民法调整**人与物的关系**。令人不解的是，郑成思教授在写给党和国家最高领导同志的立法建议中说：**我国民法学者们在他们的"民法总论"中大都认为"民法调节人与人、人与物、两个人与第三人这三种关系"。而**

---

① 见梁慧星《民法总论》（高等学校法学教材），法律出版社 2001 年版，第 54 页。
② 李建华、彭诚信：《民法总论》，吉林大学出版社 1998 年版，第 6 页。

认为民法调节人与物的关系的论点，我认为并不正确，也是民法学者们没有料到的。

二　中国大陆民法学者是否真的把财产法所规范的关系归纳为人与物之间的关系

《建议一》：我国由于大致从改革开放的 20 世纪 70 年代末才真正允许对财产法的研究，现在民法中财产权理论几无基础。**一些作为教材的论著把财产法所规范的关系（至少其中一部分关系）归纳为"人与物之间的关系"。**他们忘记了：只有自然科学才可能研究人与物的关系。在社会科学中，在法学中，在法学的民法项下的财产法中，当我们讲到某物归某人所有时，我们讲的实质是该人同其他一切人的一种关系。这是人与人的关系，法律要规范的正是这种关系，而决不会去规范人与物的关系。……所以，把财产法归纳为规范人与物的关系的论述，失误在把现象当成了本质。这种论述本身只停留在了门槛上。

说我国从 20 世纪 70 年代末才真正允许对财产法的研究，这并没有错。关键在于是否真的有"**一些作为教材的论著把财产法所规范的关系归纳为人与物之间的关系**"？笔者和陈华彬合著的《物权法》（法学高校教材 1997 年版）并未涉及物权法所规范的关系的性质。此外研究物权法理论的著作，如王利明著《物权法论》、陈华彬著《物权法原理》、笔者主编《中国物权法研究》，的确涉及**物权的本质究竟是人与物的关系，还是人与人的关系。**

关于物权的本质，究竟是反映人与物的关系或人与人的关系，自德国法学从所有权、用益权、抵押权等抽象出"物权"概念，并进而创设"物权体系"之时起，就有不同的认识。**最先出现的是所谓"对物关系说"。此说为中世纪注释法学派所提出，后为德国学者邓伯格（Dernburg）所倡导并予完善。**依照此说，债权被认为是人与人的关系，而物权则是人与物的关系。按照这一思想，物权被定义为**"人们直接就物享受其利益的财产权"**，亦即人对物的直接支配权。

后来德国学者萨维尼（Savigny）与温德夏德（Windscheid）提出所谓

"对人关系说"。他们首先主张，法律所规定的各种权利，无论其性质如何，所涉及的均为人与人之间的关系。然后进一步得出物权与债权均属人与人的关系之结论。**萨维尼**指出：一切法律关系均为人与人之关系，故物权也为人与人关系。**温德夏德**则称：权利，系存于人与人之间，而非存于人与物之间。按照这种理论，既然一切权利均为人与人的关系，则物权、债权当然均为人与人的关系。二者不同之处仅在于债权作为对人权，仅得对抗特定的人，而物权作为对世权，得对抗一般人。据此，物权的定义即应是：**物权为具有禁止任何人侵害的消极作用的财产权。**①

上述关于物权本质的**"对物关系说"**与**"对人关系说"**，一直被作为两种相互对立的学说。**以后又有学者倡导所谓"折衷说"，认为物权的本质实际包括对物关系及对人关系两个方面。**物权人对物的支配，不仅为事实问题同时也包含有法律关系。但仅有此对物之关系，尚难确保权利之安全，故需使他人对物负担一种不作为的消极义务。二者相辅相成，方可确保物权之效用。②

民国时期的民法学者刘志炀即采**折衷说**，其《民法物权》上卷第二章第一节写道：

"盖物权之成立，具有两种要素，一为**权利人对于物上具有之支配力**（学者谓之**积极要素**），一为**权利人对于社会得对抗一切人之权能**（学者谓之**消极要素**），甲乙两派因之观点不同，甲说遂偏重于物权之积极要素，乙说则反是，然在余辈观之，两者同为物权之内容，固毋庸取舍于其间。"③ 按照折衷说，物权应定义为：**对物得直接支配，且得对抗一般人之财产权。**

我国台湾学者谢在全指出，**此"折衷说"已成为现今之通说。**④

对于物权的本质，20 世纪 80 年代至 90 年代初的中国内地学者的认识是一边倒，即**支持"对人关系说"而批判"对物关系说"**。原因在于当时的法学理论被视为某种政治理念（阶级斗争观念）的附庸，西方的法学理

---

① 见陈华彬《物权法原理》，行政学院出版社 1998 年版，第 2—3 页。
② 同上书，第 3 页。
③ 转引自王利明《物权法论》，第 6 页。
④ 见谢在全《民法物权论》，第 1 页。

论均被判定为虚伪地掩盖资产阶级法律的阶级本质的工具。马克思在批判普鲁东的财产权理论时说过一段话：**"经济学所研究的不是物，而是人和人之间的关系，归根到底是阶级和阶级之间的关系。"**① 这段话常常被用来作为批判"对物关系说"及论证物权是一种人与人之间的关系的最有力的论据。

20 世纪 90 年代中期以后，民法理论研究包括物权法理论研究逐渐趋于正常，但"对物关系说"仍然经常遭受批评，如李开国在所著《民法基本问题研究》中指出："**物权所表现的经济现象虽然是人对物的占有，但是在法权关系上物权绝非人对物的权利，仍然是人对人的权利。……物权虽然直观地表现为人对物的支配，但在法律赋予物权以排他效力的历史条件下，这种对物的支配隐含着对社会一般人意志的限制，即对社会一般人的权利。"**②

但近几年的学术著作中，内地学者的观点多与台湾地区学者的观点接轨，倡导"折衷说"似为主流。③

须特别注意的是，**中国大陆学者即使采取了折衷说的立场，也并未停止对所谓"对物关系说"的批评。**如王利明在所著《物权法论》中指出：

"严格地说，财产关系的本质并不完全是人与物的关系，而**首先是人与人的关系。**……我们在解释物权概念时，也要避免将财产关系简单地理解为人对物的权利，但为了准确地解释物权所包含的行为规则内容，为了正确理解物权与债权以及其他民事权利的区别，我们也应该从法律规范本身出发，把物权看做是主体直接对财产所享有的支配的权利。""物权作为一个法律范畴，是指物权人对物享有的直接支配并排他的权利，**它是特定社会中人与人之间对物的占有关系在法律上的表现。"**④

小结：

民法学理论上，所谓民法的调整对象即民法调整什么关系的问题，与作为民法所规定的权利之一的物权的本质问题，是不同层次的不同问题。

---

① 《马克思恩格斯选集》第 2 卷，第 123 页。

② 李开国：《民法基本问题研究》，法律出版社 1997 年版，第 270 页。

③ 见笔者主编《中国物权法研究》，第 19—20 页；陈华彬：《物权法原理》，第 3 页。

④ 王利明：《物权法论》第 6 页。

虽然两者之间不能说没有内在联系。

关于物权的本质问题，我国大陆民法学者，无论是在法学理论受所谓"姓社、姓资"及以阶级斗争为纲的"左"的思想影响的时期，还是在邓小平同志南方谈话广泛传达及中共中央决议将社会主义市场经济体制确定为改革开放最终目标之后，法学理论研究彻底摆脱"左"的思想纠缠的时期，**都始终没有接受所谓"对物关系说"**，迄今虽然出现与台湾学者相同的趋向，赞同和提倡所谓"折衷说"，却仍然没有停止对所谓"对物关系说"的批评。

三　现有外国民法典的体例是否只有一个三编制

《建议一》：我认为，**从马克思主义的观点出发，并认真参考现有国外民法典的成例，可以顺理成章地把民法典归纳为三个部分。一是人。这是民事主体。**这部分包括家庭、婚姻，等等。**二是财产权**（即一人对一切人的民事权利）。**三是债权**（即一人对某一个或某一些特定人的民事权利）。这样的归纳可能比**目前许多持"物权"论的民法学说更加合理、科学**一些，它至少不会产生把物都当成财产或把债都当成财产那样的误解或误导。

郑成思教授将民法典归纳为三部分的主张，显而易见，是参考法国民法典的三编制体例。[①] 但需要考察的是，法国式三编制是否就等于**现有国外民法典的成例**？现有国外民法典究竟只有**一种成例**，还是有**多种成例**？

先看法国民法典首创的三编制：

第一编　人

第二编　财产及对所有权的各种限制

第三编　财产的取得方法

再看受法国民法典影响并以法国式三编制为基础所发展出来的四编制：

---

① 在法国民法典，第二编"财产取得方法"涵盖了债权、继承制度及时效制度等内容，而郑成思教授的民法典方案将第三编改为"债权"，其结果是使继承制度、时效制度等无所归属。

智利民法典

第一编　人

第二编　财产及其所有、占有、使用和收益

第三编　死因继承和生前赠与

第四编　债的一般规定及各类合同

阿根廷民法典（请注意此民法典率先采用了"物权"、"债权"概念）

第一编　人

第二编　民事关系中的债权

第三编　物权

第四编　物权和债权的共同规定

埃塞俄比亚民法典

第一编　人

第二编　家庭和继承

第三编　物

第四编　债

再看德国民法典所首创的五编制：

德国民法典

第一编　总则

第二编　债权

第三编　物权

第四编　亲属

第五编　继承

德国民法典的五编制结构的特点，在于：**总则编的设置，债权与物权的严格划分，继承编的独立**。现今采用德国式五编制的民法典还有日本民法典、韩国民法典及中华民国时期制定的、现在台湾地区适用的中国民法典等。除德国式五编制之外，还有瑞士民法典的五编制：

瑞士民法典（特点是不设总则）

第一编　人法

第二编　亲属法

第三编　继承法

第四编　物权法

第五编　债务法

瑞士民法典把人法和亲属法排在物权法之前，是沿用法国民法典的模式，而与德国式不同。特别是瑞士民法典不设总则，这并不是偶然的，而是出于立法者的精心安排。因此，在大陆法系内部形成兼有法国式和德国式特点的第三种模式。

再看六编制的民法典：

意大利民法典

第一编　人与家庭

第二编　继承

第三编　所有权

第四编　债

第五编　劳动

第六编　权利的保护

再看七编制的民法典：

蒙古民法典

第一编　总则

第二编　物权

第三编　债权总则

第四编　契约之债

第五编　非契约之债

第六编　亲属

第七编　继承

七编制的特点在于，考虑到债权法条文过多，与其他各编不协调，因此将其再分为三编，形成双层结构。其基础仍是五编制。

再看九编制的民法典：

荷兰新民法典（1992）

第一编　自然人法和家庭法（Law of Persons and Family Law）

第二编　法人（Legal Persons）

第三编　财产法总则（Patrimonial Law in General）

第四编　继承法（Law of Successions）

第五编　物权（Real Rights）

第六编　债务法总则（General Part of the Law of Obligations）

第七编　特殊合同（Special Contracts）

第八编　运输法（Law of Transport）

第九编　智力成果法（Law of Products of the Mind）

荷兰新民法典将自然人法与家庭法排在前面，保留了法国民法典的特点，但严格划分物权与债权及继承法独立设编则是采纳德国模式。与德国式不同的是，不设法典总则而设财产法总则及将债权法分解为三编，因而形成自己的特色。

还有十编制的民法典：

魁北克民法典

第一编　人法（persons）

第二编　家庭法（thefamily）

第三编　继承法（successions）

第四编　财产法（property）

第五编　债法（obligations）

第六编　优先请求和抵押法（prior claims and hypothecs）

第七编　证据法（evidence）

第八编　时效法（prescription）

第九编　权利公示法（publication of fights）

第十编　国际私法（private international law）

值得注意的是，魁北克民法典是在英美法系背景之下制定的法典，其第四编财产法、第六编优先请求和抵押法、第七编证据法、第八编时效法和第九编权利公示法，即说明了这一点。

小结：

由上可知，所谓**"现有国外民法典的成例"**远不是只有法国民法典的**三编制**，还有从法国民法典发展出来的**四编制**（智利、阿根廷、埃塞俄比亚），还有德国民法典和瑞士民法典的**五编制**，意大利民法典的**六编制**，蒙古民法典的**七编制**，荷兰新民法典的**九编制**和魁北克民法典的**十编制**。

毫无疑问，每一种编制体例，均有其产生的法律传统和学术背景，很难断言何者为优、何者为劣！

　　笔者根据中国的法律传统和法学学术、教学背景，建议以德国式五编制为基础稍加变化编纂七编制的民法典，也并不认为惟有此七编制才是科学的。别的学者尽可以根据自己的研究和追求建议不同的编制体例，例如徐国栋教授就建议制定两编制的民法典并在起草中。郑成思教授赞赏法国式三编制，也当然可以建议制定三编制的民法典。

　　学者个人主张或赞赏何种编制体例，本是无可厚非、见仁见智的问题。但绝不能够说，只有三编制才符合马克思主义观点，别的编制体例都违背马克思主义观点。

四　绝不可能出现债权也属于财产权的情况吗

　　《建议一》：对使用财产权概念的异议，最初可能是由语言障碍引起的。原因是整个现代民法体系，都几乎是从"外"引进的。而学者中的一部分又偏偏不重视外语。如上所说，有的学者断言"债"也属于"财产权"，同时却又指出：财产法是规范财产归属的、债权法是规范财产流转的。至于"转移"这种动态自身怎么又成了"财产"了？却没有给予答案。也许难以回答。实际上，这是把"debt"（债）与"obligation"（债、责任、义务，等等）混淆了。Debt 确属财产权。而 Obligation（责任、义务）是否也属于财产权？就是说，是否在人身权之外就只剩下了财产权？这就大大值得商榷了。**所有的西方国家民法的债权编（Obligation）均是与财产权编（Property）分立的，绝不可能出现前者也属于后者的混淆。**

　　这涉及财产权和财产法的定义问题。

　　英美法中的财产权，指的是以有体物为客体的支配权。不列颠百科全书：**财产权，指人对物的权利，即以所有权为核心的、以满足主体支配需求为目的的一系列具有经济内容的私法权利的总称。**

　　简明大英百科全书第 15 卷第 67 页：Law of Property **财产法，指规定对物的直接的排他的权利的法律。**

　　请看采用英美法财产权概念的民法典：

魁北克民法典

第一编　人法（Persons）

第二编　家庭法（the Family）

第三编　继承法（Successions）

第四编　财产法（Property）

第五编　债法（Obligations）

第六编　优先请求和抵押法（Prior Claims and Hypothecs）

第七编　证据法（Evidence）

第八编　时效法（Prescription）

第九编　权利公示法（Publication of Rights）

第十编　国际私法（Private International Law）

再看魁北克民法典财产法的内容：

第四编　财产法（Property）

标题一　财产的种类（Title one-Kinds of Property）

第一章　财产的种类：动产与不动产

第二章　财产及其收益

第三章　财产的权利人和占有人

第四章　有关财产的某些事实关系

第一节　占有

第二节　未被占有财产的获得包括无主物及被遗失、遗忘的动产

标题二　所有权（Title two-Ownership）

第一章　所有权的本质与范围

第二章　增益（相当于大陆法系上的添附）包括不动产的增益和动产的增益

第三章　不动产所有权的特别规则（相当于大陆法系上的不动产相邻关系）

标题三　所有权的特殊形式（Title Three-Special Modes of Ownership）（包括共有和地上权 Superficies）

标题四　所有权的权利分割（Title Four-Dismemberments of the Right of Ownership）包括用益权（Usufruct）、收益权（Use）、地役权（Servitudes）

及永佃权（Emphyteusis）

标题五　对某些财产自由处分的限制（Title Five-Restrictions on the Free Disposition of Certain Pro Perty）

标题六　分派形成的财产（Title Six-Certain Patrimonies by Appropriation）（包括基金和信托）

标题七　他人财产的管理（Title Seven-Administration of the Property of Others）

由上可知，按照英美法，其财产权概念，与债权概念是分立的，其财产法与债权法是分立的。按照采英美法财产权概念的魁北克民法典，其债权编与财产权编也是分立的，债权当然不属于财产权。这与郑成思教授的主张是一致的。

但是，我们从财产权和财产法的定义及魁北克民法典财产法编所规定的具体内容，不难得出如下判断：**英美法上的财产权，相当于大陆法系上的物权；英美法上的财产法，相当于大陆法系上的物权法。**我们还可以作出一个推论：

英美法上的**"财产"** property 一词，相当于大陆法系上的"物"概念（有体物，包括：动产、不动产），是一个**狭义财产概念**。

为了证明这一推论，我们找到了牛津大学出版社于 1987 年出版的《现代法律惯用词典》（Beyan A. Garner, *A Dictionary of Modern Legal Usage*, Oxford University Press, 1987）。

其第 441 页，解释 property 一词的法律含义（legal meaning）时说：霍费尔德（W. N. Hohfeld）曾按照传统的观点，解释过什么是这一词的正确用法，什么是这一词的不正确的用法。该词在**传统上的确切的含义，是指"特定物之上的权利，此特定物既可以是一片土地，也可以是一个动产"**（a right over a determinate thing, either a tract of land or a chattel）。有时，该词被附加上的**转义**，是指**"其上存在占有、使用和享益的权利的任何外在之物"**（any external thingoverwhich the rights of possession, use, and enjoyment are exercised）。引文见霍费尔德于 1919 年出版的《基础法律概念》（W. N. Hohfeld, *Fundamental Legal Concebtions*, 1919）一书的第 28—29 页。

该词典紧接着写道：因此，**property 一词的正确的含义，是指一物之上的权利，而不是指该物本身**。但在今天，甚至在法律著述中，property一词也普遍地用于霍费尔德所不赞成的非专门的含义（Thus the correct emphasis was seen as being on the rights over a thing, and not on the thing itself. Today, however, everl in legal writing property generally carries the nontechnical sense Hohfeld disapproved of）。

由此可知，**property** 一词，在法律上本来的含义，是指存在于物上的**权利**，而不是指**"物"**（thing）本身。其转义，则是指可以成为权利客体的**"物"**（thing），而不是指其上的**权利**。本义和转义，正好相反。

再看另一部权威的《牛津高级英汉双解词典》（第 4 版，商务印书馆1997），其中，Property 一词有五个义项，前三个义项是法律上的含义（以下是原文）：

1. thing or things owned；Possession 所有物；财产；资产：Don't touch those tools—they are not your property. 不要动那些工具——那不是你的东西。The jewels were her personal property. 这些首饰是她的私人财产。

2. （a）land and buildings；real estate 房地产；不动产：Aman/woman of property, one who owns property. 有房地产的男人（女人）。She invested her money in property. 她进行房地产投资。（b）piece of land and its buildings. （一处）房地产：He has a property in the West Country. 他在英格兰西南部有一处房地产。A fence divides the two properties. 有一道栅、栏隔着这两处房地产。

3. owning or being owned；ownership 所有；所有权：property brings duties and responsibilities. 有了财产也就有了义务和责任。

前两个义项都是指"物"，第一个义项是指动产，第二个义项是指不动产，第三个义项是指"所有权"（存在于物上的权利）。而与传统上的用法稍有不同：第一、第二个义项是传统用法上的"转义"（指物而非物上的权利）；第三个义项是传统用法上的"本义"（指物上的权利而非指物本身）。

我们已经清楚地看到，英美法上的 property 一词，无论在历史上还是现在，其含义都是："物"（things）、"动产"（chattel）、"不动产"（real estate）、"房地产"（land and its buildings）和"所有权"（ownership），相对于大陆法系上的"财产"概念而言，是**狭义的"财产"概念**。

我们已经找到了问题的关键：

英美法在给"财产权"下定义和魁北克民法典在规定"财产法"编时，采用的是**狭义"财产"概念**。

大陆法系上相当于英美法狭义的**"财产"**概念的，是**"物"**（有体物）概念；相当于英美法狭义的**"财产权"**概念的，是**"物权"**概念；相当于英美法狭义的**"财产法"**概念的，是**"物权法"**概念。

当我们在使用英美法上的（狭义）财产权和（狭义）财产法概念时，指出**财产权与债权是并立的，财产法与债权法是并立的，绝对不会出现债权也属于财产权、债权法也属于财产法的混淆**，当然是正确的（与我们说物权与债权是并立的、物权法与债权法是并立的，绝对不会出现债权也属于物权、债权法也属于物权法的混淆，同样正确）。但是，我们能够由此向前跨出一步，也断定**在采用广义财产权和广义财产法概念的大陆法系民法上，"财产权与债权是并立的，财产法与债权法是并立的，绝对不会出现债权也属于财产权、债权法也属于财产法的混淆"**吗?!

最能够说明问题的是 1992 年的荷兰新民法典。

荷兰新民法典（1992）

第一编　自然人法和家庭法（Law of Persons and Family Law）

第二编　法人（Legal Persons）

第三编　财产法总则（Patrimonial Law in General）

第四编　继承法（Law of Successions）

第五编　物权（Real Rights）

第六编　债务法总则（General Part of the Law of Obligations）

第七编　特殊合同（Special Contracts）

第八编　运输法（Law of Transport）

第九编　智力成果法（Law of Products of the Mind）

其中第三编　财产法总则（Patrimonial Law in General）

标题一　一般规定（Title 1 General Provisions）

第一节　定义（Section 1 Definitions）

第1条（3.1.1.0）**财产，包括一切物和一切财产性权利**（Property is comprised of all things and of all patrimonial rights）。

第2条（3.1.1.1）物是指可被人控制的有形客体（Things are corporeal objects susceptible of human control）。

第3条（3.1.1.2）1. 以下的物为不动产：土地，未采掘的矿藏，附着于土地的种植物，与土地连接的建筑物和工作物，无论是直接或者通过其他建筑物或工作物与土地连接（The following are immoveable：land, unextracted minerals, plants attached to land, buildings and works durably united with land, either directly or through incorporation with other buildings or works）。

不动产以外之物均为动产（All things which are not immoveable, are moveable）。

第6条（3.1.1.5）**财产性权利是指：可单独转让或与其他权利一道转让的权利；能使持有者获得物质利益的权利；可用于交换现实物质利益或可期待的物质利益的权利**（Patrimonial rights are those which, either separately or together with another right, are transferable；rights which are intended to procure a material benefit to their holder；or rights which have been acquired in exchange for actual or expected material benefit）。

从上述定义，我们看到，荷兰新民法典所使用的**"财产"**概念、**"财产权"**概念和**"财产法"**概念均属于**广义概念**。

荷兰新民法典的**财产法总则**（第三编），包括了**继承法**（第四编）、**物权法**（第五编）、**债权法**（第六、七、八编）和**智力成果法**（第九编）。债权与财产权不是分立的，而是前者从属于后者，即债权从属于财产权。债权法从属于财产法。我们看到，郑成思教授所谓**绝不可能出现前者也属于后者**的混淆，的的确确出现了！

中国又何尝不是如此。虽然尚未制定民法典，虽然现行民法通则只使用了债权概念而未使用物权概念，但我们可以断言，中国现行民事法律与其他大陆法系国家一样，是采用广义的财产概念、广义的财产权概念和广义的财产法概念。这从下述法律规定可以证明：

继承法第二条规定，被继承人死亡时的全部财产属于遗产，其中包括：动产、不动产、**债权**和知识产权；

按照我国《企业破产法（试行）》的规定，破产宣告至破产程序终结前企业的全部财产，属于破产财产（团），其中包括：破产企业的物权、债权、证券权利、知识产权、投资收益权利及其他财产权利；

按照我国《婚姻法》的规定，夫妻共同财产、家庭共同财产，不仅包括动产、不动产，也当然包括**债权**在内。

小结：

如果我们将郑成思教授说**所有的西方国家民法**，限定为**所有采取狭义财产概念的西方国家民法**，例如采用英美法系的**狭义"财产"概念**的魁北克民法典，则可以断言其中的**债权编（Obligation）均是与财产权编（Property）分立的，绝不可能出现前者也属于后者的混淆**。但对于采用大陆法系的广义**"财产"**概念的民法典而言，则截然相反。郑成思教授所谓"绝不可能出现"的"混淆"，正好是大陆法系国家民法典的普遍现象！显而易见，郑成思教授的失误在于，以为所有的西方国家民法都是采取英美法系的狭义财产概念的！

郑成思教授还说：**有的学者断言"债"也属于"财产权"，同时却又指出：财产法是规范财产归属的、债权法是规范财产流转的。至于"转移"这种动态自身怎么又成了"财产"？却没有给予答案。也许难以回答**。其实，这一在郑成思教授看来难以回答的问题，在大陆法系的广义"财产"概念的民法背景之下，是不言自明的生活常识！完全不成其为什么问题！假设一个**富人**把自己的全部房地产、汽车、电器、时装、首饰等一股脑都换成现金，然后再将全部现金存入银行，换成定期存单和旅行支票，难道郑成思教授就真的认为他变成了**"无产者"**？！

五 历史唯物主义的产生与法、德两国民法典的制定

《建议二》：19 世纪初**法国民法典起草时，起草人意识到法律不可能调整人与物的关系；物的形式下掩盖的仍然是人与人的关系。故当时更改"物法"部分为"财产法"。因为"财产"反映的则是人与人的关系。**19 世纪末，**德国民法典起草时，在哲学上走了回头路**。虽然德国民法从条理上、体系上比法国民法进了一大步，但在法律究竟是调整人与人还是人与

物的关系问题上，则退回到古罗马时代了。**这与 19 世纪初，历史唯物主义处于上升阶段，而 19 世纪末，历史唯物主义处于又一个低谷的事实，不是没有关系的。**

鉴于郑成思教授将民法典是否规定物和物权，与意识形态特别是历史唯物主义直接挂起钩来，因此我们不得不暂时离开民法学专业而涉及历史唯物主义本身的历史。

历史唯物主义，亦称唯物主义历史观，是关于人类社会发展一般规律的科学，是马克思主义哲学的重要组成部分。它由马克思和恩格斯于 19 世纪 40 年代所创立。

历史唯物主义的创始人马克思，于 1818 年 5 月 5 日出生于德国莱茵省特利尔城的一个律师家庭，从小接受法国启蒙思想的教育。曾先后在波恩大学和柏林大学法律系学习，但主要精力放在历史和哲学的研究上。1841 年 3 月大学毕业，获哲学博士学位。后投身于政治斗争。1842 年 4 月起为《莱茵报》撰稿，同年 10 月起担任该报主编。1843 年 10 月迁居巴黎，1844 年初创办《德法年鉴》，从唯心主义转向唯物主义，从革命民主主义转向共产主义。该年 8 月底在巴黎与恩格斯会见，从此开始了为人类解放事业的并肩战斗。1845 年春撰写了著名的《关于费尔巴哈的提纲》。1845—1846 年，与恩格斯合著《德意志意识形态》。1847 年发表《哲学的贫困》。同年加入共产主义者同盟，并领导该同盟。1847 年 12 月至 1848 年 1 月与恩格斯共同起草了科学共产主义纲领性文献《共产党宣言》。在欧洲 1848—1849 年革命期间，与恩格斯一道回德国，亲自参加并领导人民群众进行革命斗争。革命失败，被驱逐出普鲁士，后定居伦敦。1850 年到 1852 年，先后撰写了《1848 年至 1850 年法兰西阶级斗争》和《路易·波拿巴的雾月十八日》。1859 年发表《政治经济学批判》。1867 年出版《资本论》第 1 卷。1864 年 9 月在伦敦建立国际工人协会，即第一国际。1871 年写了《法兰西内战》一书，以总结巴黎公社的经验。在 19 世纪 70 年代至 80 年代初，以主要精力续写《资本论》第 2、3 卷。1875 年写了《哥达纲领批判》。1883 年 3 月 14 日在伦敦家中逝世。

关于历史唯物主义的产生，首先要谈到马克思于 1845 年撰写的《关于费尔巴哈的提纲》一书。该书以精辟的语言，科学地揭示出社会的本质、人的本质以及人和环境关系的本质，确立了从实践出发来解释观念的历史唯物主义的根本原则，使实践观与认识论和历史观有机地结合起来，成为**包含着新世界观的天才萌芽的第一个文件**。因此，恩格斯在 1893 年 2 月 7 日致 F. J. 施穆伊洛夫的信中，强调指出：马克思的《关于费尔巴哈的提纲》，其实就是**"历史唯物主义的起源"**。①

由于生产关系的范畴、生产力与生产关系的辩证关系，是历史唯物主义的中心范畴和核心内容，因此，马克思对它们的理解程度和阐述程度，就成为历史唯物主义成熟程度的根本标志。

在马克思与恩格斯于 1845—1846 年合著的《德意志意识形态》中，**第一次描绘了历史唯物主义的大致轮廓**，但尚未对生产关系范畴、生产力与生产关系之间的辩证关系，作出确切的规定和科学的表述。

在 1847 年发表的《哲学的贫困》一书中，马克思第一次用准确的术语，科学地**表述了生产关系范畴，以及生产力与生产关系之间的辩证关系**。马克思直接把所有制归结为生产关系，并把生产关系规定为人们在整个生产过程中所形成的一切经济关系，指出生产力的一切变化必然引起生产关系的变化。马克思在对生产关系范畴以及生产力和生产关系之间的辩证关系进行确切规定和科学表述的基础上，**论述了社会发展是自然历史过程的思想，并概述了阶级斗争的理论**。

因此，《哲学的贫困》一书，**是对历史唯物主义基本原理的首次科学表述**，被认为是马克思和恩格斯**创立历史唯物主义的标志**。②

1804 年公布的法国民法典，是 1789 年法国资产阶级大革命的产物，是资产阶级国家最早的一部民法典。大革命之前，法国在法律上很不统一，南部成文法地区施行的是罗马法，北部习惯法地区施行的是习惯法。因此，1791 年的法国宪法规定，应制定一部施行于整个国家的民法典。1800 年任命了由四位法律家组成的民法典起草委员会，1801 年完成民法典草案初稿。第一执政**拿破仑**和第二执政**冈巴塞莱斯**（Cambaceres）亲自

① 见李淮春主编《马克思主义哲学全书》，中国人民大学出版社 1996 年版，第 370 页"历史唯物主义的起源"条。

② 同上书，第 370—371 页"历史唯物主义基本原理的首次科学表述"条。

参加了法典的制定。尤其拿破仑的积极参与，起了决定性的作用。他在法国枢密院审议法典草案时积极参与草案的讨论，极大地影响了很多条文的形成。**法国民法典于 1804 年 3 月 12 日获得通过。**1807 年和 1852 年，该法典曾先后两次被命名为《拿破仑法典》，以纪念他的贡献。拿破仑自己夸耀说："我的光荣不在于打胜了四十场战役，滑铁卢将摧毁这许多胜利……但不会被任何东西摧毁的，将永远存在的，是我的民法典！"

郑成思教授在《建议二》中说：**法国民法典起草时，起草人意识到法律不可能调整人与物的关系；物的形式下掩盖的仍然是人与人的关系。故当时更改"物法"部分为"财产法"。因为"财产"反映的则是人与人的关系。……这与 19 世纪初，历史唯物主义处于上升阶段……不是没有关系的。**

这段话的意思十分明确：法国民法典的起草人已经掌握了历史唯物主义基本原理。俨然将法国民法典的起草人，首先是第一执政拿破仑、第二执政冈巴塞莱斯，其次是四位起草委员（包塔利斯 Portalis、特朗舍 Tronchet、比戈—普勒阿默纳 Bigot—preameneu 和马纳维尔 Maleville），描绘成了历史唯物主义者。

法国民法典是世界上第一部资产阶级的民法典，它不仅实现了法国私法的统一，而且为法国资本主义的发展奠定了坚实的法制基础。它摧毁了一个旧社会，开创了一个新社会。这个新社会，就是资本主义社会。因此，后世对法国民法典的评价很高，正是着重于它所具有的思想意义。法国民法典规定，所有的法国人都具有权利能力，都是平等的、自由的，只受自己意识的支配。因此，它是"解放"人的法典，不是"束缚"人的法典，更不是"奴役"人的法典。对我们今天制定中国民法典，仍有重要的启示作用和指导意义。法国民法典**是法国资产阶级大革命的产物，是革命思想的体现。这种革命思想就是自由资产阶级思想家的自由思想和人权思想。**[①] 稍有马克思主义常识的人都知道，自由资产阶级思想家的革命思想，与历史唯物主义之间，存在着多么大的距离和根本性的差别！

---

① 此系引用谢怀栻先生对法国民法典的评价，见易继明主编《私法》第 1 卷，北京大学出版社 2001 年版，第 5 页。

其实，法国民法典诞生的 1804 年，**距标志历史唯物主义创立的《哲学的贫困》**（1847）一书的出版，还有 43 年；距马克思和恩格斯**第一次描绘历史唯物主义的大致轮廓的《德意志意识形态》**（1846）的出版，还有 42 年；距被恩格斯称为**历史唯物主义的起源的《关于费尔巴哈的提纲》**（1845）一书的出版，还有 41 年；**距马克思与恩格斯第一次会见**（1844），还有 40 年；**距马克思大学毕业**（1841），还有 37 年；距历史唯物主义的创始人**马克思的出生**（1818），还有 14 年。

历史事实是，法国民法典诞生的 1804 年，与历史唯物主义产生的 1847 年，其间存在 40 余年的时间差。郑成思教授为了拔高法国民法典及其起草人，而硬说**"19 世纪初，历史唯物主义处于上升阶段"**，将历史唯物主义的产生提前了 40 余年。我们有理由向郑成思教授发问：将法国民法典未规定"物"和"物权"的理由，归结于其起草人掌握了历史唯物主义，将法国民法典的起草人拔高为历史唯物主义者，是不是有点太离谱了?! 这是不是也违背了历史唯物主义？

德国民法典，是大陆法系另一部代表性的法典。德国民法典和法国民法典，在民法发展史上的地位，可以说是各有千秋。在开创近代民法历史，为资本主义社会开辟道路及在思想精神方面，德国民法典无法与法国民法典相比拟。法国民法典是一部革命性的法典，是资产阶级战胜封建阶级的胜利成果，是世所公认的典型的资本主义初期的法典。而德国民法典是一部保守的、守旧的法典。德国民法典产生于自由资本主义走向垄断资本主义的时代，但它并未反映这个时代的特色。对于德国来说，德国民法典只是完成了统一私法的任务，并未能将德国社会推向前进。不过，德国民法典比法国民法典迟出了一百年，基于一百年间法典编纂和民法学发展所取得的经验和成就，德国民法典在法典编纂技术和民法学理论两方面，均较法国民法典有显著的进步。应当肯定，这两部法典，分别从不同的方面，都对法治和法学的发展进步，作出了巨大贡献，因而受到本国人民的珍爱和各国法学家的称赞。①

---

①　此系引用谢怀栻先生对德国民法典的评价，见易继明主编《私法》第 1 卷，北京大学出版社 2001 年版，第 15 页。

德国民法典的制定，用了 20 多年的时间。1874 年 2 月 28 日成立了一个准备委员会，以决定制订民法典的计划。同年 6 月 22 日，帝国参议院设立了由 11 名委员组成的法典起草委员会。潘德克吞学派的代表人物温德夏德，担任起草委员会的委员长。该委员会工作了 13 年之久，于 1887年底完成了民法典草案。1888 年 1 月 31 日，民法典草案（称为第一草案）连同 5 卷理由书一并公布，供公众讨论。帝国司法部将收集的各种意见汇编为 6 大册。1895 年参议院任命一个新的委员会对第一草案进行讨论，完成第二草案，提交参议院。参议院对该草案略作修改后，于 1896年 1 月 17 日由帝国首相将此草案连同意见书提交帝国议会，是为第三草案。议会指定一个委员会进行了 53 次审议，于 1896 年 7 月 1 日经议会通过，7 月 14 日经参议院同意，8 月 18 日经皇帝批准，8 月 24 日公布，于1900 年 1 月 1 日起施行。

德国民法典，由于特别重视规则的准确性、逻辑性和体系性，被誉为"法律计算机"、"任何时候都是具有最精确、最富于法律逻辑语言的私法典"。"对于受过专门法律训练的专业人员来说，随着与这部法典的交道日深，便不能不每每为其精确和思想上的严谨而赞羡"。英国法学家梅特兰（Maintland）断言，德国民法典在其生效之时是当时世界上最好的法典。①

考虑到德国民法典的制定过程中，第二草案只是对第一草案作语言文字上的修改，第三草案仅对第二草案做了几处并不重要的改动，可以认为，德国民法典的结构和精神内容以及其优点和缺点，都是由第一草案决定的。起草第一草案的 11 人委员会由 6 名法官、3 名部级官员、2 名教授组成。萨维尼的嫡传弟子、潘德克吞学派的代表人物温德夏德，是该委员会的委员长和实际上的主脑。因此，德国民法典被认为是潘德克吞学派理论的结晶，是"潘德克吞学派及其深邃的、精确而抽象的学识的产儿"。②德国民法典在结构上的最大特色的五编制，就是直接采用了潘德克吞学派所建构的理论体系，直接采用了温德夏德的代表作《潘德克吞法学》一书

① 见［德］K. 茨威格特、H. 克茨《比较法总论》（潘汉典等译），贵州人民出版社 1992 年版，第 268、273 页。
② 同上书，第 264、267 页。

的结构体例。与法国民法典的三编制结构比较，五编制结构的特点在于：总则编的设置，债法与物权法的严格区分，继承法的独立。①

法国民法典第二编是"财产及对于所有权的各种限制"，第三编是"取得财产的各种方法"。其第三编将"继承和赠与、契约和侵权行为、婚姻财产、抵押和时效等毫不相干的内容"，放在一起，被认为最不合理、最不科学，完全是异类题材的大杂烩。② 其中，已经规定了"合意之债"和"非因合意而发生的债"，可见已有债的概念。但是债法没有独立的地位，债权只是取得财产的一种方法，是财产法（狭义的财产法）的附庸。而德国民法典，对物权、债权严格区分，物权法规定在第三编，债法规定在第二编，于是债法取得了独立的地位，而与物权法（狭义的财产法）并立。这是基于潘德克吞学派的理论所作的正确安排，体现了潘德克吞学派关于法典编纂和私权分类理论的研究成果，相对于法国民法典而言，无疑是一个重大的进步。

郑成思教授说：**德国民法典起草时，在哲学上走了回头路。**……在法律究竟是调整人与人还是人与物的关系问题上，则退回到古罗马时代了。**这与……19 世纪末，历史唯物主义处于又一个低谷的事实，不是没有关系的。**

必须指出，郑成思教授所说的德国民法典制定时，**历史唯物主义处于又一个低谷**的说法，与历史事实不符。德国之设立民法典起草委员会是在 1874 年 6 月 22 日。此前 3 年，即 1871 年 3 月 18 日，法国巴黎工人举行武装起义，建立了人类历史上第一个无产阶级政权即巴黎公社。马克思高度评价巴黎无产阶级的革命首创精神，为总结巴黎公社的经验，特撰写了《法兰西内战》一书。整个 19 世纪 70 年代，马克思以主要精力撰写《资本论》第 2、3 卷。1874 年，即民法典起草委员会建立的次年，马克思写了《哥达纲领批判》一书。1877—1878 年恩格斯撰写了《反杜林论》，在对杜林的批判中第一次系统地论述了马克思主义的三个组成部分。

马克思逝世（1883 年 3 月 14 日）后，恩格斯独自承担了阐述、宣传、

---

① 见易继明主编《私法》第 1 卷，第 26 页。
② 见［德］K. 茨威格特、H. 克茨《比较法总论》，第 172 页。

捍卫和进一步发展历史唯物主义的任务。1884 年恩格斯撰写了《家庭、私有制和国家的起源》，阐明了阶级产生的过程以及国家的起源和本质。1888 年恩格斯撰写了《路德维希·费尔巴哈和德国古典哲学的终结》，揭示了马克思主义同黑格尔哲学和费尔巴哈哲学的关系，详尽地阐述了历史唯物主义和辩证唯物主义基本原理。

特别值得注意的是，恩格斯晚年写了大量的书信，进一步发展了历史唯物主义。[①] 例如，恩格斯于 1890 年 8 月 5 日写给社会民主党人康·施米特的信，深刻地阐述了历史唯物主义作为历史方法论的意义，指出**不应把历史唯物主义当作标签贴到各种事物上去**，而要作为研究工作的指南。该信还第一次提出了**"历史唯物主义"**这一科学概念。[②] 1890 年 9 月 3 日德国《社会主义》月刊编辑约·布洛赫就如何理解历史唯物主义关于历史发展的动力等问题致信恩格斯，恩格斯于同年 9 月 21—22 日写了回信。在这封回信中，恩格斯阐明了历史过程中的决定因素归根到底是现实生活的生产和再生产，但对历史斗争的进程发生影响并在许多情况下主要决定着这一斗争形式的，还有上层建筑各种要素。恩格斯的这封信**是正确理解历史唯物主义的重要文献**。[③] 为进一步批判资产阶级哲学家保尔·巴尔特和正确阐明历史唯物主义原理，恩格斯于 1890 年 10 月 27 日写信给康·施米特，在这封信中**对历史唯物主义的理论和内容作出了极大的丰富和发展**。[④] 恩格斯晚年写的这类重要书信，还有 1893 年 7 月 14 日致弗·梅林的信、1894 年 1 月 25 日致符·博尔吉乌斯的信等。1895 年 8 月 5 日恩格斯逝世于伦敦。

德国民法典的确诞生于 19 世纪末。温德夏德为首的起草委员会**完成民法典草案**，是 1887 年，在马克思逝世之后 5 年。**德国民法典获得通过**，是 1896 年，在恩格斯逝世的次年。上述历史唯物主义产生、发展的历史告诉我们，**19 世纪末**正好是**历史唯物主义的上升阶段**。郑成思教授为了贬低德国民法典，硬把 19 世纪末说成是**"历史唯物主义处于又一个低谷"**，

---

① 见李淮春主编：《马克思主义哲学全书》，第 121 页"恩格斯的哲学思想"条。
② 同上书，第 124 页"恩格斯致康·施米特（1890.8.5）"条。
③ 同上书，第 124 页"恩格斯致约·布洛赫（1890.9.21—22）"条。
④ 同上书，第 124 页"恩格斯致康·施米特（1890.10.27）"条。

难道不是对历史唯物主义乃至整个马克思主义的贬低和歪曲吗?!

还须考察,是否真如郑成思教授所说,法国民法典的起草人已经认识到,德国民法典的起草人却没有认识到,法律不能调整人与物的关系,而只能调整人与人的关系?

从民法学发展史,我们知道,法、德两国民法都是从罗马法继受而来,区别在于法国民法典继受的是经过后期注释法学派注释的罗马法,德国民法典继受的是经过历史法学派及其后身潘德克吞学派用了近一百年的时间进行考证、鉴别、注释、研究、整理和发展了的罗马法。潘德克吞学派在许多重要问题上指出并纠正了后期注释法学派的错误。关于如何认识物权的本质,就是一个典型例子。

关于物权(狭义财产权)的本质,后期注释法学派采**"对物关系说"**,即认为物权的本质是**人与物的关系**。而历史法学派的首倡者萨维尼,及其嫡传弟子、潘德克吞学派代表人物温德夏德,却针锋相对地提倡"对人关系说",即认为物权的本质仍然是**人与人之间的关系**。[①] 两种学说的不同,体现在各自为财产所有权所下的定义上:如采"对物关系说",其定义必然强调权利人直接对物的"支配性"而不涉及其他人;如采"对人关系说",其定义必然突出权利人与其他人的关系,即强调权利的**"排他性"**。

法国民法典制定之时,"对人关系说"还没有产生,占支配地位的仍然是"对物关系说"。因此,法国民法典是采"对物关系说",而不可能采"对人关系说"。这可以从法国民法典的所有权定义得到证明。其第二编第二章第五百四十四条规定:**"所有权是对于物有绝对无限制地使用、收益及处分的权利,但法令所禁止的使用不在此限。"** 此定义系强调对物的支配,而丝毫未涉及与其他人的关系。由此可以断言,法国民法典的起草人继受了后期注释法学派的"对物关系说",即**将财产法规范的关系归纳为人与物之间的关系**。事实正好与郑成思教授的说法相反:法国民法典的起草人并没有认识到,**法律不能调整人与物的关系,而只能调整人与人的关系**。

---

① 见陈华彬《物权法原理》,国家行政学院出版社1998年版,第2—3页。

德国民法典制定之时，萨维尼及其弟子温德夏德早已提出"对人关系说"，而温德夏德又恰好担任民法典起草委员会的委员长。温德夏德绝不可能轻易放弃乃师萨维尼和自己所极力主张的"对人关系说"，而倒退到乃师和自己所极力反对的后期注释法学派的"对物关系说"的立场上去。请看德国民法典第三编第三章第一节第九百零三条的规定："以不违反法律和第三人的权利为限，**物的所有人得随意处分其物，并排除他人的任何干涉。**"其中强调了所有权排除他人干涉的**"排他性"**，即强调人与人之间的关系。应当肯定，德国民法典的起草人，在关于法律是调整人与物的关系还是人与人的关系的问题上，并没有如郑成思教授所说的那样"走回头路"，而是既超越了后期注释法学派，也超越了法国民法典，已经认识到**法律不能调整人与物的关系，只能调整人与人的关系**。正好与郑成思教授的说法相反。

小结：

我们之所以要澄清 19 世纪末历史唯物主义正处在上升阶段的这一史实，及德国民法典非采**"对物关系说"**这一事实，目的不是要像郑成思教授一样也将德国民法典的起草人，拔高为历史唯物主义者。我们**不赞成将历史唯物主义当作标签贴到各种事物上去，不赞成将法国民法典和德国民法典的制定与历史唯物主义挂钩**。根本的理由在于，当我们谈论法国民法典和德国民法典在法典编纂和思想内容上的优点和缺点、长处和短处，及是否值得我们参考借鉴的时候，千万不要忘记：**法国民法典和德国民法典，都是建基于资本主义经济制度和经济基础之上的资产阶级的法典，德国民法典的起草人温德夏德等人，与法国民法典的起草人第一执政拿破仑、第二执政冈巴塞莱斯等人一样，都是自由资产阶级的思想家，是资产阶级的代言人，是历史唯心主义者。无论如何都不可能去接受（无论自觉的或不自觉的）作为无产阶级革命世界观和方法论的历史唯物主义原理而变成历史唯物主义者！**其实，法、德两国民法典之是否采用某种法典编纂体例、某种解释性学说及某个法律概念，取决于各自的法律传统和法学学术背景，与历史唯物主义并无关系。

六　法国民法典为什么不使用"物权"概念

《建议一》：民法典的始祖法国民法典并不使用"物权"。20 世纪 90 年代两个曾经与我国制度相同的国家俄罗斯与越南新制定的民法典，也不使用"物权"（俄罗斯民法典中提到物权，越南则根本不提）。

要回答法国民法典为什么不使用"物权"概念，须考察罗马法关于"物"的概念和"财产"的概念。让我们先看罗马法学者的论述：

盖尤斯《法学阶梯》第 2 卷：物主要被分为两类：一些物是神法物，另一些物是人法物。

除此以外，有些物是**有体物**，另一些物是**无体物**。**有体物是能触摸到的物**，如土地、奴隶、衣服、金、银及数不胜数的其他物。**无体物是不能触摸到的物，如权利**，比如遗产继承权、用益权及**以任何形式设定的债权**。遗产中包含有体物无关紧要，因为虽然由土地产生的孳息是有体物，根据一些债应给付的物一般也是有体物，如土地、奴隶、金钱，然而**继承权、用益权及债权本身却是无体物**。被称为役权的城市和乡村的土地上的权利也属于无体物。①

乌尔比安《论告示》第 59 卷："**财产**"（bona）这个词或是自然法上的，或是市民法上的。**财产，根据自然法被说成是使人幸福（即使人变得幸福）的东西，使人幸福即有用**。②

赫尔莫杰尼安（Hermogenianus）《法律概论》第 2 卷："**财产**"（Pecunia）一词不仅包括现金，而且包括像动产和不动产、有体物和权利这样的所有的物。③

乌尔比安《论萨宾》第 49 卷："**财产**"（pecunia）一词不仅包括现金，而且包括所有的物品，即所有的物体（corpora），因为谁也不会怀疑

---

① 见罗马法大全选译《物与物权》，桑德罗·斯奇巴尼选编，范怀俊译，中国政法大学出版社 1993 年版，第 12 页。

② 同上书，第 23 页。

③ 同上书，第 24 页。

物体也被包含在财产这个词之内。①

由上可知，在罗马法上，关于物，有广义的概念和狭义的概念。**广义的物，是指除自由人外存在于自然界的一切东西，而不管它是对人有用的，无用的，还是有害的；其狭义的物，则指一切人力可以支配、对人有用，并能构成人们财产组成部分的物，即有体物。**罗马法上关于财产，是采广义概念：**财产，包括有体物（动产、不动产）和权利。**

有趣的是，同是继受罗马法的法、德两国在制定民法典时，法国采用了罗马法上的广义的物的概念，德国采用了罗马法上狭义的物（有体物）的概念。

在法国法，按照其著名注释法学家马卡德 Marcadé 的理解，"物（chose）和财产（biens）这两个术语不是同义词：**物是属概念，财产是种概念。**自然界中存在的一切东西都是物，其中对某人有利益，并处于其所有权（propriété）之下的物，才属于财产。日月星辰，空气和风，都是物，但非财产"。因此，在法国法上对物进行理解时，必须和财产的概念结合起来。**自然界中存在的一切东西都是物（不管是否能给人带来利益），但并非一切物均为财产，只有可以给人带来利益的物，才属于财产，也并非一切财产均为物，除物之外，财产还包括权利和智力成果。**②

德国潘德克吞学派，由于着重法律概念的逻辑性和抽象性，用**权利客体**这一概念，**取代了罗马法上广义的物的概念。**权利客体，分为有体的权利客体，即有体物，和无体的权利客体，即无体物和权利。因此，德国法上的权利客体，有三种：

第一，物（有体物）；

第二，无体物（精神产品）；

第三，（具有金钱价值的）权利。

德国潘德克吞学派，又以权利的作用为标准，将权利区分为：**支配权和请求权。支配权**指不借助于他人的行为而直接支配客体的权利，**请求权**

①　见罗马法大全选译《物与物权》，桑德罗·斯奇巴尼选编，范怀俊译，政法大学出版社 1993 年版，第 24 页。

②　参见尹田《法国物权法》，法律出版社 1998 年版，第 12—14 页。

指请求他人为某种行为的权利。因此，

以**有体物**为客体的**支配权**，被称为**物权**；

以**无体物**（精神产品）为客体的**支配权**，被称为**知识产权**；

以**权利**为客体的**支配权**，被称为**准物权**。

可见，德国民法典上的基础性概念是物、物权、债权。财产不是基础性概念，在民法典上没有专门设立规定。而在民法理论上：

财产，包括**物**（有体物）、**精神产品**和具有金钱价值的**权利**。此系继承了罗马法上的（广义）财产概念。

财产权，指具有金钱价值的各种权利的总称，包括：**物权、债权、知识产权、继承权**等。

财产法，指规定**财产关系**（**财产权**）**的法律**，包括：**物权法、债权法、知识产权法、继承法**等。

至 19 世纪下半叶，受德国法学的影响，拉美一些国家的民法典事实上已先于德国民法典规定了**"物权"**（derechos reales）编，并对**"物"**（cosaxst）和**"财产"**（bienes）做了界定。

如 1871 年的阿根廷民法典的**第三编**即以**"物权"**为名，其起草者萨费尔德（Sarsfield）博士在民法典的注释中，对**物与财产**的区别作了详细的说明。

阿根廷民法典第 2312 条规定：**能具有价值的非物质性实体以及物，称为财产。**

该条注释：**在法学中，只有能对人有用的东西，能被人类用作满足其需要的东西，能被使用或享用的东西，才被视为财产。尽管它可能只是诸如用益权、债权之类的单纯权利。财产是一个人的物权和债权，在金钱价值关系上亦即作为财产来看而在法律上的概括。**

继德国民法典之后的瑞士民法典、日本民法典、希腊民法典、中国旧民法典（现在我国台湾地区生效），**物权**都是单独设编的。

德国民法典，因着重逻辑性和抽象性而严格区别**物权**和**债权**的做法，受到各国学者普遍的赞同。即使原先属于法国法系的国家，也纷纷重新制定民法典，采用了**物权**概念，并规定**物权编**。例如：

1966 年的**葡萄牙新民法典**　第三编　物权

1974 年的**玻利维亚新民法典**　第二编　财产、所有权及在他人之物上设定的**物权**

1984 年的**秘鲁新民法典**　第四编　**物权**

1987 年的**巴拉圭新民法典**　第四编　**物权**或对物的权利

1992 年的**荷兰新民法典**　第三编　**财产法总则**；第四编　继承权；第五编　**物权**；第六编　**债权**法总则

这里有必要谈到 1994 年的**俄罗斯新民法典**。郑成思教授在《建议一》中说俄罗斯新民法典**不使用"物权"**，只提到物权，这是一种臆断。事实上，俄罗斯新民法典在第一编"总则"的第三分编"民事权利的客体"中的第 128 条规定了**"物"**（things）的定义。第 130 条、第 133 条、第 134 条、第 135 条分别对**动产**（movable things；movable property）和**不动产**（inmovable things；inmovable property）、**可分物**（indivisible things）、**复合物**（complex things）、**主物**（principal things）和**从物**（appurtenance）作了规定。其第二编以"所有权及其他**物权**"（the right of ownership and other right to thing）为编名，其中第十七章、第十八章、第二十章也反复使用**"物权"**（rights to thing）一语。顺便提到，俄罗斯新民法典的体例结构，为从苏联分离出去的一些国家全盘采用，如**吉尔吉斯斯坦**等。

甚至在法国，虽然基于对《法国民法典》的尊重，法国人无意将此"主要反映法国农业社会生活风貌"的古老法典送入历史博物馆，而重新制定一部新的法国民法典，但民法理论并未受其局限。

早在德国人创设物权概念之前，法国学者便已经试图在古罗马人的"对物权"的基础上区分"物权"与"债权"。例如，法国 18 世纪著名的民法学者波蒂埃 J. Pothier 便指出："对于商业活动中的物，人们将之归于两种类型的权利：人们在物上所享有的权利，被称为'对物权'（jus in rem）；人们相对于物而享有的权利，称为'受领物的给付的权利'（jus ad rem）。"

尤其在 20 世纪以后的民法理论中，"物权"（droit réel）、"主物权"（les droits réels principaux）、"从物权"（les droits rée ls accessoires）、"担保物权"（droit réel de garantie）等概念已经被广泛运用。因此，法国学者茹利欧·莫兰杰尔在所著《法国民法教程》第二编"基本物权"中指出：

法国人"对物权以及物权体系的理论表述也非常接近于德国法学家的表述"。①

应当说明，在法国，"物权"的概念虽然被普遍用于概括所有权及其他物权，但至少在形式上并未建立完全独立的"物权法"理论体系，其有关物权的理论，被纳入"财产法"（les bians）之更为广泛的领域。② 法国学者的民法著述（也是教材体系），仍然是以法国民法典的体系为基础，分为四部分。

如最具权威性的让·卡尔波尼埃（Jean Carbonnier）的《民法》（四卷本）③

第一卷　人（Les personnes）（包括人格、无行为能力、法人）

第二卷　家庭（La famille）

第三卷　财产（Les biens）

第四卷　债（Les obligations）（包括合同、侵权责任等）

其中，第三卷　财产（Les biens）④

第一章　广义财产的一般原理（Théoriede patrimoine）

第二章　资金（货币）的一般原理（Théoriedela monnaie）

第三章　物权与对人权的区别（Distinction du droit réeletdu droit personnel）

第一节　物权与对人权的分析（Analyse du droit réel et du droit personnel）

一、物权（Le droitr réel）

（一）物权的定义（Définitiondu droits réel）

（二）物权的分类（Classification des droits réels）

分为：主物权（Drotsr réels；principaux）

包括所有权；

用益权；

---

① 见《外国民法资料选编》，法律出版社 1983 年版，第 225 页。

② 见尹田《法国物权法》，法律出版社 1996 年版。

③ 法国巴黎 P. U. F 出版社 1955 年版。

④ 法国巴黎 P. U. F 出版社 1992 年第 15 版。

使用权；

地役权等。

从物权（Droitsréels accessoires）

包括抵押权；

不动产优先权；

质权；

动产优先权等。

在法语中，bien 一词单纯指"财产"，而不指"财产法"，也不指"所有权"（propriété），更不指"物权"。值得注意的是，无论在法国民法典还是在理论著作中，bien 一词都仅指**有形财产**（动产、不动产）。而有趣的是，学者以"财产法"命名的论著在论述基础理论时，大量使用的是**"物权"**（droit réel）概念，而**"财产权"**（droit de bien）概念反而少见。他们对于"物权"概念的运用，是如此娴熟和统一，如论述**"物权的分类"**、**"物权的特征"**、**"物权的效力"**，等等。权威学者让·卡尔波尼埃甚至断言：**"物权"与"债权"的区分，是法国"财产权利制度"的"脊梁"**。① 所以，至少在理论上，我们可以断定：法国的**"财产法"**实质上就是**物权法**。

我们已经看到，在大陆法系内部，关于物权概念的使用，法国法系正在向德国法系靠拢。最能够说明问题的是荷兰的立法，荷兰旧民法典是典型的法国式法典，但 1992 年的荷兰新民法典不仅完全采用了德国式的"物权"、"债权"概念及其体系，而且将"物权"编、"债权"编置于"财产法总则"编的统率之下。

第三编　**财产法总则**

第四编　**继承法**

第五编　**物权法**

第六编　**债务法**总则

第七编　特殊合同

---

① 见让·卡尔波尼埃（Jean Carbonnier）《民法》第 3 卷——财产（Les biens），法国巴黎 P. U. F 出版社 1992 年第 15 版，第 38 页。

第八编　运输法

第九编　**智力成果权法**

从这一体例可以看到，大陆法系内部的德国法系和法国法系在法典编纂上已趋向于统一；都采用了"物权"、"债权"这一对基础性概念，并且采用了"广义财产"概念。所谓**财产，指一切有金钱价值的权利的总称。包括：物权、债权、继承权、知识产权**等。所谓财产法，指规定各种**财产权的法律规范的总称。包括：物权法、债权法、继承法、知识产权法**等。

小结：

法国民法典未采用物权概念，是因为**法学发展的程度所限**，当时的民法学**还未将"物"限于"有体物"，还没有采用支配权、请求权这一重要的权利分类，因而还未用"物权"概念表述以有体物为客体的支配权**，而绝非郑成思教授所谓已**认识到物权概念是反映人与物的关系，财产概念则是反映人与人的关系。**与历史唯物主义是否处于上升阶段，并不相干。

德国法之采用物权概念，也绝不是什么历史唯物主义处于又一个低谷使然，而是德国民法学的发展已达到比制定法国民法典时的法国民法学更高的层次，是德国民法学更着重于法律概念的逻辑性和抽象性的必然结果。

如果只看到法国民法典没有使用"物权"概念，而不了解20世纪以来法国民法学者在理论著述和教科书中已经广泛采用物权概念和物权体系的事实，及在使用物权、债权这一对基本概念上，大陆法系内部的法国法系和德国法系正在走向合流的发展趋势，那就真像郑成思教授所讥笑的那样，只能算是"停留在门槛上"了！

七　代结语：如何看待有形财产

《建议三》：我们建议，设立"财产法"而非"物权法"。其根本理由在于，"物"在财产中的比重已经很小，"物"又是一个缺乏弹性和延伸性的概念。如果以"物权"为起点立法，就会造成调整社会财富关系的基本法律制度将社会财富的主要部分排除在外的结果。这种结果是完全不能被接受的。

20 世纪后期，无形财产和无形服务已作为社会和私人财产的重要内容越来越与有形的"物"分庭抗礼。目前，金融服务、邮电服务、计算机网络服务、医疗服务、律师服务等行业快速发展，在社会财富构成中所占比例越来越大。

"物"或"物权"并不能容纳以知识产权为代表的无形财产。而法国法采取的"财产"概念，正好迎合了 20 世纪末的现实。"财产"和"财产权"的概念完全能够包括无形财产和服务的内容。当然，对于无形财产中的知识产权，法国另立了知识产权法典。

我国如果真要制定一部调整社会财产关系的基本法律，就应当认真考虑法国法中财产权的概念，**不要把有形的"物"作为主要的、甚至惟一的财产形式来对待，也不要把蒸汽机时代形成的过时规则移植到网络时代。**

郑成思教授在此点明了他之所以主张制定"财产法"而不是"物权法"的根本理由，亦即与民法学者们的根本分歧之所在：郑成思教授认为20 世纪后期以来，**物在财产中的比重已经很小，有形的"物"已经不是社会财富的主要部分。**

在此有必要指出，无论采英美法系民法的狭义财产概念，或者采大陆法系民法的广义财产概念，均难以涵盖"服务"。服务提供者与服务接受者之间是一种合同关系。按照服务合同，服务提供者的义务是为对方提供服务，其权利是要求对方为此支付代价即服务费；服务接受者的义务是向对方支付服务费，其权利是要求对方提供服务。双方权利义务的标的是"服务"，即服务提供者的某种行为。无论金融服务、邮电服务、计算机网络服务、医疗服务、律师服务以及其他服务，莫如此。"服务"本身绝非"财产"。这在采狭义财产概念的英美法系民法，是不言自明的。在采广义财产概念的大陆法系民法，"服务"本身也不是财产，惟服务接受者依服务合同所享有的"债权"，才是财产。

郑成思教授说，20 世纪后期，无形财产和无形服务已作为社会和私人财产的重要内容越来越与有形的"物"分庭抗礼。目前，金融服务、邮电服务、计算机网络服务、医疗服务、律师服务等行业快速发展，在社会财富构成中所占比例越来越大。显而易见，郑成思教授为了达到贬低有形财产的目的，而将**无形服务说成是社会和私人财产的重要内容**，竟忘记了自己的**狭义财产概念**和自己所持的**逻辑**！读者想必记得，郑成思教授如何对**认为债权也属于财产权的民法学者们冷嘲热讽的吧？！**

现在让我们正视郑成思教授与民法学者的根本分歧，而着重表明中国的民法学者们的态度：应当如何看待"有体物"即"有形财产"？如何看待知识财产？如何看待科学技术？如何看待网络技术？人类进入知识经济时代，"有体物"即"有形财产"是否已丧失其重要性？

在此有必要引用**恩格斯在马克思墓前的讲话**："正像达尔文发现有机界的发展规律一样，马克思发现了人类历史的发展规律，即历来为繁芜丛杂的意识形态所掩盖着的一个简单事实：**人们首先必须吃、喝、住、穿，然后才能从事政治、科学、艺术、宗教，等等；所以，直接的、物质的生活资料的生产，和一个民族或一个时代的一定的经济发展阶段，便构成基础，人们的国家设施、法的观点、艺术以致宗教观念，就是从这个基础上发展起来的，因而也必须由这个基础来解释，而不能像过去那样做得相反。"①**

人们首先必须吃、喝、住、穿，然后才能从事政治、科学、艺术、宗教等活动。这就是马克思的伟大发现！人要生存，必须吃饭、喝水、住房、穿衣！没有饭吃，没有水喝，没有房住，没有衣穿，人就不能生存！如此简单的事实的发现，被恩格斯称为足以和达尔文的发现相比拟的伟大发现！所谓饭，所谓水，所谓房，所谓衣，无非**物质生活资料**而已！法律上称为**"有体物"**，称为**"有形财产"**！从而，物质生活资料的生产亦即"有体物"、"有形财产"的生产，成为人类社会赖以生存的前提条件，成为一切国家设施、法的观点、文学艺术、宗教观念等所由发生、发展的基础。这就是历史唯物主义的基本原理！这就是历史唯物主义的基本内容！真理竟是如此简单朴素！郑成思教授说"有体物"不重要、说"有形财产"不重要，也就是认为物质生活资料的生产不重要，也就是认为物质生活资料即"有体物"、"有形财产"的生产已经不再是人类社会赖以生存的前提条件，显然不符合历史唯物主义的基本原理。

---

① 《马克思恩格斯全集》第19卷，第374页。

社会主义生产的目的，是满足人民群众日益增长的物质生活和文化生活的需要。满足人民群众日益增长的物质生活需要，要靠不断生产出各种各样的高质量的生活消费品，即食品、饮料、衣服、鞋帽、房屋、汽车等"有形财产"；满足人民群众日益增长的文化生活需要，也要靠不断生产出各种各样的书籍、胶卷、光盘、影碟、电视机、录音机、录像机、摄影机、电子计算机、多媒体装置、电影院、运动场馆、娱乐设施等"有形财产"。谁谓"有形财产"不重要，问问他是否不吃饭、不喝水、不住房、不穿衣、不乘车、不看电视？如果他是学者，再问问他是否不用电脑、不看书刊、不用纸笔？其实，要证明"有体物"的重要性，要证明"有形财产"的重要性，并不需要讲什么深奥的道理，仅凭人们的社会经验和生活常识就够了！

我们强调"有体物"即"有形财产"的重要性，并不因此否认网络技术的重要性。但网络技术，只是改变了传统的信息传递方式。所谓电子商务，即通过网络签订合同，但合同的履行仍离不开实际的交货和付款。所谓电子支付、电子资金划拨，即通过网络指示银行付款，实际上仍然要有真正的货币，或相当于一定金额货币的商品。所谓"网络生存"，并非人可以生存于网络空间，仅仅是通过网络签订购买生活用品的合同，而所订购的生活用品仍然要由速递公司，通过机动车实际运送到你的住所门口。因此，网络技术也离不开"有体物"即"有形财产"。虽然某些非物质的商品，可以直接在网络上实现交货，如直接下载文件、直接收看、收听音像资料和图片等，可是不要忘记，下载、接收、收看、收听仍然离不开终端电脑、磁盘、显示屏、键盘、鼠标、电话线等"有体物"及"有形财产"！

我们强调"有体物"即"有形财产"的重要性，也并不因此否认知识产权的重要性。专利技术当然重要，但消费者并不消费专利技术本身，而是消费用专利技术生产的"有体物"即"有形财产"。虽然企业直接消费专利技术，但不要忘记任何专利技术的实施都必然离不开机器设备等"有体物"即"有形财产"，并且企业购买专利技术和实施专利技术的目的，仍然是为了生产出更多更好的"有体物"即"有形财产"。商标也当然重要，但消费者并不消费商标本身，而是靠辨认商标以选择要购买的

"有体物"即"有形财产"。版权也当然重要，但消费者并不消费版权本身，而是消费附着于有形载体的作品，无论是一篇文章、一部小说、一幅图画、一首歌曲、一部影视作品，只在附着于某种载体，变成报刊、书本、画册、磁盘、磁带、影碟、光碟等"有体物"即"有形财产"，才能被消费。即使所谓网上出版，也只是由消费者自己从网络下载所选择的作品，使之附着于自己的电脑显示屏、电脑磁盘才能被消费，而电脑显示屏、电脑磁盘仍然是"有体物"即"有形财产"。

即使是一个天才，他或她的脑子可以不停地发明技术、设计商标、构思作品，即创造知识产品，难道他或她可以不吃饭、不喝水、不穿衣、不住房、不乘车！他或她要把构思的发明、商标、作品记录下来，即使不用电脑、键盘、鼠标、磁盘等，难道还能不用纸、笔等"有形财产"？

实现四个现代化，当然要靠高水平的科学技术的运用。但高科技本身并不等于现代化，高科技必须与有体物结合，物化为各种高炉、转炉、轧钢生产线、汽车生产线、各种机械、设备、仪器、仪表、高压电线、铁塔、发电站、变电站、飞机、船舶、机动车、高速铁路、高速公路、地铁、车站、码头、空港、战舰，航母、潜艇、战斗机、侦察机、轰炸机、武装直升机、坦克、装甲车、各种机枪、步枪、大炮、火箭、导弹、及各种军事装备等"有体物"即"有形财产"。高科技如果不与"有体物"结合、不能物化于"有形财产"，也就丧失其存在的目的和价值。

总而言之，科学技术、网络技术、专利商标等所谓"无形财产"，与"有体物"即"有形财产"之间，是"手段"与"目的"的关系，是"原因"与"结果"的关系，是正比例关系，而绝不是反比例关系。既然"科学技术是生产力"，则"科学技术"愈发达，则"生产力"就愈提高，因而所生产的物质生活资料即"有体物"、"有形财产"的总量就愈增长！郑成思教授为了贬低民法学者，为了贬低"有体物"即"有形财产"，为了否定"物权"概念和"物权法"，已经背离了关于物质生活资料的生产是社会存在的前提条件的原理及科学技术是生产力的原理，背离了历史唯物主义！

郑成思教授说**法国法采取的"财产"概念，正好迎合了 20 世纪末的现实。"财产"和"财产权"的概念完全能够包括无形财产和服务的内**

容。其实是郑成思教授对法国民法的误解。无论在法国民法典还是在理论著作中，财产 bien 一词都仅指有形财产（动产、不动产），而不包括无形财产。这正是法国对于知识产权，另外制定**知识产权法典**的原因。

须澄清的一点是，我们从来没有打算以**"有体物"**或**"物权"**容纳以知识产权为代表的无形财产，我们也并不是**"真要制定一部调整社会一切财产关系的基本法律"**，我们只是建议制定一部**调整有形财产归属关系的基本法律，即物权法**。调整财产（包括有形财产和无形财产）流转关系的法律即债权法，当然是将来制定的民法典的一部分，至于是作为一编规定还是分解为三编或两编规定，尚无定论，也许要取决于这部分条文的多少。调整无形财产中的知识产权关系的法律，已经有了专利法、商标法和著作权法，我们的意见是继续保留这三部单行法，作为将来制定的民法典的特别法。可见，我们主张制定物权法，并不是**要把有形的"物"作为主要的、甚至惟一的财产形式来对待**。

郑成思教授还指出，我们主张制定规范有形财产归属关系的物权法，是**要把蒸汽机时代形成的**（德国民法典的）**过时规则移植到网络时代**。同样，我们也可以认为郑成思教授主张制定所谓财产法，是**要把马车时代形成的**（法国民法典的）**过时规则移植到网络时代**。因为，郑成思教授并没有举出任何有说服力的理由，以证明蒸汽机时代的规则必定过时，必定不适应网络时代，而马车时代的规则就必定不过时，必定适应网络时代?!

（本文于 2001 年 12 月 31 日发表于中国民商法律网）

谁在曲解宪法、违反宪法？

——正确理解宪法第十一条、揭穿个别
法理学教授的谎言

近来，个别"法理学教授"对正在制定中的物权法发难，指责物权法草案贯彻合法财产平等原则，是"私有化"、是"保护少数富人"、是"违反宪法"。焦点是，要不要承认"非公有制经济"平等的法律地位？要不要平等对待、平等保护"非公有制经济"的合法财产？要不要承认"非公有制经济是促进社会生产力发展的重要力量"？要不要坚持党和政府"大力发展和积极引导非公有制经济"的方针？因此，有必要回顾现行宪法第十一条的历次修改，正确理解宪法第十一条关于"非公有制经济"法律地位和法律保护的规定。

现行宪法，颁布于改革开放初的 1982 年。宪法第十一条原文："在法律规定范围内的城乡劳动者个体经济，是社会主义公有制经济的补充。国家保护个体经济的合法的权利和利益。国家通过行政管理，指导、帮助和监督个体经济。"这个条文，在中国宪法上出现，具有非常重大的意义。

新中国建立的时候，我们对于经济的基本方针是什么？我们究竟要建立一个什么样的经济制度？这取决于中国共产党的党章规定的目标：消灭私有制。中国共产党的宗旨，就是要消灭私有制，建立一个没有私有制、没有剥削的社会。但是，新中国刚成立的时候能不能够做到消灭私有制呢？做不到。

新中国刚成立，从中华民国那里接过来的是一个烂摊子。如果当时要把私有制经济都消灭了，老百姓的衣食住行都要成问题。因此需要保留私有经济。当时除了没收官僚买办资本，没收汉奸卖国贼的财产以外，对民族资本等私有经济是保留的。为什么要保留呢？按照我个人的理解，是不得已，是消灭不了。真消灭了，我们老百姓没有饭吃，没有衣穿，因此就暂时保留它。保留私有经济，就决定了中国革命成功以后和苏联走的道路是不一样的。苏联是彻底消灭私有制，把资本家、地主、富农都扫地出门。我们却保留民族资本，保留私有制。

保留私有制既然是一种策略性的，那就要考虑，万一它壮大了怎么办？它要是发展壮大了，岂不和我们的宗旨矛盾吗？这就决定了我们的经济政策，对私有制经济采取"利用、限制、改造、消灭"的八字方针。这个政策，我们小的时候知道它，但是不理解。保留是为了"利用"，但是你利用它，它趁机发展壮大了，那就违背了我们革命的目标，违背了我们建立社会主义新中国的宗旨。因此，一定要"限制"。但光限制还不行，当我们的国有经济壮大了，我们就没有必要再保留它、利用它了，就一定要"消灭"它。怎么消灭呢？我们当初既然保留它、利用了它，你后来再来一次像苏联那样的剥夺、没收，像我们建国初期没收地主土地那样，就不合情理。因此采用"改造"的方式。这就是20世纪60年代的"社会主义改造运动"。

经过社会主义改造运动，我们就消灭了私有制经济，实现了单一公有制。按照宪法的规定："实行公有制基础上的计划经济。"我们就建立了这样的经济体制。紧接着，我们在单一公有制的计划经济的轨道上前进，结果不是那么理想。消灭私有制之后，我们紧接着就进行了总路线、大跃进、人民公社运动，再进一步就是四清运动、"文化大革命"，最后到了"文化大革命"后期，国民经济越来越恶化。按中共中央的正式文件的说法，国民经济"到了崩溃的边缘"。就是现在想起来，也心有余悸。

有必要提到1959—1961年的大饥荒。大饥荒的时候，我的家乡四川，自古就是天府之国，饿死过很多人。当时讲的是三年自然灾害，现在回过头来想，并不完全是天灾。这与经济体制有关系，就是说单一公有制和计划经济，不是解决整个社会发展的一个"好药方"。它最终导致了这样的结果。在国民经济面临崩溃的时候怎么办呢？十一届三中全会决定实行"改革开放"。开放什么？就是开放私有经济。但是当时没有想到要开放私有制经济。改革开放的第一个口号叫"开放、搞活"。搞活就是搞活市场交易，但过去没有市场，把市场消灭了。搞活市场，靠谁来搞活市场，国有企业搞活不了市场，就是靠允许个体工商户存在。

改革开放是一种危机对策，有点像20世纪30年代美国罗斯福总统推行的"新政"，是在面临巨大的困难和危机时不得已采取的措施。采取这样的果断措施的时候，没有可能进行研究，形成一种经济理论和经济政策。过去的理论和过去的经验，不足以为改革开放提供依据，回答不了改革开放这个问题。这个时候也来不及去研究它，没有可能提出什么完整的经济思想、经济理论，来为改革开放提供一个理论基础。

所以邓小平同志说，"摸着石头过河"。为什么要"摸着石头过河"？中国共产党领导人民革命的经验，都是有理论、有政策、有方针、有战略、有战术的。一个国家怎么在重大问题上莽莽撞撞的这么做呢？是不得已，是危机对策。开放什么？当时并没有想到要开放私有制经济，于是就开放个体经济，并在个体经济前面加一个谨慎的限制，就是"城乡劳动者的个体经济"。如果个体经济前面没有这一个限制，就有疑问：个体经济不就是私有经济吗？私有经济不就和我们党的宗旨矛盾吗？所以要加一个"城乡劳动者"的定语。

不管怎么说，宪法规定了这个条文，就为改革开放提供了最起码的依据。也就是说，改革开放虽然是危机对策，但不能一点法律根据也不讲，于是就在宪法上设了第十一条承认城乡劳动者个体经济的法律地位。既然规定了个体经济，就需要给它一个定性："在法律规定范围内的城乡劳动者个体经济，是社会主义公有制经济的补充。"个体经济是一个"补充"。"补充"两个字很重要，与前面讲的对私有经济的"利用、限制、改造、消灭"的经济政策，是一脉相承的。现在国民经济遭遇困难，为了渡过难关，有必要利用个体经济，让它来起"补充"作用。将来这个困难时期度过了，国民经济恢复了、壮大了，国有经济能解决一切问题了，就不再要你这个"补充"了。到那时也会要"消灭"它。可见，当时对个体经济的定位，是很谨慎、很灵活的。

到1988年就对第十一条进行了修改。修改后的条文如下：

"在法律规定范围内的城乡劳动者个体经济，是社会主义公有制经济的补充。国家保护个体经济的合法的权利和利益。"

"国家通过行政管理，指导、帮助和监督个体经济。"

"国家允许私营经济在法律规定的范围内存在和发展。私有经济是社会主义公有制经济的补充。国家保护私营经济的合法的权利和利益，对私营经济实行引导、监督和管理。"

本次修改，是在原文基础上，增加了第三款关于"私营经济"的规定。为什么1988年宪法修正要增加规定这一款？这是因为改革开放一旦进行，个体经济就会发展，有的个体户在经营中成长了、壮大了，雇工人数增加了。个体户一开始是自己带两个徒弟，请两个帮工，自己也参加劳动。但是，到了80年代中期以后，有些个体户已经成长壮大了，雇工已不止几个，而是十几个、几十个，相当于我们过去政治经济学教科书说的那种手工业作坊。有些地方出现了雇工上百人的个体企业。

这个时候，我们社会中就出现了争论，个体经济以什么为限？个体经济和私有制经济的界限划在什么地方？如何对待剥削的问题也提出来了。社会主义是不允许剥削的，社会主义就是要消灭私有制、消灭剥削。雇用工人的人数总要有个限制，超过多少个工人，他就成了剥削者，雇用工人在这个人数以下，他就还是劳动者。个体户他自己还从事劳动，雇几个帮工，带几个徒弟，我们把他划在劳动者的范围当中，原来的条文叫"城乡劳动者个体经济"。但是，他雇用的工人数超过了这个标准，他已经不参加劳动，靠剥削剩余价值生活，就不再属于"劳动者"了。

这就是当时社会上争论的焦点。与这个问题有关，就是在政治层面上的"姓社、姓资"的争论。中国的改革开放，究竟要改到哪里去？改到资本主义，还是坚持社会主义？"姓社、姓资"的争论，关键就是个体经济的雇工人数。如果雇工人数一律不超过七个人的话，"姓社、姓资"的争论就不必要了。按照计算，他还是劳动者，就没有私营企业主，当然就还是社会主义，就不必要讨论了。问题在于，这不是由人的意志决定的。社会生活中产生了好些个体经济，它成长壮大了，雇工人数超过七个、八个，而且雇用几十个、几百个工人的企业有的是。所以说，这两个讨论是相关的，雇工人数的讨论是从政治经济学层面的讨论，"姓社、姓资"就是政治层面上的讨论，关系到国家的前途，改革开放的方向，社会主义的性质和政治经济制度。

因此，1988 年的宪法修改，是个体经济发展的结果，是非修改不可。如果不修改，就面临一个矛盾：宪法上说的是"城乡劳动者个体经济"，但社会生活中存在很多的企业，名称上叫个体户，实际上雇工人数很多，老板不劳动，就靠剩余价值生活。与宪法上说的是个体经济，名实不符。因此，这次修改也是不得已的。这就是经典著作中所说的"不能对经济生活发号施令"。岂止不能对经济生活发号施令，而是反过来，经济生活的发展不断提出要求，要求修改法律、修改政策。因此，通过这次宪法修改，就正式承认了"私营经济"在宪法上的地位。这一点非常重要，为私营企业的大发展提供了法律上的根据。私营企业在法律上是什么地位呢？仍然是"公有制经济的补充"。这是比照个体经济。

不管怎么说，宪法上承认私营经济这一点很重要，使中国的改革开放在 20 世纪 80 年代后期能够继续前进。如果我们不承认私营经济，仍然仅限于个体户，改革开放就不会继续发展。假如当时规定，不允许超过七个雇工，改革开放就将停止在那里，不仅停步不前，还会倒退。所以说，这次宪法修改有重大的意义。由于 1988 年 4 月宪法修改规定了私营经济的法律地位，6 月国务院第七次常务会议就通过了《中华人民共和国私营企业暂行条例》。

请看《中华人民共和国私营企业暂行条例》的下面这三个条文：

第一条："为鼓励、引导私营企业健康发展，保障私营企业的合法权益，加强监督管理，繁荣社会主义有计划商品经济，制定本条例。"

第二条："本条例所称私营企业是指企业资产属于私人所有、雇工八人以上的营利性的经济组织。"

第三条："私营经济是社会主义公有制经济的补充。国家保护私营企业的合法权益。私营企业必须在国家法律、法规和政策规定的范围内从事经营活动。"

请特别注意第二条规定的私营企业定义："本条例所称私营企业是指企业资产属于私人所有、雇工八人以上的营利性的经济组织。"在这个定义中有一个企业的概念。所谓"企业"，就是营利性的经济组织。所谓"私营企业"，就是"资产属于私人所有、雇工八人以上的营利性经济组织"。两个要件：一是"资产属于私人所有"；二是"雇工八人以上"。这就划定了个体经济和私营经济的界限。不仅使私营经济合法化了，而且给它提供了法律基础，条例规定了企业的形式，内部关系，等等，有利于促进私有经济的发展。

到了1993年，宪法又有一次的修改。这次修改虽然不是对第十一条的修改，但与第十一条有密切关系。是修改宪法第十五条关于我们国家的经济体制的规定。原来的条文规定："国家在社会主义公有制基础上实行计划经济。"这就是我们中国当时的经济体制，当时的基本经济制度。我们平常说的单一公有制基础上的计划经济，讲的就是这个基本经济制度。实际上，计划经济必然是单一公有制的，只有单一公有制才能够实行计划经济，私有制不允许实行计划经济。公有制是实行计划经济的前提。这是原来的体制，所以1982年宪法把它规定下来，表明仍然要坚持原来的经济体制。

1993年对宪法第十五条的修改，改变了原来的经济体制。修改后的条文："国家实行社会主义市场经济。"社会主义市场经济，与公有制基础上的计划经济，是截然不同的，这是根本性的改变，是经济性质的改变。改革开放初期，已经提出经济体制改革的目标，不然为什么叫"改革开放"？但怎么样改？改成什么样？当时并不清楚。初期的提法是"发展社会主义商品生产和商品交换"，后来提"计划经济与市场调节相结合"，再后来改为"社会主义商品经济"。

在提出"社会主义商品经济"之前，曾经提出过一个理论，叫"笼子和鸟"的理论。计划经济就是"笼子"，市场调节是"一只鸟"，市场调节的这只"鸟"只能在计划经济的"笼子"里面活动。在这个提法之前，中央文件讲"计划经济与市场调节相结合"。讲"结合"，就会使人产生联想，这个市场调节是不是会越来越壮大，大到与计划经济平起平坐，甚至超过计划经济？因此需要在两者之间确定一个"主、从"关系。"笼子和鸟"的理论，明确了计划经济和市场调节的关系，最终我们还是计划经济。市场调节就像一只"鸟"，只允许在计划经济的"笼子"里面活动，这就达到了区分"主、从"的目的。说到底，计划经济是"主"，市场调节是"从"。

"笼子和鸟"的理论的影响很大。要按照该理论，我们的改革开放就要就此打住，不能再往前走。既然市场调节是计划经济这个"笼子"里的"鸟"，我们已经承认了私营经济，就不能让这个私营经济发展壮大。它要发展壮大了，就不是"鸟"，就要冲破"笼子"。就要限制它。原来对个体经济没有限制，雇工八人以上，就成了私营企业。现在私营企业雇工几十个、几百个都有，甚至雇工成千上万的都有，这样的私营企业岂不和计划经济体制相冲突吗？反映在思想上，就引发了后来的"姓社、姓资"问题。

因为宪法承认了私营经济，赋予其法律地位，国务院又制定了《私营企业暂行条例》，促进了私营企业大发展，私营经济就蓬勃发展起来，雇工也越来越多。这就进一步导致思想界、舆论界纠缠"姓社、姓资"。那个时候思想领域中，最大的、最热门的话题，就是"姓社、姓资"的争论。虽然我们的宪法已经承认了私营经济，但我们原有的意识形态不能和它兼容。这时就需要有一个权威来表态，我们的党和国家才能下定决心，这就是邓小平同志的南方谈话。

邓小平同志为什么到南方去讲话？他为什么不在首都北京讲话，不在我们的老工业基地东北讲话？当时觉得有点奇怪。现在想来，在北京、到东北都很难讲，底下坐的都是大国有企业的领导人，地方党政领导人也都是大国有企业的厂长经理出身，在那里讲什么要发展私营经济呀，要让一部分人先富起来呀，不要再谈论"姓社、姓资"呀，就很难讲出口。而南方私有经济已经相当发达，例如深圳，私有经济已经很发达，地方党政领导人的思想已经比较灵活、比较开放，对为什么要发展私营经济、发展市场经济，已经有所认识，人民群众已经从发展私营经济、发展市场经济得到直接和间接的利益，容易与小平同志的讲话产生共鸣。

可见，邓小平同志不在北京讲话，不在东北讲话，而是到广东深圳讲话，不是无缘无故的。这中间有大智慧在。邓小平同志讲话的要点，一是说"姓社、姓资"问题不要再争论了。因为"姓社、姓资"再讨论下去会干扰我们的改革开放，会导致思想混乱。不要在"姓社、姓资"问题上再纠缠下去。二是说"让一部分人先富起来"。为什么要"让一部分人先富起来"？因为一部分人已经富起来了。我们看到私营企业雇工几十人、几百人甚至上万人，不要担惊受怕，不要担心社会性质改变，不要产生敌对情绪。三是讲经济体制改革的方向，就是要建立"社会主义市场经济体制"。

邓小平同志南方谈话解决了中国改革的方向问题，建立什么经济体制的问题。贯彻小平同志讲话精神，首先是要求修改宪法关于经济体制的规定。可见，宪法1993年的修改，规定"国家实行社会主义市场经济"，其意义非常重大。这次修正改变了中国的经济体制，改变了基本经济制度，但其他的内容都没有动。既然第十五条已经规定实行社会主义市场经济，则第十一条规定的"私营经济是社会主义公有制经济的补充"，就已经不合适。既然我们已经是市场经济，则私营经济就不应该再是"公有制经济的补充"。这些内容当时都没有改，来不及改。

现在看来，当时修改宪法第十五条改变国家经济体制，对于我们的国家、民族的前途命运具有决定性的意义。由此决定了私有经济在国家中的地位，已经不再是什么"补充"，不能再搞什么"利用、限制、改造、消灭"。宪法第十五条的修改就隐含着私营经济在中国的前途，虽然当时的宪法没有明白表示出来。所以说，这个改变意义重大，私营经济绝不是公有制经济的"补充"，它根本就不是什么"补充"，它应当是市场经济的组成部分，是市场经济的题中应有之义！

因为这次宪法的修改，才导致了20世纪90年代中国市场经济的蓬勃发展。主要是私营经济的发展，就是把笼子打碎，私营经济这只"鸟"已经冲破笼子，飞向蓝天。但是，这次宪法修正并没有对第十一条进行修改，个体经济和私营经济是社会主义公有制经济的补充的这一定性，未被纠正。这就为下一次宪法修正留下伏笔。说到底，私营经济的存在和发展，与公有制基础上的计划经济是矛盾的，而与社会主义市场经济之间却不存在这种矛盾。社会主义的市场经济，其本质仍然是市场经济。私营经济与市场经济是水乳交融的。

按照马克思的说法，什么叫市场，就是两个私有者相互交换自己的产品。如果不是两个私有者，假设是一家人，兄妹之间，你把你的东西给我，我把我的给你，这就不叫市场。因为东西是大家庭的，是共有的。因此，在单一公有制条件下，就不可能有真正的市场经济。过去国有企业之间也订合同，但那时的合同与今天合同法上的合同并不是一回事。那是国家机关预先决定了的，甲企业的产品供应给乙企业，规格、型号、数量、价格等都是国家定的，按照国家下达的指令性计划，甲、乙两个企业签订一个合同，由企业经理、厂长签字、盖章，走个形式而已。名义上叫合同，实际上还是指令性计划。

苏联的民法学家将这一点讲的非常透彻，说这些合同不过是给指令性计划穿上一个外衣罢了，其本质上仍然是计划，形式虽然是合同。到年底的时候，合同没有完成，如果对方不再需要，就一笔勾销，合同就作废了。如果对方还需要，主管机关决定"接转下一年度"，明年接着执行，不发生什么违约问题。甚至甲企业订的设备，运到当地，主管机关大笔一挥，这个设备就归了另一个企业。计划经济就是靠隶属关系、行政手段、指令性计划，当然，还有其他的手段，例如票证。因此在单一的公有制基础之上，只可能实行计划经济，不可能搞市场经济。

现在回过头来看，单一的公有制经济，和市场经济是矛盾的，私营经济也是和计划经济矛盾的，这是两对矛盾。如果不解决这两个矛盾，我们的改革开放在 20 世纪 80 年代后期就要停下来。东欧一些国家搞改革开放也很早，如捷克斯洛伐克、匈牙利、南斯拉夫，他们改革初期，也是蓬勃发展，取得显著成就，为什么后来倒退回去了？甚至导致苏联出兵干涉。就是这两对矛盾决定的，也就是"姓社、姓资"的问题。我们在 80 年代后期，总议论"姓社、姓资"，改革开放的目标不定，如果解决不好，要么停下来倒退回去，要么就像苏联的结局，彻底私有化。我们采取的办法，是改变原来的计划经济体制，改为社会主义市场经济，舆论界也不再纠缠"姓社、姓资"，及时统一了党和国家的指导思想。这就为我们的改革开放提供了广阔的空间，特别是为私营经济的发展提供了广阔的空间，带来了 90 年代中国经济的大发展。

到 1999 年宪法又有一次修改。由于中国的市场经济在 90 年代取得了很大的成效，取得了很大发展，是社会中每一个成员都感受到的。因此，纠缠于"姓社、姓资"的人就越来越少，一边享受着市场经济的利益，一边大讲"姓社、姓资"问题就不合适。这时思想界已经趋向一致，因此要求在宪法上作进一步的修改，1999 年 3 月 15 日九届人大对宪法第十一条的修正如下：

原条文是三款：

"在法律规定范围内的城乡劳动者个体经济，是社会主义公有制经济的补充。国家保护个体经济的合法的权利和利益。"

"国家通过行政管理，指导、帮助和监督个体经济。"

"国家允许私营经济在法律规定的范围内存在和发展。私有经济是社会主义公有制经济的补充。国家保护私营经济的合法的权利和利益，对私营经济实行引导、监督和管理。"

修改为两款：

"在法律规定范围内的个体经济、私营经济等非公有制经济，是社会主义市场经济的重要组成部分。"

"国家保护个体经济、私营经济的合法的权利和利益。国家对个体经济、私营经济实行引导、监督和管理。"

本次修正的内容：将原条文对个体经济（第1、2款）和私营经济（第3款）的分别规定，合并为两款，并且增加了"非公有制经济"的概括性概念。"非公有制经济"概念的提出，有极其重大的意义。因为到90年代后期，已经出现大规模的私营企业，雇用成千上万的工人的企业，并且还有私营经济的上市公司。私有制经济的形式，不仅仅是个体户、私营企业，还有外资企业、中外合资企业，合伙企业，企业之间还有合伙联营，有限责任公司，股份有限公司，等等。例如"三来一补"，很难叫一个名字，但它决不是公有制经济形式。如果宪法上采取列举规定，一是不好看，二是列举不全，所以需要有一个上位概念。

我们国家过去是单一公有制，公与私是相对的范畴，非公即私，非私即公。按理说，公有制经济之外的，统统属于私有制经济形式。宪法第十一条本应采用"私有制经济"概念。但如果这样规定，会不会在国际上、国内外又引起关于"中国是不是变色"了、"私有化"了等争论。中国改革开放以来，对"私有化"一直持谨慎的态度。为了避免引起不必要的争论、引起思想混乱，这就产生了"非公有制经济"概念。

从方法论上讲，概念必须是肯定的，只能说"是什么"，不能说"不是什么"。严格说来，"非公有制经济"这个概念在方法论上、科学性上是有缺陷的。但是，从国家的政策、政治方面说，还是要肯定这个概念。

它表明了中国人的智慧，就像邓小平同志说"摸着石头过河"。假设他在改革开放初期就说，我们要搞市场经济，要鼓励一部分人先富起来，将会是一种什么情景？当时不是还在讲"两个凡是"吗？当然，当时也还不可能认识到要搞市场经济。因此说在某个特定历史条件下，需要大智慧。

宪法规定"非公有制经济"，不是轻率的。这样一修改，就把"补充"给取消了。"非公有制经济"当然不是公有制经济的"补充"。它本来就是市场经济的基础。既然市场经济的本质是私有者的交换，私有经济就是市场经济的题中应有之义。只有在私有经济之上，才有真正的市场经济。既有公有制经济，也有私有制经济，在公有制经济和私有制经济两种经济形态的基础上搞市场经济，这就是"中国特色"的社会主义。这就是社会主义市场经济。可见这次宪法修正，在个体经济、私营经济后面加上"等非公有制经济"，并且规定"非公有制经济"是社会主义市场经济的"重要组成部分"，具有极重大的意义。

我们的市场经济，和西方的市场经济不一样，除了私有制经济外，还有公有制经济，是两种经济形态基础上的市场经济，不是单一的私有制经济之上的市场经济。我们的市场经济，和传统的社会主义也不一样，既不是单一公有制，也不是计划经济，而是在公有制经济和私有制经济两种经济形态基础上的市场经济，是真正的市场经济。这就是中国特色的社会主义市场经济。

改革开放刚开始，邓小平同志说"白猫黑猫，抓住老鼠就是好猫"。那是不得已。因为过去的经验、过去的理论解决不了，过去的经济思想、经济观念、经济政策都已经走到绝境，只好来一个"实用主义"。我们一步一步地"摸着石头过河"，已经走了二十年。回顾这二十年，当初我们想的是开放个体户就行，后来个体企业、私营企业出来了，再后来其他的非公有制企业也出来了，慢慢就有了理性认识。从感性认识上升到理性认识，这就是中国特色的社会主义市场经济。

这次修改宪法，明确规定"非公有制经济"是社会主义市场经济的"重要组成部分"。从法律上来看，决定了"非公有制经济"和公有制经济是平起平坐的。为什么不叫"补充"呢？"补充"就不是平起平坐，就有主、有从，公有制经济是"主"，私有经济是"从"，有主次之分。现在宪法规定，非公有制经济是社会主义市场经济的"重要组成部分"，虽然没有说非公有制经济和公有制经济地位平等、平起平坐，但从法律上来看，那是理所当然的。所以说 1999 年的宪法修改，使"非公有制经济"获得了和公有制经济平等的法律地位，也就为中国经济在新世纪的进一步发展奠定了基础。

进入新世纪，我们看到私有经济及整个国民经济有了非常大的发展。2003 年的政协会上一位经济学家建议取消农业税，2004 年就真的把农业税取消了。表明我们的经济已经足够强大。中国经济 20 世纪 90 年代的大发展和进入新世纪的大发展，靠的是什么？并不是说不靠国有经济，我们发展的好的国有企业也有。但东北老工业基地的经济怎么样，他们一个省的经济不抵南方一个市。在广东的深圳或东莞，在浙江的温州，几乎全是私营企业、私有经济。私有经济为中国经济发展带来巨大的活力。这是因为我们的宪法赋予了私有经济平等的法律地位，为国家制定一系列政策方针、法律法规提供了宪法上的依据。下面介绍 2004 年对宪法第十一条的修改。

原条文是：

"在法律规定范围内的个体经济、私营经济等非公有制经济，是社会主义市场经济的重要组成部分。"

"国家保护个体经济、私营经济的合法的权利和利益。国家对个体经济、私营经济实行引导、监督和管理。"

2004 年 3 月 14 日宪法修正案修改为：

"在法律规定范围内的个体经济、私营经济等非公有制经济，是社会主义市场经济的重要组成部分。"

"国家保护个体经济、私营经济等非公有制经济的合法的权利和利益。国家鼓励、支持和引导非公有制经济的发展，并对非公有制经济依法实行监督和管理。"

第一款未作任何改动，只是修改了第二款。将第一句"国家保护个体经济、私营经济的合法的权利和利益"。修改为"国家保护个体经济、私营经济等非公有制经济的合法的权利和利益"。将第二句"国家对个体经济、私营经济实行引导、监督和管理"。修改为"国家鼓励、支持和引导非公有制经济的发展，并对非公有制经济依法实行监督和管理"。第二句中的"鼓励、支持"是新加的，过去的第二款中只有"引导、监督、管理"。为什么要增加"鼓励、支持"，因为振兴中国要依靠"非公有制经济"，我们经济的增长点（用一个不是很准确的话来说）恐怕还是在"非公有制经济"上。我们的公有制经济的改造、国有企业的改组，到现在还没有完成，而我们的经济为什么一直向前发展，主要是靠"非公有制经济"。

宪法明确规定"国家鼓励、支持和引导""非公有制经济"的发展，这就把我们在新世纪的基本经济方针规定下来，改革开放的重点也就呈现出来了。对非公有制经济的监督管理还是必要的，原来就有监督管理的规定，这次修改为"依法实行监督和管理"。政府工作报告中说，我们的政府要"全面推行依法行政"，宪法特别规定对非公有制经济要"依法实行监督和管理"。在现实生活中，我们对私有制经济的监督管理存在缺点，或过严过苛，或没有依法进行，随意性强，前后不一致，各地不一致，等等，这不符合"依法行政"的要求。归结起来，2004年对第十一条的修改有三个要点：一是保护非公有制经济的合法权利和利益；二是鼓励、支持和引导非公有制经济的发展；三是对非公有制经济的监督管理要依法进行。

2004年的宪法修改，是出于社会现实的要求。进入新世纪以后，中国经济获得了巨大发展，在这里介绍中国工商联主席在当年政协大会上发言中的数字。2002年非公有制经济已经占到国民生产总值的1/3强，特别是在一般性竞争领域（指除了国家垄断性的领域以外的领域），非公有制经济已经超过70%；截至2002年底，个体、私营企业注册资本总额已达2.85万亿元；2002年个体、私营企业新增注册资本金6900亿元，比当年实际使用外资金额多2600亿元；个体、私营企业上交税金，已占全部税收的43%；在地方经济和县域经济中，经济发展和税收，主要依靠非公有制经济。特别值得指出的是，非公有制经济，已经成为就业的主渠道，据劳动部2002年对66个城市的调查，国有企业下岗人员中的65%，是在非公有制经济中实现再就业。

这些数字说明，非公有制经济在我国经济社会发展中，占据了极重要的地位，发挥了非常重大的作用。非公有制经济的发展是关系到中国经济腾飞的战略性的问题，具有战略性的意义。这个战略已经在党的文件中表示出来了，中共十六届三中全会《决定》充分肯定"个体、私营等非公有制经济是促进社会生产力发展的重要力量"，明确提出"大力发展和积极引导非公有制经济"的方针。2004年3月4日，胡锦涛总书记在政协民建、工商联联组会上强调指出："大力发展和积极引导非公有制经济，是党和政府坚定不移的方针。"坚定不移的方针，当然是战略性的方针。

现在党和政府既然决定了大力发展非公有制经济的战略方针，要落实这一战略方针，单靠政策是不够的，必须完善我们的法律体系。这次宪法修订，规定对非公有制经济与公有制经济平等保护，为制定和完善各方面的法律法规奠定了宪法基础。当务之急，就是要以宪法第十一条的规定为根据，在即将出台的物权法和有关的法律法规中，切实贯彻和体现对公有制经济和非公有制经济一视同仁、平等对待、平等保护的宪法原则，剔除一切对非公有制经济不平等对待和歧视性的规定。通过这样一部进步的、完善的、科学的物权法，贯彻党和政府"大力发展和积极引导非公有制经济"的坚定不移的政策方针，实现中国经济腾飞的战略目标。

通过以上对宪法第十一条历次修改的回顾，我们已经看得很清楚，肆意曲解宪法、否定"非公有制经济"的平等法律地位，否定"非公有制经济"是社会主义市场经济的"重要组成部分"，否定"非公有制经济是促进社会生产力发展的重要力量"，反对平等保护"非公有制经济"的合法财产，与党和政府"大力发展和积极引导非公有制经济"的方针唱反调的，不是别人，正是指责物权法草案"违宪"的个别所谓法理学教授自己！

（2006年4月3日）

松散式、汇编式的民法典不适合中国国情

一 引言

国人期盼已久的中国民法典草案终于提到 2002 年 12 月 23 日的人大常委会进行第一次审议。这一草案包括：总则、物权法、合同法、人格权法、婚姻法、收养法、继承法、侵权责任法、涉外民事关系法律适用法九编，其中合同法、婚姻法、收养法和继承法，是原封不动地将现行法编入，是彻底的松散式和汇编式的民法典。虽然受到少数学者的赞扬，但实际上与人民所期望的民法典差距甚大。我认为，中国应当制定一部具有逻辑性和体系性的民法典，而不是所谓"松散式、汇编式"的民法典。

二 我为什么不赞成"松散式、汇编式"的民法典？

今天讨论民法典编纂，一个无可回避的现实是，从德国民法继受过来的这套概念、原则、制度和理论的体系，在中国已经存在了一百年之久，已经在中国这块土地上发芽、生根、开花、结果。我们的法学院所采用的民法教材，它上面的一整套概念、原则、制度和理论的体系都是德国式的。我们的法院在判决案件的时候，我们的律师在从事法律实务的时候，不是采用英美法那样的从判例到判例的推理的方法，而是采用德国式的逻辑三段论的法律适用方法。我们的立法，尤其是改革开放以来的法律，以《民法通则》和《合同法》为典型，所使用的概念、所规定的原则和制度，诸如权利能力、行为能力、法律行为、代理、时效、物权、债权、支配权、请求权、抗辩权、代位权、撤销权，等等，都是德国式的。可见从

德国民法继受而来的这套概念、原则、制度和理论的体系，已经融入中国社会之中，成为中国立法、司法、教学和理论研究的基础，成为中国的法律传统和法律文化的基础。

有的学者反对德国民法的概念体系，大谈所谓"对德国民法说不"。作为个人的观点、个人的偏好，本也无可厚非。但现在我们所面对的，绝不是在大陆法系与英美法系之间，或者在大陆法系内部的德国法系与法国法系之间作出选择的问题！一百年前，我们的前人已经替我们作出了选择。① 中国之属于德国法系已经是既成事实。② 你不可能抗拒、改变、背离或者抛弃一个国家的法律传统。在中国历经百年所形成的法律传统面前，任何立法者和学者，都是渺小的。即使如某些学者所主张的"松散式、邦联式"方案，即使如现在提交审议的"汇编式"的民法草案，也并未真正背离德国民法的概念体系，只不过人为地把这一概念体系弄得支离破碎、逻辑混乱罢了。必须指出，制定一部体系混乱、不讲逻辑的民法典所可能给中国造成的弊害，将比中国没有民法典更甚千万倍！！

中国属于成文法国家，与英美法国家不同。英美法国家有悠久的判例法传统，法律规则是法官创制的，主要依靠法官的产生机制、高素质的法官和陪审团制度，保障裁判的公正性和统一性。大陆法国家，法律规则是立法机关制定的，主要依靠法律本身的逻辑性和体系性，保障裁判的公正性和统一性。法典愈有逻辑性和体系性，愈能保障审理同样案件的不同地区、不同法院的不同的法官，只能从法典找到同一个规则，得出同样的判决。尤其中国法官队伍人数众多，平均学历不超过大专，法律素质参差不齐，地位和收入不高，独立性不强，容易受法律外因素的影响。一部不讲究逻辑性和体系性的所谓松散式、汇编式、邦联式的法典，使审理同样案件的不同地区、不同法院的不同的法官，可以从中

---

① 台湾著名学者王泽鉴指出：中国之继受外国民法，采大陆法系特别是德国民法，是受日本的影响。其所以不采英美法，纯粹由于技术上的理由，并非基于法律品质上的考虑。大陆法系与英美法系，并无优劣之分，但英美法是判例法，不适于依立法方式继受。其所以不采法国民法而采德国民法，是因为德国民法制定在后，其立法技术及法典内容，被认为较 1804 年的法国民法典进步。见王泽鉴《民法五十年》，载《民法学说与判例研究》第 5 册，第 4—5 页。

② 日本著名学者北川善太郎指出，日本、韩国、中国及中国台湾民法，均属于大陆法系中的德国法系。见北川善太郎《民法总则》，有斐阁 1993 年初版，第 105 页。

找到完全不同的规则，得出截然相反的判决。这样的法典，不仅不利于保障裁判的统一性和公正性，还会适得其反，使那些在法律外因素影响之下作出的不公正的判决合法化！这样的法典，不仅不利于遏止地方保护主义、行政干预和司法腐败，还会适得其反，进一步助长地方保护主义、行政干预和司法腐败！！

三 我为什么不赞成取消债权概念和债权总则？

中国民法学界主张取消"债权"概念的意见，由来已久。在 80 年代中期制定《民法通则》时就曾发生过争论。已故著名学者佟柔教授在《新中国民法学四十年》一文中说，有人主张中国民法"应摒弃债的概念。理由是：（1）中国人民所理解的债，与大陆法系国家自罗马法以来形成的债的概念大相径庭；（2）债本身是一个外来词，我们可以不用；（3）债的概念主要是概括合同制度，把无因管理、不当得利和侵权行为放在其中，并无科学性；（4）不用债的概念不会影响中国民法和民法学的完整性、系统性以及民事法律关系的严肃性"。佟柔教授指出，"大多数人认为，中国民法和民法学应当使用债的概念"。[1] 根据大多数民法学者的意见，《民法通则》专设"债权"一节，并且明文规定了"债权"定义。

我们看到，在《民法通则》之前的《经济合同法》、《涉外经济合同法》等法律，没有使用过"债权"、"债务"、"债权人"、"债务人"等概念，而在《民法通则》之后的民事法律、法规，甚至公法性的法律、法规，却广泛采用了"债权"、"债务"、"债权人"、"债务人"等概念。可见当年制定《民法通则》时争论是否采用"债权"概念是有重要意义的。

《民法通则》的颁布、实施已经十多年，应当说"债权"概念已经深入人心。但 1998 年 3 月民法起草工作小组会议上，有的学者建议取消"债权"概念，建议民法典不设"债权编"，理由是"债权"概念不通俗。当时就有学者反驳说，《民法通则》规定"债权"概念，十多年来已经为

---

① 见《佟柔文集》，中国政法大学出版社 1996 年版，第 246 页。

我们的人民、企业、律师和法官所接受，为什么要抛弃？有的学者指出，"债权"是大陆法系民法的基础性概念，一旦取消，必将导致民法概念体系的瓦解。有的学者说，如果取消"债权"概念，不仅破坏了逻辑体系，就连权利名称也将发生问题，总不能叫"不当得利权"、"侵权行为权"吧！

在 9 月 16—25 日召开的讨论《中国民法典草案（2002 年 9 月稿）》的专家讨论会上，就是否保留债权概念和设债权总则编发生激烈争论。主张取消"债权"概念和"债权总则编"的学者所持理由，主要有四个：一是认为"债权"概念不通俗；二是认为我们不应迷信德国民法的体系；三是认为债权总则实际是合同总则；四是认为侵权责任不是债或者主要不是债。这四个理由都站不住。

有学者认为民法上的"物权"、"债权"、"法律行为"三个概念最难懂。其实，民法上的概念，不通俗的岂止"法律行为"、"物权"和"债权"三者！我们制定民法典，绝不能够以所谓"通俗化"为目标。民法是一个具有严格逻辑性的行为规则体系和裁判规则体系。每一个概念均有特定的含义，概念相互之间有严格的逻辑关系。正因为如此，才需要开办法学院培养法律专门人才，才需要职业化的法官、律师和检察官，才需要建立专门的司法考试制度。再说，对中国人而言，"债"的概念是古已有之。唐律、明律都有"钱债"。老百姓说"杀人偿命，欠债还钱"。虽其文义有广狭，但其本质同一。是一方请求他方为某种行为的权利，即"请求权"。从这一角度我们可以说"债权"概念并非不通俗。《民法通则》颁布以来，"债权"概念已为广大人民所掌握并熟练运用，就是证明。

有学者认为我们不应迷信德国民法的概念体系，不必套用"物权"、"债权"概念，不必设"债权总则编"。其实，"物权"、"债权"的明确区分，虽然是《德国民法典》首倡，但《法国民法典》就已经采用了"债权"概念。特别应注意的是，"债权"、"物权"是大陆法系民法的基础性概念，无论所谓大众化的法典如《魁北克民法典》，或者学者型的法典如新的《荷兰民法典》，都有"债权"概念，都有"债权编"或"债权总则编"。可见，采用"债权"概念，规定"债权总则编"，是民法典科学性和体系性的要求，与"迷信"不相干。退一步说，即使是"迷信"，我们可以"迷信""物权"、"法律行为"、"时效"、"法人"、"人格权"等许多德国人创造的概念，为什么就不可以"迷信""债权"概念和"债权总则"?!

有的学者认为，侵权的本质是"责任"而不是"债"，或者仅"损害赔偿"是"债"，特别提到"停止侵害"、"赔礼道歉"不是"债"。但是，各校采用的民法教材，都说"债权"是一方请求他方为一定行为或不为一定行为的权利，从来没有限定所请求的"行为"必须具有金钱价值。因此，侵权行为的后果，不仅请求加害人支付赔偿金是"债"，请求加害人停止侵害（不为一定行为）、赔礼道歉（为一定行为）也当然是"债"!台湾著名学者王泽鉴指出：因名誉被侵害请求为恢复名誉之适当处分，"如刊登道歉启示，虽其内容不以金额为赔偿标的，但性质上仍属债权"。①

有学者认为《合同法》总则部分的大多数内容实际是"债权总则"的内容，因此民法典不必设"债权总则编"。应当看到，现行《合同法》超越自己的范围去规定本属于民法总则的法律行为规则、代理规则和本属于"债权总则"的规则，是因为《民法通则》的规定太简单不能适应市场经济发展的要求，是不得已的权宜之计。现在我们制定民法典，就应当按照逻辑和体系的要求，使现行《合同法》中属于"债权总则"的规定回归于"债权总则编"，属于民法总则的内容回归于"总则编"，将剔除了属于"债权总则"内容和属于民法总则内容后的合同法作为民法典的"合同编"。怎么能够因《合同法》规定了"债权总则"的内容而取消"债权总则编"？难道也因《合同法》规定了属于"总则编"的法律行为规则、代理规则，而取消"总则编"吗？

有的学者主张取消"债权总则编"，却并不主张取消"债权"概念。这就提出一个问题，不设"债权总则编"，而又保留"债权"概念，是否行得通？特别应指出的是，当时之所以能够将许多本属于"债权总则"的规定纳入《合同法》，是以《民法通则》专设"债权"一节并明文规定

---

① 见王泽鉴《侵权行为法》第一册，1998 年 9 月版，第 132 页。

"债权"定义为前提的。如果没有《民法通则》关于"债权"和"债权"定义的规定作为前提,《合同法》怎么能够规定"债权人代位权"、"债权人撤销权"、"债权让与"、"债务承担"等属于"债权总则"的制度?怎么能够将合同当事人称为"债权人"、"债务人"?

如果民法典不设"债权总则编","合同编"不可能规定"债权"定义,因为"合同编"如果规定"债权"定义,也就成了"债权编"而不是"合同编"。可见,取消"债权总则编"也就取消了"债权"概念。《合同法》现在的许多内容就失去了存在的基础。"债权人"、"债务人"尚可用"当事人"代替,就像当年的《经济合同法》那样,但"债权人代位权"、"债权人撤销权",能改为"当事人撤销权"、"当事人代位权"吗?《合同法》的这许多规定,是以《民法通则》关于"债权"概念的规定为前提的,皮之不存,毛将焉附?!

没有"债权总则编"、没有"债权"概念,物权法上的"债权人"、"债务人"、"被担保债权"、"债权质押"等也将失去存在的前提。"物权优先于债权"这一基本原则也就失去了依据。能说"物权优先于合同"吗?能说"物权优先于侵权"吗?没有了"债权"概念,许多商事法律都要受到影响。如《公司法》关于"公司债"的规定,《票据法》关于"票据债权人"、"票据债务人"的规定。特别是破产法,"债权人申请破产"、"债务人申请破产"、"债权申报"、"债权人会议"、"按债权额比例分配"等制度,以及基于"物权优先于债权"原则的"取回权"制度,均将失去前提。甚至公法也要受到影响,如《税收征管法》第四十五条规定的"税收优先于无担保债权",能够改为"税收优先于无担保合同"吗?应当指出,"债权"概念,绝不仅是民法财产法的基本概念,而且是整个民商法律的基础性概念,是国家整个法律体系的基础性概念,一旦取消"债权总则编"和"债权"概念,必将导致国家整个法律体系、法律秩序的混乱。

还应当注意"债权"概念作为法律思维工具的重大价值。例如"物权优先于债权"、"债权平等"、"债权请求权"与"物权请求权"的区分、"可分债权"与"不可分债权"、"连带债权"与"连带债务",等等,是我们进行法律思维的工具。法官、律师正是靠这一系列建基于

"债权"概念的原则，进行法律思维和办理案件的。如果废弃"债权"概念，我们的法官、律师将如何进行法律思维，如何分析案件和裁判案件？

还应当看到，"债权"概念不仅在法律体系和法律思维上具有重大意义，而且有其重要的社会意义。这就是，"债权"概念是反映市场经济本质的法律概念，"债权总则"是市场交易的基本规则。不仅"合同之债"是交易规则，"不当得利之债"、"无因管理之债"、"侵权之债"也都是交易规则。在市场经济条件之下，"合同之债"是市场交易的常态，"不当得利之债"、"无因管理之债"和"侵权之债"是市场交易的变态。在计划经济条件之下，整个社会经济生活包括生产、流通、分配、消费均通过行政手段、指令性计划和票证安排，因此没有"债权"概念存在的基础。中国在改革开放前的计划经济体制下，企业之间也签订所谓"经济合同"，但这种合同的实质是"计划"而不是"债"。可见，计划经济与市场经济，差异不在合同，而在"债权"，"债权"是民法与市场经济的"连接点"。

1981年的《经济合同法》不讲"债权"，主要是反映计划经济的本质和要求。1986年的《民法通则》专设"债权"一节，符合了市场经济的本质和共同规则，因此为进一步的改革开放提供了平台，为市场经济的发展，为《合同法》的制定提供了基础。《民法通则》采用"债权"概念，相对于此前的法律不使用"债权"概念，的确是一个巨大的进步，并且是改革开放和发展社会主义市场经济的成果，也是进一步改革开放和发展社会主义市场经济的基础。从"经济合同"概念到"债权"概念，实质是从计划经济转向市场经济。现在我们要建立社会主义市场经济法律秩序和法律体系，有赖于继续使用"债权"这一基础性概念。要说什么是《民法通则》的成功经验，《民法通则》专设"债权"一节并规定"债权"概念才是真正的成功经验。因此，我们制定民法典就一定要在《民法通则》成功经验的基础上，保留"债权"概念，设立"债权总则编"以统率"合同编"和"侵权编"，进一步完善"债权"法律制度，为发展现代化的市场经济和建立健康有序的市场经济法律秩序，提供法制基础。

四　我为什么不赞成人格权单独设编？

主张人格权单独设编的第一条理由是人格权的重要性。人格权关系到人的尊重、人格尊严和人权保护，其重要性并无人否认。但民法典的编排体例，绝不能以重要性为标准。人的尊重、人格尊严和人权保护，属于法典的进步性问题，应当体现在民法典的价值取向、规范目的、基本原则和具体制度上。一项法律制度充分体现了对人的尊重，对人格权和人权的保护，就具有进步性，至于该项制度在民法典上的安排和位置，是作为单独的一编，还是一章，是放在法典的前面还是后面，对其进步性不发生影响。法典结构体例、编章设置、法律制度的编排顺序，应当符合一定的逻辑关系，并照顾到法官适用法律的方便。民法典的编纂体例，应当以逻辑性为标准，使民法规则构成一个有严格逻辑关系的规则体系，以保障裁判的公正和统一。

主张人格权单独设编的第二条理由是所谓创新。认为世界上迄今存在的民法典，人格权都是规定在自然人一章，还没有单独设编的，中国民法典单独设立人格权编，就有了自己的特色，有所创新。我不反对创新，不反对中国民法典体现中国特色，但问题在于这种创新和特色，一定要符合公认的法理，至少在法理上说得通，有起码的合理性和说服力。否则，就是故意标新立异。民法典是为民事生活制定准则，为市场经济和家庭生活设立行为规则，为法官裁判民事案件设立判断基准，绝不允许任意性和标新立异！世界上的民法典和民法典草案，关于人格权的规定有三种模式：一是规定在侵权行为法之中，如1896年的德国民法典、1896年的日本民法典、1881年的瑞士旧债务法等；二是规定在总则编或人法编的自然人一章，如1955年的法国民法典草案；三是在总则编或人法编规定人格权，同时在侵权行为法中规定侵害的后果，如1959年的德国民法典修正草案。① 迄今没有将人格权单独设编的，其理论根据在于人格权的特殊本质，在于人格权与其他民事权利的

---

① 见日本著名学者濑川信久在2002年8月27日早稻田大学"日中法学者共同讨论会"上的报告稿《关于人格权》第1、4页。

差异。① 我们有什么理由和必要偏要反其道而行之？

主张人格权单独设编的第三个理由是所谓《民法通则》的成功经验。必须指出，当年制定《民法通则》，专设第五章对民事权利作列举性规定，其中第四节规定人格权，并不是出于理性决定，而是出于不得已。绝不意味着将来制定民法典就一定要单独设立人格权编。《民法通则》之在国内外受到好评，是因为《民法通则》在新中国历史上第一次规定了比较充分的人格权，而绝不是因为将人格权单设一节。

人格权不应单独设编的基本理由，在于人格权的特殊本质。首先是人格权与人格的本质联系。作为人格权客体的人的生命、身体、健康、自由、姓名、肖像、名誉、隐私等，是人格的载体。因此，人格权与人格相终始，不可须臾分离，人格不消灭，人格权不消灭。世界上的民法典，均将人格权规定在自然人一章，其法理根据正在于此。其次，人格权与其他民事权利的区别，还在于人格权的客体是存在于主体自身的生命、身体、健康、自由、姓名、肖像、名誉、隐私等人格利益。因此，人格权是存在于主体自身的权利，不是存在于人与人之间的关系上的权利。人格权就像权利能力、行为能力、出生、死亡一样，属于主体自身的事项。只在人格权受侵害时才涉及与他人的关系，但这种关系属于侵权责任关系，属于债权关系。这是人格权不应单独设编而与物权、债权、亲属、继承并立的法理根据。再者，人格权与其他民事权利的区别还在于，其他民事权利均可以根据权利人自己的意思，依法律行为而取得，均可以根据自己的意思，依法律行为而处分，而人格权因出生而当然发生，因死亡而当然消灭，其取得、发生与人的意思、行为无关，且人格权原则上不能处分，不能转让、赠与、抵销、抛弃。因此，民法总则的法律行为、代理、时效、期间期日等制度，不能适用于人格权。人格权单独设编，混淆了人格权与其他民事权利的区别，破坏了民法典内部的逻辑关系。相对于总则编而言，其余各编均属于分则，总则编的内容理所当然地应适用于其余各编。试问总则编的法律行为、代理、诉讼时效、期日、期

---

① 濑川信久指出，人格权区别于财产权的特征是：其一，非因当事人意思而取得；其二，当法律规定对其法益受侵害予以救济时才认识到权利的存在；其三，权利人不能处分其权利（除个别例外），与权利主体不能分离。见濑川信久在 2002 年 8 月 27 日早稻田大学"日中法学者共同讨论会"上的报告稿《关于人格权》，第 1 页。

间等制度，将如何适用于人格权编？①

五　结语

有的学者不赞成制定一部具有严格逻辑性和体系性的中国民法典，他们口口声声说，人家英美法不是适用得好好的吗？英美法与大陆法的区别，犹如住帐篷的游牧民族与住房屋的定居民族的区别。凡住房屋的民族，即使盖一座简陋的房屋，也要预先设计房屋的结构，这是住帐篷的民族所不理解的。英美法系之所以不讲究法律的体系，不讲究法律的逻辑结构，因为他们是判例法，是不成文法，是法官造法，他们的法官裁判案件是采用"从判例到判例"的推理方法。我们是成文法国家，法律是立法机关制定的，法官只是适用法律而不能制定法律，我们的法官裁判案件是采用"从规则到事实"的逻辑三段论的推理方法，因此我们的法律必须讲究逻辑性和体系性。因为法律愈有逻辑性和体系性，就愈能够保障裁判的统一性和公正性。英美法我们学不了，是因为我们属于与英美法完全不同的成文法国家，我们没有英美法系的判例法传统，最关键的是我们培养不出英美法系那样的高水平的法官队伍！

谨将美国著名法学家庞德在五十六年前对中国法学界的忠告②，转述如下："我的第一个论点，即根据我的判断，如果中国由久经继受的现代罗马法系改采英美法系，将是一个极大的错误。""英美法尚未体系化而成一整体，即其不同的部门亦然。一个国家如果没有英美法的历史背景，没有如英国或美国所训练的法官及律师，要去体会它是很困难的。""我对于

---

①　濑川信久认为，考虑到人格权与权利主体的不可分离的关系，应当支持在总则编的人法中规定人格权的见解。如果人格权单独设编而与债权、物权并立，将人格权与债权、物权同样对待，将给人以人格权可与主体分离而存在并可以处分的印象。进而言之，如人格权单独设编，则至少在形式上，总则编的法律行为、消灭时效的规定，也应当适用于人格权。见濑川信久在 2002 年 8 月 27 日早稻田大学"日中法学者共同讨论会"上的报告稿《关于人格权》，第 2 页。

②　庞德于 1946 年 6 月来华，担任中华民国司法行政部顾问，在中国逗留约三个月，先后就当时中国的民法、刑法、诉讼法及法院组织法提供意见。这里引用庞德呈交中华民国司法行政部的工作报告《改进中国法律的初步意见》，写于 1946 年 7 月 12 日。见王健《西法东渐——外国人与中国法的近代变革》，第 62—63 页。

具有英国法历史背景的地区采行英美普通法予以赞扬，不后于任何人。但以之移植于不同历史背景的地区，将是无益的。十九世纪的改革家想把陪审制度移植到欧洲大陆企求预期的效果，结果失败了，这是值得警惕的。英美普通法最不善于处理立法文件，也没有把司法经验予以公布的背景，很多立法都是基于实际需要。英美法制中有法律与衡平法的双重制度，普通法与立法之间有着严格界限，这些我都不欲介绍进来。中国循着已走的道路向前进行，是最适当不过的。"

（原载《政法论坛》2003 年第 1 期）

历史回望

中国民法学的历史回顾与展望

引言

今天讲的题目是：中国民法学的历史回顾与展望。讲中国民法学，当然离不开中国民法。无论中国民法或者中国民法学，均非中国本土所产，而是 20 世纪初从西方继受而来。

在大陆法系民法学的话语系统中，所谓"继受"一语，特指一个民族、国家自主决定、采用某个外国的法律制度，为其所有、为其所用。"继受"一语，与所谓"法律移植"的区别，在于强调"继受"国的"自主性"。因此，我们常说德国继受罗马法、日本继受德国法，而不说美国继受英国法、新西兰继受英国法。中国民法学者习惯于使用"继受"一语的理由在此。

一百年前，中华民族在面临被外国列强肢解瓜分的亡国灭种的危急时刻，为了废除领事裁判权、为了救亡图存、为了民族复兴而继受外国民法。因继受外国民法而在中国创立了一个崭新的民法体系和民法学科，使中国的民法和民法理论与国际接轨成为可能。当年从德国民法继受而来的这套概念、原则、制度和理论的体系，已经在中国这块土地上发芽、生根、开花、结果，已经融入中国社会之中，成为中国立法、司法、教学和理论研究的基础，成为中国的法律传统和法律文化的基础。

关于中国历史上继受外国法，台湾著名民法学者王泽鉴先生说："充分显示一个古老民族如何在外来压力下，毅然决定抛弃固有传统法制，继受西洋法学思潮，以求生存的决心、挣扎及奋斗！"法制史学者杨鸿烈先生说，民国时期的立法，"不过是完成清代的未竟之业而也！"① 今天中国民法学界所从事的民法立法和民法理论研究，何尝不是以清末继受外国法为开端的中国民法现代化的历史进程的继续？！

我的报告分为五个部分：一、中国民法学的诞生与前期发展（1900—1949年）；二、中国民法学的"转向"、"停滞"与"死亡"（1950—1977年）；三、中国民法学的"重生"与发展（1978年—　）；四、中国民法学的进步；五、关系中国民法学进一步发展的几个问题。

一　中国民法学的诞生与前期发展（1900—1949年）

（一）中国历史上有无民法？

关于中国历史上是否有"民法"，学者间意见分歧。肯定中国历史上有"民法"的学者，以梅仲协②、胡长清③、张晋藩④等先生为代表；否定中国历史上有"民法"的学者，以梁启超、王伯琦、谢怀栻等先生为代表。

我们今天所谓的民法，特指近现代民法，即以主体地位平等、意思自治、权利义务结构和民事责任为特征的法律。中国历代封建统治者虽重视法典编纂，产生过唐律、明律、清律等杰出的法典，均属于刑事法律。其中涉及民事生活关系的条文，如户、婚、钱债等，不符合近现代民法的主

① 杨鸿烈：《中国法律发达史》下，上海书店1990年版，第1312页。
② 梅仲协：《民法要义》，中国政法大学出版社1998年版，第14—16页。
③ 胡长清：《中国民法总论》，中国政法大学出版社1997年版，第16页。
④ 张晋藩：《中国法制通史》，法律出版社1999年版，第214页。

体平等、意思自治、权利义务结构和民事责任等特征，实质上仍属于刑法规范。至于一般民事生活关系，则由类似习惯法的"礼"调整，因此应当肯定中国历史上不存在民法。①

中国历史上不存在民法，其根本原因，在于漫长的封建社会中，统治者推行"重农抑商"的经济政策，自给自足的自然经济始终占居主体地位，商品生产和商品交换被限制在狭小的范围，且在政治上实行专制主义统治，个人自由、平等、权利、义务等观念无由发生，不具备近现代民法产生和发展的基本条件。因此，现今中国民法，非中国所固有，而是清末从外国民法继受而来。

（二）为什么继受外国民法？

中国自甲午战败，日渐陷于被帝国主义列强肢解瓜分之绝境，有识之士提出各种救国方策，均未奏效。因此维新派人士最早建议继受外国法律、变法图强。但统治集团内部帝党与后党之间，关于应否变法，意见相左。至1900年，因八国联军攻占北京，促使朝野上下达成共识：中国要富强，非学习西方法律制度不可！

1901年西太后颁布上谕，实行"新政改革"。1902年，光绪帝下诏："参酌外国法律，改订律例"。1907年委派沈家本、俞廉三、英瑞为修律大臣，设立修订法律馆，主持起草民刑法典。沈家本通过到日本考察的侍郎董康，邀请日本东京控诉院判事松冈义正、帝国大学刑法教授冈田朝太郎、司法省事务官小河滋次郎、帝国大学商法教授志田钾太郎来华，协助起草法典，并在京师法律学堂担任教习。中国之继受外国法，于兹揭幕。

1908年民法典起草正式开始，至1910年底，民法典起草完成，名为《大清民律草案》②。其概念体系、编制体例及前三编内容，系参考德国民法典和日本民法典。于1911年进入审议程序，未及正式颁行，清王朝即被辛亥革命所推翻。这一次民法起草的重要意义在于，将大陆法系德国民

---

①　谢怀栻先生指出："中国几千年不存在什么私法或民法。像婚姻、买卖等属于私法范围的事，也是一部分归之于刑律，一部分归之于礼。"见《谢怀栻法学文选》，中国法制出版社2002年版，第369页。

②　《大清民律草案》包括总则、债权、物权、亲属、继承五编，共计1569条。

法的概念体系引入中国，由此决定了中国民法学的基本走向。①

（三）继受外国法的直接动因：废除领事裁判权

清道光二十三年（1843 年）签订的《中英五口通商附粘善后条款》和《中英五口通商章程》，开英国人在华享有领事裁判权之恶例，此后法、美、挪、俄、德、荷等 17 国，通过不平等条约取得在华领事裁判权。② 领事裁判权的存在，当然意味着中国国家主权的不完整。因此，自清末以来，一直致力于收回领事裁判权。光绪二十八年（1902 年），清政府在上海与英、美、日、葡续订商约，四国先后承诺，以中国律例及审断办法等皆臻完善为条件，放弃领事裁判权。因此，清末法律家认为，"收回领事裁判权"为变法自强之关键。

进入民国，北洋政府设立法典编纂会、修订法律馆，专事编纂各项法典，皆以收回领事裁判权为目的。可以说，收回领事裁判权，成为中国民法近代化的形式动因。③ 南京国民政府成立后，民法典编纂提上日程，仍是围绕收回领事裁判权这一目的。立法院在第三次全国代表大会上的工作报告关于"立法计划"，谈道："现在所缔结中比、中丹、中西、中意各商约，以十九年（1930 年）一月一日或是日以前颁布民商法为撤销领事裁判权之条件。即为安全社会生活计，为撤销不平等条约计，民法之起草尤不容缓也。"④

台湾著名学者王泽鉴指出，近代各国制定民法典，都具有一定政治目的。中国制定民法典的目的，与日本相同，皆在于废除领事裁判权及变法维新。但领事裁判权一直到抗战末期的 1944 年才被废除，与民法典的制定并无直接关联。惟西洋法律之继受，对中国法制之现代化，具有深远重大的影响。⑤

---

① 建立民国后，1925 年的《民国民律草案》及 1929—1930 年制定的《中华民国民法》，均是在《大清民律草案》基础上，经适当增删修改完成的。

② 张生：《民国初期民法的近代化》，政法大学出版社 2002 年版，第 19—20 页。

③ 同上书，第 20—21 页。

④ 见俞江《近代中国民法学的私权理论》，北京大学出版社 2003 年第一版，第 3 页脚注 2。

⑤ 王泽鉴：《民法五十年》，载《民法学说与判例研究》第 5 册，1991 年自版，第 3—4 页。

（四）为什么继受大陆法系的德国民法？

中国之继受大陆法系的德国民法，是受日本的影响。[①] 其所以不采英美法系，纯粹由于技术上的理由。大陆法系与英美法系，虽无优劣高下之分，但英美法是判例法，不适于依立法方式予以继受。其所以不采法国民法而采德国民法之主要理由，系德国民法典公布在后，其立法技术及内容均较法国民法典进步。[②] 王泽鉴先生指出，中国法制因继受德国法而科学化。制度可以修正、变更，甚至废弃，但方法将永远存在。此为中国继受德国法之真正意义。[③]

（五）中国民法学的诞生

中国继受西方民法的结果，形成一个与中国传统律例全然不同的民法规则体系，及一个与中国传统律学全然不同的民法学知识体系。这套规则体系和知识体系与其他近代意义的部门法和部门法学及法理学一起，构成一个更大的规则和知识体系，即中国近代法和近代法学，从而替代了中国古代律例和律学。[④]

法制史学者俞江指出：对中国民法学来说，古罗马法和近代西方民法学就像两座巨大的雪山，丰富的水源从那里源源不断地输送过来。1880 年同文馆法语教习毕利干翻译的《法国律例：民律》即法国民法典，为 20 世纪前的中国知识界提供了一个接近民法学的机会。20 世纪初，为收回领事裁判权和立宪运动促成了一场大规模地移植西方法学的活动。日本民法学在这一背景下也进入中国。从留日学生的民法学笔记到松冈义正的民法讲义；从对日本民法的简单而全面的介绍到翻译富井政章、梅谦次郎等日本民法学家的专著。如果说 20 世纪以前的源头处还是一条清澈细小的溪

---

① 王泽鉴："民法五十年"，载《民法学说与判例研究》第 5 册，1991 年自版，第 4 页。

② 王宠惠先生在其于 1907 年出版的《德国民法典》（英译本）中说："与拿破仑法典不同，德国民法是用字最审慎，体裁编例最科学之法典，系最卓越德国法学者二十二年细心研究之成果。"王宠惠先生并引述英国法制史学者 Mailand 氏之意见，强调："德国民法系举世最慎密的国内法"。转引自王泽鉴"民法五十年"，载《民法学说与判例研究》第 5 册，第 9 页。

③ 王泽鉴："民法五十年"，载《民法学说与判例研究》第 5 册，第 9 页。

④ 俞江：《近代中国民法学中的私权理论》，第 11 页。

流，则 20 世纪初日本民法学的汇入使其陡然呈现大河气象。①

李达在《法理学大纲》一书中指出，中国法学的研究，肇始于满清末年的日本留学生，与日人冈田朝太郎、松冈义正所主讲的北京法律学堂。②1904 年清政府设立第一所法学教育专门机构——直隶法政学堂。此后 5 年间各种公立、私立法政学堂遍布全国。各校课程，除"大清律例要义"等外，都是有关外国法的介绍和比较的课程，并聘请外国法学专家讲课。③学者俞江指出，并非只有留日学生对近代民法学移植作出了贡献，留学其他国家的法政学生无不投身于这场移植活动中。例如，留学法国的陈箓翻译了《法国民法典》，留学德国的马德润翻译了《德国民法典》。是留学生的共同努力才把那么多民法学研究素材，在短短的清末十年里带进了中国。④

20 世纪前十年是中国民法学的"孕育"期。它的结晶就是《大清民律草案》。《大清民律草案》是中国第一代民法学者共同努力的成果。正是这批学者完成了一批外国民法典的翻译工作，完成了民法学汉语词汇的定型工作，完成了一批罗马法、西方民法学著作和教科书的编译或翻译工作，从而为近代中国民法学奠定了学科基础。⑤ 换言之，因此诞生了区别于中国传统律学的中国民法学。

（六）中国民法学的前期发展

按照法制史学者俞江的研究，中国民法学诞生至 1949 年，产生了三代学者。第一代学者，是中国民法学的开创者。大致出生于 1885 年以前，有国学根底，有留洋背景，逢清末修律之盛，曾投身其中，为近代法的移植作出了巨大贡献。他们的活跃期是 1900 年至 1927 年。这一代学者虽在专业上也有分工，但并不重视个人学术成果，而是重在事功，多投身于立

---

① 俞江：《近代中国民法学中的私权理论》，第 13 页。

② 转引自陈根发《论日本法的精神》，北京大学出版社 2005 年版，第 7 页。

③ 据不完全统计，1897—1909 年间，13 所法政学堂共聘请 58 名日本教习。见何勤华、李秀清《外国法与中国法——20 世纪中国移植外国法反思》，中国政法大学出版社 2003 年版，第 208—209 页。

④ 俞江：《近代中国民法学中的私权理论》，第 13—14 页。

⑤ 同上书，第 14 页。

法、司法或法学教育。以董康、江庸、余启昌、王宠惠、陈箓、郁华、张知本、张一鹏、陈时夏等为代表。①

第二代学者，大约出生于 1885 年以后。其中一些仍有国学根底，但总体上不如第一代。清末修律时，他们正在国外留学。这一代学者将实务、教学和研究结合较好。在 20 世纪 20 年代中期以后进入创作高峰期。30 年代初至抗战爆发前，有一段法学研究繁荣期，就是这一代学者唱主角。这一代学者的治学风格，以"通"为特征。其中，陈瑾昆、戴修瓒、朱学曾、刘志敏、应时、欧宗祜、欧阳蹊、钟洪声等先生，在民法学上都有精深的造诣。②

从 1912 年到 1927 年，是第一、二代人同台的时期，这一时期也是近代中国民法学的"黄金年代"。当时存在着一个横跨立法、司法、学术三界的大的法学共同体。这一共同体，使法律界在政治面前保持住一种独立的声音，并在维护法律人的共同信念，提供知识和经验积累等方面发挥了重大作用。第二代学者能以"通"治学，与这一共同体的存在是分不开的。

参与民国民法典纂修的史尚宽、胡长清等，以及在 20 世纪 30、40 年代成名的民法学者李祖荫、楼桐荪、阮毅成、吴学义、周新民、郁巍、李宜琛等先生，构成中国近代民法学的第三代。他们大多在国内接受新学教育，然后出国深造。第三代学者少有跨两个学科的，除非是法学通论和一个部门法。最多是民法总则，兼修一门债法或物权法。③

大约在 30 年代中期，第三代学者开始在某一领域表现出扎实的基本功和独到的见解，如史尚宽、胡长清等在民法总则方面，王去非在物权法方面，李谟在债法方面，郁巍在亲属法方面，曹杰、郑国楠在继承法方面，等等。那种跨学科的、同时在其他部门法方面有造诣的学者已不多见。这种趋势到 40 年代就更加明显。首先是李祖荫的《民法概要》（1941年），接着是李宜琛的《民法总则》（1943 年），风格上都有思维绵密，全

---

① 俞江：《近代中国民法学中的私权理论》，第 23 页。
② 同上。
③ 同上书，第 20 页。

面系统，以及学术气味浓烈的特点。另外，还有龙显铭的《现行法上租赁之研究》（1944 年）和《私法上人格权之保护》（1949 年）等。这种从小处着眼的专题研究，是在上一代学者那里看不到的。这些作品的出现，虽然已是 40 年代中后期，却反映了第三代民法学者真正的研究风格和方向。这种风格，就是向专深方向发展。其中，"专"的特点，已表现得很明显。①

二 中国民法学的"转向"、"停滞"与"死亡"（1949—1977 年）

1949 年 2 月中共中央明令废除"国民党六法全书"（即"民国六法"）②。1949 年 9 月中华人民共和国中央人民政府成立。1950 年颁布第一部婚姻法③，使婚姻家庭关系脱离民法调整范围。1954 年开始起草民法典，至 1956 年 12 月完成第一部《民法草案》。因此后发生"整风"、"反右"等政治运动，致民法起草工作中断。

这一民法草案，分为总则、所有权、债、继承四编，共 525 条。是以 1922 年的苏俄民法典为蓝本。例如，四编制体例的采用，将亲属法排除在民法之外；抛弃"物权"概念而仅规定"所有权"；不使用"自然人"概念而用"公民"概念代替；仅规定诉讼时效而不规定取得时效；强调对社会主义公共财产的特殊保护，等等。表明民法学的"转向"，即由此前继受德国民法，转而继受苏联民法。

新中国成立后，在整个法律界开展了对"旧法"观点的批判，随之而来的"整风反右"运动，几乎将民国时期的民法学者一网打尽。1949 年前的全部民法教材均遭废弃，法学教育直接采用苏联民法教材，请苏联专家授课。④ 直到 1957 年才出版第一部民法教材，即由中央政法干校编著的

---

① 俞江：《近代中国民法学中的私权理论》，第 22—23 页。

② 中共中央于 1949 年 2 月发布《关于废除国民党的六法全书与确定解放区的司法原则的指示》，致《中华民国民法》在中国大陆被废除，而在中国台湾地区继续生效。

③ 该法参考了《苏俄婚姻、家庭及监护法典》和中国革命根据地时期的婚姻法（条例）。

④ 在院系调整后的人民大学法律系、中央政法干部学校和北京政法学院、西南政法学院、西北政法学院、华东政法学院等，主干课程教师由苏联专家担任，采用苏联教材。见何勤华、李秀清：《外国法与中国法——20 世纪中国移植外国法反思》，第 25—26 页。

《中华人民共和国民法基本问题》。① 这一民法教材，是在参考苏联民法理论的基础上编写的，表明中国民法学对苏联民法学的全面继受。②

50 年代中国继受苏联民法和苏联民法学，与当时新中国面对资本主义国家的"封锁"，不得不采取"一边倒"的外交政策③，以及大规模翻译苏联民事法律和民法学著作，邀请苏联专家来华介绍苏联民事立法经验并在各法律院系任教，和派遣留学生到苏联学习法律等因素有关。但最根本的原因，是中国移植了苏联以单一公有制为基础的计划经济体制。④

继受苏联民法和民法学，取决于中苏两国和两党的关系，最终取决于毛泽东同志对苏联的看法，而毛泽东同志对于学习苏联经验，始终是有所保留的。⑤ 因此，一旦中苏两党关系恶化，这种立法和理论的继受就会立即中断。此与中国在 1949 年之前继受大陆法不同，大陆法系是一个超越国界的抽象的规则体系和理论体系，其意识形态的色彩淡薄，不同政治体制的国家均可采用，即使中国与大陆法系的某个国家交恶，也不影响中国对这一体系的继受。⑥

中国传统的法律虚无主义，也决定了中国对苏联法和法学的继受不可能是全面的、持久的。法律在中国的地位始终是低下的。新中国的许多领导人认为，法律是约束手脚的、可有可无的，我们有党的领导，有党的方针政策，没有法律照样搞社会主义。在一个长时期里，法律被简单化为专政工具，对群众运动的迷信和对法律功能的蔑视，导致继受苏联法的停滞。⑦

1962 年，中国在经历三年自然灾害和"大跃进"、"共产风"造成的

---

① 这部民法教材在进入 60 年代后已停止使用，笔者 1962 年考入西南政法学院法律系，民法学课改称"民事政策学"，采用本校自编的《民事政策学教材》。

② 但苏联民法也是从德国民法继受而来，由此决定了中国民法始终未脱离大陆法系中的德国法系。现今的中国民法、中国台湾地区民法和日本民法、韩国民法，均继受德国民法的概念体系和编制体例，被称为"东北亚的德国法系"。见北川善太郎《民法总则》，有斐阁 1993 年初版，第 105 页。

③ 毛泽东宣布，新中国不是倒向帝国主义一边，只能倒向社会主义一边。见何勤华、李秀清《外国法与中国法——20 世纪中国移植外国法反思》，第 21 页。

④ 何勤华、李秀清：《外国法与中国法——20 世纪中国移植外国法反思》，第 323 页。

⑤ 同上书，第 24 页。

⑥ 同上书，第 25 页。

⑦ 同上书，第 26—27 页。

严重经济困难后，曾调整经济政策，强调发展商品生产和商品交换。于当年开始第二次民法起草，至 1964 年 7 月，完成《民法草案（试拟稿）》。① 起草人设计了一个既不同于德国民法也不同于苏俄民法的三编制：第一编"总则"；第二编"财产的所有"；第三编"财产的流转"。一方面将亲属、继承、侵权行为等排除在法典之外，另一方面将预算关系、税收关系等纳入法典，且一概不使用"权利"、"义务"、"物权"、"债权"、"所有权"、"自然人"、"法人"等法律概念，企图既摆脱苏联民法的影响，并与资产阶级民法彻底划清界限。显而易见，受到国际国内政治斗争特别是中苏两党论战的影响。

1964 年起在全国范围内开展的"社会主义教育运动"（简称"四清"），导致第二次民法起草中断。而"四清运动"的发展，于 1966 年升级为"文化大革命"。"文革"期间，各级人民法院、检察院和公安机关被撤销，称为"砸烂公、检、法"②，整个国家陷入无政府状态，包括政法学院在内的全部大学停办，包括民法学者在内的法律教师和研究人员被驱赶到"五七干校"接受思想改造，使中国民法立法、司法和教学出现了长达 10 之久"停滞期"。

把法律简单化为镇压阶级敌人的工具，无视法律在维护人民民事权利、处理民事纠纷和促进经济发展中的作用，导致封建社会的重刑轻民的思想借尸还魂。封建法律观的残余与对法律的片面认识结合，导致在中国不重视民法的思想牢不可破③，导致中国民法立法的停滞和中国民法学的"死亡"。

虽然各级人民法院有民事审判庭的设置和民事案件的分类，但民事审判庭审理民事案件以所谓"民事审判政策"④ 为依据。从 1959 年起，作为法学教育专业基础课的"民法学"，改称"民事政策学"，采用各校自编

---

① 这次民法典起草，因全国城乡开展"社会主义教育运动"（简称"四清运动"）而中断。

② 在 1967 年 1 月后各级成立由军队控制的"革命委员会"，下设一个"人保组"，"人保组"内部有负责侦破案件的"侦破组"，和负责审理案件的"办案组"。

③ 《谢怀栻法学文选》，第 76 页。

④ 如最高人民法院《关于贯彻执行民事政策几个问题的意见（修正稿）》（1963 年 8 月 28 日）。

的"民事政策学教材"①。如果说在 1957 年整风、反右运动之时，法学教育中还存在"民法学"专业和"民法学"课程，我们可以说中国民法学已经"名存而实亡"的话，则在以"民事政策学"取代"民法学"之后的 1960 年代，中国民法学已经"名实俱亡"!

三　中国民法学的"重生"与发展（1978 年—　　）

（一）民法经济法论争

中国在经历"文革"十年动乱之后，于 1977 年决定将工作重点转移到经济工作上来。1978 年的中共中央十一届三中全会，决定实行改革开放，大力发展社会主义商品生产和商品交换，使中国民法学界看到了希望之光。尤其邓小平同志关于"无论是革命还是建设，都要注意学习和借鉴外国经验"的讲话，为继受外国民法敞开了大门。但是，中国民法学要抓住这一历史机遇，迎来民法学的春天，还须先为民法学的生存而战。这就是从 1979 年开始的民法学与经济法学的论争。

1979 年 8 月 7—8 日，中国社会科学院法学研究所邀请在京法律院系的学者召开了那次著名的"民法与经济法问题学术座谈会"，会上形成所谓"大经济法观点"②与所谓"大民法观点"③的对立，由此揭开长达 7 年之久的民法学与经济法学大论战的序幕。虽然党中央已经决定改革开放，但改革的方向并未确定，不少人认为改革的方向是强化国家计划和行

---

①　据西南政法大学谭启平教授查阅该校教务处历年课程表，西南政法学院是从 1959 年起将`"民法学"课改为"民事政策学"。鉴于大学课程设置须服从教育行政部门的规定，故推断各政法院系均从 1959 年起将"民法学"课改为"民事政策学"。

②　所谓"大经济法观点"，认为经济法是独立的法律部门，调整社会主义组织之间的经济关系，民法仅调整个人之间的经济关系。其主张者是北京大学的魏振瀛教授、中央政法干校的齐珊（刘岐山）教授、北京政法学院的江平教授和中国社会科学院法学研究所的余鑫如研究员。这几位学者至 80 年代初均改变了观点。见铃木贤"中国民法经济法论争的展开及其意义"，载《北大法学论集》第 39 卷第 4 号，第 1013—1015 页。

③　所谓"大民法观点"，主张凡是横向的经济关系包括社会主义组织之间、社会主义组织与个人之间以及个人与个人之间的财产关系，均由民法调整，经济法仅调整纵向的经济关系。其主张者是中国社会科学院法学研究所的王家福研究员和人民大学的佟柔教授。见铃木贤"中国民法经济法论争的展开及其意义"，载《北大法学论集》第 39 卷第 4 号，第 1015—1016 页。

政管理，继续走苏联的老路。国家领导人提出加快经济立法的口号①，也很容易使人往经济法方面去想，而恰巧苏联以拉普捷夫、马穆托夫为代表的经济法理论被介绍进来，助长了经济法的势头。

民法经济法论争的关键问题是，企业之间的经济关系究竟归民法调整还是归经济法调整，亦即经济合同法究竟属于民法还是属于经济法。谢怀栻先生指出，经济法理论确实影响到民法学的发展。所谓大经济法观点，主张取消民法而由经济法代替。这种观点影响到人们对民法的正确认识，甚至影响到民法研究者对民法的信心。较前一种更广泛得多的理论是，主张把民法的一部分划入经济法，使传统的民法体系陷于零乱或范围缩小。后一理论在整个法学界占了很重要的地位，对民法形成冲击。使民法学界陷入近乎消沉的境地。②

由于民法学者的努力，使民法恢复了它应有的地位，更重要的是经济体制改革对民法提出了重大任务。至 1985 年初经济法与民法论争进入一个新阶段，经济法对民法的冲击不再是那么强烈了。③ 民法通则的制定和颁布，标志民法经济法论争以大民法观点的胜利而在形式上暂告结束。民法通则第二条关于民法调整对象的规定，完全采纳大民法的主张④，确定了民法在中国社会主义法律体系中的基本法地位，使中国民法学进入新的发展阶段。

民法经济法论争的实质，是对社会主义经济性质的不同认识。大经济法观点倾向于传统的社会主义经济，即计划经济体制；大民法观点重视社会主义经济的商品经济性质，认为在社会主义商品经济条件下，民法能够继续承担基本财产法的任务。改革开放和商品经济的发展，及非公有制经济的承认，这些经济环境的变化，增强了大民法观点的说服力，从而被立

---

① 胡乔木在《按照经济规律办事，加快实现四个现代化》（《人民日报》1978 年 10 月 6 日）一文，使用"经济立法"一语；1979 年第五届全国人大二次会议叶剑英委员长的闭幕词（《人民日报》1979 年 7 月 2 日）使用"经济法"一语，指称与经济有关的各种法律。

② 《谢怀栻法学文选》，第 79 页。

③ 同上。

④ 《民法通则》第二条规定："中华人民共和国民法调整平等主体的公民之间、法人之间、公民和法人之间的财产关系和人身关系。"

法机关所采用。①

（二）改革开放初期的民事立法

中国在经历十年"文化大革命"之后实行"改革开放"，从计划经济体制向市场经济体制转轨，民法的地位和作用开始受到重视。立法机关采纳中国社会科学院法学研究所关于制定中国民法典的建议②，于1979年11月在法制委员会下成立主要由民法学者组成的"民法起草小组"，开始新中国第三次民法起草，至1982年5月起草了《民法草案（一至四稿）》③，其编制体例和内容，主要参考1962年的苏联民事立法纲要、1964年的苏俄民法典和1978年修订的匈牙利民法典。此后立法机关考虑到经济体制改革刚刚开始，社会生活处在变动之中，一时难以制定一部完善的民法典，决定解散民法起草小组，暂停民法典起草工作，改采先分别制定单行法，待条件具备时再制定民法典的方针。④

1981年颁布的《经济合同法》⑤，是由与"民法起草小组"同时成立的、主要由经济法学者组成的"经济合同法起草小组"起草的。从"经济合同"名称的采用，到关于强调按照国家计划订立、履行合同，赋予经济合同管理机关确认合同无效的权力，及行政性经济合同仲裁的规定，可以看出经济合同法深受苏联经济法学理论的影响。

为了适应对外开放和发展国际商事贸易的需要，于1985年制定了

---

① 铃木贤"中国民法经济法的展开及其意义"，载《北大法学论集》第39卷第4号，第1097—1099页。

② 该建议由时任中国社会科学院法学研究所民法经济法研究室主任的王家福研究员组织起草。

③ 民法草案第四稿，包括8编：第一编民法的任务和基本原则；第二编民事主体；第三编财产所有权；第四编合同；第五编智力成果权；第六编财产继承权；第七编民事责任；第八编其他规定。

④ 当时许多民法学者对立法机关暂停民法起草和解散民法起草小组的决定，持不赞成的态度。现在看来，当时如果真的制定了一部民法典，则该民法典必定主要参考苏联和东欧民法，不可能符合改革开放和发展社会主义市场经济的要求。

⑤ 《经济合同法》包括7章47条：第一章总则；第二章经济合同的订立和履行；第三章经济合同的变更与解除；第四章违反经济合同的责任；第五章经济合同纠纷的调解和仲裁；第六章经济合同的管理；第七章附则。

《涉外经济合同法》①。该法是由外经贸部牵头组织起草的，更由于对外经济贸易关系的特殊性质，决定了该法不可能以苏联经济法学理论为根据。除法律名称保留了"经济合同"概念，留有一点苏联经济法理论的痕迹外，整部法律的结构、基本原则和内容，主要是参考英美契约法和《联合国国际货物销售合同公约》（CISG）。是中国民法立法继受英美法和国际公约的滥觞。

1986 年的《民法通则》②，是在《民法草案（第四稿）》第一编总则的基础上制定的，参与起草民法通则的主要是民法学者。由于是以《民法草案（第四稿）》的总则编为基础，因此主要受 1962 年的苏联民事立法纲要、1964 年的苏俄民法典和 1978 年修订的匈牙利民法典的影响。③

这一时期的民事立法，尤其以经济合同法和民法通则为代表，仍然以苏联和东欧社会主义国家立法和理论为继受对象。这与国门刚打开，政治禁忌依然存在，民法学者对于继受西方法律和理论心有余悸有关。

（三）90 年代以来的民事立法

随着时间的推移，苏联和东欧国家的经验不能满足中国改革开放和发展社会主义商品经济实践的要求。尤其进入 90 年代，社会主义市场经济体制被确定为经济体制改革的目标，政治禁区渐次被打破，民法学者开始参考民国时期的民法著作、中国台湾的民法著作及西方资本主义发达国家的民法和判例学说，导致这一时期的民事立法从继受苏联东欧民法转向继受市场经济发达国家和地区的民法。

为了适应发展现代化市场经济的要求，实现交易规则的统一和与国际

---

① 《涉外经济合同法》包括 7 章：第一章总则；第二章合同的订立；第三章合同的履行和违反合同的责任；第四章合同的转让；第五章合同的变更、解除和终止；第六章争议的解决；第七附则。共 43 条。

② 《民法通则》包括 9 章：第一章基本原则；第二章公民（法人）；第三章法人；第四章民事法律行为和代理；第五章民事权利；第六章民事责任；第七章诉讼时效；第八章涉外民事关系的法律适用；第九章附则。共 156 条。

③ 因为民法通则草案采纳了大民法观点，因而受到持大经济法观点的学者和官员的抵制。一些学者向中共中央上书，要求停止民法通则的起草，而代之以起草经济法典或者经济法大纲。1986 年 1 月立法机关在北京召开民法通则草案专家讨论会，同时国务院经济法规研究中心却在广州召开所谓经济法大纲专家讨论会，指名批判民法通则是"资产阶级民法观点"。

接轨，1993 年开始起草统一合同法，于 1999 年 3 月 15 日通过。统一合同法包括总则 8 章、分则 15 章，共 23 章 428 条。这部法律采用了典型的德国民法的概念体系，许多原则、制度和条文，直接采自德国民法、日本民法和中国台湾地区民法，一些重要的制度直接采自《国际商事合同通则》（PICC）、《联合国国际货物销售合同公约》（CISG）、《欧洲合同法原则》（PECL）和英美契约法。

为了实现有形财产归属和利用关系的基本规则的现代化，完善市场经济体制的法制基础，1998 年开始起草物权法，经过全国人大常委会先后七次审议，于 2007 年 3 月 16 日经第十届全国人大第五次会议通过。① 物权法采用了典型的德国民法的概念体系，其物权变动模式采法国民法"债权合意主义"与德国民法"登记生效主义"相结合的折衷主义，主要内容参考借鉴德国民法、法国民法、日本民法和我国台湾地区民法、我国澳门地区民法，也有继受英美财产法的制度，如建筑物区分所有权等。

90 年代以来的立法表明，中国民法学对外国民法的继受，已呈现出继受目标"多元化"的现象。即在维持大陆法系的德国民法概念体系的基础上，广泛参考借鉴发达国家和地区成功的立法经验和判例学说，兼采英美法系的灵活制度，并着重与国际公约和国际惯例协调一致。从"单一继受"转向"多元继受"，表明中国民法学进入了一个新的发展阶段。

（四）从合同法立法方案所确定的指导思想看中国民法学的发展动向

统一合同法起草时，预先委托六位民法学者②和两位民事法官③讨论拟定《中国合同法立法方案》，然后由 12 个单位④的民法学者分头起草。该

---

① 《物权法》包括总则、所有权、用益物权、担保物权和占有 5 编，共 19 章 247 条。
② 即中国政法大学江平教授、中国社会科学院法学研究所梁慧星研究员、人民大学王利明教授、烟台大学郭明瑞教授、吉林大学崔建远教授和中国社会科学院法学研究所张广兴研究员。
③ 即最高人民法院李凡法官、北京高级人民法院何忻法官。
④ 即北京大学、人民大学、吉林大学、中国政法大学、武汉大学、烟台大学、中南财经政法大学、西南政法大学、华东政法学院、西北政法学院、对外经济贸易大学和中国社会科学院法学研究所。

立法方案首先拟定了制定合同法的指导思想①，其中，第一项是："从中国改革开放和发展社会主义市场经济，建立全国统一的大市场及与国际市场接轨的实际出发，总结中国合同立法、司法实践经验和理论研究成果，广泛参考借鉴市场经济发达国家和地区立法的成功经验和判例学说，尽量采用反映现代市场经济客观规律的共同规则，并与国际公约和国际惯例协调一致。"此项立法指导思想，将继受目标"锁定"在"市场经济发达国家和地区"，而将苏联东欧前社会主义国家排除在外，足以表明中国民法学决心挣脱苏联民法理论和苏联经济法理论的羁绊，回归于以大陆法系德国民法学的概念体系为基础的中国民法学。

（五）从物权法的立法指导思想看中国民法学

物权法的制定，未采取事先委托部分学者拟定立法方案、由若干单位民法学者分头起草的办法，而是直接委托学者起草物权法草案。从学者受立法机关委托起草的物权法草案，可以看到以下的立法指导思想：（1）贯彻个人利益与社会公益协调发展的所有权思想②；（2）坚持对合法财产的

---

① 即：（1）从中国改革开放和发展社会主义市场经济，建立全国统一的大市场及与国际市场接轨的实际出发，总结中国合同立法、司法实践经验和理论研究成果，广泛参考借鉴市场经济发达国家和地区立法的成功经验和判例学说，尽量采用反映现代市场经济客观规律的共同规则，并与国际公约和国际惯例协调一致。（2）充分体现当事人意思自治，在不违反法律和公序良俗的前提下，保障当事人享有充分的合同自由，不受行政机关及其他组织的干预。非基于重大的正当事由，不得对当事人的合同自由予以限制。（3）考虑到本法制定和实施的时代特点，本法应能适应中国建成社会主义市场经济后对法律特征的要求，同时应兼顾目前由计划经济体制向市场经济体制过渡时期的特点，但对落后的现实不应迁就。（4）本法在价值取向上应兼顾经济效率与社会公正、交易便捷与交易安全。即在拟定法律规则时，既要注重有利于提高效率，促进生产力发展，又要注重维护社会公益，保护消费者和劳动者权益，维护市场经济的道德秩序，不允许靠损害国家、社会利益，损害消费者和劳动者而发财致富；既要体现现代化市场经济对交易便捷的要求，力求简便和迅速，又不可因此损及交易安全，应规定必要的形式和手续。（5）应注重法律的规范性和可操作性，条文繁简适当，概念尽量准确，有明确的适用范围、构成要件和法律效果，以便于正确适用。

② 鉴于中国历史上权利观念不发达，新中国成立后又长期实行计划经济体制，忽视对个人和企业所有权的保护，因此对民法学史上所谓个人的所有权观念和所谓社会的所有权观念应有正确分析，不可走极端，制定物权法应强调对公民、法人所有权的保障，同时对所有权行使作适当限制，以谋求个人利益与社会公益之协调发展。见"制定中国物权法的基本思路"，载《为中国民法典而斗争》，法律出版社 2002 年版，第 132 页。

一体保护原则①；（3）严格限定公益目的，重构国家征收制度②；（4）建立统一的、与行政管理脱钩的不动产登记制度③；（5）总结农村改革的经验，实现农地使用关系的物权化④。起草物权法的指导思想足以表明，中国民法学在挣脱苏联民法学和苏联经济法学羁绊之后，力求将继受而来的民法理论与中国改革开放和发展社会主义市场经济的伟大实践相结合，勇于除旧布新、推动社会进步、维护公平正义和创建新的民法制度和民法理论。

四　中国民法学的进步

正如谢怀栻先生所指出的，历史上有不少先例表明，立法是在法学研究基础上完成的，例如德国民法典，就是体大思精的德国潘德克吞民法学的产物。但更多的例子说明，立法和法学研究是相互促进的。⑤ 改革开放以来的三十年，正是民法立法和民法研究的相互促进，导致了中国民法学的长足进步。表现在以下五个方面：

---

① 鉴于苏联民法学所谓"社会主义公共财产神圣不可侵犯"原则和民法通则所规定的"国家财产神圣不可侵犯"原则，不过是单一公有制和计划经济体制的本质特征的法律反映，已不适应社会主义市场经济的要求，因此，制定物权法应坚持的基本原则只能是：凡合法取得的财产，无分公有私有，均予平等对待，一体保护。见"制定中国物权法的若干问题"，载《为中国民法典而斗争》，第153页。

② 鉴于中国改革开放以来，各地各级政府滥用征收制度，为企业取得商业用地而征收集体土地所有权、承包农户土地使用权和城镇居民土地使用权，且往往不能给予公正补偿，引发严重社会问题。因此，物权法应重构国家征收制度，采用征收手段强行取得自然人和法人财产，应仅限于真正的社会公益目的，并依照法定程序给予公正补偿；商业目的用地，不得采用征收方式，建议改为由国家批给用地指标，再由用地人与土地所有权人、土地使用权人依照合同法谈判签约。见"制定中国物权法的若干问题"，载《为中国民法典而斗争》，第155页。

③ 鉴于中国现实不动产登记存在多个登记机构、多头登记，甚至借不动产登记牟取不当利益，背离不动产登记的本质和目的，因此物权法应设立统一的、与行政管理脱钩的不动产登记制度。见"制定中国物权法的若干问题"，载《为中国民法典而斗争》，第163页。

④ 鉴于以合同形式实现的土地所有权与使用权的分离，使承包农户取得的土地使用权属于债权性质，不能对抗来自发包人的侵害，及债权有期限性导致短期行为，不利于农村经济的长期稳定发展，因此应通过物权法明确规定农户对土地的承包经营权属于用益物权，具有对抗一切人的法律效力，由家庭联产承包责任制平稳过渡到用益物权制度，保障农户的合法权益不受侵害，确保农村经济长期稳定发展。见"制定中国物权法的若干问题"，载《为中国民法典而斗争》，第167页。

⑤ 《谢怀栻法学文选》，第80页。

（一）表现在前面提到的继受目标的多元化

以统一合同法为例，该法直接采自德国民法、日本民法、中国台湾地区民法的制度不胜枚举，例如，缔约过失（第42、43条）、附随义务（第60条2款）、后契约义务（第92条）、同时履行抗辩权（第66条）、不安抗辩权（第68、69条）、债权人代位权（第73条）、债权人撤销权（第74条）、承包人优先受偿权（第286条），等等。但统一合同法将违约责任原则从过错责任改为严格责任（第107条），及所规定的预期违约（第94条第2项、第108条）、强制实际履行（第110条）、可预见规则（第113条末句）、间接代理（第402、403条）等制度，则是主动继受《联合国国际货物销售合同公约》（CISG）、《国际商事合同通则》（PICC）、《欧洲合同法原则》（PECL）和英美契约法的结果。

（二）表现在对外国民法的态度的转变

现今的中国民法学，对于外国民法制度和理论，不是盲信盲从，而是敢于怀疑，敢于自己决定取舍。例如物权行为无因性理论，被认为是德国民法最具特色之典型。在制定民国民法时，将德国民法这一制度移植过来，可以说主要是认为，德国民法上的多半是好的，不加怀疑，不敢怀疑。但现在不同了，中国民法学者在研究起草物权法的过程中，对德国民法的制度和理论敢于怀疑，就是否采用物权行为无因性理论进行了热烈的讨论。通过讨论，既加深了对德国民法的认识，也加深了对中国国情的认识，最终决定物权法不采物权行为无因性理论，完全自主地建立了自己的物权变动理论，这就是"债权合意＋登记生效"的折衷主义模式。因此可见，中国民法学已经不再幼稚，"比我们的先人们前进了一大步"。[①]

（三）表现在敢于针对中国现实问题设计法律对策

现今的中国民法学，能够准确把握现实生活中的问题，并设计切实可行的法律对策。例如统一合同法针对三角债问题规定债权人代位权制度；

---

① 《谢怀栻法学文选》，第374页。

针对债务人赖账问题规定债权人撤销权制度；针对拖欠工程款问题规定承包人优先受偿权制度，等等。再如物权法针对公权力的滥用问题规定物权具有排他性效力，规定国家征收限于社会公益目的，规定统一的不动产登记制度，规定不动产登记机构不得对抵押物评估和重复登记；针对一房多卖损害买房人利益的问题规定预告登记制度；针对登记名义人抢先下手转让房屋产权的问题规定异议登记制度；针对司法实践中混淆买卖合同的生效和产权过户的生效、混淆抵押合同的生效和抵押权设立问题，创设物权变动与原因行为的区分原则，等等。

（四）表现在中国民法学产生了一大批高水平的学术研究成果

台湾著名学者王泽鉴指出，民法学的进步体现在教科书、法学论文和专题研究。教科书为法学入门之阶，不可或缺。但民法学之进步厥赖于法学论文及专题研究。[1] 1949 年前的民法学著作，主要是民法教科书。学者撰写民法论文尤其民法专题研究论文极少。在 50 年代前半期及 60 年代初，曾经提倡学术研究，从各政法学院的刊物所发表的论文看，多属于篇幅较短，学术性不强。因政治运动的影响，使得学者三缄其口，所发表论文多属于政治表态性质。且不讲究学术论证和研究方法，普遍采用所谓"引证法"，即摘引马克思主义经典著作中的片言只语，以证明文章的观点。可以说，除 1956 年"百花齐放、百家争鸣"期间发表的一些被后来作为"右派"罪证的论文外，直至改革开放之前，不存在真正的民法学术研究和学术著作。改革开放以来，随着政治禁区的打破，民法学术研究蔚然成风，学术研究成果数量大而且质量高。并且采用了各种传统的和新的研究方法。90 年代以来，产生了一大批长篇专题研究论文和专题研究著作，确有一部分研究成果达到发达国家和地区的学术水准。尤其一批研究发达国家和地区民法制度和民法理论的专题研究著作，引人注目[2]。表明中国民法学已经超越前半个世纪的学术水准，正在接近当今发达国家和地

---

①　王泽鉴：《民法学说与判例研究》第 5 册，第 16 页。

②　其中一些著作，如孙宪忠教授的《德国物权法》和尹田教授的《法国现代契约法》等，经台湾著名民法学者杨与龄先生推荐，由五南图书出版公司纳入《各国法学论著系列》在台湾地区出版。

区的水准。

（五）表现在中国民法学勇于面对来自意识形态的挑战

改革开放以来的重要民事法律的起草，如民法通则、统一合同法，均受到来自计划经济体制和传统理论的挑战，而以这次物权法遭遇的来自意识形态的挑战为最严峻。2005 年秋，因个别人的一封公开信①，指责物权法草案及其起草人背离社会主义和违反宪法而挑起论战。现在，这场争论已经因物权法最终获得高票通过而宣告结束。中国民法学界应对这场论战，没有动摇，没有分裂，表现出"从未如此的坚定"②，足以说明因改革开放而获"重生"的中国民法学，已经步入自己的"而立"之年，已经能够担当国家、民族和人民托付的历史重任！

五　关系中国民法学发展的几个问题

（一）关于对民法自身的认识

如前所述，清末继受外国民法和国民政府制定民法典，其直接动因是为了废除领事裁判权，新中国成立后因意识形态和经济政治的原因而继受苏联民法，直到 1978 年后民法经济法论争中将民法理解为"商品经济法"③，及为了适应改革开放和发展社会主义市场经济的需要而制定统一合同法和物权法，充分体现了中国民法学一直为某种政治功利目的所左右，是否因而长期遮蔽了中国民法学对自身的认识和理解？例如，什么是民法的理念、民法的精神、民法的目标或者民法的本位？民法究竟是私法还是

---

① 北京大学法理学教授巩献田在一封给中共中央的《公开信》中，给物权法草案及其起草人横加四项罪名：（一）背离苏俄民法典的社会主义传统，迎合资本主义民法原则，奴隶般地抄袭资产阶级民法；（二）背离中国革命根据地和建国后的人民民主法制的优良传统，迎合资产阶级的旧法传统，与国民党的"六法全书"没有根本区别；（三）背离民法通则的社会主义原则，迎合资本主义全球化和新自由主义经济学；（四）背离马克思主义的立法原则，迎合资产阶级的立法原则，是一部开历史倒车的物权法。

② 《中国物权立法历程：从未如此曲折从未如此坚定》，载《南方周末》2007 年 3 月 22 日。

③ 因主张和宣传民法是商品经济基本法，增强了大民法观点的说服力，对于立法机关采纳大民法观点起了一定作用。但这一理论没有正确体现民法的本质和功能。见《谢怀栻法学文选》，第 96 页。

公法？为什么中国民法学已经存在了一百年，而中国社会仍然处于公法观念支配之下？为什么很少涉及私法、私权、私法观念、私权观念，而一旦涉及这些个概念时总是显得理不直、气不壮？

中国继受外国民法学，时值西方社会法学和社会连带主义法学思潮高涨之时，所谓"社会本位"、"民法公法化"、"民法社会化"被视为民法学发展之必然趋势。中国民法学自诞生之始即深受影响，甚至一些民法学者将所谓"社会本位"误解为历史上"义务本位"之回归。此种所谓民法发展趋势和发展潮流，恰好与中国在 1949 年后的计划经济体制和意识形态暗合，更促成民法和民法学的"异化"，因片面强调社会公益、否定私权、私益，而否定了民法自身。最终"社会公益"也异化了。"公益"、"公益"，多少违法、恶行假汝之名以行！如何正确认识和处理公法与私法、公权与私权、公益与私益的关系，恐怕是中国民法学必须面对的最大课题。

（二）关于民法的"本土化"

中国民法和民法学，是从外国民法继受而来，因此决定了中国民法学始终面对"本土化"的命题。如果说，"法律移植（继受）是法律进步、发展的永恒的主题"[①]，则同样可以说，如何实现继受而来的法律的本土化，是中国民法学进步、发展的永恒的主题，也是中国数代民法学者最终的目标。

在继受外国法的过程中，继受的外国法与本国国情不合甚至冲突的可能性是始终存在的，因而在学界内外引发争论，是一种必然的现象。日本的法典论争是一个典型的例子。中国自清末继受外国民法之始即发生过类似的争论。改革开放以来的民法立法也始终伴随着这样的争论。关键问题是如何判断所谓"国情"，及对那种"国情"应持何种态度。究竟什么是"淳风美俗"？中国历史上的"一夫多妻"，及"君要臣死，臣不得不死，父要子亡，子不得不亡"是否"淳风美俗"？女人缠足、男人蓄长辫、三跪九叩首，是不是"淳风美俗"？改革开放前在单一公有制和计划经济体

---

① 何勤华、李秀清：《外国法与中国法——20 世纪中国移植外国法反思》，第 648 页。

制基础上形成的习惯做法是否"淳风美俗"？中国有几千年的封建专制和轻视个人自由和个人利益的传统，加之新中国成立后曾长期实行单一公有制和计划经济体制，究竟有多少值得保存的"遗产"、"习惯"和"本土资源"？这些问题都必须首先澄清。

谢怀栻先生指出，不论哪个国家都有自己的特点，没有特点的国家和民族是没有的。因而在继受外国法时，辨别自己的特点也是一个重要问题。机械地、盲目地照搬外国的法律，当然不一定好；强调甚至借口自己的特点，而拒绝接受先进的外国法律，也是不对的。要敢于接受，善于研究，不断修改，这是继受外国法律很重要的原则。①

我们不仅继受外国法的制度、条文，还要继受制度和条文背后的民法理论。这就是日本学者北川善太郎所谓"立法继受"与"学说继受"。鉴于德国民法（包括法律和理论两方面）在成文法国家的重要地位，加上中国民法和民法学主要是继受德国民法，德国民法的影响在近期会更加扩大，在将来也会长期存在，这是不可否认的。因此，研究、探讨德国民法典，从其中取得经验教训，以促进我国的立法工作和研究工作，仍不失为中国民法学者的重要任务。② 当然不限于德国民法。我们一定要密切结合中国改革开放、发展社会主义市场经济、建立民主法治、公平正义的和谐社会的实际，广泛参考借鉴包括大陆法系和英美法系在内的发达国家的民法立法经验和理论研究成果，坚持参考借鉴我国台湾地区、香港地区、澳门地区的立法经验和理论研究成果，才能最终使中国民法和民法学不断发展，与时俱进！

（三）关于中国民法典编纂

中国民法学的第一项使命，当然是制定中国民法典。在中国历史上，一个王朝开始后，常要做两件大事，一是为前朝修史，二是为本朝修律。这两件事的意义都很重大，皇帝都派重臣主持，并亲自过问。③ 中华人民

---

① 《谢怀栻法学文选》，第 451 页。
② 同上书，第 425 页。
③ 同上书，第 380 页。

共和国成立以来，三次起草民法典均未成功。1998 年八届全国人大王汉斌副委员长决定恢复民法典起草，并委托九位学者专家成立民法起草工作小组①，负责民法典和物权法的起草。民法起草工作小组决定：第一步，制定合同法；第二步，制定物权法；第三步，编纂中国民法典。2002 年 1 月，九届全国人大李鹏委员长指示加快民法典起草，同月即委托学者起草②，当年即完成一部民法典草案，并于同年 12 月经人大常委会审议一次。因此，鼓动了中国民法学界的激情和关于民法典编纂思路的论争③。2004 年 6 月，十届全国人大常委会再次变更立法计划，搁置民法典草案的审议修改工作，恢复物权法草案的修改、审议。现今物权法已经颁布，按照法制工作委员会透露的信息，还将依次制定侵权行为法、涉外民事关系法律适用法和民法总则，待民法总则颁布之后，再编纂民法典。

对于法典编纂而言，政治因素必定是重要的，当法典问世之时，也必定有适当的政治环境。④ 中华民族这位老人，背着沉重的包袱，虽然有点步履蹒跚，却在向前奋进。周虽旧邦，其命维新，说的正是如今。⑤ 中国推行改革开放政策，取得伟大成就并实现从计划经济体制向社会主义市场经济体制转轨的今天，已经具备编纂民法典的政治经济条件，应当是没有异议的。问题在于，中国民法学为完成这一伟大历史使命而做的理论准备是否充分？

为什么一定要编纂民法典？不仅因为，相对于刑法典、诉讼法典甚至宪法法典而言，民法典更足以代表一个民族的文明高度，而且唯有一部科

---

①　他们是政法大学江平教授、中国社会科学院法学研究所王家福研究员、北京大学魏振瀛教授、中国社会科学院法学研究所梁慧星教授、清华大学王保树教授、人民大学王利明教授、最高人民法院费宗祎退休法官、法制工作委员会退休干部魏耀荣先生和肖峋先生。

②　委托中国社会科学院法学研究所梁慧星研究员负责起草总则编、债权总则编和合同编；人民大学法学院王利明教授负责起草人格权编和侵权行为编；中国社会科学院法学研究所郑成思研究员负责起草知识产权编；最高人民法院唐德华副院长负责起草民事责任编；中国政法大学巫昌桢教授负责起草亲属编和继承编；最高人民法院退休法官费宗祎负责起草涉外民事关系的法律适用编。

③　参见徐国栋主编《中国民法典起草思路论战》，中国政法大学出版社 2001 年版；王卫国主编《中国民法典论坛》（2002—2005），中国政法大学出版社 2006 年版。

④　艾伦·沃森：《民法法系的演变及形成》，转引自《谢怀栻法学文选》，第 381 页。

⑤　《谢怀栻法学文选》，第 381 页。

学、进步、完善的中国民法典，才能表明中华民族已经攀上历史的高峰！[①]

（四）造就一批研究外国民法的中国学者

中国民法学的百年史，是一部民法继受史。无论历史上继受大陆法系的德国民法，1949 年后继受苏联东欧社会主义民法，或者改革开放以来的"多元继受"即广泛参考借鉴发达国家和地区民法，都是围绕一个目的，就是学习外国经验。质言之，中国民法学和民法学者始终是扮演"学生"的角色。当然，将来即使制定了一部进步、科学、完善的民法典，中国民法学和民法学者也还要继续研究外国民法、继续汲取外国立法经验和理论研究成果，亦即还要继续扮演"学生"的角色。

问题在于，何时中国民法学才能够自立于世界民法学术之林，与一切国家的民法学比肩而立？何时才有不以参考借鉴外国经验为目的的对外国民法的学术研究？何时才有一批研究外国民法的中国学者？这样一批研究外国民法的中国学者，将经常出席国际的和外国的学术会议，与外国民法学者平起平坐，共同研讨外国民法面临的重大课题，报告其研究外国民法的学术成果。这样的民法学者，将不同于现今及此前所有的中国民法学者。中国民法学，只有造就出这样一批专门研究外国民法的学者，才能终结中国民法学单纯扮演"学生"角色的历史，届时中国民法学既当"学生"也当"先生"，也就在世界民法学术之林，为中国民法学争得了"一席之地"！

（五）"全方位"的外国民法研究

现今中国民法学界已经有了一些研究外国法的学者，虽不是专门研究外国法，虽其研究的目的仍然是为了学习外国经验，产生了一批研究外国法的学术著作。但其研究的对象，仍局限于"发达国家和地区"的范围，这是由前面提到的"指导思想"决定的。现在看来，中国民法学不应继续将研究对象局限于"发达国家和地区"。随着改革开放和国民经济的发展，我们的国家已经旧貌换新颜，正在成为一个真正的大国。要求中国民法学

---

① 《谢怀栻法学文选》，第 382 页。

放眼世界，不仅密切关注和研究市场经济发达国家的民法，而且密切关注和研究发展中国家和不发达国家的民法。凡有中国商品、中国旅游者、中国投资者和中国企业到达的国家，就有必要密切关注和认真研究该国民法。遗憾的是，中国民法学在这方面做得很不够。且不说研究非洲、拉丁美洲、东南亚、中亚国家民法，就是对周边邻国包括对俄罗斯的民法，也缺乏关注和研究。中国民法学和民法学者，要本着一贯对国家、民族、人民负责的精神，跟上国家、民族复兴的步伐，勇于承担国家、民族、人民和历史赋予的使命，敞开胸怀，放开眼界，面向未来，面向世界，实施"全方位"的外国民法研究！

结　语

中国民法学，这条在中华民族的土地上已经流淌了一百年的河流，虽然历经曲折、艰险、转向、停滞，终究没有改变前进的方向。因改革开放和发展社会主义市场经济的历史机遇，中国民法学以其长足的进步、优异的成就和卓越的贡献，受到社会的关注和尊重，已成为一门"显学"。一位研究中国民法学史的学者说过，当"民法学这条大河沸腾起来的同时，也是从容思考的空间突然失去的时候"[①]。愿中国民法学能够从容面对各种诱惑，排除各种干扰，朝着既定方向，奋勇前进！

（2007 年 5 月 15 日在院学术报告厅为庆祝中国社会科学院
成立 30 周年的学术讲演稿，7 月 27 日改定）

---

① 俞江：《近代中国民法典中的私权理论》，第 22 页。

完善保护私有财产的法律制度

一 历史回顾

中华人民共和国成立后，对私有财产的保护问题未受到应有的重视。1954 年和 1962 年两次起草民法典，均因政治运动而未成功。在一个相当长的时期，人民法院审理涉及私有财产权的民事纠纷案件，不是依据法律，而是依据"民事政策"。所谓"民事政策"，主要指党中央的政策文件，及最高人民法院关于贯彻执行民事政策的意见。特别要指出，新中国成立后发生几次大规模侵犯人民私有财产的违法行为，促使我们的党和政府开始重视对人民私有财产的保护，并逐步建立和完善保护私有财产的法律制度。

我国在 50 年代后期发生所谓"共产风"，以人民公社名义无偿平调社员房屋、禽畜、农具、林木等私有财产，严重损害了人民群众（主要是农民）的生产积极性和党在人民群众中的威信。60 年代初，党中央决定纠正"共产风"，对"共产风"期间无偿平调的私有财产进行清理和退赔。1962 年 9 月 27 日，中国共产党第八届中央委员会第十次全体会议通过《农村人民公社工作条例修正草案》，其中规定了社员私有财产的保护问题。

《农村人民公社工作条例修正草案》第四十一条规定："社员家庭副业的产品和收入，都归社员所有，都归社员支配。"第四十四条规定："人民公社社员，在社内享有政治、经济、文化、生活福利等方面一切应该享受的权利。人民公社的各级组织，对于社员的一切权利，都必须尊重和保障。""要保障社员个人所有的一切生活资料，包括房屋、家具、衣被、自行车、缝纫机等，和在银行、信用社的存款，永远归社员所有，任何人不得侵犯。""要保障社员自有的农具、工具等生产资料，保障社员自有的牲畜，永远归社员所有，任何人不得侵犯。"第四十五条规定："社员的房屋，永远归社员所有。""任何单位、任何人，都不准强迫社员搬家。不经社员本人同意，不付给合理的租金或代价，任何机关、团体和单位，都不能占用社员的房屋。如果因为建设或者其他的需要，必须征用社员的房屋，应该严格执行国务院有关征用民房的规定，给以补偿，并且对迁移户作妥善的安置。"

为了在民事审判工作中切实贯彻执行党和国家的民事政策，最高人民法院于 1963 年 8 月 28 日发布《关于贯彻执行民事政策几个问题的意见（修正稿）》。其中指出，"财产权益纠纷近年来有显著的回升，类型也很多"，"数量最多的是房屋纠纷"。"各级人民法院在审理财产权益案件时，必须贯彻执行党的有关政策和国家的法律、法令，首先保护国家与集体的利益，同时也要保护个人的合法权益。""处理房屋纠纷，应当根据《农村人民公社工作条例修正草案》和党的有关政策与国家法律的规定，首先注意保护国家、集体所有的房屋不受侵犯；保护依法属于人民个人所有的房屋，不受侵犯。""关于退赔遗留问题，应当根据党的退赔政策处理，凡是从人民公社成立以来，向公社、生产队、社员个人平调的房屋，坚决退赔。原房屋还在的，应退还给原房屋。如果原房屋已拆毁或者不能退或者马上退有困难的，应作价补偿或者转为租赁关系。如果社员的住房因而发生困难的，应调给相当的房屋或者设法帮助修建。"

在贯彻执行《农村人民公社工作条例修正草案》和党中央关于经济工作的"调整、巩固、充实、提高"的"八字方针"，逐步克服由于工作失误和严重自然灾害造成的困难，国民经济开始发展之后，党中央再次采取了错误的思想路线，发动了持续十年之久的"文化大革命"运动。"文化大革命"运动中，发生大规模侵犯人民人身权和财产权的暴行，使我们的党和国家受到深刻的教训。这就是，必须切实保护人民人身权和私有财产权，而且保护人民的人身权和私有财产必须依靠法律，真正做到有法可依、有法必依、执法必严、违法必究。为此，必须尽快制定保护人民人身权和私有财产权的法律制度。

二 我国保护私有财产权法律制度的建立及其不足

我国保护私有财产法律制度建立的标志，是 1985 年颁布、1986 年实施的《中华人民共和国民法通则》。该法第七十五条第一款规定："公民的个人财产，包括公民的合法收入、房屋、储蓄、生活用品、文物、图书资料、林木、牲畜和法律允许公民所有的生产资料以及其他合法财产。"这是关于人民私有财产的范围的规定。其中所谓"合法收入"，包括国家机关干部、企事业单位职工的"工薪收入"、农民的生产劳动收益、个体户生产经营收益；"房屋"，指农民的住房和城镇少数居民的私房，城镇大多数干部、职工和居民居住公房没有私有房屋；"法律允许公民所有的生产资料"，当然是指农民和个体户而言。

值得注意的是，民法通则第七十五条第二款规定："公民的合法财产受法律保护，禁止任何组织或者个人侵占、哄抢、破坏或者非法查封、扣押、冻结、没收。""受法律保护"一语，是此前的规范性文件中所没有采用过的。例如，前引《农村人民公社工作条例修正草案》第四十四条，关于"人民公社社员，在社内享有政治、经济、文化、生活福利等方面一切应该享受的权利"，规定"人民公社的各级组织"，"都必须尊重和保障"，并特别规定"这种权利，受到人民政府的保障"。民法通则抛弃"受到人民政府的保障"这样的提法，而采用"受法律保护"一语，表明党和国家从"文化大革命"的沉痛教训，已经认识到，人民群众的一切合法权利，单靠"人民公社的各级组织"的保障和"人民政府的保障"，是远不够的，必须依赖于法律制度和法律手段的保障。换言之，对人民私有财产的保护必须法律化。

民法通则第七十五条第二款规定"公民的合法财产受法律保护"，所具有的重要意义在于，承认人民私有财产属于法律上的权利，并赋予人民私有财产对抗"任何组织或者个人侵占、哄抢、破坏或者非法查封、扣押、冻结、没收"的法律效力。其必然的逻辑后果是，无论"任何组织和个人"侵犯了人民私有财产权，都将受到法律追究。所谓"受法律保护"，是由民法上的侵犯财产的侵权责任制度和刑法上的侵犯财产的刑事责任制度予以切实实现的，而民法通则第七十五条规定则是我国保护私有财产法律制度的基础。民法通则实施以来的裁判实践证明，这一保护私有财产法律制度，的确发挥了重大的作用。

毋庸讳言，这一保护私有财产法律制度尚存在不足。其一，民法通则仅以一个条文规定对私有财产的保护，失之过于简单。这从与民法通则关于人身权保护的规定的比较，可以看出来。基于"文化大革命"期间大规模侵犯人民人身权的惨痛教训，民法通则第五章专设第四节规定人民的人身权，用了八个条文，明文规定了人民享有生命健康权（第 98 条）、姓名权（第 99 条）、肖像权（第 100 条）、名誉权（第 101 条）等各项人格权。并且在第六章第三节用了三个条文分别规定了侵害人民生命健康权的侵权责任（第 119 条）、侵害人民姓名权、肖像权、名誉权的侵权责任（第 120 条）及国家机关或者国家机关工作人员侵犯人民合法权益的民事责任（第 121 条）。

我国对城镇机关干部、企事业单位的职工，长期实行低工资、福利房制度及生活必需品的计划供应制度。城镇居民，除极少数有前辈遗留的私房外，都依靠国家和集体提供的公房解决居住问题，一家数口、几代住一间房的情况非常普遍，生活条件很差，没有多少财产。至于农村，则在人民公社体制下，广大农民没有独立的经济地位，只是政社合一的人民公社的社员，按照生产队干部的指令进行生产劳动，年终根据工分数额分配粮油等生活必需品，多数农村人口未能解决温饱问题，更谈不到有多少私有财产。既然广大人民群众长期处于贫困状态，谈不到有多少个人财产和家庭财产，当然也就不可能产生通过制定完善的法律制度以保护私有财产的要求。

1986 年制定民法通则，总结"文化大革命"期间大规模侵犯人身权和财产权的教训，对于人民的人身权的保护和财产权的保护都有规定。但民法通则关于公民人身权保护的规定，专设一节用了八个条文，而关于公民财产权保护的规定，仅设一个条文，而就是这一个条文，其中所列举的，也主要是生活资料，而不是生产资料。条文甚至没有提到农户对所承包的集体土地享有的权利及对宅基地的权利。可见，民法通则之所以对人民个人财产的规定如此简略，仅设一个条文，并非立法机关重视人身权而轻视财产权，而是由于当时改革开放刚刚开始，广大人民群众的生活条件还没有改善，还没有多少私有财产的实际情形所决定的。

其二，这一保护私有财产的法律制度所存在的不足还在于，在财产权保护的指导思想上，没有贯彻对国家、集体和私有财产的平等保护原则。这与此前长期存在的在财产权保护问题上的不平等观念有关。例如，1963年最高人民法院《关于贯彻执行民事政策几个问题的意见》，指示"各级人民法院在审理财产权益案件时"，必须"首先保护国家与集体的利益，同时也要保护个人的合法权益"。所体现的就是因所有制不同而区别对待的观念，保护"国家和集体的利益"是第一位的，保护"个人的合法权益"是第二位的。须特别指出的是，因民法通则第七十三条第二款明文规定"国家财产神圣不可侵犯"，使传统理论和裁判实践中的不平等观念，获得了立法根据。

许多学者在解释适用民法通则第七十三条关于"国家财产神圣不可侵犯"的规定时，不仅与传统理论和司法实践中的不平等观念挂钩，而且与苏联民法理论上的社会主义公有财产特殊保护原则挂钩，认为民法通则确认了对国家财产的特殊保护原则。在这种语境之下，民法通则第七十五条关于"公民合法财产受法律保护"的规定，被理解为第二位的，而对国家财产的保护是第一位的。当人民私有财产的保护与对国家财产的保护发生冲突时，必然要牺牲私人的财产权益而确保国家的财产权益。

在这种错误观念支配之下，以民法通则第七十五条为基础的保护人民私有财产法律制度，不可能切实、妥善地保护人民私有财产权益。当人民私有财产受到来自一般人的侵犯时，这一法律保护制度尚可发挥保护受害公民、制裁加害人的作用；当人民私有财产受到国家机关、地方政府滥用行政权力的侵害时，法律保护的天平往往向国家机关、地方政府和国有企业一方倾斜，人民私有财产不可能获得平等的法律保护。进入 21 世纪以来发生的"强制拆迁"、"圈地热潮"等滥用公权力侵犯人民私有财产权的严重事件，充分表明了这一点。

三　完善保护私有财产的法律制度是改革开放
和全面建设小康社会的必然要求

经过 20 多年的改革，我国社会经济状况已经发生根本性的变革，其基本特征是公有制经济与非公有制经济的并存。1988 年对宪法第十一条的修正，已经承认了私营经济的法律地位。1993 年对宪法第十五条的修正，已经明确规定国家实行社会主义市场经济。进入 90 年代后期，已经实现从以单一公有制为基础的计划经济体制向社会主义市场经济体制的转轨。1999 年对宪法第十一条的修正，明文规定"在法律规定范围内的个体经济、私营经济等非公有制经济，是社会主义市场经济的重要组成部分"。我国是在公有制经济和非公有制经济的基础上实行社会主义市场经济，非公有制经济和公有制经济，在法律地位上应当是平等的，不应有高低贵贱之分，要求获得平等的法律保护。因此，要求完善保护私有财产的法律制度，特别要抛弃因所有制不同而区别对待的陈旧观念，仅着重于财产之取得是否合法，人民合法取得的财产应当受到与对国家财产和集体财产同等的法律保护。

党的十一届三中全会以来，党提出了允许一部分地区、一部分人先富起来，逐步达到共同富裕的政策，社会主义市场经济发展的结果，广大人民群众的生活水平普遍提高，物资匮乏的社会问题已经解决，总体上达到小康水平。从 1978 年到 2005 年，城乡居民年均收入分别增长了 5.1 倍和 5.2 倍；城镇居民人均住房面积从 6.7 平方米，增加到 25 平方米，农村居民人均住房面积从 8.1 平方米增加到 29.7 平方米；汽车已经进入寻常百姓家，2005 年轿车销售量达 313 万辆；加上彩电、冰箱、洗衣机等家用电器的普及，广大人民群众所拥有的不动产、动产已非改革开放前可比。这种情形，必然要求从法律上对私有财产给予明确规定，并予以切实、平等的法律保护。

广大人民群众私有财产的保护问题，与实现党和国家提出的全面建设小康社会的目标有关。所谓全面的小康社会，亦即广大人民群众共同富裕的社会，当然意味着人民群众拥有相当数量的动产和不动产。而小康社会的实现，要靠广大人民群众自身的劳动积极性和创造性的进一步发挥。怎么样才能进一步激发广大人民群众的生产积极性和创造性？必要条件是，广大人民群众积累的财产能够受到切实的保护。因为没有制定物权法，仅靠现行民法通则第七十五条的简单规定，很难适应切实保护人民群众合法财产权益的要求。而一些地方发生滥用公权力侵犯人民群众合法财产权益的违法行为，也的确与没有制定物权法，我们的公务员队伍和领导干部不具备物权概念，不知道人民群众的不动产、动产物权是排他性的权利有关。保护人民群众私有财产的法律规则不完善，必然影响人民群众的生产积极性和创造性，产生所谓"温饱即可"、"小富即安"的思想。值得重视的是，一段时间以来，一些私营企业主缺乏长远发展规划，甚至将本应用于扩大再生产的大笔资金用于挥霍、浪费和出境赌博。这些问题之发生，一个原因是国家未及时制定物权法以完善保护私有财产的法律制度，使人民群众特别是一些私营企业主对自己积累的财产能否真正得到法律切实保护，尚存后顾之忧。

要说明的是，通过制定物权法完善保护人民私有财产的法律制度，绝不仅仅是有利于一部分先富起来的人民，而是有利于全体人民。我们的国家，经过20多年的改革开放，社会主义市场经济已经有相当的发展，广大人民群众的物质生活水准，已经有很大的提高。除少数自然条件恶劣的地区外，广大人民群众已经解决了温饱问题，开始走上富裕之路，有了一定数量的私有财产，随着国民经济的发展，私有财产的数量将日益增加。党和国家提出的全面建设小康社会的目标的实现，最终要由全体人民实际拥有的私有财产的总量来验证。因此，完善保护人民私有财产的法律制度，对每一个公民、每一个家庭，都具有非常重大的意义。

四　物权法对保护私有财产法律制度的完善

（一）关于平等保护原则的规定

在物权法制定过程中，当然要确定财产权保护的指导思想，要明文规定财产权保护的基本原则。物权法起草中的争论点，是规定国家财产特殊保护，还是合法财产平等保护。特殊保护的思想，是以现行民法通则为依据的。民法通则第七十三条规定："国家财产神圣不可侵犯"。其含义是，在不同所有制的财产当中要着重保护国家财产、特殊保护国家财产。显而易见，这样的指导思想，是由改革开放前的单一公有制和计划经济体制的本质所决定的。在经过 20 多年的改革，中国的经济体制已经实现转轨，社会主义市场经济体制已经确立的今天，"国家财产特殊保护"，已经与我国现在的经济生活严重脱节，不符合社会主义市场经济的本质和要求。

但"国家财产特殊保护"的指导思想还在发挥作用，特别是对法官裁判案件还有影响。如果案件当事人一方是国有企业或者国家机关，另一方是私有企业或者个体企业，法官的判决就可能有意无意地偏向国有企业、国家机关一方。现实生活中，凡是这类案件判决国有企业、国家机关败诉的，他的上诉状、申诉状当中往往不谈事实认定是否正确、法律适用是否正确，首先就来一条，指责法院的判决导致国有资产流失。可见，"国家财产特殊保护"的指导思想，不利于人民法院对案件的公正裁判。

值得注意的是，在 1999 年修改宪法规定"个体经济、私营经济等非公有制经济，是社会主义市场经济的重要组成部分"（第 11 条第 1 款）之后，2004 年的宪法修正案进一步规定"公民合法的私有财产不受侵犯"（第 13 条第 1 款），使宪法保护财产权的指导思想发生了根本性的改变。即由原来的"国家财产特殊保护"，改变为对公有财产和私有财产的平等保护。最终解决了物权法起草过程中关于财产权保护的指导思想和基本原则的争论。

物权法第四条规定："国家、集体、私人的物权和其他权利人的物权受法律保护，任何单位和个人不得侵犯。"这是关于物权平等保护原则的规定。显而易见，物权法之所以规定平等保护原则，不仅是由物权法属于民法的法律性质所决定的，也是以现行宪法关于财产权平等保护的原则为根据的，归根结底，是由中国已经发生深刻变化的社会经济基础，即从改革开放前的单一公有制的计划经济体制，转变为奠基于公有制经济和非公有制经济的社会主义市场经济所决定的。

物权法属于民法，民法的一项重要原则是对权利人的权利实行平等保护。现行宪法规定"国家实行社会主义市场经济"。公平竞争、平等保护、优胜劣汰是市场经济的基本法则。在社会主义市场经济条件下，各种所有制经济形成的市场主体都在统一的市场上运作并发生相互关系，各种市场主体都处于平等地位，享有相同权利，遵守相同规则，承担相同责任。如果对各种市场主体不给予平等保护，解决纠纷的办法、承担的法律责任不一样，就不可能发展社会主义市场经济，也不可能坚持和完善社会主义基本经济制度。

为了适应社会主义市场经济发展的要求，党的十六届三中全会进一步明确要"保障所有市场主体的平等法律地位和发展权利"。即使不进入市场交易的财产，宪法也明确规定："公民的合法的私有财产不受侵犯。""国家依照法律规定保护公民的私有财产权和继承权。"在财产归属依法确定的前提下，作为物权主体，不论是国家、集体，还是私人，对他们的物权也都应当给予平等保护。物权平等保护原则的实质在于，对不同所有制性质的物权，给予同样的法律地位，赋予同样的法律效力，适用同样的法律规则，于遭受不法侵犯时同样受刑事责任制度和侵权责任制度的救济，而与不同所有制性质的物权在国民经济中所占比重和所发挥的作用无关。

特别要指出，物权法第四条规定物权平等保护原则，对于人民法院公正裁判具有重要意义。在裁判一方是国有企业、国家机关，一方是私人、私有企业的案件时，法官就不会再担心如果依法判决私人一方胜诉，会不会受到所谓"导致国有资产流失"的指责，将彻底解除其后顾之忧，使法官真正做到不存偏见、公正裁判。今后无论是谁，要批评人民法院的判决，都应当具体分析事实认定是否正确、法律适用是否正确，不能任意拿所谓"造成国有资产流失"这样的"大帽子"压人。可见，物权法规定物权平等保护的指导思想和基本原则，有利于人民法院依法独立审判，公正裁判案件，有利于抵制对法院审判工作的不当干预，有利于社会主义市场经济的发展和建设法治国家。

（二）物权法关于私有财产法律保护的规定

物权法关于私有财产的规定，主要是第六十四条规定："私人对其合法的收入、房屋、生活用品、生产工具、原材料等不动产和动产享有所有权。"第六十五条规定："私人合法的储蓄、投资及其收益受法律保护。""国家依照法律规定保护私人的财产继承权及其他合法权益。"及第六十六条规定："私人的合法财产受法律保护，禁止任何单位和个人侵占、哄抢、破坏。"这些规定，进一步完善了保护私有财产的法律制度，有利于激发广大人民群众创造财富和积累财富的积极性，促进社会和谐。

物权法第六十六条规定"私人的合法财产受法律保护"，所谓"受法律保护"，主要包括民法的保护和刑法的保护。民法的保护方法，分为物权保护方法和侵权责任保护方法。物权保护方法，规定在物权法第一编第三章，即第三十三条关于确认物权请求权的规定、第三十四条关于返还原物请求权的规定、第三十五条关于排除妨害请求权和消除危险请求权的规定。于私有财产权归属发生争议时，争议的双方均可以根据物权法第三十三条，向人民法院提起请求确认物权之诉，请求人民法院确认该项物权的归属；于私有财产被他人非法占有时，权利人可以根据物权法第三十四条，向人民法院提起返还之诉，请求人民法院责令无权占有人返还原物；于私有财产权的行使受到他人妨害或者有妨害之虞时，权利人可以根据物权法第三十五条，向人民法院提起排除妨害之诉和消除危险之诉，请求人民法院判决强制妨害行为人排除妨害或者强制消除危险状态。侵犯财产的侵权责任保护方法，规定在物权法第三十六条和第三十七条，于侵权行为人造成权利人的动产、不动产毁损及其他损害时，受害人可以向人民法院提起侵权之诉，请求人民法院判决加害人承担返还财产、恢复原状、折价赔偿及赔偿损失的侵权责任。须注意的是，受害人依据物权法第三十六、三十七条起诉，请求人民法院追究加害人的侵权责任，须具备侵权责任的构成要件。

对人民私有财产的刑法保护方法，即刑法上侵犯财产的刑事责任，规定在刑法第五章。根据刑法第五章的规定，侵犯人民私有财产的，可以构成抢劫罪（第263条）、盗窃罪（第264条）、诈骗罪（第266条）、抢夺罪（第267条）、聚众哄抢罪（第268条）、非法占有他人财物罪（第270条）、敲诈勒索财物罪（第274条）。侵犯人民私有财产的行为构成犯罪的，将被依法追究刑事责任。

（三）关于建筑物区分所有权的规定

随着住房制度的改革，越来越多的城镇居民拥有了自己的房屋，而且大量集中在住宅小区，因此建筑物区分所有权已经成为人民私有财产中最重要的不动产物权。而建筑物区分所有权，在现行民法通则和其他法律中均无规定，近年来业主之间、业主与物业服务公司之间及业主与开发商之间关于权利界限、权利行使、建筑物管理维修等发生的纠纷，因缺乏法律规范而难于解决。因此，物权法第二编专设第六章"业主的建筑物区分所有权"（第70—83条），弥补了现行法律的欠缺。

建筑物区分所有权，为近现代各国物权法上一项重要的不动产权利，德国称为"住宅所有权"，美国等称为"公寓所有权"，瑞士则称为"楼层所有权"，日本称为"区分所有权"。物权法称为"业主的建筑物区分所有权"。此所谓"业主"，是改革开放以来，特别是90年代推行住宅商品化政策以来的习惯用语，为"建筑物区分所有权人"的简称。如实务中，将"建筑物区分所有权人大会"称为"业主大会"，将经"建筑物区分所有权人大会"选举产生的"管理委员会"称为"业主委员会"。本章为照顾人民习惯，采用为法律用语。

建筑物区分所有权，是一种复合性的权利。一栋高层住宅，分为专有部分和共用部分。业主对专有部分享有独立的所有权，称为专有部分所有权；业主对共用部分享有共同所有权，称为共用部分所有权。所谓专有部分，指构造上能够明确区分，具有排他性且可独立使用的建筑物部分。共用部分，指专有部分以外、供作共同使用的建筑物部分及附属建筑物。业主除享有专有部分所有权和共用部分所有权外，还参与对于整个建筑物的共同管理。因此，物权法第七十条规定："业主对建筑物内的住宅、经营性用房等专有部分享有所有权，对专有部分以外的共有部分享有共有和共同管理的权利。"并在第七十一条规定："业主对其建筑物专有部分享有占有、使用、收益和处分的权利，但不得危及建筑物的安全，不得损害其他业主的合法权益。"

在建筑物区分所有权制度中，专有部分所有权，与一般所有权并无不同。而业主的专有部分所有权，是业主对共用部分享有共有权的基础和前提，共用部分的共有权，不能与专有部分所有权相分离。因此，第七十二条规定："业主对建筑物专有部分以外的共有部分，享有权利，承担义务；不得以放弃权利不履行义务。""业主转让建筑物内的住宅、经营性用房，其对建筑物共有部分享有的共有和共同管理的权利一并转让。"

　　无论就一栋建筑物或者一个住宅小区而言，其专有部分界限清楚，且在产权证和不动产登记簿上有明确记载，不易发生纠纷。但什么是共用部分，哪些属于共用部分，界限并不清楚，且难以在产权证和不动产登记簿上载明，易于产生纠纷。因此，有必要在法律作出明确规定。物权法第七十三条规定："建筑区划内的道路，属于业主共有，但属于城镇公共道路的除外。建筑区划内的绿地，属于业主共有，但属于城镇公共绿地或者明示归个人的除外。建筑区划内的物业服务用房，属于业主共有。"

　　物权法制定过程中，关于住宅小区"停车位"的归属，尤其地下车库停车位的归属，有不同意见。涉及正确看待建筑物区分所有权制度的发展。物权法上的建筑物区分所有权制度，是适应人类社会进入 19 世纪后出现大城市化和住宅高层化而产生的制度。直至 20 世纪前半期，所谓高层的公寓大厦，大多是单栋的，且因汽车使用不像现今这样普及，并无修建地下车库的必要，但出于防空的需要，政府要求公寓大楼必须设置地下防空避难室。地下防空避难室，是为全体住户安全而设，当然属于全体业主共同所有。而在和平时期，公寓大厦之业主大会往往决定将地下防空避难室划出停车位，交由业主无偿使用或者有偿使用。因为，地下防空避难室属于业主共有，其停车位也当然属于全体业主共有。这就是此前的民法建筑物区分所有权理论及此前的建筑物区分所有权立法，认定地下停车位属于业主共有的原因。

　　值得注意的是，20 世纪后期以来，大城市化和建筑物高层化有了重大发展。像过去那样单栋的公寓大厦已经很少见，通常由若干栋、十数栋甚至数十栋高层住宅楼组成住宅小区或者集群式住宅区，有的住宅区俨然一个小型城市。由于汽车使用的普及，及长期的和平环境，政府也不再要求修建地下防空避难设施，而取而代之的是大型、多层的地下车库的修建，地下车库的停车位通常由开发商出售或者赠与购房人使用。在这种发生重大发展变化的情况下，当然不能再以过去的理论和立法为根据，规定地下停车位归全体业主共有。

　　如果物权法规定地下停车位归业主共有，将发生两个问题：一是将修建地下车库的费用摊入商品房价格，造成房价提高，而并非每一个购房人都使用汽车、都需要停车位；二是如规定地下停车位归业主共有，则许多住宅小区大型多层地下车库有数百上千的停车位，需要由业主委员会进行经营管理，此与业主委员会不是经济组织、无经营许可的性质不合。有鉴于此，物权法第七十四条明确规定："建筑区划内，规划用于停放汽车的车位、车库应当首先满足业主的需要。""建筑区划内，规划用于停放汽车的车位、车库的归属，由当事人通过出售、出租或者附赠等方式约定。""占用业主共有的道路或者其他场地用于停放汽车的车位，属于业主共有。"

业主大会，是决定小区管理等事务的权力机关，类似于股份有限公司的股东大会，应由每一个小区的全体业主组成。业主通过参与业主大会行使对共用部分建筑物及小区共同事务的管理权利。针对业主权利行使及小区管理问题，物权法第七十四条规定，"业主可以设立业主大会，选举业主委员会"。"县级以上地方人民政府有关部门应当对设立业主大会和选举业主委员会，给予指导和协助。"第七十五条规定："下列事项由业主共同决定：（一）制定和修改业主会议议事规则；（二）制定和修改建筑物及其附属设施的管理规约；（三）选举和更换业主委员会；（四）选聘和解聘物业服务机构或者其他管理人；（五）筹集和使用建筑物及其附属设施的维修资金；（六）改建、重建建筑物及其附属设施；（七）有关共有和共同管理权利的其他重大事项。""决定前款第五项和第六项规定的事项，应当经专有部分占建筑物总面积三分之二以上的业主且占总人数三分之二以上的业主同意。决定前款其他事项，应当经专有部分占建筑物总面积过半数的业主且占总人数过半数的业主同意。"第七十七条规定："业主大会或者业主委员会的决定，对业主具有约束力。"

小区建筑物及其附属设施的管理，通常有两种管理方式：业主自行管理和委托物业管理公司管理。当住宅小区建筑竣工后，就立即发生小区建筑物及其附属设施的管理问题，而此时大部业主尚未入住，不可能召开业主大会选举产生业主委员会，当然也就不可能由业主委员会决定管理方式及委托物业服务公司或者管理人。因此，实务中往往在小区建筑竣工后，由开发商委托物业服务公司进行管理。此种情形，开发商委托物业服务公司，是代行尚未成立的业主委员会的权限，如果将来成立的业主委员会对开发商委托的物业服务公司不满，当然有权更换物业服务公司。物权法制定之前，各地即已发生因业主委员会要求更换物业服务公司而发生的纠纷。因此，物权法第八十条明文规定："业主可以自行管理建筑物及其附属设施，也可以委托物业服务机构或者其他管理人管理。""对建设单位聘请的物业服务机构或者其他管理人，业主依法有权更换。"第八十一条规定："物业服务机构或者其他管理人根据业主的委托管理建筑区划内的建筑物及其附属设施，并接受业主的监督。"

从城市住宅小区的实际情况看，一个住宅小区往往由若干栋乃至数十栋住宅大楼组成，一栋住宅大楼往往有数十、上百套住宅，有数十、上百户业主，整个小区可能有成百上千户业主，因权利行使、相邻关系、物业管理等发生冲突和纠纷在所难免。因此，物权法第八十二条规定："业主应当遵守法律、法规以及管理规约。""业主大会和业主委员会，对任意弃置垃圾、侵占通道、排放大气污染物、施放噪声、违反规定饲养动物、违章搭建、拒付物业费等损害他人合法权益的行为，有权依照法律、法规以及管理规约，要求行为人停止侵害、消除危险、排除妨害、赔偿损失。业主对侵害自己合法权益的行为，可以依法向人民法院提起诉讼。"依据本条规定，于个别业主有损害其他业主合法权益的行为时，不仅受损害的业主可以依法向人民法院起诉，要求行为人停止侵害、消除危险、排除妨害、赔偿损失，业主大会和业主委员会也可以依法向人民法院起诉，要求行为人停止侵害、消除危险、排除妨害、赔偿损失。这样规定有利于及时解决纠纷，减轻损害，保护业主的合法权益。

（四）关于征收和征用的规定

因物权具有排除他人干涉的效力，在教科书上称为"物权的绝对性原则"，与契约自由原则、过错责任原则，被称为现代民法的三大基本原则。物权法第六十五条规定："私人的合法财产受法律保护，禁止任何单位和个人侵占、哄抢、破坏。"就是关于物权绝对性原则的表述。这一基本原则的贯彻，是由刑法上侵犯财产的刑事责任制度，和民法上侵犯财产的侵权责任制度，予以切实保障的。但物权的绝对性原则，并非不受限制。出于社会公共利益的需要，可以排除物权绝对性原则，即排除物权的"排他性"效力。法律上用来排除物权绝对性原则，排除物权的排他性效力的制度，一个是公法上的搜查证制度，一个是民法上的征收和征用制度。此外，城市规划法和文物保护法，也会对物权绝对性原则和排他性效力有所限制。征收和征用的实质，是国家强行取得人民的私有财产或者强行使用人民私有财产，如果运用不当甚至滥用，必将严重侵害广大人民群众的合法权益，故有必要由法律明确规定其适用条件。

关于征收制度，需要回答一个问题，为什么在宪法设立规定之后，还要在物权法上设立规定？因为征收是强制性取得，所以要在宪法上规定，但征收虽然是强制取得，却与没收财产、征税、罚款等公权力行使情形截然不同。没收财产、征税、罚款取决于国家机关单方的意思决定，被没收财产、被征税、被罚款的人无可抗拒，即使有异议也要先予执行，执行之后再去申请复议。没收财产、征税、罚款是直接依据公权力无偿取得私有财产。征收与此不同，征收不是无偿取得，而是有偿取得，要支付代价，要遵循市场交易的等价有偿的规律，属于民事特别制度，所以在宪法规定之后，还要在物权法上设立规定。

征收既然属于商品交换关系，为什么不依据合同法订合同呢？是出于社会公共利益的考虑。国家要修一个军用机场，如果按合同法一个一个地和土地所有权人、使用权人谈判签约，因合同法实行合同自由原则，土地所有权人、使用权人不同意出卖，或者达不成协议，不能成立合同，军用机场就建不成，社会公共利益的目的就不能实现。为了实现社会公共利益，征收不能适用合同自由原则，不能按照合同法去谈判签约，无须征得被征收人的同意，非要强行收买不可。征收属于有偿取得，本属于商品交换关系，但出于保障社会公共利益的正当理由，需要限制被征收人的合同自由，并排除被征收不动产物权的排他性效力，因此征收不适用合同自由原则，不采取根据合同法谈判签约的方式，而由政府根据宪法和物权法规定的条件直接作出征收决定。物权法第四十一条第一款规定："为了公共利益的需要，依照法律规定的权限和程序可以征收集体所有的土地和单位、个人的房屋及其他不动产。"按照物权法第二十七条的规定，"人民政府的征收决定"一经生效，无须办理产权过户，国家即取得被征收不动产的所有权，被征收人对该不动产的所有权、使用权因而消灭。

　　征收和征用，是既有联系又有区别的两项法律制度。其共同点，一是出于公共利益目的；二是强制性，无须征得对方的同意。二者的区别在于，征收实质是强制取得不动产所有权，以补偿金为代价，属于有偿取得；征用是对私人和企业的动产、不动产的强制使用，并不取得什么权利，强行使用之后物归原主，损坏了不能归还的照价赔偿。我们部队唱的《三大纪律、八项注意》，其中"用了东西要还，损坏东西要赔"，就是讲征用。从法律上说，征用就是一个"事实行为"，不发生权利转移。这和征收不一样，征收要发生权利移转。

　　须注意，征收是和平环境的法律制度，征用是紧急状态下的特别措施。认识这一点有重大的意义。因为征收是和平环境的法律制度，实行征收就可以从容不迫地履行法律规定的权限、程序和手续。政府的征收决定，属于单方法律行为，必须采用书面形式。制定国家征收法，应当规定征收文件的形式要件。实施征收的时候，当然不是政府首长亲自去执行，由征收执行人予以执行。征收执行人要出示征收文件，被征收财产的人民当然要对征收文件进行审查，确认有人民政府的大印、首长签署，及是否符合国家征收法规定的权限。因为是和平环境，完全可以严格按照法律规定权限、程序、手续来执行。被征收人民有异议怎么办？可以申请行政复议或向人民法院提起诉讼。无论行政复议或是诉讼程序，都要严格按照征收的法定的条件及国家征收法的规定予以审查。这是由征收是和平环境下的法律制度所决定的。

　　征用是紧急状态下的特别措施。在战争环境之下、紧急状态之下，或者抢险、救灾之时，不能从容不迫地履行法定程序。在1998年长江流域的大洪水，大堤溃决之后，抢险的部队和老百姓靠石块泥土堵不了决口，见江上远远有条货船，马上就叫人打旗语，然后这货船就乖乖地驶过来，跳上去几个人把船底凿穿沉下去堵决口。在抗洪抢险现场负责组织指挥的人，可能是一个战士，可能是一个班长，可能是一个普通的民工，可能是一个县区机关干部，只要他在那个现场负责组织指挥堵大堤决口，他就可以命令把船调过来沉下去。不要任何权限，不要任何程序，根本没有什么征用文件！征用只有一个法定条件，就是紧急状态。国家或者某个地区进入紧急状态，在此紧急状态之下，就可以实行征用。征收和征用，在宪法上是合并规定在一个条文的，考虑到征收与征用的适用环境的区别，物权法加以分别规定，第四十一条和第四十二条规定征收，另在第四十三条规定征用。还应当以第四十三条规定为基础，在紧急状态法上对征用制度作出进一步的规定。

鉴于近年曾经发生一些地方政府滥用征收制度，侵害农民和城镇居民合法权益的违法行为，制定物权法的过程中，不少人希望把作为征收法定条件的"公共利益"概念具体化。曾经在一个草案中采用"为了发展公益事业、维护国家安全等公共利益的需要"这样的表述。这样规定仍然是不清楚的。问题在于，"公共利益"属于民法上的不确定概念。法律上的概念，要求有明确的内涵和外延，这样才具有可操作性，但并不是所有的概念都能够达到这样的要求，难免有少数法律概念不符合这样的要求，例如"公平原则"之所谓"公平"、诚实信用原则之所谓"诚实信用"，合理期限之所谓"合理"，正当理由之所谓"正当"，及所谓"公共利益"，均属于没有办法具体界定其范围的"不确定概念"。因此，物权法没有对"公共利益"的具体范围设立规定，而留给其他民事单行法去解决。

从民法理论上看，"公共利益"虽然属于"不确定概念"，所不确定的只是其"范围"（"外延"），其"意义"（"内涵"）是确定的、明确的。按照民法理论上的通说，所谓"公共利益"，是指社会全体成员能够直接享受的利益。有两个要点，一个是"社会全体成员"，一个是"直接享受"。社会个别成员、部分成员享受的利益，不属于公共利益；社会全体成员"间接享受"的利益，也不属于公共利益。非得要社会全体成员直接享受的利益，才属于公共利益。建军用机场、民用机场，修公路、修铁路，建法院审判大楼、政府办公大楼，建公立博物馆、公立图书馆、公立医院、公立学校等，这些利益是整个社会成员都能直接享受的利益，因此属于"公共利益"。所谓"利益"当然包括"物质利益"、"安全利益"、"精神利益"。

所谓"间接享受"的利益，例如，房地产开发，建高新科技园区，地方经济发展了，税收多了，可以改善人民的福利待遇，提高人民的生活水平，就属于"间接享受"的利益。而开发商建商品房、写字楼，企业建厂房、商场等，"直接享受"利益的是开发商、是企业。因地方经济发展，政府用从开发商、企业征收的税金改善社会福利、保护自然环境，人民群众"间接享受"到一些利益，这与开发商、企业从事房地产开发和工商业"直接享受"的商业利益，是有根本区别的。将来制定民事单行法涉及"公共利益"范围的界定时，一定要紧扣"公共利益"的内涵，不能将"商业利益"混淆于"公共利益"。物权法规定"公共利益"为征收的法定条件，就是要将"商业利益"、"商业用地"排除在征收制度之外，将征收制度的运用严格限定在"公共利益"目的范围，避免征收制度的滥用，此后企业要取得商业用地，在取得政府批给的用地数额指标后，必须按照合同法的规定与农户、居民谈判签约，使广大人民群众的私有财产权获得切实保障。

难忘的 1979—1986

——为祝贺导师王家福先生八十大寿而作

引子

改革开放第一个十年，中国法学界发生了三件大事。一是法学研究所召开民法经济法学术座谈会，形成所谓"大经济法观点"与"大民法观点"的对立，引发民法学经济法学两大学科旷日持久的学术论争；二是立法机关启动第三次民法起草，后因立法方针变更，改为"先制定单行法"，中途解散起草小组、暂停民法起草；三是执行"先制定单行法"方针遭遇立法"瓶颈"，立法机关制定民法通则，招致经济法学界的猛烈批判，终于排除重重阻碍获得成功，成为中国迈上民权法治之路的里程碑，中国特色社会主义法律体系的奠基石。

一　民法经济法座谈会

（1）经济法概念的提出

中国在粉碎"四人帮"之后，纠正十年"文化大革命"及"左"的思想路线错误，拨乱反正，将国家生活的重心转移到经济建设上来，重新重视法律手段在国家治理和国民经济建设中的重要作用，陆续制定了若干调整经济关系的立法。1978 年 5 月胡乔木同志发表《按照经济规律办事、加快实现四个现代化》一文，其中论及加强"经济立法与经济司法"。[①]

---

① 　胡乔木：《按照经济规律办事，加快实现四个现代化》，《人民日报》1978 年 10 月 6 日。

1979 年第五届全国人大二次会议上叶剑英同志的讲话，第一次提及"经济法"概念。但从叶剑英同志的讲话内容看，他所谓"经济法"，并无作为独立法律部门的含义，而是民法、民诉法、婚姻法、计划法、工厂法、能源法、环境保护法等有关经济的法律法规之总称。①

当时改革方向尚不明朗，正所谓"摸着石头过河"，恰在此时，苏联拉普捷夫的现代经济法学理论被介绍进来，致有相当一部分学者（包括民法学者）认为中国的经济改革应该沿着苏联的方向，强化指令性计划和行政管理，坚信民法属于资产阶级的法律，不能适应社会主义经济关系法律调整的要求，应当被一个新的法律部门所取代。加之法学教育和法学研究在长期中断之后刚刚恢复，还不可能为国家立法提供关于法律体系、法律部门划分等方面的科学理论，导致当时一些领导同志对"经济法"概念的错误理解。据说彭真同志讲过"经济法是基础法，是最重要的法"，赵紫阳同志讲过"刑法、民法也固然要，但是最重要的是经济法"。②

在当时特殊历史背景之下，许多法学者将一些领导同志讲话中所说的"经济法"与苏联现代经济法学派所谓"经济法"直接挂钩，认为国民经济应当由一个崭新的法律部门统一调整，建议国家制定经济法典或经济法纲要，建议取消民法或者将其贬为个人关系法。在短时间内迅速造成经济法学的虚假繁荣。③

其时王家福先生担任法学研究所民法经济法研究室主任，经常与同志们讨论民法的前途、经济法的调整对象、民法与经济法的关系及社会主义的法律体系构建这些问题，认为国家立法必须有科学理论作为依据和指导，否则经济立法一旦迷失方向、步入歧途，必将给改革开放和四化建设带来难于补救的危害。

---

① 铃木贤：《中国民法经济法论争的展开及其意义》，北海道法学 39（4.195），第 1009 页。

② 见 1986 年 2 月 27 日 11 院校的 17 位经济法教师致"中央书记处并中央领导同志"的信（复印件），收文号："第 264 号 86 年 3 月 4 日"，第 1 页。

③ 邱本："可以说，当时中国经济法学的繁荣，客观地说是繁而不荣，甚至是虚假繁荣。"见邱本《经济法学三十年》，载于李林主编《中国法学三十年》，中国社会科学出版社 2008 年版，第 250 页。

　　（2）全国法学规划会议

　　1979 年 3 月 21—31 日，中国社会科学院法学研究所在北京召开了"全国法学规划会议"。有全国法学研究机构、政法院系、中央和京津沪等地政法机关共 46 个单位的 129 位代表出席会议。中国社会科学院党组成员、副秘书长兼法学研究所所长王仲方同志①作了题为《解放思想，面向实际，繁荣法学，努力为四个现代化服务》的报告。会议讨论制定了《全国法学研究（1979—1985）发展规划纲要》。中国社会科学院副院长于光远同志到会讲话。最后全体代表还听了中央领导同志的重要讲话。②

　　于光远同志在讲话中，特别谈到社会科学的历史使命。他说："我们的国家正在为本世纪末把我国建设成为四个现代化的社会主义强国而奋斗。为了完成这样伟大的历史任务，社会科学各个领域都要作出自己重大的贡献，其中就包括法学。"法学研究者不仅要撰写科学论文和学术著作，还要"对立法工作、司法工作等提出的实际问题进行研究，写成研究报告，提出有科学论据的意见"；法学研究者要主动进行立法研究，"哪个法要立，哪个法不立，哪些法先立，哪些法后立，问题一大堆。立法工作免不了都要找到我们法学工作者头上来，我们要采取主动，作好这方面的准备"；于光远同志还特别指出，法学研究应该"独立思考，只服从真理"，"只能服从真理，不能服从错误"。③

　　正是在法学研究所学习贯彻"全国法学规划会议"精神的过程中，王家福先生提出召开学术研讨会推进民法经济法学术研究，主动为国家经济立法做好理论准备的建议，得到研究室同志们的赞同和法学研究所领导的支持。

　　（3）民法与经济法学术座谈会

　　在经过充分筹备之后，于 1979 年 8 月 7—8 日，在沙滩北街十五号中国社会科学院法学研究所（后院西小楼底层会议室兼饭堂），召开了挑起

---

　　①　王仲方（1921 年—　），曾担任公安部长罗瑞卿同志的政治秘书，"文革"中受迫害，文革结束后曾担任中国社会科学院党组成员、副秘书长兼法学研究所所长，中宣部办公厅主任，国家对外文委副主任，中国法学会党组书记、会长。

　　②　徐益初：《法学规划会议在京举行》，《法学研究杂志》（试刊）1979 年第 1 期，第 48 页。

　　③　于光远：《对法学研究工作的一些意见——在全国法学规划会上的讲话（摘要）》，《法学研究杂志》（试刊）1979 年第 2 期，第 10、12、14—15 页。

中国民法学经济法学论争的、已载入中国法制史册的"民法与经济法学术座谈会"。座谈会预设三个问题：（一）我国应制定什么样的民法，即民法的调整对象是什么？（二）如何处理民法与经济法的关系？（三）中国应建立什么样的立法体系？应邀参加座谈会的有在京的政法院系、财贸学院的法学理论工作者和政法机关的实际工作者 50 多人。与会同志就制定民法的重要性、制定什么样的民法，以及民法与经济法的关系问题，进行了热烈的讨论。

（4）"大经济法观点"与"大民法观点"

两天的讨论会，从始至终发言踊跃、气氛热烈，并形成相互对立的两派理论观点。也有一些参加者犹豫不定，未明确表示自己的立场。相互对立的两派理论观点，当即被赋予了"大经济法观点"和"大民法观点"的称谓，并在会后演化成民法学与经济法两个学科之间长达七年之久的学术论争。

所谓大经济法观点，主张经济法是调整国家机关、企业、事业单位和其他社会组织内部及其相互之间，以及它们与公民之间，在经济活动中所发生的社会关系的法律规范的总称。经济法是国家领导、组织和管理经济的重要工具，是社会主义法律体系中的一个崭新的独立法律部门。而民法则只调整公民个人之间的财产关系和人身非财产关系。

所谓大民法观点，主张凡是横向的经济关系包括社会主义组织之间、社会主义组织与个人之间以及个人与个人之间的财产关系，均由民法调整。经济法仅调整纵向的经济管理关系，并认为经济法不构成独立的法律部门。

会上主张大经济法观点的是北京大学的魏振瀛先生、北京市委党校的齐珊（刘岐山）先生、北京政法学院的江平先生和法学研究所民法经济法研究室的余鑫如先生。[①]

魏振瀛先生说："我的初步意见是制定若干基本法。每一个基本法作为调整一定领域的经济关系的基本准则。其中有些是涉及全局性的。例

---

① 当时主张大经济法观点的四位先生都是民法学者，在进入 80 年代后四位先生都相继放弃了大经济法观点。

如，企业法，主要规定企业在财产和经营管理上的职责、权利和义务，企业和其主管部门的经济关系。计划法，主要规定国民经济计划管理的原则和办法，计划调节和市场调节的关系。合同法，作为调整社会主义组织之间的经济关系的基本法。此外，还应结合有关经济部门制定相应的基本法。""民法主要调整公民个人之间的经济关系和一定的人身关系。个人与社会主义组织之间的经济关系，有些可以由民法调整（如损害赔偿），有些可以参照适用经济法规的有关部分。"①

齐珊先生主张："我们首先要解放思想，敢于突破《拿破仑法典》以来所形成的民法概念。作为中华人民共和国的法律体系和法律部门，不能由人们的主观意志随意建立，也不能无条件地沿用传统的体系，而应该从我国的实际出发，根据它所调整的经济关系和社会关系的性质来决定。""目前我国的经济管理体制，正处于改革之中，制定一部经济法典，条件还不具备。但是根据需要和可能，应该首先制定经济立法的若干指导原则，以便在此前提下分别制定单行的经济法规，使法规和法典结合起来，相互补充，以待条件成熟时，制定出一部较为完备的经济法典。"②

江平先生认为："从所调整的财产关系的性质来看，经济法所调整的是生产领域中的商品关系，也就是直接为商品生产服务的商品流通各个环节，如原料的供应和产品的销售、物资的调拨、贮存、运输、保险、基建、信贷、结算等。这种商品关系的基础是生产资料公有制，它主要包括为实现商品生产和商品流通，对国家财产和集体财产所实行的各个管理环节，如土地管理、各种资源管理、财政管理、物资管理等。民法调整的是消费领域的商品关系，主要是指公民以其劳动所得，用商品交换形式获取自己生活所需的消费品。这种商品关系的基础是生活资料的个人所有。""因此，经济法调整的是社会主义组织之间直接或间接的计划而产生的，以生产资料公有制为基础的，生产领域中的商品关系。民法调整的是公民之间或公民与社会主义组织之间、以生活资料个人所有为基础的、消费领

---

① 魏振瀛：《建立中国式的经济立法体系》，《法学研究杂志》（试刊）1979 年第 4 期，第 14、15 页。

② 齐珊：《经济法是一个重要的独立的法律部门》，《法学研究杂志》（试刊）1979 年第 4 期，第 15—16 页。

域中的直接或间接的商品关系及某些人身关系。"①

余鑫如先生认为："从指导和促进经济建设的角度来说，把调整社会主义经济在流通范围内的各项经济活动的规范和调整国家主管部门、管理机关领导和组织经济活动的有关规范，都包括在经济法的范围内是比较适合的。""总之，把经济法独立成为一个门类，把社会主义组织间在流通范围内的经济活动，从民法调整的对象中划分出来，归到经济法门类里去，是值得考虑的。"②

主张大民法观点的是人民大学的佟柔先生和导师王家福先生。佟柔先生认为："社会主义商品（包括采取商品形式的产品）关系是我国社会关系的一种，当事人处于平权地位而发生对价关系就是适应和调整这类社会关系的法律规范的特征。我认为具有这类特征的法律规范属于民法部门。""由于各个经济过程中包含着几种经济关系，几种经济规律在其中起作用，所以在经济法规中不仅需要民法规范，也需要包括别种法律部门的规范。只有这样，才能从纵、横两方面对经济过程进行调整，从而能较好地体现按经济规律办事的要求，以利于国民经济有计划、按比例、高速度地发展。当然，由多种法律部门的规范组成的经济法规，无论是单个的或是它们的总体，都不构成独立的法律部门，也没有它自己所专有的调整方法。"③

王家福先生指出："社会主义现代化建设的宏伟事业，十分紧迫地把制定民法的任务提到我们面前。民法并非人们通常理解的公民法、私法，而是调整以财产所有和财产流转为内容的经济关系的财产法。""制定民法是改革经济体制，加快实现四个现代化步伐的要求。我国的经济体制，基本上是五十年代苏联管理体制的移植。权力过分集中，用行政手段管理经

---

① 江平：《民法与经济法的划分界限》，《法学研究杂志》（试刊）1979 年第 4 期，第 17、18 页。

② 余鑫如：《经济法要不要成为一个独立的法律门类》，《法学研究杂志》（试刊）1979 年第 4 期，第 18、19 页。余鑫如先生当时担任法学研究所民法经济法研究室副主任，给研究生讲授"中国民法学"课，于此次座谈会后不久即放弃大经济法观点，改持大民法立场，与王家福、谢怀栻、王保树、梁慧星、余能斌合著《合同法》一书。该书为大民法观点的代表作，于 1982 年开始撰写，1984 年 9 月统稿完成，1986 年 6 月由中国社会科学出版社出版。

③ 佟柔：《民法的调整对象及民法与经济法规的关系》，《法学研究杂志》（试刊）1979 年第 4 期，第 16、17 页。

济，企业无权地位等弊病，已成为实现四个现代化的严重障碍，非改革不可。而要推行经济改革，并巩固经济改革的成果，就必须制定民法，扩大民事法律关系。""国际国内历史经验表明，如果没有民法，不强调平等互利的民事法律关系，共产风就可能连延不断，官商、官工、官农的衙门作风，就会改头换面猖行于世，经济改革就有落空的危险。""有了民法和各种经济法规，就不必再制定经济法典。这是因为，一是它没有统一的调整对象，统一的调整方法；二是它容易过分突出经济行政管理，不利于当前正在开始进行的经济改革；三是它内容重复，人为地把单位、个人参与的统一的经济生活割裂开来。"①

另有两位学者似持中间立场，即法学研究所所长孙亚明先生和北京大学的芮沐先生。孙亚明先生作为此次座谈会的主持人，并未明确表明自己的主张，只作了题为《研究民法、经济法的基本出发点》的发言。孙亚明先生指出："民法是调整经济关系的，经济法也是调整经济关系的。但二者调整的经济关系应当在范围上有所不同，在内容上有所区别。如果合二而一，搞一个称作财产法的统一的基本法，这种设想是值得认真考虑研究的。"② 实际上孙亚明先生的基本主张是民法调整横向的经济关系，经济法调整纵向的经济关系，属于大民法观点。③

北京大学的芮沐先生主张："应从分析社会的生产关系入手，研究我国社会经济的全部活动。首先要分析社会主义社会的基本经济关系，确定社会主义经济关系中各种主体（集体的、个人的）的地位和作用，及其组织情况，分析和调整这些主体参加的具有不同特点的经济活动，这些应该是划分各种不同经济立法领域的主要标准。把这些因素结合起来，例如由经济法调整建立在生产资料公有制基础上的经济组织之间的经济关系，而民法则调整个人在社会经济中的地位、其财产所得及其在经济活动中的权

---

① 王家福：《一定要制定民法》，《法学研究杂志》（试刊）1979 年第 4 期，第 20、21 页。

② 孙亚明：《研究民法、经济法的基本出发点》，《法学研究杂志》（试刊）1979 年第 4 期，第 19 页。

③ 中国社会科学院法学研究所民法经济法研究室著：《经济建设中的法律问题》，中国社会科学出版社 1982 年版，第 22 页。

利义务关系。设想这样做还是行得通的。"① 可见，芮沐先生的主张最接近大经济法观点，只是与前述大经济法观点的主张者有一个区别，这就是芮沐先生不赞成将民法看做与作为"公法"的经济法对立的"私法"。他在发言中指出，"在我们国家，不能像资本主义社会中公、私法的对立那样，把经济法和民法对立起来。"②

日本学者铃木贤分析说，从八位学者的发言看，参加论争的两派的出发点，均非纯粹对理论的关心，而是专注于推进国家立法（特别是民事立法）。明确采取大经济法立场的四位发言者，加上接近大经济法立场的芮沐，占了八分之五的比例，而明确采取大民法立场的发言者仅佟柔、王家福二人。可见，从民法与经济法论争之始，经济法一方就占据了绝对的优势。③

二　民法与经济法论争的展开

座谈会之后民法经济法论争很快在全国展开。根据铃木贤的研究，1979 年法学研究所的座谈会之后，民法、经济法的关系问题，很快成为中国法学界大规模学术论争的焦点。各种法学杂志、报纸、民法经济法教科书，及在各地召开的学术讨论会、座谈会，成为这场学术论争的舞台。仅从外国人可以收集到的各种刊物发表有关民法经济法论争的论文数分析，参加论争的学者有 150 多人。④ 至 1985 年，就召开了九次全国性大型学术讨论会。⑤ 此外，全国各地召开的地区性的或者小规模的讨论会还很多，只是迄今未有统计。以下介绍最重要的几次全国性讨论会。

（1）民法、经济法学术讨论会（北京）

1980 年 6 月，北京市法学会民法经济法专业组在北京召开"民法、经

---

① 芮沐：《民法与经济法如何划分》，《法学研究杂志》（试刊）1979 年第 4 期，第 22 页。
② 同上。
③ 铃木贤：《中国民法经济法论争的展开及其意义》，北海道法学 39（4.195），第 1017 页。
④ 同上书，第 1019—1020 页。
⑤ 同上书，第 1020 页。铃木贤所依据的是陶和谦《我国社会主义经济法基础理论的现状与前景》一文的统计，《政法论坛》1986 年第 1 期。

济法学术讨论会"，邀请在京的大学法律系、政法学院、财贸学院、经济学院、法学研究所的学者 60 多人与会。预设三个讨论题：（一）经济法的法律部门性；（二）民法调整对象和经济法调整对象的划分标准；（三）民法、经济法的科学体系。从后来出版的会议论文看，明确主张大经济法观点的七位学者是北京政法学院的陶和谦先生、人民大学的郑立先生、北京财贸学院的丁耀堂先生、北京大学的刘隆亨先生、北京政法学院的徐杰先生、财政部研究所的李必昌先生、北京大学的杨紫烜先生；主张大民法观点的两位学者是人民大学的佟柔先生和公安大学的王金浓先生。此时经济法学仍占绝对的优势。①

（2）高等院校法学教材会议（郑州）

1980 年 9 月司法部在河南郑州召开"高等院校法学教材会议"。会上决定的"经济法教材编写大纲"，肯定经济法是一个独立法律部门，并基本上采用了顾明同志②的经济法定义："我国经济法，是调整国家机关、企业、事业单位和其他社会组织之间，及其与公民之间的经济活动所发生的社会关系的法律规范。"③ 以高等院校教材的形式，肯定了经济法的独立法律部门地位。④

（3）全国经济法制工作经验交流会（北京）

1982 年 9 月，国务院经济法规研究中心⑤在北京召开"全国经济法制工作经验交流会"。有来自 28 个省市自治区、国务院各部委、司法部门和法学研究机构的 200 多人出席会议。会议主要讨论"1982—1986 年经济立法规划（草案）"，并讨论经济法理论问题、人才培养问题及经济法宣传和出版问题。1982 年 9 月 11 日的《人民日报》载文《第一次全国经济法制工作经验交流会在京举行》，对会议作了报道。⑥

（4）全国经济法理论工作会议（沈阳）

---

① 铃木贤：《中国民法经济法论争的展开及其意义》，北海道法学 39（4.195），第 1020 页。
② 顾明时任国务院副秘书长。
③ 顾明：《进一步加强经济立法工作》，《人民日报》1981 年 12 月 4 日。
④ 铃木贤：《中国民法经济法论争的展开及其意义》，北海道法学 39（4.195），第 1020 页。
⑤ 国务院经济法规研究中心于 1981 年 7 月成立，由国务院副秘书长顾明兼任总干事。
⑥ 铃木贤：《中国民法经济法论争的展开及其意义》，北海道法学 39（4.195），第 1020—1021 页。

有必要特别谈到 1983 年 10 月国务院经济法规研究中心在沈阳召开的"全国经济法理论工作会议"。会议在肯定经济法独立法律部门前提下，讨论经济法的概念、基本原则、经济法律关系及成立全国经济法研究会等问题。法学研究所出席会议的是孙亚明所长、薄凤阁先生和笔者。实际邀请的是王家福先生，王先生让笔者代替他出席会议。大会发言，几乎一边倒地肯定经济法是一个独立法律部门，调整纵横统一的经济关系。唯孙亚明所长的发言稍有差别。①

笔者提交大会的论文题目是《论国民经济的综合法律调整》②，回避了经济法是否独立法律部门问题，而沿着王家福先生组织撰写的《经济建设中的法律问题》一书③的基本思路，主张国民经济不能单靠某一个法律部门，要靠多个法律部门、多种法律手段，相互协调配合，进行综合法律调整。但笔者的论文被会议组织者认定为"资产阶级民法观点"，没有作为会议论文印发，更未安排大会发言。笔者在小组会上的几次发言，在会议简报上也竟然只字未提。

笔者回京后向王家福先生汇报了会议情况及笔者的感受。认为沈阳会议偏离了学术平等的轨道，并对国务院经济法规研究中心压制不同学术观点的做法表示反感。笔者向王家福老师提了一个建议：民法学不能总是处于被动防守地位，总是替自己辩护，我们应当改采主动进攻的策略，我们也应当研究经济法理论，提出我们的经济法观点，特别要打破苏联拉普捷夫纵横统一经济法理论一统天下的局面。

（5）全国经济法理论学术讨论会（北京）

王家福先生与研究室副主任王保树先生等筹划，于 1983 年 12 月 2—7

---

① 孙亚明主张经济法调整纵向经济关系，横向经济关系应由民法调整。

② 此文在会后稍作修改，以《论对整个国民经济的法律调整》为题，刊登在《法学季刊》1984 年第 3 期。

③ 中国社会科学院法学研究所民法经济法研究室：《经济建设中的法律问题》，中国社会科学出版社 1982 年版。全书分为 12 章：经济建设的法律调整（第 1 章）；经济组织的法律地位（第 2 章）；财产所有权制度（第 3 章）；合同法律制度（第 4 章）；国民经济计划工作的法律问题（第 5 章）；劳动关系的法律调整（第 6 章）；物资供应的法律制度（第 7 章）；基本建设的法律制度（第 8 章）；投资的法律问题（第 9 章）；发展科学技术的法律问题（第 10 章）；环境保护的法律问题（第 11 章）；经济司法和经济仲裁（第 12 章）。

日在北京（车公庄大街北京市政府第四招待所）召开了著名的"全国经济法理论学术讨论会"。出席会议的，不仅有民法学者、经济法学者，还特别邀请了法理学、行政法学和宪法学等学科的学者，还邀请了全国人大常委会法制工作委员会、国务院经济法规研究中心、最高人民法院、中国法学会及新闻出版方面的代表，共112人。中国社会科学院副院长张友渔先生出席开幕式并讲话。会议预设四个讨论题：（一）我国经济法的概念、调整对象和调整方法；（二）经济法与民法、行政法的关系；（三）经济法律关系的主体；（四）中国特色的经济法的体系和经济法学体系。

会上发表的论文，汇编为《经济法理论学术论文集》。① 编入论文集的论文，均经作者本人审阅，有的作者还作了适当修改，按照会议四个问题排序。张友渔先生的讲话稿《坚持理论联系实际，努力开创社会主义经济法学研究的新局面》，排在前面作为"序言"。王家福先生作为会议主持者，在会上没有表明自己的立场，只是在大会闭幕时的会议总结报告中，回顾了几年来中国经济法学的发展并列举指出有待进一步研究的课题。王先生的总结报告排在论文之后。会议全部发言记录，按照对四个问题的顺序编辑整理，作为"会议发言纪要"排在书末。

根据铃木贤的分析，该文集汇编的25篇论文，属于大经济法观点的15篇②，属于大民法观点的10篇③；所附发言纪要中未提交论文的19位发言者，赞成大经济法观点的15人④，赞成大民法观点的4人⑤。从论文集编入论文和所附发言纪要看，属于大经济法观点的学者32人，赞成大

---

① 王保树、崔勤之编辑：《经济法理论学术论文集》，群众出版社1985年版。

② 属于大经济法观点的论文作者：王镕、李昌麒、顾伟如、马绍春、徐学鹿、余鑫如、王闰求、张士元、端木文、王俊岩、陶和谦、张宿海、戴凤岐、高宝华、史探径、徐杰、黄欣。据铃木贤《中国民法经济法论争的展开及其意义》，北海道法学39（4.195），第1023—1024页。

③ 属于大民法观点的论文作者：谢怀栻、王保树、史越、王利明、李静堂、金立琪、邓大榜、余能斌、梁慧星、陈汉章。据铃木贤《中国民法经济法论争的展开及其意义》，北海道法学39（4.195），第1024—1025页。

④ 支持大经济法观点的发言者：关怀、王鼎勋、朱遂斌、萧乾刚、彭年、施竟成、周力、江平、覃天云、康宝田、杨紫烜、李勇极、梁茂帮、孙光辉、陈信和。据铃木贤《中国民法经济法论争的展开及其意义》，北海道法学39（4.195），第1024页注释。

⑤ 支持大民法观点的发言者：杨振山、姜厚仁、佟柔、王金浓。据铃木贤《中国民法经济法论争的展开及其意义》，北海道法学39（4.195），第1025页。

民法观点的学者 14 人，经济法学一方仍占优势。①

这次会议，严格遵循学术平等的原则，充分尊重每一位参加者的学术自由，自始至终，开得紧张热烈，不同观点相互交锋，而态度不失友善。受到会议参加者一致肯定。不仅经济法学者阐述自己的经济法理论观点，许多民法学者也都竞相提出自己的经济法主张，出席会议的法理学者、行政法学者也都发表了各自对于经济法的见解，形成多种经济法理论观点和主张"百花齐放"的局面。以苏联拉普捷夫"纵横统一经济法"理论为根据的大经济法观点，虽然仍占居压倒优势，但毕竟只是中国众多经济法学理论中的一种理论观点。这次学术会议的成功，极大地促进了中国经济法理论研究的深入发展，使原先民法学与经济法学两个学科之间的论争，显现出逐渐向经济法学科内部不同主张、不同观点之间的争论转换的趋势。

（6）中国经济法诸论

会议闭幕后，王家福先生约请会上五种主要经济法理论观点的主张者，在会议论文基础上进一步修改、充实、完善，写成各 4—5 万字的长文，汇编成《中国经济法诸论》一书。② 本书汇集的五种经济法理论是："综合经济法论"（王家福、王保树）；"纵向经济法论"（孙亚明）；"经济行政法论"（梁慧星、崔勤之、王利明）；"纵横经济法论"（王俊岩）；"学科经济法论"（佟柔）。今天回过头来看这些经济法理论，或许读者会觉得粗浅和幼稚，但应当肯定，各种理论观点都极力解释中国改革开放的实践，都对形成中国特色的经济法律体系和经济法学理论，作出了贡献。③

（7）中国经济法研究会成立

---

① 铃木贤：《中国民法经济法论争的展开及其意义》，北海道法学 39（4.195），第 1021 页。

② 中国经济法诸论编写组编著：《中国经济法诸论》，法律出版社 1987 年版。

③ 邱本在评论这几种经济法学说时指出："历史地看，这些学说代表了当时历史条件下人们对经济法的最为典型和最高水平的认识，各有一定的合理性，其合理内核为后来的经济法学所继承和发扬，它们起着承前启后的作用，在相当长的时期内，人们对经济法的认识依然难以绕过它们，而只能是对它们的不同选择，并在它们的基础上加以必要的改进和完善"。"但由于中国经济法学毕竟刚刚起步，使得上述诸说都或多或少地打上了那个时代的深刻烙印，并不知不觉地沾染上了计划体制的某种缺陷，在今天看来，它们都有这样或那样的不足。"李林主编：《中国法学三十年》，中国社会科学出版社 2008 年版，第 254 页。

1984 年 8 月，国务院经济法规研究中心①在杭州召开"全国第二届经济法制工作会议"。会上成立了中国经济法研究会，由中共中央书记处书记、国务委员谷牧同志担任名誉会长，由国务院副秘书长、国务院经济法规研究中心总干事顾明同志担任会长。孙亚明、芮沐、韩伯平、任建新、有林、江平、徐礼章担任副会长。国务院经济法规研究中心办公室主任王正明担任秘书长。并决定编辑发行研究会会刊《经济法制》。②

（8）中国法学会民法学经济法学研究会成立

1985 年 4 月 9—14 日，中国法学会③在苏州市召开中国法学会民法学经济法学研究会成立大会。全国民法学界、经济法学界和政法实际部门的专家、学者 100 多人出席会议。中国法学会副会长甘重斗同志到会作了题为《加强民法学经济法学研究，积极为经济体制改革服务》的重要讲话。大会分两个阶段进行。第一阶段选举产生了由 61 名干事组成的民法学经济法学研究会干事会，佟柔先生担任总干事，王家福先生担任副总干事，王保树先生担任秘书长。第二阶段进行学术交流，会议收到学术论文 79 篇，集中讨论了经济体制改革与民法、经济法的关系，及如何进一步完善社会主义法制两个问题。会议认为，我国民法学研究比较落后，经济法学研究也很不够，两个学科的相互关系以及两个学科自身都存在一些重要理论问题需要探讨，号召民法学界和经济法学界加强团结协作，共同努力，

---

① 1981 年 7 月，国务院设立国务院经济法规研究中心，负责指导国务院各部门和地方政府经济法规立法研究工作，由国务院副秘书长顾明同志兼任研究中心总干事。1986 年 4 月，国务院决定将原国务院办公厅法制局和国务院经济法规研究中心合并，成立国务院法制局，作为国务院直属机构。

② 铃木贤：《中国民法经济法论争的展开及其意义》，北海道法学 39（4.195），第 1022 页。

③ 十一届三中全会重新确立了发展社会主义民主、健全社会主义法制的方针，为适应加强社会主义民主法制建设的需要，发展法学理论研究，1979 年末邓小平、彭真等领导同志提议恢复"文革"前的中国政法学会（更名为中国法律学会）。1980 年 6 月 28 日，由杨秀峰同志和若干原中国政法学会领导成员组成中国法律学会筹备小组，1981 年 1 月成立中国法律学会筹备委员会，1981 年 2 月更名为中国法学会筹备委员会，1982 年 7 月 22 日至 27 日，在北京召开中国法学会第一次会员代表大会。彭真同志出席大会开幕式并作了题为《发展社会主义民主，健全社会主义法制》的重要讲话。7 月 23 日，出席大会的全体代表受到党和国家领导人邓小平、彭真、韦国清、万里、习仲勋、杨尚昆等的亲切接见并合影留念。大会通过了中国法学会章程，选举产生了中国法学会第一届领导机构。杨秀峰同志为名誉会长，武新宇同志担任会长（1983 年 11 月起为张友渔，1985 年 8 月起为王仲方），王一夫、梁文英、王汉斌、朱剑明、项淳一、甘重斗、钱端升、宦乡、陈守一、王叔文、曹海波、李广祥、盛愉同志担任副会长，陈为典同志担任秘书长。

推动两个学科的共同发展、共同繁荣。①

至此，肇端于中国社会科学院法学研究所举行的民法经济法学术座谈会的民法学和经济法学两个学科之间的学术论争，演变为中国法学会民法学经济法学研究会和中国经济法研究会这两大全国性法学学术团体之间的对抗和竞争。

三　新中国第三次民法起草

（1）关于制定民法典的研究报告

现在回过头来谈 1979 年发生的第二件大事，即新中国第三次民法起草。在座谈会结束之后不久，担任五届全国人大常委会法制委员会副主任委员的陶希晋同志写给中共中央一封信，向中央建议不要制定民法典。中共中央将这封信转到中国社会科学院，院长胡乔木同志将信件交给法学研究所，所领导再交给民法经济法研究室。王家福先生组织研究室全体同志对这封信提出的建议及其理由，进行了研究、讨论，一致认定这封信的建议是错误的，中国绝对不能没有自己的民法典。在经过慎重考虑和认真研究之后，决定向中央写一个研究报告，提出相反的建议。此即《关于制定民法典的研究报告》。

（2）民法起草小组成立

研究报告经胡乔木院长上报中共中央，中央领导同志作了批示。按照批示，全国人大常委会决定立即启动民法典起草工作。1979 年 11 月，五届全国人大常委会法制委员会成立了由杨秀峰同志②任组长、陶希晋同志③

---

①　苏阳：《中国法学会民法学经济法学研究会成立》，《法学研究杂志》1985 年第 3 期，第 81 页。

②　杨秀峰（1897—1983），1952 年担任高教部部长、教育部部长，1965 年担任最高人民法院院长，1979 年担任五届全国人大常委、法制委员会副主任委员。

③　陶希晋（1908—1992），新中国成立后，历任政务院副秘书长、政务院政法委员会秘书长、中央人民政府法制工作委员会副主任委员，1979 年担任五届全国人大常委会法制委员会副主任委员。陶希晋同志在担任民法起草小组副组长后，为中国民法典起草和中国民法学多有贡献；在民法通则颁布后，主编出版多卷本的《中国民法学》，并委托王家福担任其中《中国民法学：民法债券》卷的分主编。

任副组长的民法起草中心小组（通称"民法起草小组"），从全国调集了一批民法学者和实际部门的民法专家，开始了新中国第三次民法起草。①

（3）民法座谈会的召开

1979 年 11 月成立民法起草小组，1980 年 8 月 15 日形成《中华人民共和国民法草案（征求意见稿）》（即第一稿）②。1981 年 4 月 10 日形成《中华人民共和国民法草案（征求意见二稿）》。③ 1981 年 5 月下旬，五届全国人大常委会法制委员会在北京召开民法座谈会，讨论民法草案二稿。邀请法学专家、司法实务工作者和国务院各部门负责同志 20 多人出席座谈会。④

（4）"同时并进"的立法方针

5 月 27 日，五届全国人大常委会副委员长彭真同志到会并讲话。彭真同志说："民法起草工作时间不长，成绩很大，已经搞出第二稿，有了这个讨论的基础，就可以广泛地征求、交换意见。问题的提出就是问题的开始解决。"⑤ 在这段开场白之后，彭真同志讲了三个问题。一是"立法必须从中国现实的实际和历史的实际出发"；二是"要认真考虑各种不同意见"；三是"制定民法可以同制定单行法同时并进"。

关于第一个问题，彭真同志说："我们的民法是中华人民共和国的民法，不是苏联、东欧的民法，也不是英美、欧洲大陆或者日本的民法。我国的民法从哪里产生？要从中国的实际中产生。""起草民法，除研究现实的社会经济关系外，还要研究我国历史的实际，研究我国的民法史，批判地吸收其中好的有用的东西。""对外国的民法，对资本主义的民法、苏联、东欧国家的民法、社会主义国家的民法，都要进行研究，它们有很多经验可供我们借鉴。凡是好的、对我们有用的，都要吸收。"

---

① 《1986 年民法通则诞生中国进入权利时代》，《检察日报》2009 年 8 月 31 日。另据参加第三次民法起草的余能斌回忆，"在 1979 年 11 月就成立了民法起草小组"。见王卫国主编《中国民法典论坛（2002—2005）》，中国政法大学出版社 2006 年版。

② 共 6 编 41 章 501 条。

③ 共 6 编 42 章 426 条。

④ 彭真：《在民法座谈会上讲话要点（1981 年 5 月 27 日）》，载《人民日报》1986 年 5 月 15 日第 4 版。

⑤ 同上。

关于第三个问题，实际是提出"制定民法与制定单行法同时并进"的立法方针。彭真同志指出："民法不是短时间可以制定的。这不是我们不努力，而是问题本身就十分复杂，加上体制正在改革，还没有完全解决，实际上有困难。因此，一方面要搞民法，另一方面要搞单行法，民法和单行法可以同时进行。单行法各部门都可以搞，还可以先搞条例、规章、制度或者其他行政法规。也可以把民法草案中比较成熟的部分，作为单行法规先提出审议、公布。单行法比较容易搞些，比较灵活，错了也比较好改。民法就要比较慎重，制定不久就得改，那就不大好。先搞单行法，成熟了，再吸收到民法中来。刑法搞了三十多稿，民法虽然不一定搞那么多稿，但是要准备多搞几稿。要积极搞，又不要急躁，不要草率。"①

彭真同志的讲话，当时没有公开发表，只是在内部作了传达。王家福先生和研究室的同志们，从彭真同志的讲话已经估计到中国民法典不可能很快出台，民法典起草工作可能变成持久战。但绝不可能估计到在 1981 年末颁布经济合同法之后，全国人大常委会将要解散民法起草小组，宣布民法起草暂停。

（5）经济合同法起草小组的成立

现在折过头来介绍经济合同法的制定。中国在改革开放之前没有合同法，从 1979 年开始在一些地方进行合同制度的试点。② 主管部门陆续发布了一些规范合同关系和合同纠纷仲裁的规章。③ 1980 年 8 月召开的五届全国人大三次会议上，彭真副委员长④在常委会工作报告中指出："今后随着

---

① 彭真：《在民法座谈会上讲话要点（1981 年 5 月 27 日）》，载《人民日报》1986 年 5 月 15 日第 4 版。

② 梁慧星、王金浓：《关于重庆市推行合同制的调查报告》，载《法学研究杂志》1980 年第 2 期；魏振瀛、余能斌：《关于实行和推广合同制的问题》，《法学研究杂志》1980 年第 3 期。

③ 1979 年 4 月 12 日国家基本建设委员会发布《建筑安装合同试行条例》、《勘察设计合同试行条例》，1980 年 5 月 15 日国家工商行政管理总局发布《关于工商、农商企业经济合同基本条款的试行规定》、《关于工商行政管理部门合同仲裁程序的试行办法》。

④ 彭真同志自 1951 年起连续 16 年担任北京市市长。1956 年担任中共中央书记处书记，1958 年起兼任中央政法小组组长。"文革"中受到错误批判和迫害，被撤销一切职务，并曾被监禁。1979 年 2 月平反，6 月增补为第五届全国人大常委会副委员长兼法制委员会主任委员。1980 年担任中共中央政治局常委、政法委员会书记、宪法修改委员会副主任委员。1983 年担任第六届全国人大常委会委员长。

经济的调整和体制改革工作的进展，需要进一步加强经济立法工作，特别是工厂法、合同法等，必须抓紧拟定。"1980 年 10 月，全国人大常委会法制委员会，在已有的民法起草小组之外，另行成立经济合同法起草小组，正式启动经济合同法起草工作。形成民法起草和作为单行法的经济合同法起草"同时并进"的局面。

经济合同法起草小组，由工商行政管理局、国家经委、国家计委、国家建委、国家农委、国家进出口委、物资管理总局、商业部、国防工办、国务院财贸小组、铁道部、外贸部、中国人民银行、最高人民法院经济审判庭等 14 个单位组成，而国家经委和工商行政管理总局是牵头单位。

经济合同法起草小组成立后，全国人大常委会法制委员会于 1980 年冬组织了有 154 名干部参加的调查组，分赴 16 个省市自治区进行了为期 1 个多月的立法调查，共召开各种类型座谈会 600 多次，有 2500 多个单位的 6000 人参加。调查结束后向全国人大常委会法制委员会做了汇报。①

（6）经济合同法的颁布

1981 年初经济合同法起草小组起草了《经济合同法大纲》。接着在大纲基础上完成《中华人民共和国经济合同法（试拟稿）》。1981 年 6 月 24 日全国人大常委会法制委员会、国家经委、工商行政管理总局联合发出《关于征求对经济合同法（试拟稿）意见的通知》，要求各省市自治区和国务院 40 个部、委、局提出详细的书面意见。此外还征求了一些法学家、经济学家的意见。1981 年 9 月 29 日，起草小组在试拟稿基础上修改完成《中华人民共和国经济合同法（送审稿）》（以下简称"草案"）。②

1981 年 11 月 20—26 日召开的五届全国人大常委会第 21 次会议审议了草案，决定将草案提交五届全国人大四次会议审议表决。1981 年 11 月 30 日至 12 月 13 日召开的五届全国人大四次会议审议了草案，并于 12 月 13 日通过《中华人民共和国经济合同法》，同日公布，自 1982 年 7 月 1 日起施行。从形成正式草案，到全国人民代表大会通过，仅用了两个月的时间。

---

① 王家福等著：《合同法》，中国社会科学出版社 1986 年版，第 149 页。
② 同上书，第 149—150 页。

（7）解散民法起草小组、暂停民法起草

立法机关决定同时起草经济合同法，难免刺激了民法起草小组加快工作进度。在民法草案第二稿基础上，于 1981 年 7 月 31 日形成《中华人民共和国民法草案（第三稿）》①，1982 年 5 月 1 日又在第三稿基础上完成《中华人民共和国民法草案（第四稿）》。②

但在此时，彭真副委员长在 1981 年 5 月民法座谈会上宣布的"制定民法与制定单行法同时并进"的方针，已经改变为"先制定单行法"的立法方针，全国人大常委会决定暂停民法起草，6 月 3 日全国人大常委会法制委员会解散民法起草小组。理由是，中国在改革开放初期，经济体制改革刚刚开始，各种社会关系、经济关系处于急速变动当中，不可能制定一部完善的民法典。③

立法机关突然宣布暂停民法起草和解散民法起草小组，对民法学界无疑是一个沉重打击。民法学界，从民法起草小组成立开始不断高涨的激情，顿时为之一变。许多民法学者感到不解和失望。在民法经济法研究室也明显感觉到一股悲凉之气。参加民法起草小组的陈汉章先生和余能斌先生回到民法经济法研究室时，同志们相顾无语，不知说什么好。此情此景，笔者至今记忆犹新。

民法学者期望尽快制定自己的民法典，是完全可以理解的。中国是世界上第一人口大国，是一个历史悠久的文明古国，我们完全应该、也有必要制定出一部反映人民意愿，体现社会发展规律，符合中国国情，充满时

---

① 共 8 编 45 章 510 条。

② 共 8 编 43 章 465 条。余能斌回忆："经过一年多的起草，第一稿出来，征求意见，经过修改成了第二稿，开了一个修改的讨论会。这个讨论会开的时间很长，而且讨论很认真。一字一句地进行讨论。在这个讨论会上，争论最激烈的是法律行为要不要。在这个讨论会上，有一个很有名的专家说不应该要，说看不懂。另一派坚决说要。我记得当时最高法院经济庭的庭长跟我们说，这个东西一定要。后来改进了三稿四稿以后，就没有法律行为了。实际上三稿或四稿比较说来没有二稿全面，有进步也有很大的伤痕。但是三稿和四稿因为剩下的人不多了，特别是高校的老师回学校任教去了，剩下几个人，实际上三稿和四稿是后来我们几个人根据意见修改的。"见王卫国主编《中国民法论坛（2002—2005）》，中国政法大学出版社 2006 年版，第 113 页。

③ 彭真："1979 年全国人大常委会法制委员会成立了民法起草小组。民法典的确不好搞，我国民法要从我国实际出发，解决中国的实际问题。有些问题实践还没提出来，或者提出来了，还看不清楚，如何解决经验还不成熟，不可能一下子搞完备的民法"。《在全国民法通则（草案）座谈会上的讲话要点（1985 年 12 月 4 日）》，《人民日报》1986 年 5 月 15 日第 4 版。

代精神的自己的民法典。① 相对于刑法典、诉讼法典甚至宪法法典而言，民法典更足以代表一个民族的文明高度，而且唯有一部科学、进步、完善的中国民法典，才能表明中华民族已经攀上了历史的高峰！②

但我们设想一下，如果当时真的制定了一部中国民法典，可以肯定，这部中国民法典必定是苏联模式的民法典，是反映单一公有制的计划经济本质特征和要求的民法典③，不可能为中国改革开放的推进和发展社会主义市场经济提供法制基础。应当肯定，1982 年立法机关决定解散民法起草小组、暂停民法起草，是正确的。

正当民法与经济法两个学科论争正酣之际，全国人大常委会突然宣布暂停民法起草和解散民法起草小组，自然会被视为经济法学科的胜利和民法学科的失败！极大地鼓舞了经济法学界的士气！严重影响到中国民法学的发展，影响到人们对民法的正确认识，甚至影响到民法研究者对民法的信心。使中国民法学界一时陷入近乎消沉的境地。④

四　从制定单行法到制定民法通则

（1）关于法人的暂行规定

现在继续回顾民事立法。1982 年宣布解散民法起草小组、暂停民法起草之前，立法机关就已经注意到：经济合同法、民事诉讼法以及制定中的单行法（如商标法、专利法等）都涉及到一个"法人"问题，需要对法人的条件、权利、义务等作出统一的法律规定。为此，法制委员会起草了《关于法人的暂行规定（草案）》。1982 年 1 月 18、19 日在法制委员会进行了讨论，然后在 1 月 21、22 日特别邀请有关部门和一些法律专家座谈，

　　① 《1986 年民法通则诞生　中国进入权利时代》，《检察日报》2009 年 8 月 31 日。
　　② 《谢怀栻法学文选》，中国法制出版社 2002 年版，第 382 页。
　　③ 余能斌回忆："从思想上讲，刚开始改革开放，改革开放的前景怎么样，谁都说不准。而且，大家都有一个共同认识，怕走私有化的道路，在这个问题上特别谨慎，另外怕被西化，严加防范，怕随着对外开放被和平演变，所以对西方的东西的选择是有条件的。"见王卫国主编《中国民法论坛（2002—2005）》，中国政法大学出版社 2006 年 9 月第 1 版，第 114 页。
　　④ 《谢怀栻法学文选》，中国法制出版社 2002 年版，第 79 页。

征求意见。①

　　法制委员会和专家座谈会讨论了五个问题：一是目前要不要制定单行的法人规定？二是国营企业的独立财产问题；三是关于国家对国营企业、事业单位的民事活动不承担财产责任的问题；四是关于社会团体与社队企业的法人资格问题；五是关于法人登记问题。其中，第一个问题，是讨论的重点。形成两种不同意见。

　　参加座谈的法律专家和外经贸部的同志普遍认为，"目前制定法人规定是必要的、急需的。"主要理由是："（一）经济合同法、民诉法及一些需要制定的经济法规都涉及到法人问题，急需对法人的条件、权利、义务等作出统一的法律规定；（二）法人制度实质上是法人责任制，它对于推动我国经济改革，分清企业与国家之间的财产责任关系，促进企业独立负责地搞好经营管理，选贤举能，克服政企不分、一平二调、瞎指挥、吃大锅饭等弊病，防止皮包公司、地下工厂以及企业超越范围滥营业务的活动，保障经济秩序，都有十分重要的作用；（三）世界各国普遍建立法人制度，我国对外开放，发展对外经济，没有法人规定，在涉外活动中的民事权利和其他合法权益（如索赔）得不到充分的法律保障，与外国法人签订合同往往由政府主管部门出面，国家对企业的涉外纠纷、债务负有无限的财产责任，使我国在对外交往中处于不利地位。建立法人制度，可使企业作为法人与国家的责任分开，只由企业独立承担有限的财产责任，这对保护我国权益是十分必要的。"②

　　但法制委员会一些委员③和"国家计委、司法部、国家经委、民政部的同志"则认为，"法人问题牵涉问题很多，有些问题不好解决，目前制定单行法规还有困难"。主要理由是："（一）法人是资本主义私有制和商品经济的产物，在我国社会主义制度中是否适用？如何运用？需要很好研

---

　　① 《法制委员会讨论关于法人的暂行条例（草案）的意见》，法制委员会办公室编印《法制委员会简报（第五期）》，1982 年 2 月 2 日，第 1 页。

　　② 同上书，第 1—2 页。王家福先生、谢怀栻先生和笔者参加了座谈会并发表意见，赞成在民法典颁布前先制定关于法人的暂行条例。

　　③ 指"周仁山、项淳一副主任，谭惕吾、韩幽桐、林亨元、王之相、顾昂然等委员"。《法制委员会讨论关于法人的暂行条例（草案）的意见》，法制委员会办公室编印《法制委员会简报（第五期）》，1982 年 2 月 2 日，第 2 页。

究。一些有关法人的问题还不清楚，如法人的基本条件是独立财产，我国全民所有制企业是否算有独立财产？国家对国营企业不承担财产责任行不行？社会主义条件下的法人制度与资本主义的法人制度在性质、目的上有何区别？法人与非法人有何不同？实行法人制度对我国四化建设究竟有哪些好处？有什么问题？也都需进一步研究探讨；（二）法人问题很复杂，各种法人的性质、任务、权利、义务、组织机构等都不一致，需要制定不同的单行法规（如国营工厂法、公司法、社团法、城乡集体经济组织法以及出版法、商标法等等），分别作出不同的具体规定（外国实行法人制度都是如此），用一个法人条例来笼统规定统一的权利、义务，不解决问题，也行不通；（三）法人制度是民法的一个有机组成部分，与民法其他规范（如民事主体、代理、清产还债等）是相互依存的。在民法公布前，先把法人制度抽出来单行规定，既说不清楚，也难以实行，还是作为民法的一章比较好。世界各国也没有单搞法人规定的"。①

由于意见分歧，难于统一，立法机关只好将《关于法人的暂行规定》（草案）搁置起来，继续专注于各种单行法的制定。继 1981 年 12 月颁布《中华人民共和国经济合同法》之后，1982 年 8 月 23 日颁布《中华人民共和国商标法》，1984 年 3 月 12 日颁布《中华人民共和国专利法》，正在制定中的单行法还有继承法（1985）、涉外经济合同法（1985）和技术合同法（1987）。张友渔先生在回忆这段立法时指出，这样做的好处是"能及时地、有效地解决实际问题"，"一步一步地把民事立法推向前进。现在看来，这样做是完全正确的"。②

（2）关于从速制定并颁行民法典的建议

张友渔先生③在肯定单行法立法的好处和成绩之后，指出了单行法立

---

① 《法制委员会讨论关于法人的暂行条例（草案）的意见》，法制委员会办公室编印《法制委员会简报（第五期）》，1982 年 2 月 2 日，第 3—4 页。

② 张友渔：《为什么制定这部民法通则》，《中国法学》1986 年第 4 期，第 3 页。

③ 张友渔（1898—1992），新中国成立后担任北京市常务副市长，中共北京市委常委、副书记、书记处书记；中国科学院哲学社会科学部副主任、党组成员，法学研究所所长。"文革"结束后，担任中国社会科学院副院长、党组成员，国务院学位委员会委员，中国法学会会长、名誉会长；1979 年担任第五届全国人大常委会法制委员会副主任委员，1980 年担任宪法修改委员会副秘书长，1983 年担任第六届全国人大常委、法律委员会副主任委员。

法的不足："在民事立法整个组成中总有一些共同的东西、基本的东西，例如基本原则、民事权利、权利能力、行为能力、民事责任、时效等，靠单行法各搞各的不行，需要把这些共同的东西作出一个统一的规定。否则各个单行法会发生不必要的互相重复，或者引起混乱互相矛盾。"① 这涉及到民事立法的科学性。

近现代民法是由一整套概念、原则、制度构成的逻辑严密的体系。适于制定单行法的，只是其中分别规范各类社会关系的特别规则（所谓"分则"），而规范各类社会关系的共同规则（所谓"总则"），绝对不能采取单行法的形式"各搞各的"。并且，如果缺乏这些规范各类社会关系的共同规则，分别制定的单行法也将难于发挥作用和正确实施。这是推行"先制定单行法"的立法方针，无论如何也绕不过去的火焰山。于是，王家福先生瞅准这个时机，于 1984 年 12 月，再次以民法经济法研究室的名义向中央建议："从速制定并颁行民法典"。下面是"建议"全文：

一、民法是组织商品生产和商品交换的基本法

按照历史唯物主义基本观点，民法（包括商法）是商品经济的上层建筑，是组织商品生产和商品交换的基本法。民法各项制度，如物权、合同、法人、代理、信托等，构成一个适合商品生产和商品交换正常发展的完善的法律机制。近代史表明，民法是组织商品经济的重要法律形式。它对于两百年来资本主义商品经济的发展，起了极其巨大的促进作用。当代世界，凡是商品经济比较发达的国家，无不有较为完善的民法。许多属于发展中的国家，为促进本国商品经济的发展，也已经制定或正在制定自己的民法。一个国家是否有完善的民法，已成为表示该国文明发展程度，即是否依法治国的一个重要标志。

民法并不是私人关系法或公民权利法。民法统一调整商品经济中所产生的各种关系，其中主要是商品所有关系和商品交换关系，而不论这些关系的参加者是私人或者团体，是私法人或是公法人。二次大

---

① 张友渔：《为什么制定这部民法通则》，《中国法学》1986 年第 4 期，第 3 页。

战后，许多国家推行国有化政策，建立了庞大的国营经济。国营企业之间的关系，国营企业与私人企业之间的关系，国营企业与公民之间的关系，均同受民法调整。因此，即使资产阶级国家民法，也不等于私人关系法或公民权利法。

二、采用民法组织商品生产和商品交换也是社会主义国家的成功经验

世界上第一部社会主义性质的民法典，即 1922 年苏俄民法典，就是在从战时共产主义转变到新经济政策初期，为适应发展社会主义商品生产和商品交换的要求制定的。列宁亲自指导下制定的这一民法典，继承了传统民法调整商品生产和商品交换的许多基本制度和法律规则，对于保障新经济政策的贯彻，对于社会主义商品经济的发展，无疑发挥了极重要的作用，后来成为各国制定社会主义民法典的典范。60 年代中期以来，苏联及东欧各国普遍出现更加注重对国民经济民法调整的趋势。从 1965 年起，苏联相继颁布了新的苏俄民法典及其他各加盟共和国民法典。匈牙利在 1977 年重新颁布了经过修改的匈牙利民法典。南斯拉夫在 1978 年颁布了南债法典。上述法典的颁布，目的在于更好地适应经济体制改革的要求和大力促进商品经济的发展。

我国也有这方面的经验和教训。我们在一五期间和 60 年代前半期，执行发展社会主义商品经济的正确方针，比较重视民法对国民经济的调整作用，制定了一批民事单行法规并两次组织起草民法。大跃进和"文革"期间，错误地限制商品经济，也就忽视民法的作用并两次中断民法起草工作。

三、当前制定民法的迫切性

十二届三中全会决定明确指出，社会主义经济是在公有制基础上的有计划的商品经济。社会主义商品经济的充分发展，是单纯依靠行政手段和指令性计划所不能做到的，迫切要求制定和颁布民法典。当前制定民法典已是我国法制建设的一项非常迫切的任务。

（一）因民法基本制度如法人制度、法律行为制度、权利能力及行为能力制度、时效制度、代理制度等的缺乏，使已经颁布的单行法

难于发挥作用；（二）因缺乏物权制度，使广泛存在的物权关系无法可依，影响到经济体制改革成果的巩固和经济秩序的稳定；（三）因民事关系法制不完备，影响到民事纠纷的及时解决，使国家、企业、公民的合法利益得不到妥善保护；（四）由于未颁布民法典，许多民事关系听凭习惯规则调整，致使陈规陋习乘机泛滥，不利于社会主义精神文明建设；（五）由于未颁布民法典，在对外经济关系中，外国公司心存疑惧，认为权益无法律保障，并且在许多本应适用我国法律的情形不得不适用外国法，不利于保护我方利益，要求颁布民法典保障对外开放政策的贯彻。

四、当前制定民法的有利条件

我国从十一届三中全会以来，经济稳步发展，社会秩序安定，出现了国泰民安、政通人和的局面，制定民法的各项有利条件已经具备：

（一）新宪法、刑法、刑诉、民诉四大法典已经颁行，广大人民群众盼望颁布民法，国际上各界人士对此也非常关注，尽快制定民法也是人心所向；

（二）十二届三中全会决定，已经确定我国经济体制改革的方向和基本格局，为制定民法奠定了基础；

（三）民法理论研究和教学已有较大发展，为广泛借鉴国内外立法经验，制定一部能够促进商品经济发展、具有中国特色的社会主义民法典，作了较充分的准备，并有一批能够担负起草工作的专家；

（四）彭真同志在立法、司法、法学教育和研究各界有很高威望，近年领导完成宪法、刑法、刑诉和民诉四大法典，有丰富立法经验，且身体尚健。

建议由彭真同志约请各方面专家组成民法起草班子，从速起草民法，尽快颁布施行，使五大法典悉数完成，社会主义法制臻于完善，以利商品经济充分发展，促进四化大业，并与我国在国际上的地位和声望相符。①

---

① 民法经济法研究室：《建议从速制定并颁行民法典》（1984 年 12 月 19 日），供打印底稿。

今天重读这份建议，不能不佩服王家福先生，在改革开放之初、体制改革目标尚未最终确定的距今四分之一世纪之前，对民法的本质和功能就作出如此准确的把握和定位。先生关于制定民法典已是我国法制建设一项非常迫切的任务的判断及五项理由，亦很有说服力。先生特别提及彭真委员长在立法、司法、法学理论研究和法学教育各界有很高威信，具有丰富立法经验，并已主持完成四大法典且身体尚健，建议由彭真委员长约请专家成立民法起草班子，从速起草、尽快颁行中国民法典，一举完成五大法典，促进四化大业，并与我国国际地位相符，更是情真意切并富于政治智慧，令人感佩！

（3）彭真同志决定起草民法通则

当此之时，立法机关实际已经意识到其所面对的两难困境：我国改革开放的进程一往直前、日益深入，商品生产和商品交换不断扩大，民事生活越来越活跃，新的问题、新的矛盾、新的纠纷不断涌现，因缺乏与之相适应的法律规范，法院面临无法可依的窘境，影响到法律秩序的建立和维持。客观上迫切要求一部全面调整各种民事关系的基本法律问世。但当时还不可能制定一部完备的民法典。"正值此时，彭真同志及时提出了从中国实际出发，在民法典第四稿的基础上，先制定一部概括性的民事基本法律的主张。"①

据时任法制工作委员会副主任的顾昂然同志回忆："这几年，制定了一批单行的民事法律，但还缺少民事关系、民事活动方面需要共同遵守的规范。因此，民法通则的制定就提到议事日程上来了。例如，民事诉讼法规定了认定公民无行为能力案件的程序，但是怎样算有民事行为能力，没有规定。经济合同法提到法人，法人需要什么条件？也没有规定。这就需要制定民法通则。彭真同志讲，现在制定民法通则是又需要又有可能。"②

1985 年 6 月全国人大法制工作委员会召开的一系列座谈会叫"民法总则"座谈会，7 月份正式开始起草不久，经过商议将"民法总则"改称

---

① 《1986 年民法通则诞生　中国进入权利时代》，《检察日报》2009 年 8 月 31 日。
② 最高人民法院民法通则培训班：《民法通则讲座》，1986 年 9 月印刷，第 11 页。

"民法通则"。① 民法通则，不是民事单行法，也不同于民法典的总则编。关于民事主体制度、权利能力和行为能力制度、民事法律行为、代理制度、诉讼时效制度等的规定，属于民法典总则的内容。此外，还有属于民法典分则（物权编和债权编）的内容，以及属于国际私法的内容。② 民法通则应属于民事基本法。③

　　立法机关启动民法通则起草，得到民法学界的积极拥护和鼎力支持。佟柔、江平、王家福、魏振瀛四位先生，担任由彭真委员长提议成立的民法通则起草专家咨询小组成员④，对于民法通则贡献最大。当时人们对"物权"概念很陌生，许多同志不赞成采用"物权"概念，而仅用"所有权"概念又难于涵括其他物权类型，经王家福先生力争，民法通则第五章第一节才最终采用了"财产所有权和与财产所有权有关的财产权"这一颇为拗口的、具有中国特色的"物权"概念。⑤

　　民法通则草案先后两次发到各省市自治区、中央各部门和法学研究机构、政法学院、大学法律系征求意见。记得王家福先生几次组织研究室同志研讨草案条文，汇集修改意见。作为民法学界的一员，笔者当时感觉到民法通则的制定，重新振作了民法学界的人气。此前因解散民法起草小组造成的消沉和悲观气氛顿时一扫而空，预感到"民法的春天"即将到来。

　　（4）全国民法通则（草案）座谈会

　　1985 年 10 月法制工作委员会完成《民法通则（征求意见稿）》，印发各部门和政法院校征求意见，同年 11 月完成正式的法律草案。12 月 4 日，

　　① 魏振瀛：《参加民法通则起草的片断回顾》，民事法律网 2006 年 4 月 29 日。
　　② 顾昂然："民法通则把基本的民事权利作出规定，一方面有利于把分散在各个单行法中的内容集中起来，看得清楚了；另一方面，可以对单行法中没有规定的内容，作出规定。就这样与传统的民法总则的内容不完全一样，传统的民法总则不包括这些内容，所以称民法总则有点问题。我们原来想叫民法总纲，向委员长汇报后，委员长说可否叫民法通则。经过研究，认为委员长提的民法通则比民法总纲要好，更符合实际。"引自最高人民法院民法通则培训班《民法通则讲座》，1986 年 9 月印刷，第 13 页。
　　③ 彭真："民法通则是一个重要的基本法律"。见《在全国民法通则（草案）座谈会上的讲话要点》（1985 年 12 月 4 日），《人民日报》1986 年 5 月 15 日第 4 版。
　　④ "彭真同志十分重视民法学者和民法学，为了保证起草工作的科学性，他建议专门成立了一个专家咨询小组，小组由佟柔、江平、魏振瀛、王家福四位民法学者组成。"引自《1986 年民法通则诞生 中国进入权利时代》，《检察日报》2009 年 8 月 31 日。
　　⑤ 引自《1986 年民法通则诞生 中国进入权利时代》，《检察日报》2009 年 8 月 31 日。

在北京，由全国人大法律委员会、全国人大常委会法制工作委员会①共同召开了著名的《全国民法通则（草案）座谈会》。这次会议是由彭真委员长提议经委员长会议决定召开的。应邀出席会议的，有各省、自治区、直辖市人大常委会从事法律工作的负责同志、法院的同志、法学研究和法学教学的专家180多人。② 会议气氛十分热烈。彭真委员长出席会议并讲话。

彭真同志说："我们是社会主义国家，生产资料的社会主义公有制是社会主义经济制度的基础，但还存在着三种经济。不同经济之间、各种经济自身之间，以及消费者和生产者之间，都要有商品来交换，要有市场，同时还有人和人之间的复杂的社会生活关系，这就需要制定民法。""法律是一门科学，有自身的体系，左右、上下，特别是与宪法不能抵触，立法要有系统的理论指导。对外国的经验，不管是社会主义国家的，还是资本主义国家的，不管是英美法系，还是大陆法系，以及对我国历史的经验，都要参考借鉴。""民法通则是一个重要的基本法律，请大家充分发表意见，畅所欲言，认真研究，进行科学的讨论修改。"

彭真委员长的讲话，使出席会议的民法学者深受鼓舞。民法经济法论争开始以来，民法学界正是从民法与商品经济的关系切入，论证民法是调整商品经济关系的基本法，国家实行商品经济就一定要制定民法。彭真委员长的讲话表明，国家立法机关完全接受、采纳了民法学界的主张，明确肯定了民法的基本法地位。参加会议的民法学者和实务工作者，对于在制定民法典的条件未完全具备的现实，制定具有民事基本法性质的民法通则，极表理解和赞同。民法学界在坚持民法的基本法地位的同时，也并不否定承担国家宏观调控和必要管理职能的经济法的存在，他们对于民法通则草案关于民法调整对象的规定，及关于以民法调整横向财产关系和人身关系、经济法调整纵向经济（管理）关系的明确区分，一致表示赞同。他们在会上热情高涨，积极贡献修改意见和建议，希望制定出尽可能高质量

① 六届全国人大设立全国人大法律委员会，作为全国人大专业委员会之一，负责将提交全国人大常委会审议、提交全国人大大会审议的法律草案和条约批准案之审议，另在全国人大常委会下设法制工作委员会，作为常委会的办事机构，负责各种法律草案的起草、修改工作。此与第五届全国人大，仅有全国人大常委会法制委员会不同。

② 最高人民法院民法通则培训班《民法通则讲座》，1986年9月印刷，第15页。

的法律。①

五　经济法学界反对制定民法通则

（1）许骅同志批判民法通则（草案）的长篇发言

出人意料的是，国务院经济法规研究中心的代表许骅同志在会上对民法通则（草案）进行了全面的批判，明确表示反对立法机关制定民法通则。他的长篇批判发言，涉及民法的调整范围、民事活动与国家计划的关系、社会主义法人的本质、国家财产的性质、企业经营自主权的性质、经济领域的法律调整、经济法的地位和作用、如何处理民法与经济法的关系，及如何看待和引导民法经济法论争等重大问题，显而易见是事先做了充分准备的，明确、系统地表达了国务院经济法规研究中心对制定民法通则的基本立场。鉴于这一长篇批判发言具有重要文献价值，因此全文转录如下：

　　一、关于民法的调整范围问题

　　草案第二条规定民法调整公民之间、法人之间以及公民和法人之间的财产关系和人身关系，是否适合我国国情，是否科学，值得商榷。（一）调整法人的财产关系，似不妥当。因为在社会主义公有制条件下，法人的主要组成部分是国营组织。它们使用的财产属于国家。它们是相对独立的法人，因为它们只有经营权，而没有所有权，因此，法人的财产关系和人身关系，二者之间并没有像公民的财产关系和人身关系那样紧密地、不可分割地联系在一起。因此，笼统地把财产关系和人身关系并列为民法的调整对象，似不够科学。（二）社会主义商品经济关系，只能是指财产关系，而不能指人身关系。草案第二条却实际上把人身关系和商品经济关系并列，造成一种误解：人

---

　　①　据当时担任法制工作委员会副主任的顾昂然介绍，座谈会后，根据实际部门和专家们的意见，对民法通则草案作了比较大的修改，增加了 40 条，删去了 13 条。见最高人民法院民法通则培训班《民法通则讲座》，1986 年 9 月印刷，第 16 页。

身关系与商品经济关系有不可分割的联系，把婚姻法也包括在民法体系之内，而在苏联的法律体系中，婚姻关系早已被排除出商品关系的轨道。（三）"说明"说民法调整的应是平等主体间的财产关系，从根本上说，不是纵向的而是横向的财产关系。问题是在社会主义的有计划的商品经济的条件下，企业组织的经营自主和国家的管理领导是紧密地结合在一起的；也就是说，纵向关系和横向关系是结合的、统一的，在整体上是不应分割的，横向关系是不可能从根本上摆脱纵向关系的制约的。如果把横向关系交民法调整，纵向关系交行政法调整，那又不符合经济体制改革的方向。

二、民事活动与国家计划的关系

社会主义社会实行的是计划经济，即有计划的商品经济。企业组织的民事活动（更广义上的经济活动）是不能从根本上脱离国家计划的。而且就整体上说，它应是实现国家计划的工具。草案第四条规定：民事活动……不得破坏国家经济计划。规定不彻底，很勉强。仅仅是不破坏国家经济计划就行了吗？对企业组织的要求也太低了。国家计划本身就具有法律性质，因此这种规定是不合适的。对有计划的商品经济，民法是否能够完全调整，能否完全适用，值得考虑。

三、法人问题

草案第三十五条规定，法人是具有民事权利能力和行为能力，依法享有民事权利，承担民事义务的组织。关于法人的这一规定也值得商榷。（一）在我国，法人的绝大部分是社会主义组织。它们是在社会主义公有制基础上组成的，是在国家计划的指导下从事经营活动的，这是社会主义法人与资本主义法人区别的根本所在。第三十五条规定却没有指出这两者的这一根本区别，没有明确指出社会主义法人的本质特征。这样的规定，与资本主义民法典关于法人的规定是没有什么两样的。（二）法人概念中的民事权利能力、民事权利、民事义务（以及其他同类概念），到底都指什么？包括哪些内容？第五十一条作了一些规定，但是否准确科学，也值得探讨。在公有制的社会主义社会，居主导地位的国家所有权能算民事权利吗？民法怎么能规定和调整国家的财产关系？所有权是所有制的法律形式。它首先应该是宪法确认和规定的，它也是所有法律部门共同保护的对象。

经营自主权是不是都是一种民事权利？第五十七条对经营自主权作了解释，比较精练，但也存在问题。首先，与我们现行法中常用的经营管理权或经营管理自主权概念有没有区别？是不是还有另外一种经营自主权？其次，经营权与所有权适当分开以后，经营自主权有多大？是否包括占有、使用、处分的权力，实际上经营自主权只能包括占有、使用的权利，不能包括处分权。第三，企业组织的经营管理自主权绝不只是财产权利，即不只是对财产享有占有、使用、收益和处分的权利，它还包括一系列人事劳动等组织方面的权利。这些组织权利显然不应属于民事权利。

四、经济领域内的法律调整问题

经济领域内需要大量的经济法规，也需要有一部基本法（需要有一部仅次于宪法的小宪法）。在经济体制尚未定型的情况下，过早地把民法定性为经济领域的基本法，恐不适宜。如果某些方面（如法人、时效等）急需，可采用颁布单行法规的方式解决（如颁布法人条例）。

自党的十一届三中全会以来，我国开始出现了一个新的法律部门和法律学科，即经济法，短短几年工夫，经济法就得到了极大的发展。经济法在其产生和发展过程中与民法发生了矛盾，不仅在调整对象、调整范围，而且在一系列基本制度、基本观点上都存在分歧。这些都是难以一时取得统一意见的。它所涉及的问题是一些根本性的问题：如何对经济生活进行调节？是靠市场一只手，还是加上国家干预？国家和法律如何对基础发挥反作用？有计划商品经济如何进行法律调整？甚至于也涉及到社会经济的发展方向等问题。

这场争论不仅是理论之争，也是实践之争。这场争论对我们国家如何确立间接控制体系，如何运用经济、法律和行政三种手段，如何把宏观控制和微观搞活结合起来……都有重大意义；对发展法律科学，确立经济法规体系也有重大作用。要善于引导这场争论，以促进具有中国特色的社会主义建设和社会主义的新型法律、法学的发展。

综上所述，在制定民法通则时，应对民法与经济法的关系加以明确，要从宏观上考虑逐步建立和健全我国社会主义整个法律体系，充分估计到在制定民法通则的同时对其他法律部门所带来的影响，避免调整范围的交叉，从而有效地防止在新法制定的同时给现行有效的其他法律带来消极的影响和副作用。

在研究和解决民法与经济法的关系时，须考虑这样几个问题：（一）民法通则制定后，经济法是否还存在？是否所有的经济法的调整原则和对象都纳入民法范围，归民法来调整？那么，经济法在我国社会主义法律体系中的地位和作用是什么？（二）国外许多国家，关于民法与经济法的分野问题进行了长时间的争论，这种争论，简单地靠制定民法通则的方式来解决，显然是不适宜的。（三）我国是社会主义公有制为主体的国家，实行的是有计划的商品经济。作为私有制基础上产生和发展的调整公民的财产和人身关系的民法的基本原则在我国是否适用？全民所有制企业法人之间的经济关系、财产关系能否由民法来调整？是否可以考虑在明确民法与经济法的分工以后，再制定民法通则和同时通过制定经济法总则来加以解决？（四）如果上述问题不解决或不能很好解决，中共中央在关于"七五"规划的建议中提出的力争在第七个五年计划期间建立比较完备的经济法规体系的重要任务将无法完成。所以，应在解决或明确上述问题的基础上再制定我国的社会主义的民法通则。①

(2) 广州会议对民法通则（草案）的批判

更令人吃惊的是，国务院经济法规研究中心、中国经济法研究会于12月10—15日在广州召开了有各省、自治区、直辖市和国务院有关部门及经济法教学研究单位的法律工作者三百多人与会的"全国第二次经济法理论工作会议"。会上提交的许多论文和大会发言，直接针对民法通则（草案）进行批判。在北京召开的民法通则（草案）座谈会，与在广州召开的经济法理论工作会议，两个会议，一南一北，针锋相对，难道是偶然巧

---

① 《经济法规研究中心许骓同志关于民法通则（草案）的一些意见》，载《法制工作简报》第95期，法律委员会、法制工作委员会办公室编印，1985年12月14日，第1—7页。

合?! 这样的立法对台戏发生在实行与"三权分立"体制根本不同的、中国共产党领导下的人民代表大会制度的中国，至今令人难于理解。

广州会议上对民法通则（草案）的批判，要点如下：（一）不赞成第二条关于民法调整对象的规定，认为民法通则"把所有的财产关系都划归民法调整了，这实际上否定了经济法的独立存在。这样的规定，在理论上说不过去，在实践上行不通。如果这个提法被立法机关所确认，将会对经济立法、经济司法、经济法研究、经济法教学以及经济法规编纂，产生消极影响"。（二）认为"在资本主义国家，占主要地位的生产方式，是以市场经济为主的商品经济，调整这种商品经济关系的民法占据着统治地位。资本主义的经济法只能在民法的基础上，通过国家权力对社会经济生活进行个别的、有限的干预，对民法起着辅助补充的作用。而在我国，占主导地位的生产方式是以计划经济为主的商品经济，经济法作为有计划的商品经济的法律保障，已成为调整社会主义经济关系的基本法，占居主导地位"。（三）"不同意'说明'中关于经济合同法、专利法、商标法、婚姻法是民事单行法的说法。""不能把经济合同法划归为民事单行法。有的参加过制定经济合同法工作的同志提出，当时就是因为民法一时制定不出来，为了适应经济工作的需要，经济法发展起来了，并制定了许多单行经济法律、法规。现在一下子又把这些经济法律说成是民事单行法律，感情上也通不过。""过早的肯定民法的组成部分，把许多经济法规以及社会主义条件下理应独立的法律部门，都强行纳入民法体系，而对经济法则熟视无睹，将脱离我国实际，并对法制建设带来不利影响。"（四）"建议制定经济法纲要或者经济法总纲。这个纲要主要包括社会主义经济法的任务、它的调整范围、基本原则及其制定的程序和实施等内容。有了这个纲要，就能起到统帅众多经济法规的作用，就能避免经济法与其他法律部门之间、经济法内部的重复和矛盾。多数同志赞成这个建议。"①

（3）顾明同志在广州会议上的讲话

国务院副秘书长、国务院经济法规研究中心总干事、中国经济法研究

---

① 《全国第二次经济法理论工作会议上对民法通则（草案）的一些意见》，载《法制工作简报》第 4 期，法律委员会、法制工作委员会办公室编印，1986 年 1 月 6 日，第 2—5 页。

会会长顾明同志①出席会议并讲话。主要观点是："被奉为'完美、和谐典范'的法国民法典，事实上并不能全面充分地调整资本主义商品经济关系。苏联民法也不能解决社会主义经济关系的法律调整问题。因此，对日益社会化的商品经济关系，无论是资本主义社会，还是社会主义社会，民法都是无法完全适应和调整的。由于生产力日益社会化，生产关系日益复杂化，商品经济的日益发展，客观上要求有一个新的法律部门产生。现代经济法正是基于这些客观需要而产生的。社会主义商品经济是商品经济发展的历史长河中最新的、特殊类型的商品经济，这种商品经济关系必须由一个能够全面、充分反映其本质要求的新的法律部门去规定和调整。有计划的商品经济的发展，是要靠所有社会主义法律部门综合发挥作用的。但是，经济法是最直接作用于有计划的商品经济的法律，是调整有计划的商品经济关系的一个基本法律部门。"②

（4）高纯德同志对民法通则（征求意见稿）的意见

《法制工作简报》第 11 期刊载《高纯德同志对民法通则（征求意见稿）的一点意见》一文，所针对的是法制工作委员会办公室于 1985 年 8 月 25 日印发的《中华人民共和国民法通则（征求意见稿）》（1985 年 8 月 15 日）。此文对民法通则（征求意见稿）作了全面的否定。全文转录如下：

> 要妥善处理民法和经济法的关系。民法通则（征求意见稿）中第二条的提法意味着除刑法和行政法调整的财产关系之外，所有的财产关系、经济关系都受民法调整。这样的规定，在理论上说不过去，在实践上行不大通。
>
> 刑法并不直接调整财产关系，它所解决的问题是罪与罚。行政法是调整国家机关之间及其与公民之间关系的，它也不直接调整商品交换过程中发生的财产关系。以此，对通则（征求意见稿）的提法，是

---

① 顾明（1919—2008）江苏昆山人。1952 年任周恩来总理经济秘书，1954 年任国务院总理办公室财经组组长。1979 年任国务院副秘书长，1981 年兼任国务院经济法规研究中心总干事，1984 年任中国经济法研究会会长。1988 年担任七届全国人大常委会委员，法律委员会副主任委员。

② 《全国第二次经济法理论工作会议上对民法通则（草案）的一些意见》，载《法制工作简报》第 4 期，法律委员会、法制工作委员会办公室编印，1986 年 1 月 6 日，第 6 页。

很值得商榷的。

民法通则（征求意见稿），想把整个经济生活中发生的社会关系——经济关系，全部囊括在民法中，是很不科学的。我国的经济是建立在公有制基础上的社会主义计划经济，也即有计划的商品经济。经济关系的发生、变更和消灭，不同于资本主义市场经济，有其自己的特殊性。因而，对在有计划的商品经济条件下发生的一切经济关系，统统拿处理一般商品经济条件下发生的财产关系的平等、自愿、等价、有偿的原则调整，是不符合我国经济生活实际的。

以计划法律关系为例，它所调整的经济关系显然也是一种财产关系，但在这个法律关系中其主体、内容和权利、义务所指向的客体都有自己的特点。主体中既有国家机关又有企事业单位和其他社会组织。单就国家机关之间发生的关系来说，则是由于制定计划和执行计划所引起的，这种关系不是行政关系，也不是一般的民事关系，而是计划经济关系。主体间各自所承担的权利与义务是对应的，但并不完全是平等、自愿的。特别是在指令性计划的情况下，主体之间关系的发生更不是平等、自愿的，客体之一的产品的转移也不完全是等价的，即是说，计划执行单位必须服从国家下达的计划。这一点与民事法律关系的区别是非常明显的。计划法律关系中的客体与民法的客体也不同，它除物——商品之外，还有许多必须完成的计划行为和指标，比如计划的编制、人口出生率与增长率、环境质量、犯罪率等等，把这些计划行为和指标，纳入民事法律关系的客体中是不妥当的，这也是显而易见的。

这里还应强调指出的是，我们实行的计划经济，而计划涉及的领域十分广泛，有经济的、科学技术的、还有社会发展方面的；在经济领域中又涉及生产、交换、分配、消费多个环节。根据我国的国情，经济和社会发展方面主要活动都是在国家计划指导下进行的，尤其是对关系到国计民生的少数重要产品和关系国民经济全局的重要经济活动，还要继续实行指令性计划。所有这一切说明，在我国的经济生活中计划的指导作用是巨大的，重要经济关系的发生、变更、消灭，都受着计划的制约。因此，很有必要针对我国发展有计划的商品经济这一基本特征，完善调整我国经济关系的经济法，以适应社会主义经济发展的要求。此项任务，现有的民事方面一些单行法律和规定是承担不了的，就是再制定一个民法通则也是满足不了经济发展的要求的。

不同意把民法的调整范围扩展到适用于一切经济关系的理由，除了上面讲的以外，从法的发展历史和今后发展的趋势来看，经济法也是可以而且应该成为我国法律体系中的一个基本法而存在的。在法的历史上，最早的时候，许多国家的法是民刑不分的，随着商品经济的发展，民法才成为一个单独法律部门。在社会化生产和商品经济进一步发展的今天，经济关系更加复杂，民法已经不能满足需要，新的单行的经济法规不仅应运而生，且越来越多，形成一个新的法律部门。一些国家已经把经济法从民法中分立出来，单独制定了经济法。在我国，经济法规的大量存在已是客观事实，今后随着有计划的商品经济的发展，经济法规也将日趋完备。从调整经济关系来看，许多已经明确，不大明确的在深入调查研究实践经验的基础上也可以作出科学的表述。总之，我国的法律体系中，将经济法作为一个基本法、一个单独的法律部门的条件已经具备，当然，经济法在理论上，由于研究工作开展的时间较短，不够深入，有一些问题还没有作出科学的概括，并加以系统化。但是，我们不能因为理论工作的落后，就在立法实践上硬用本来无法调整所有经济关系的民法来代替经济法。这样做，对于我国法制建设是不利的。基于上述看法，我建议在立法时要妥善处理民法和经济法之间的关系，使两者合理分工，建立起具有中国特色的社会主义民法和经济法。①

（5）法工委邀请经济法专家对民法通则（草案）提意见

毫无疑问，国务院经济法规研究中心和经济法学界对民法通则（草案）的反对意见，引起立法机关的高度重视。1986 年 1 月 29、30 日，法制工作委员会民法国家法室专门邀请在京的经济法专家座谈民法通则（草

---

① 《法制工作简报》第 11 期，法律委员会、法制工作委员会办公室编印，1986 年 1 月 22 日，第 1—5 页。

案），征求意见。

座谈会上的主要意见是："法人之间的关系不完全是平等的，它们之间的经济关系往往是纵向调整，其活动要纳入国家计划的轨道。法人的活动是一种国事活动，不是民事活动。因此，建议法人之间的财产关系由经济法调整，民法只调整公民之间、公民与法人之间的财产关系。""我国的经济的特点是有计划的商品经济，离开这个特点谈财产关系就易出问题。如我国的法人与资本主义国家的法人不同，大多是社会主义组织，在公有制基础上形成，在计划指导下从事经济活动。此外，党中央关于经济体制改革的决定指出，要使国营企业成为具有一定权利义务的法人，这不仅指民事权利，也包括法人的人、财、物、供、产、销问题。再次，从法人的设立到法人的终止，多属上下级的管理问题，与民法的基本原则也有矛盾。国家所有权问题是所有制问题，不能看作民事权利。建议法人、所有权、时效在民法里不作规定，可以制定单行法。""民法着重调整公民和法人之间的非经济业务关系。法人之间的财产关系由经济法调整。工业产权不是横向经济关系，放在民法里调整不恰当。"①

（6）顾明同志批判民法通则（草案）意见书

1986 年 2 月 3 日，法制工作委员会副主任项淳一、顾昂然同志到国务院经济法规研究中心征求顾明同志对民法通则（草案）的意见，顾明同志谈了意见后，又把自己《关于对民法通则（草案）的意见和制定急需单行法规的建议》交给法制工作委员会。顾明同志这一意见书刊登在《法制工作简报》第 23 期②。顾明同志的意见书，对民法通则（草案）作出否

---

① 这里引用的是应邀出席座谈会的经济法专家盛杰民（北京大学法律系经济法室讲师）、潘静成（人民大学法律系经济法室主任）、徐杰（政法大学经济法系主任）的发言。见《部分经济法专家对民法通则（草案）的意见》，法工民字（86）8 号，法制工作委员会民法国家法室，1986 年 2 月 3 日，第 2—3 页。

② 《法制工作简报》第 23 期，封底注明"发：中央政治局委员、书记处书记，人大常委副委员长、秘书长、委员，国务院副总理、国务委员；中央各部、委，人大各专门委员会，人大常委办公厅，高法，高检，国务院各部、委；全国总工会，团中央，全国妇联，中国科协，中国法学会，贸促会，有关各新闻单位；各省自治区、直辖市党委、人大常委会、人民政府，各省、自治区人民政府所在地的市、较大的市、沿海开放城市党委、人大常委会、人民政府；人大法律委员会副主任委员、委员、顾问，人大常委会法制工作委员会主任、副主任、秘书长、副秘书长、各室。"

定的判断，并全面系统地阐述了经济法学界对制定民法通则的反对立场和五项理由。考虑到这一"意见书"的珍贵文献价值，特将全文转录如下：

自从去年十月讨论民法通则（草案）以来，已讨论了四稿。经济法界反应强烈，多数同志主张，不宜过早地制定这种带有法典式性质的通则。为适应当前经济需要，可先制定一些急需的单行法规。

制定这样一部民法通则，应该考虑以下一些根本性的问题：它是否符合我国当前实际；它有没有应有的民主立法程序和广泛的群众基础；它对我国法律体系的建立和法律科学的发展能否起到促进作用；它对法律、法学队伍能否起到团结、协调、巩固和壮大的作用；最后一点，它与党和国家在立法方面的方针和部署是否一致。

从民法通则（草案）前后几稿看，起草者始终是把它作为经济领域中的一部基本法来制定的。我们的经济领域中确实应该有一部基本法。但是，在现阶段，制定这样一部基本法的条件，无论从经济根基看，还是从法律、法学的自身状况看，都还不够成熟。过早制定是不适宜的。

一、我国是有计划的商品经济。这是一种新型的商品经济。它根本不同于资本主义的商品经济，也有别于苏联模式的计划经济。对于这样一种有计划的商品经济，法律究竟应该如何调整，我们的探索才刚刚开始。但有一点是可以肯定的，对它的法律调整，是既不能套用资产阶级的民法理论，也不应搬用苏联的民法观点的。必要的借鉴是应该的，可以的，但不应受它们束缚，更不能照搬。从民法通则（草案）几稿看，起草者是力图体现中国社会主义民法特点的。但在基本方面却始终跳不出从罗马法、法国民法典到苏俄民法典的窠臼。从现有民法通则（草案）的立法指导思想和所规定的各项主要制度看，是很难全面、系统地调整我国有计划的商品经济关系的。前后几稿对待计划的观点就是一个有力的例证。

二、法是不能脱离经济实际的。我们正在进行全面的经济体制改革，中国式的社会主义经济体制正在形成中。在这一过程中，为适应体制改革的需要，尽多尽快地制定单行经济法规，是必要的，也是可行的。但是，作为全面反映我国经济制度、经济关系，而且应该具有相当稳定性的基本法，却不应脱离我国经济体制正在变革的现实而过早地制定。脱离经济根基的法，将或者给社会经济生活造成混乱，或者被社会经济的发展突破而夭折。

在经济领域中最重要的所有权、经营权问题，二者的联系和区别，以及与之相联的国家与全民所有制企业之间的关系，这一系列问题究竟如何确立和调整，从理论到实际，从经济学到法学，都还没有解决。许多经济法学者已指出，在社会主义社会中，占主导地位的所有权是姓"国"，而不是姓"民"。这与资本主义私有制下所有权占主导地位的情况是根本不同的。既然如此，民法就无权单独规定所有权制度，尤其无权规定国家所有权。可见，有关所有权的法律规定还存在一些根本性的问题，不应过早地用通则的形式固定下来。用从法国民法典搬下来的所有权理论和制度，去简单地套我们的经济现实，那是不行的。

三、民法通则（草案）也严重脱离我国法律和法学的现实。党的十一届三中全会以来，经济法蓬勃兴起，无论在经济立法、经济司法，还是在经济法学教学和理论研究方面，都取得了巨大的发展，其发展速度之快、规模之大，远远超出其他法律部门。经济法的体系、理论，也已初步形成。这些是谁也不应忽视的一种客观现实。民法与经济法都是调整经济关系的。两者的争论由来已久，而且是一场国际性的争论。制定民法通则绝不是民法一家的事，更不是少数民法学者的事。而应该通过民主立法程序，反复、广泛地征集各方面的意见，特别是经济法律工作者的意见。这样才能统一思想，统一认识，一致行动，利国利民。

民法与经济法之争，绝不仅仅是什么学术之争，而是有关我国法律体系如何确立的百年大计问题，甚至是涉及我国经济体制改革的方向问题。

按照民法通则（草案）第二条规定以及关于草案的"说明"，民法调整范围包括着法人之间在平等地位上发生的横向财产关系。这就必然与经济法所主张的调整对象发生重合和矛盾。多数经济法学者并不绝对地认为民法不能调整法人之间的关系。这也不是什么谁侵犯谁的问题。经济法学派既不能以自己的理论主张强加于人，民法学派也不应以历史上的既成模式作根据，作为自己主张的天经地义的理由。大家都应该从我国国情和经济需要出发，共同探讨和确立对我国经济生活进行法律调整的最合理的格局。

经济法观点认为，在我国社会主义经济生活中，法人之间发生的经济关系更多的是属于经营管理性质的经济关系。它与公民与公民之间发生的，以及以满足公民需要为中心目的的在公民与法人之间发生的经济关系，有着明显的区别。法人之间的经营管理性质的经济关系，多是在社会主义公有制基础上产生的；是在生产（广义上的生产，包括流通、分配和消费）领域中发生的；它们与国家计划有着更多更直接的联系；它们往往不仅具有财产关系的内容，而且具有组织管理的性质。而公民之间以及公民与法人之间的财产关系，多半属于社会消费领域内的，与国家计划、国家的组织管理往往没有更多更直接的联系。

两类关系的经济特点不同，决定了它们的法律调整也应该有所不同。对法人之间的经营管理关系的法律调整，必须把国家统一领导和法人相对独立结合起来；必须把宏观控制和微观搞活结合起来；必须把计划和经济合同结合起来；必须把纵向经济关系和横向经济关系结合起来。这些都是我们有计划的商品经济的客观要求。这些客观要求从民法的传统理论和现有主张看，都是很难满足的。所以应该由一门新兴的法律部门——经济法去调整。

当然，两者的调整范围很难绝对地划清。但可以以如何对经济发展更为有利为标准，作大体的划分。

再如法人问题。民法通则（草案）几稿的规定始终是一个极为一般化的民法概念，是一个放之四海而皆准的概念，是一个既可在社会主义国家适用，又可通行于资本主义社会的概念。作为社会主义民法，不反映法人的社会主义特点，一直坚持这样一个一般化的概念，是不相宜的。也可能有的同志说这是对外经济交往的需要。但是，我国的法人绝大多数是社会主义性质的，是和国家计划、国家管理直接相联系着的。少数涉外的合营企业等，我们可以通过特别条款给以规定，不能因此就根本抹掉社会主义法人应有的本质特征。

经济法观点认为，在社会主义制度下，在社会主义法律体系中，作为活跃在经济生活里最基层的经济实体和最广泛的法律关系主体的法人，不应该仅属于民法体系。实际上，在许多法律部门中，都有关于法人的规定。甚至在刑法学中也在讨论法人能否构成犯罪的问题。法人应享有的权利和应承担的义务，也不只是民事权利和民事义务。它的权利和义务中更多的是属于经济权利和经济义务的。宪法所规定的全民制企业法人享有的经营管理权，就不只是民法通则（草案）所规定的属于民事权利的财产权，而且还包括着人事劳动、生产组织、行政指挥等多种管理权利。在党中央制定的关于经济体制改革的决定中，明确提出要使企业成为具有一定权利和义务的法人。这里并没有提出法人只具有民事权利和民事义务。党中央是站在更高的全局立场上看待法人问题的，是主张建立更广泛意义上的法人制度的。可见，法人概念和法人制度不应为民法所独占；由各个法律部门分别建立自己的法人制度的做法也不妥。我们应该建立一个为各个法律部门共用的统一的法人制度和法人概念。可见，民法通则（草案）所规定的法人定义，是不能反映我国社会主义特点的；是不符合我国实际的；是不够科学的；与党中央的决定也是不一致的。

与前述所有权、经营权问题相连，有关法人的许多基本理论问题，如全民制企业的法人有没有所有权，它的经营权的性质及其限度，它能不能作破产处理，以及法人的法定代表的地位等等，都没有解决。不从实际出发去认真地探索我国法人的基本问题，只是把传统的外国的法人概念和理论搬过来，虽然简单省事，但它并不能真正解决我们经济生活中的现实问题。

诚然，在我们当前经济领域中，一些非法组织在破坏着经济秩序。法人制度应该尽可能尽快地建立，大量的涉外经济活动也要求我们尽快地颁布有关法规。但鉴于上述各点理由，不应该过早地用法律形式由民法通则把它单独规定下来，也不应以此作为及早制定民法通则的理由。制定单行的法人条例完全可以满足上述需要，而且这种方式也是目前比较适宜的一种解决方式。

四、从民法通则（草案）的结构、内容看，是很难作为统领经济法规的基本法的。民法通则（草案）难以统领经济法规的基本原因，是由于它不能全面、系统地反映有计划商品经济的客观要求，不能科学地解决对有计划商品经济关系的法律调整问题；同时，也由于它本身的内容、结构、体系不够科学。

比如，关于民法的调整对象，民法学派内部意见就不一致，有说是调整财产关系和人身关系，有说是调整平等的横向的经济关系。民法通则（草案）及其"说明"，却是把上述两种观点交替并用，采用双重标准。这就必然使民法自身在理论和实践上造成极度的混乱；必然使民法的调整范围一而再、再而三地扩大，条款越来越多，内容越来越庞杂。包括了经济合同法、商标法、专利法、工商企业登记法、工业企业法、环境保护法，等等，甚至还包括了已经不属于商品经济关系范围的婚姻法。似乎只要是规定有平等关系的法，只要是采用民事赔偿手段的法，都应该囊括进民法体系。这样的观点和做法是危险的：第一，它会把我们的法律体系搞乱，使许多法律部门都无法独立起来。第二，它将人为地分裂许多本来是统一的法规。比如商标法、专利法，它们是规定有平等的财产关系，如商标、专利的转让；但它们也同时规定有更多的纵向管理关系。民法同志根据前一类关系就一再声称它们是民法的组成部分，那么后一类关系又该属于谁呢？民法显然不能统领这类关系，只好把这类规范交给行政法。若如此，岂不是把一个统一的法规人为地分属于两个法律部门吗？第三，这种做法很可能把民法自身否定掉。一些民法同志经常批判经济法没有统一的调整对象，是个大杂烩。民法通则（草案）现在的这种观点和做法，比之经济法，恐怕更有过之而无不及，更难于自圆其说。

经济合同法也存在类似问题。民法通则（草案）认为经济合同法属于民法体系，许多民法同志认为这是天经地义、不容置疑的。其实也不尽然。经济合同是一种合同，但它是一种新型的合同。与一般民事合同有着明显的区别。经济合同是法人之间的协议；是法人为实现经营管理的经济目的而签订的；经济合同总是直接或间接地与国家计划相连的，是实现国家计划的重要法律手段；经济合同法的首要原则是符合国家计划的原则，从经济合同的签订、变更、解除、无效认定、违约处理，都要受计划的制约；签订经济合同过程中的意志顺序也是先国家、后主管部门，两者均无规定，由当事人协商确定；此外，还专章规定了对经济合同的管理。可见，在经济合同法中不只是平等的财产关系，也包括有很多组织管理关系，也是纵横结合的。这些都是一般民事合同所不具有的。把这样一部法规简单地归入民法体系，也是不科学的。

民法通则（草案）本身存在着前后内容不一致的矛盾。如第三条规定了民事活动中当事人地位平等的原则。但后面各章中的内容却有不少与这条相矛盾。如法人、所有权、经营管理权、承包权等，并不都是平等的关系。在国家所有权中行使所有权的国家与行使经营权的法人的地位如何平等？经营管理权、承包权也不能一概说成是一种平等关系的权利。

民法通则（草案）在结构上也存在着原则与具体的矛盾。从通则本身含义看，应该只能是基本的原则的规定，草案却在许多条款中把有关的具体法规的具体内容都转录过来，转录的又常常是不完全、不准确、不一致。当没有相应的单行法规时，草案又不得不作过细的规定。如第七十七条突然冒出租赁合同；损害赔偿中也规定得太细。这些都再一次证明企图制定一部无所不包的法典是困难的。

此外，许多概念，如民事活动、民事行为、民事权利、民事义务、民事责任等，都没有准确的含义。这种状况将来会后患无穷。

五、民法通则（草案）的制定与党和国家在经济立法上的方针和部署并不协调一致。党中央、国务院从十一届三中全会以来就一再强调要加强经济立法和经济司法。党中央"关于七五计划的建议"中又明确提出要建立比较完备的经济法规体系。广大经济法律工作者深受鼓舞，都在各自的岗位上为实现党中央的这一伟大号召而努力地工作着。但是，在民法通则（草案）起草过程中以及关于草案的"说明"中，却根本不提党中央提出的建立经济法规体系这一当前立法工作的主要目标和中心任务，这是不妥当的。既然起草者认为民法通则（草案）是经济领域中的基本法，那就不可能回避与建立经济法规体系的关系问题。现在看来，在我们立法工作中的两层皮问题有所发展，我们不应重蹈苏联立法史上的覆辙。

苏联在二十年代颁布苏俄民法典时，就已经产生了经济法流派观点。民法学派在苏联的权力机关占有优势，那里在积极的制定民法纲要；而其部长会议系统却大力推行经济立法。民法学派与经济法学派遂展开了旷日持久的争论，至今仍统一不起来。这是苏联立法史上一种不幸的分裂局面。我们的法律体系正在形成，一切完全可以根据我国的国情从头开始。我们何必非要像苏联那样去背那个长期争论不休的沉重包袱呢?! 我们应该有领导地对民法和经济法进行适当的协调和分工，使民法和经济法都能兴旺地向前发展。

我们希望民法问题稍稍从容行事，不要急于通过民法通则。这对大局和各方面都是有利的。否则，那将对经济立法、经济司法，特别是经济法学研究和经济法学教学，带来严重的影响。将给经济法这一门新兴的法律部门和法律科学造成混乱。因为，如若按照民法通则（草案）的规定，现已初步建立起来的经济法理论和体系，都将无法继续发展。许多已出版的经济法教科书都将不得不彻底修改或根本报废。经济法课也将讲不下去，因为一个不成体系的法律部门是不能成为一门法律科学的。现有的经济法专业、经济法系的设置也将出现问题。我们的法律、法学领域由于经济法的出现而带来的活跃、兴旺局面，将受到挫折。在法律、法学领域中，不是激起更严重、更无休止的论争，便是回到过去多年来那种沉闷、保守的境况中去。这对我们的经济建设、法律和法学建设（其中也包括民法）都是及其不利的。

在当前体制改革和经济建设中，有许多法规确实是亟待制定的。我们为"七五计划建议"配套而拟制的"七五立法规划"，就是为了加快经济立法而制定的。经济领域内有些基本法律制度，由于上述原因，虽然不能一时把它们捏进一个基本法内，但为了解决急需，还是可以采用我们过去一套行之有效的老办法的。即先制定单行条例。当前最主要的如：法人条例、联营条例、时效条例以及有关个体户、农村承包经营户的法律地位、公民合伙经营、保护企业等有关法规，都可采用单行条例方式解决。

先立单行法规，不仅能及时地满足对某些经济过程、经济关系进行法律规定和调整的紧迫需要，而且是一条与当前情况相适应的立法方式。因为，制定单行法规程序比较简便，适应性强，可变性大。可以通过实践进行检验和修正，在总结经验的基础上，再由权力机关制定具有更高效力、稳定性更强的法律。①

（7）17 位经济法教师上书中共中央

经济法学界当然知道他们的这些意见，对于民法通则来说是致命的，被全国人大常委会所采纳的可能性不大，能够阻止全国人大常委会制定民法通则的进程的，唯有中共中央。因此，他们在 1986 年 2 月 27 日，直接上书中共中央，指陈民法通则（草案）的重大错误，认为不宜提交即将召开的六届全国人大四次会议表决通过。考虑到这封由 11 所院校的 17 位经济法教师署名的信所具有的重要文献价值，特将信主文转录如下：

制定一部符合我国国情的民法通则是必要的。但是，现在草拟的民法通则，反映不了我国的国情，特别是解决不了在经济体制改革中提出的许多法律问题。为此，我们通过各种方式，多次对一些重大原则问题提出了修改意见，但基本上未被采纳。我们出于对我国社会主义法制建设的关心，只好向中央领导同志反映意见。我们认为，如果对民法通则（草案）不作原则性的修改，而在本次全国人大会议上通过是不适宜的。

一、现在的民法通则（草案）中的一些关键性内容不符合中央《关于经济体制改革决定》中加强经济立法的精神；不符合中央《关于七五计划建议》中建立比较完备的经济法规体系的战略部署；不符

---

① 《法制工作简报》第 23 期，法律委员会、法制工作委员会办公室编印，1986 年 2 月 27 日，第1—11 页。

合建立具有中国特色的法律体系的要求。我国实行的是有计划的商品经济，许多经济关系和经济活动准则需要用经济法律形式固定下来，这个任务主要应当由经济法来完成，民法担负不起调整所有平等主体之间的经济关系的任务。

二、在经济体制改革中，国家加强了经济立法。彭真同志曾经指出："经济法是基础法，是最重要的法"。紫阳同志也曾指出："刑法民法也固然要，但是最重要的是经济法"。但是，现在起草的民法通则（草案），把本来属于经济法的内容，如企业登记法、经济合同法、专利法、商标法、环保法等都囊括进去了。这不仅不符合中央领导同志的讲话精神，而且势必给整个法制建设带来混乱。

三、根据我国《人民法院组织法》的规定，现在各级人民法院都设置了经济审判庭。按现行规定，违反工业企业法规、工商企业登记法、专利法、商标法、经济合同法等经济案件，应由经济审判庭审理。正当中央《关于七五计划建议》强调加强经济审判工作的时候，如果把上述法规划入民法范围，就必然会导致经济审判庭名不符实。这不仅不符合现行法律的规定，同时，也会给经济司法带来混乱。

四、纵观世界立法，运用经济法管理经济已经成为世界各国普遍的发展趋势，即使像苏联这种在经济法制建设上走过曲折道路的国家，也开始重视经济法。在党中央的领导下，我们完全能够避免苏联已经走过的弯路。

为了更好地发挥经济法在经济体制改革和社会主义建设中的作用，实现中央关于建立比较完备的经济法规体系的要求，北京大学法律系的一些同志建议起草经济法纲要。对此，中央领导同志作了批示。根据批示精神，由国务院经济法规研究中心牵头，正在起草《经济法纲要（草案）》。为此，我们建议：

第一，《民法通则》和《经济法纲要》的起草工作，应当统筹安排，同步进行，使这两个法律在促进社会主义建设方面，能够相互协调地发挥作用；

第二，为了适应对内搞活、对外开放的需要，可以先颁布一些急需的单行法规，如《法人制度条例》、《国营工业企业法》、《公司法》、《代理制度条例》 等。①

（8）全国人大常委会请经济法专家提修改意见

中共中央对 17 位经济法教师的信作何反应，我们不得而知。但只要对中国政治体制稍有常识，就应当知道，像制定民法通则这样的基本法性质的立法，不事先经过中共中央政治局常委会慎重研究并作出决定就提上立法日程，是不可想象的。3 月 14 日全国人大常委会委员长会议提议，"请参加经济法纲要起草工作的经济法专家对民法通则（草案）的具体条款提出修改意见"。② 据此，可作如下推测：中共中央政治局已经收到 17 位经济法教师的信并转给全国人大常委会，因此全国人大常委会委员长会议提议，请参加经济法纲要起草工作的经济法专家对民法通则（草案）的具体条款提出修改意见。请注意"委员长会议提议"的着重点在于，征求参加经济法纲要起草工作的经济法专家"对民法通则（草案）的具体条款"的修改意见，而不是征求对于"应否制定民法通则"的意见。可知 17 经济法教师的信对于中共中央（和全国人大常委会）制定民法通则的决定并未产生任何影响。

按照全国人大常委会委员长会议的提议，国务院经济法规研究中心召集在京的参加经济法纲要起草工作的经济法专家，对民法通则（草案）进行座谈，对草案的具体条款提出修改意见。会后，经济法规研究中心将会上提出的意见反馈给全国人大常委会，主要意见如下：

"民法是在私有制的基础上产生的，它的基本原则和基本制度在公有制占绝对优势的社会主义社会的财产关系（即经济关系）中如何贯彻实

---

① 信末署名及日期："中国政法大学经济法系主任徐杰、黄勤南；西南政法学院经济法系主任李昌麒；华东政法学院经济法系副教授庄咏文；杭州大学法律系副主任马绍春；北京商学院管理系副主任徐学鹿；江苏工学院经济法教研室主任侯志纬；北京大学法律系经济法教研室主任杨紫烜；中国人民大学法律系经济法教研室主任潘静成、副主任刘文华；中南财经大学经济法专业肖克瑾；中央党校法学教研室周升涛；北京大学、中国人民大学经济法教师谭志泉、许孟洲、吴宏伟、王守渝；北京机械工业管理学院经济法教研室副主任孙维智，一九八六年二月二十七日"。见 1986 年 2 月 27 日 11 院校的 17 位经济法教师致"中央书记处并中央领导同志"的信（复印件），收文号："第 264 号 86 年 3 月 4 日"。

② 《经济法规研究中心反映关于民法通则（草案）的修改意见》，《法制工作简报》第 44 期，法律委员会、法制工作委员会办公室编印，1986 年 3 月 27 日，第 1 页。

施，在我国和苏联等社会主义国家都还没有成熟的经验。目前，还有许多问题看不清、摸不透，不能对它们作出明确的、切实可行的法律规定。如什么是民事关系，什么是法人制度；什么是全民所有制企业的经营权，它同所有权有什么联系、有什么区别；全民所有制企业对国家授予它经营管理的财产有没有所有权，这些财产可否全部用于清偿企业的债务；等等。"①

"关于民法和经济法的调整对象，民法通则（草案）的'说明'提出按横向、纵向经济关系划分。但是，我国的社会主义经济，是在公有制基础上的有计划的商品经济，管理经济是我们国家的一项基本职能。从整体上说，横向的经济关系不可能从根本上摆脱国家计划的制约，不可能完全贯彻实施民法的平等、自愿、互利的原则。也就是说，在我国纵向的经济管理关系和横向的经济协作关系很多是有机结合在一起，而无法机械划分的。这种纵横结合的经济关系应当由什么法来调整，如何科学划分民法和经济法的调整对象和调整范围，这些问题还有待进一步研究解决。"②

"民法通则（草案）的有些条款，同第二条关于民法调整对象的规定也不一致，应当删去，或作适当修改。例如：第七十七条等关于国家财产的规定，内容不属于平等主体之间的财产关系，建议删去。""承包合同双方发生的权利义务关系，主要是纵向的经济管理关系，而不是平等主体之间的横向关系，因此承包合同关系不宜纳入民法调整范围，建议删去第七十九条。""在申请和审批专利权和商标权过程中发生的社会关系，都不是平等主体之间的横向财产关系，建议删去第九十三条、九十四条。专利法和商标法的调整对象，主要的都是纵向的经济管理关系，而不是横向的经济协作关系，因此专利法和商标法都不应归属于民法。""建议在民法通则（草案）'说明'中提到的纵向经济关系主要由有关的经济法调整，改为纵向的经济关系和纵横结合以纵向为主的经济关系由经济法调整。""在民法通则（草案）的'说明'中没有明确指出，企业内部组织如车间、班

---

① 《经济法规研究中心反映关于民法通则（草案）的修改意见》，载《法制工作简报》第44期，法律委员会、法制工作委员会办公室编印，1986年3月27日，第2页。

② 同上。

组之间的经济协作关系不是由民法而是由经济法调整。这样可能造成误解，好像企业内部平等主体之间的关系也是由民法调整的。建议加以明确。""此外，大家对把婚姻法和某些道德规范也纳入民法范畴，也提出了不同的意见。"①

（9）法工委再次征求经济法专家的意见

同年3月下旬，法制工作委员会民法国家法室又将民法通则（草案）（3月8日、20日稿）分送在京的9位经济法专家征求意见，有8位经济法专家提出了书面意见。针对关于民法调整范围的第二条规定，有两种不同意见。多数专家坚持认为"社会主义经济关系的法律调整，应当是纵横统一的，而不应分而治之。将横向经济关系交由民法调整，纵向经济关系由经济法调整，这在理论上站不住脚，实践上行不通。经济立法应当坚持一元论，不要搞二元论"。"专利、商标、婚姻不属于民法范围，建议通则不做规定"。但有两位专家明确表示"赞成横向的经济关系和人身关系由民法调整，经济法只调整纵向的经济关系"。②

（10）笔者发现这些资料后的感言

国家立法，就像法律女神手中的那架天平，民法起草和经济合同法起草"同时并进"之时，天平基本保持了平衡，民法学界和经济法学界的学术论争，虽攻防形势时有变化，但双方阵营同样士气高昂、满怀信心。随后，经济合同法颁布实施，全国人大常委会突然宣布解散民法起草小组、民法起草暂停，天平猛然向经济法一边倾斜，致使民法学界一边消沉下去，而经济法学界一边士气倍加高涨。时隔三秋，全国人大常委会启动民法通则起草工作，法律女神手中的天平猛然反过来向民法学界一边倾斜，致使陷入消沉悲观的民法学界重新振作了士气和信心，却同时引发经济法学界的普遍不满。民法学和经济法学，同属于实用法学，其兴衰隆替难免受国家立法活动的影响、制约，本不足怪。但在当时，因国家制定民法通

---

① 《经济法规研究中心反映关于民法通则（草案）的修改意见》，载《法制工作简报》第44期，1986年3月27日，第3—4页。

② 不同意民法通则第二条规定的专家是潘静成、刘文华、孙维智、徐学鹿；赞同民法通则第二条规定的专家是孙亚明、邱宏铮。见《部分经济法专家对民法通则草案的意见》，法工民字（86）20号，法制工作委员会民法国家法室，1986年3月31日，第1—2页。

则，引发经济法学界的强烈反弹，必欲民法通则胎死腹中而后快，恐怕是执掌国家立法权柄的全国人大常委会事先也未必有所预料的。

顾明同志意见书中不无调侃语气的"民法同志"，虽然隐约听说民法通则座谈会上有人发表反对制定民法通则的长篇批判发言；隐约听说经济法规研究中心在广州召开经济法理论工作会议批判民法通则；隐约听说经济法学界在什么地方闭门起草经济法纲要；隐约听说经济法学界向中共中央上书，要求阻止民法通则草案提交全国人民代表大会表决。但在当时特定的历史条件之下，这些隐约听说，既未载诸新闻媒体，亦未在单位内部传达，使"民法同志"如坠五里雾中，不得而知其内容，亦难辨其真假。至于顾明同志全面否定民法通则（草案）的长篇意见书，就是笔者也是在撰写本文之时于无意之间偶然发现的，"民法同志"在当时如何能够得而知之？其时正为立法机关制定基本法性质的民法通则所鼓舞，群情振奋，斗志昂扬，群策群力地为制定一部科学、进步的民法通则而奋斗的"民法同志"，在准备迎接"民法的春天"到来之际，心底难免对民法通则能否顺利获得通过，"民法的春天"能否如期而至，隐隐然有一丝不祥疑云。

实际上，当立法机关宣布解散民法起草小组、民法起草工作暂停之时，虽然民法学界一度陷入消沉和迷茫，但他们与经济法学界之间的论争并未有任何松懈和稍歇，反而有绝地求生的勇气，你看民法学界反击大经济法观点的一大批论文和著作，大抵产生于 1982 年立法机关宣布民法起草暂停之后、1985 年立法机关启动民法通则起草之前这一时间段，产生于 1985 年立法机关开始起草民法通则之后的绝少。

鉴于立法机关对于国务院经济法规研究中心和经济法学界狙击民法通则制定和批判民法通则（草案）的这些意见严格保密，迄今没有看到当时有哪怕一位民法学者站出来反驳、反击这些错误意见。质言之，肇端于 1979 年的这场民法学经济法学两大学科之间的学术论争，因 1985 年立法机关启动民法通则起草而发生了性质改变，变成了国务院经济法规研究中心和经济法学界意图阻止中国立法机关（全国人大常委会）制定民法通则的一场大批判和立法论争。

四分之一世纪之后的今天，笔者为撰写本文而反复阅读玩味这些针对立法机关和民法通则（草案）的自以为真理在握的大批判文字时，突然萌生出这样的念头：假设全国人大常委会法制工作委员会将国务院经济法规研究中心和经济法学界这些大批判文字（发言、意见书、给中共中央的信）悉数公之于众，会不会引发一场其激烈程度远远超过 2007 年所谓"物权法违宪"的意识形态论战?! 果真如此，在当时经济体制改革尚在摸索方向的特定历史条件之下，民法通则能否顺利通过明文规定实行公有制基础上的计划经济的那扇"宪法之门"?! 假设六届全国人大常委会特别是担任委员长的彭真同志，在面对这一场真刀真剑的大批判时哪怕稍微有一点犹豫，民法通则还能够顺利通过吗？如果当时民法通则未能通过，中国民事立法、中国民法学、中国社会主义法律体系，能够是今天的模样？行文至此，不禁对于彭真委员长和六届全国人大常委会、六届全国人大法律委员会、六届全国人大常委会法制工作委员会坚定不移、排除重重阻力和障碍，最终使民法通则获得颁布，油然而生赞佩之意！

六　代结语：民法通则开辟了一个时代

张友渔先生在民法通则颁布后指出："第六届全国人民代表大会第四次会议通过了中华人民共和国民法通则，并决定从 1987 年 1 月 1 日起生效。这是我国人民政治生活和经济生活中的大事件，是社会主义民主和社会主义法制建设的一大成就。民法通则的颁行，对于巩固经济体制改革已经取得的成果和保障改革顺利进行，对于加速社会主义物质文明建设和精神文明建设，对于在平等互利原则基础上发展对外经济技术合作，必将起到巨大的作用和产生深远的影响。"[①]

谢怀栻先生在民法通则颁布一周年指出："民法通则的制定是我国民事立法中的一件大事，改变了我国没有民法的历史（在这以前，婚姻法被认为是一个独立的法律部门，经济合同法被认为属于经济法，都不属于民法）。民法通则虽然不是一个完全的民法典，但因其内容涉及民法的各个方面，民法通则在人大通过前，主持立法工作的同志又说明了我国民法的全部范围，这就使我国多年来法学界（包括民法学界）关于民法范围的论

---

①　张友渔：《为什么制定这部民法通则》，《中国法学》1986 年第 4 期，第 3 页。

争得到初步澄清，至少从立法角度说，得到初步确定。民法的地位得到最终的肯定。""回想 1979 年前后风靡我国法学界的'大经济法小民法'乃至'民法取消论'的那些理论，我们不能不承认，在我国，由于种种原因，民法几乎在法学中失去地位。后来，也由于种种原因，民法重新恢复了一个部门法的地位。这一段曲折的历史，将来会载入我国的法制史中。"①

王家福先生在民法通则颁布四分之一世纪后回顾："民法通则起草工作真正做到了充分发扬民主，参与起草的每个同志都畅所欲言，每个章节的标题，每个条文的表述，都经过反复讨论，大家思想解放，思路开阔，没有受计划经济条条框框的约束。起草小组的所有同志都倾注了心血，作出了贡献，它是民法学者和立法工作者智慧的结晶。""民法通则起草工作的民主，还突出体现在第一次正式开启了立法机关的专家、实务部门的专家和民法学者相结合的起草先例，充分发挥了三者的长处，使起草工作达到最佳的效果。"②

"民法通则为社会主义市场经济构建了基本的法制框架。民法通则划清了公法和私法的界限。它明确规定民法调整平等主体之间的财产关系和人身关系，确认了民法是私法而非公法；规定了体现私法自治要求的平等、自愿、公平、等价有偿、诚实信用等民事活动的基本原则；规定了自然人、个体工商户、农村承包经营户、合伙、国有企业法人、集体企业法人、联营等的市场主体制度；规定了法律行为、代理、合同等基本交易规则；规定了违约责任、侵权责任等基本权利救济制度，为我国由计划经济向市场经济的顺利转型提供了根本的法律前提。"③

后记：

笔者出生川西农家，大学毕业后在昆明远郊一小小国企担任工会干事，凭国家恢复研究生制度之好风，侥幸考入中国社会科学院，在导师王

---

① 谢怀栻：《民法通则讲要》，北京大学出版社 2007 年版，第 45 页。
② 《1986 年民法通则诞生　中国进入权利时代》，《检察日报》2009 年 8 月 31 日。
③ 同上。

家福先生引导下从事民法学术研究，得遂平生精忠报国之志。恭逢导师王家福先生八十寿诞之喜，特撰写这篇记录民法经济法研究室期间追随先生亲历学术立法论争的纪实文字，衷心祝愿先生长寿和康健！

（2010 年 6 月 5 日完稿于北京城南半夏书屋）